Peter Stein
Schriftkultur

Peter Stein

Schriftkultur

Eine Geschichte des Schreibens und Lesens

Gewidmet den Studierenden des ehemaligen Magisterstudiengangs
Angewandte Kulturwissenschaften (Universität Lüneburg),
die an den Vorlesungen und Seminaren
zur Geschichte der Schrift- und Lesekultur (1991 – 2004)
teilgenommen haben.

Lüneburg, 1.6.2005

Das Werk ist in allen seinen Teilen urheberrechtlich geschützt.
Jede Verwertung ist ohne die Zustimmung des Verlages unzulässig.
Das gilt insbesondere für Vervielfältigungen, Übersetzungen, Mikroverfilmungen
und die Einspeicherung in und Verarbeitung durch elektronische Systeme.

© 2006 by WBG (Wissenschaftliche Buchgesellschaft), Darmstadt
Die Herausgabe des Werkes wurde durch die Vereinsmitglieder der WBG ermöglicht.
Redaktion: Sven Riedl, Marburg
Einbandgestaltung: Peter Lohse, Büttelborn
Satz und Layout: Anette Klinge, Gelnhausen
Gedruckt auf säurefreiem und alterungsbeständigem Papier
Printed in Germany

Besuchen Sie uns im Internet: www.wbg-darmstadt.de

ISBN-13: 978-3-534-15404-3
ISBN-10: 3-534-15404-5

Inhalt

1. Orale Kultur, Schriftkultur, Medienkultur

Gibt es Kultur ohne Schriftsprachlichkeit? 9 – Probleme der kulturellen Evolution 11 – Merkmale primärer oraler Kulturen: Gedächtniskulturen 13 – »Oralität« und »Literalität« in neuer wissenschaftlicher Sicht 15 – Führt Schriftsprachlichkeit zu einem höheren kulturellen Status? 17 – Implikationen der Schriftkultur 20 – Phasen der Schriftkultur 22 – Schriftkultur als Medienkultur? 24

2. Von den Anfängen der Schrift zu den Schriftsystemen der frühen antiken Hochkulturen

»Schrift« in oralen Kulturen 29 – Nicht-linearer Graphismus 30 – Der Übergang zum linearen Graphismus: eine »Urerfindung«? 32 – Theorien über die Entstehung archaischer Schrift: Ägypten oder Alteuropa? 34 – Archaische Schrift in Mesopotamien 35 – Vorderasiatische Keilschriften und Schriftkultur 37 – Ägyptische Hieroglyphenschrift und Schriftkultur 40 – Exkurs: Über Schriftentzifferung und Lesbarkeit untergegangener (Schrift-)Kulturen 44 – Chinesische Schrift und ostasiatische Schriftkultur 47 – Literalität in traditionalen Gesellschaften 52

3. Alphabetschrift und griechisch-hellenistische Schriftkultur

Die Alphabetschrift: eine »schrifthistorische Revolution«? 55 – Konsonantenschriften im Vorderen Orient: phönizisch-punische und aramäische Schriftkulturen 58 – Entstehung der griechischen Schriftkultur 61 – Durchsetzung des Alphabets und griechischer Geist 65 – Der »Sonderweg griechischer Kulturentwicklung«: Oral strukturierte Schriftkultur 67 – Platons Schriftkritik und die Literalität des klassischen Griechenlands 69 – Griechisch-hellenistische Schrift- und Lesekultur 72 – Griechisch als Kulturschrift bis zur Gegenwart 74

4. Römisch-lateinische Antike und Latinität

Eigenart der römisch-lateinischen Antike 81 – Anreger, Gegner und Beute der Römer: Die Schriftkultur der Etrusker 82 – Altlateinische Schriftkultur bis zum 1. Jahrhundert v. Chr. 85 – Schrift- und Lesekultur im Imperium Romanum 88 – Lateinische Literalität in der Spätantike 92 – Spätantiker Schriftträgerwechsel: eine »Buchrevolution«? 94 – Folgen der Umschrift von der Papyrusrolle auf den Pergamentkodex 97 – Stationen und Traditionen der Latinität bis zur Neuzeit 98 – Universelle Überlegenheit des lateinischen Alphabets? 103

5. Schrift und Buch in Ritus, Religion und Magie bis zum Mittelalter

Schrift als Zeichen heiliger Mächte: »Hieroglyphenschrift der Götter« 107 – Schriftreligionen im Spannungsfeld von Mündlichkeit und Schriftlichkeit 110 – Judentum und rabbinische Literalität: »gelebte Textualität« 112 – Bibel und Buchreligion Christentum: »Im Anfang war das Wort« 116 – Die »Mutter der Schrift«: Der Koran und das Unbeschreibliche 119 – Mittelalterliche Buchstabensymbolik und Schriftmagie 122 – Schriftreligionen und Literalitätsprozess 125

6. Frühmittelalterliche byzantinisch-islamisch-christliche Manuskriptkultur

Schriftkultur im Übergang von der Antike zum Mittelalter 129 – Frühmittelalterliche Manuskriptkultur 131 – »Writing in gold«: Grundlagen der byzantinischen Schriftkultur 133 – Von der makedonischen Renaissance bis zum Ende von Byzanz (1453) 137 – Grundzüge der arabisch-islamischen Schriftkultur 140 – Islamisch-jüdisch-christlicher Kulturaustausch bis zum 13. Jahrhundert 144 – Literat oder illiterat? Frühmittelalterlich-christliche Schriftkultur (6.–11. Jh.) 147 – Klerus, christliche Herrschaft und literale Laienbildung 150 – Monastische Schriftkultur: »Im Weinberg des Textes« 154

7. Von der Handschrift zum Druck: Die Konstituierung der europäischen Schriftkultur bis zum späten Mittelalter

Von der Verschriftung zur Verschriftlichung und die stumme Lektüre 159 – Verschriftlichungsschübe seit dem 11./12. Jahrhundert 164 – Spätmittelalterliche Schriftkultur vor und nach Gutenberg 168 – Die Erfindung der Typographie: eine Medienrevolution? 176

8. Buchdruck/Typographie: Das neue Medium als Medium für das Neue

Die Erschließung neuer kommunikativer Räume: Typographie und Kapitalismus 185 – »Ohne Buchdruck keine Reformation«: Typographie und Protestantismus 190 – Druckerpresse und die Entstehung des Pressewesens 195 – Schrift, Typographie, Kommunikationskontrolle und Zensur 201

9. Typographische Schriftlichkeit, Buch und Buchhandel bis zum 18. Jahrhundert

Die »typographische Erfassung des Lebens« als Standardisierung: Hochsprache, Zentralperspektive, Mathematik 209 – Die epochale Rolle des Buchs: ein Mythos der Buchkultur? 213 – Buchproduktion und -distribution bis zum 18. Jahrhundert 216 – Veränderungen des Buchmarkts und Pressewesens im 18. Jahrhundert 220 – Das »Projekt der Aufklärung« und die Kommerzialisierung des Buchmarkts 222 – Typographie und handschriftliches Schreiben 225

10. Das Universum der Bibliotheken: Büchersammlungen und Büchersammler

»Das Universum (das andere die Bibliothek nennen)« 231 – Von der mittelalterlichen Klosterbibliothek zur barocken Fürstenbibliothek 232 – Von der Universitäts- zur Universalbibliothek 236 – Buchbesitz und privates Büchersammeln 240 – Von der Leidenschaft des Büchersammelns: Bibliophilie und Bibliomanie 244 – Orbis Tertius: Die imaginäre Bibliothek 246

11. Die Neue Welt des Lesens: Typographische Schriftkultur als Lesekultur

Geschichte(n) des Lesens: ein neues Paradigma 253 – Gelehrtes Lesen, bildendes Lesen 256 – Muße und Geselligkeit: Die Intensivierung des Lesens in der frühen Neuzeit 260 – Leserevolution und »Vielleserey«? Wandlungen der Lesepraktiken ab 1750 262 – Probleme der westeuropäischen Massenalphabetisierung: Demokratisierung des Lesens ab dem 19. Jahrhundert? 269

12. Schriftkultur als Massenkultur: Autor – Markt – Publikum seit dem 19. Jahrhundert

Das 19. Jahrhundert als Epoche der Schrift- und Lesekultur 277 – Die Beschleunigung des handschriftlichen Schreibens 279 – Die Technisierung der typographischen Schriftkultur und ihre Folgen für den Medienverbund 284 – Wandlungen der Autorschaft bis zum 19. Jahrhundert 287 – Die Professionalisierung des Autorberufs seit dem 19. Jahrhundert 289 – Die »Industrialisierung der Literatur«: Neue Dimensionen des Buch- und Pressemarkts 293 – »Volk ohne Buch«? Neue Leser und neues Lesen im Visier von Zensur und Kulturpolitik 299

13. Schrift- und Lesekultur im Jahrhundert
    der Medienkonkurrenz

   Schriftkultur im 20. Jahrhundert: Kontinuität und Diskontinuität 307 –
   Schriftkultur und die modernen technischen Medien 310 – Lesen und
   Lesekompetenz in der Medienwelt 313 – Ende der Schriftkultur? 316

Literaturverzeichnis 321

Register 341

1. Orale Kultur, Schriftkultur, Medienkultur

Gibt es Kultur ohne Schriftsprachlichkeit?

In der Geschichte der Menschheit hat es eine Reihe von bahnbrechenden Erfindungen gegeben. Zu ihnen gehört die Erfindung der Schrift vor rund 5000 bis 6000 Jahren. Ob sie wirklich als eine »Erfindung« betrachtet werden darf, noch dazu durch geniale Einzelne, ist strittig und wird noch zu erörtern sein. Unstrittig ist, dass die Ingebrauchnahme der Schrift eine kulturelle Errungenschaft darstellt, der weit reichende Folgen zugeschrieben wurden. Sie gilt als wichtige Voraussetzung dafür, dass sich menschliche Kultur überhaupt erst konstituieren und entwickeln konnte. Nach dieser Auffassung ist Kultur Schriftkultur, wie es M. Bodmer in geradezu klassischer Weise ausgedrückt hat:

> Das Wesen einer Kultur liegt in ihrem Vermögen, geistige Werte zu fixieren, wobei der gehaltreichste von allen, der sprachliche, den Ausschlag gibt. Dies aber wird erst möglich durch die Erfindung der Schrift, die darum eine der folgenreichsten Errungenschaften der Menschheit darstellt. Sie bedeutet nämlich auch den Schritt in die Geschichtlichkeit – und zwar erst sie![1]

Und doch wäre nichts verkehrter, als die Geschichte vor der Ingebrauchnahme der Schrift als bloße Vorgeschichte zu betrachten, denn: Kultur ist älter und mehr als Schriftkultur. Die Dimensionen dieser Kultur basieren auf einer »Schrift«, deren Spuren vor und jenseits der uns geläufig gewordenen Form der sprachgebundenen graphischen/literalen Repräsentation von Denken und Wissen zu finden sind. Diese bis heute existierende »Schrift« ist vor allem als Körpersprache von Gesicht und Hand sowie in nicht sprachgebundenen Notationen fassbar. Es spricht vieles dafür, die präliterale Entwicklung von der gestisch-visuellen zur vokal-auditiven Sprache als entscheidende Formierungsphase zu betrachten, die den Homo sapiens zum Prozess der kulturellen Evolution befähigte. Sprache in diesem erweiterten Sinn konstituierte Kultur und schuf damit zugleich die Grundlage für die späteren Entwicklungen der Kulturgeschichte von der Schrift bis zum Computer.

Wie vollzog sich diese Entwicklung bis zur Ingebrauchnahme der Schrift und inwiefern ist sie als eine kulturelle Evolution zu verstehen? Nachdem der Mensch vor etwa 4,2 bis 3,6 Millionen Jahren aufrecht zu gehen begann, schuf er sich Werkzeuge zum Gebrauch für die frei gewordenen Hände. Er lernte allmählich, die Natur zu beherrschen, und setzte damit einen sich beschleunigenden Entwicklungsprozess von Technik, Sprache und Kunst in Gang. Früheste Formen des Faustkeilgebrauchs sind vor etwa 2,6 Millionen Jahren anzunehmen; entwickeltere Formen sind vor ca. 100 000 Jahren beim Neandertaler und dann in der Jüngeren Altsteinzeit beim Homo sapiens sapiens um etwa 35 000 v. Chr. nachgewiesen. Auch der Gebrauch des Feuers in der beherrschten Form der Selbsterzeugung begann, nach Anfängen in der Älteren Altsteinzeit (vor 300 000 Jahren und früher), erst in der Zeit ab 35 000 v. Chr. und erreichte die Stufe der technischen Nutzbarmachung (Härten, Legieren) ca. 8000 v. Chr. Hieran schlossen sich weitere folgenreiche Erfindungen (Jagd- und Waffentechnik, Ackerbau, Rad, Viehzucht) an. Parallel dazu hat sich bis zu diesem Zeitpunkt die menschliche Sprechsprache ausgebildet und in verschiedene linguistische Systeme differenziert.

Hand und Wort, Technik und Sprache sind, so die wegweisende Entdeckung des französischen Paläontologen A. Leroi-Gourhan, die zwei miteinander verbundenen Seiten des Prozesses der Menschwerdung. Dabei steht außer Frage, dass die Herausbildung der Sprechfähigkeit eine den Menschen auszeichnende neue Qualität der Evolution darstellt. Mit der Anwendung des Prinzips, in jederzeit erweiterbarer Form Phoneme (Laute) unterschiedlich kombinieren und diese Lautabfolgen als Morpheme (Bedeutungsträger) auffassen zu können, aus denen sich Wörter und Sätze bilden lassen, wurde das Sprechen zu einem besonderen und entwicklungsfähigen Mittel menschlicher Kommunikation. Sprache war jedoch nicht nur als Sprechen in unmittelbaren Handlungssituationen zur Lebensfristung notwendig.

Schon die Sprechsprache in Gestalt einer mimisch-gestischen und dann mehr und mehr vokalen Artikulation war ein Mittel, das den Raum einer symbolischen Welt erschaffen konnte, die parallel zur konkreten Lebenswelt existierte und diese überhöhte. Kultur erwächst aus diesem Raum. Sie fand ihre erstmalige Aufzeichnung in frühen Formen des Graphismus (vgl. Kap. 2).[2] Als »zweite Welt« wurde diese Sprache zum Speicher des sich ansammelnden Erfahrungswissens, ohne den das differenzierter werdende technisch-soziale System des menschlichen Zusammenlebens nicht mehr auskommen konnte. So betrachtet, hat die kulturelle Evolution ihren Anfang und ihre Schubkraft aus der Mitte schriftloser Gesellschaften genommen. An der Dynamisierung dieser Evolution, besonders in den letzten 30 000 bis 10 000 Jahren, ist in entscheidendem Maße das symbolische Denken in Gestalt von Sprache, Ritus und Kunst beteiligt gewesen.

Der Anteil der Sprache an diesem Prozess bestimmt sich dabei zunächst allein durch Oralität (Mündlichkeit). Zur Verdeutlichung dieser Tatsache wird auch der Begriff »primäre Oralität« verwendet, um den Zustand des Noch-nicht-Vorhandenseins von Schrift zu bezeichnen. Dabei bedarf es schon einer gewissen Anstrengung, sich diesen Zustand in angemessener Weise vorzustellen, zumal es heute nur noch wenige Gesellschaften gibt, die ohne Kontakt zur Schrift leben (z. B. im südamerikanischen Regenwald, in der afrikanischen Sahelzone, in Papua-Neuguinea, Malaysia und im Innern Australiens). Schriftlosigkeit ist kein Zustand von Analphabetisiertheit, d. h., sie ist kein Defizit, wie es die Nichtbeherrschung der Kulturtechniken des Schreibens, Rechnens und Lesens heute ohne Zweifel ist. Primäre Oralität ist eine leistungsfähige Kommunikationsform und nur weil sie es ist, konnte sie kulturstiftend werden.

Probleme der kulturellen Evolution

Biophysische, technische und mentale Evolution ging, so lässt sich zusammenfassen, über in einen Prozess der kulturellen Evolution, in dem sich Körper und Stimme des Menschen zu immer reicherem Ausdruck entfalteten. Diese Evolution führte damit zugleich zu einer bemerkenswerten zivilisatorischen Auffächerung von menschlichen Kulturen, die neue Probleme aufwarf. Die einzelnen Gruppen des modernen Menschen unterschieden sich – auf der Basis einer gemeinsamen körperlichen Grundausstattung – mehr und mehr in Körpererscheinung, Lebensweise, technischen Fähigkeiten, Wissen, Sprache und religiösen Überzeugungen. Diese ethnische und kulturelle Differenzierung begann, nicht zuletzt bedingt durch die unterschiedlichen Lebensräume und Kontaktmöglichkeiten, wohl schon in der Frühzeit des Homo sapiens sapiens, d. h. vor ca. 150 000 – 100 000 Jahren. Im Gefolge von Wanderbewegungen, Kulturkontakten und Isolierungen formten sich unterschiedlich strukturierte Sprechsprachen aus, deren jeweilige Anfänge in Europa spätestens für den Zeitraum zwischen 10 000 und 3000 v. Chr. erschließbar sind.

Eine Anmerkung zur Verwendung des Begriffes »Evolution«. Wenn dieser bei der Beschreibung der kulturellen Entfaltung benutzt wird und später auch im Zusammenhang der Schriftgeschichte auftaucht, geschieht das nur unter Vorbehalt. Was Menschen bei der Herausbildung ihrer kulturellen Formen geleistet haben, ist nicht als die Arbeit einer »unsichtbaren Hand« und nicht in einem darwinistischen Sinne als Sieg der Besten im Kampf der Kulturen zu verstehen. Evolution geht vielmehr in Geschichte über und diese ist weder als ein kontinuierlicher Aufstiegsprozess noch als eine Entwicklung zu verstehen, welche – sozusagen als Kehrseite – die Ausformung von »höheren« und »zurückgebliebenen« Kulturen zur Folge hatte. Von solchen Bewertungen haben sich moderne Ethnologie, Kultur- und Sprachwissenschaft schon seit längerem verabschiedet, auch wenn solche Unterscheidungen immer wieder vorgenommen werden. Nicht zu bestreiten ist jedoch die Tatsache, dass im Verlaufe der kulturellen Entwicklung dominierende Kulturen entstanden (und auch wieder untergegangen) sind, deren zivilisatorische Maßstäbe in Denkweisen, Wissen, Sprachgeltung, Kunstformen usw. danach trachteten, andere Kulturen abzuwerten bzw. zu unterdrücken. So ist es in der Schriftgeschichtsschreibung immer wieder geschehen, dass der westlich-abendländische Weg der Schriftkultur zum Maß aller Dinge gemacht wurde, womit zugleich Einsichten in die »fremd« gewordenen Phänomene, wie z. B. Oralität, Schriftlosigkeit, Analphabetismus oder nicht-alphabetische Schrift, verstellt waren. Die nicht seltene Folge war eine Antithesenbildung, in der kategoriale Differenzen zwischen Mündlichkeit und Schriftlichkeit, ideographischer und alphabetischer Schrift, Handschrift und Druckschrift usw. behauptet wurden.

Wenn überhaupt von einem Aufstiegsprozess die Rede sein kann, dann wohl nur in dem Sinne, dass ein kultureller Fortschritt denkbar ist – nicht als Sieg der vermeintlich »besten« Kultur, sondern als Koexistenz des Besten der verschiedenen Kulturen. Ein »clash« der Kulturen ist nicht deswegen unvermeidlich, weil er in der Vergangenheit oft stattgefunden hat. Er tritt dort ein, wo wirtschaftlich-politisch-militärische Überlegenheit als Ausweis kultureller Stärke gewertet und mit Anspruch auf universale Geltung versehen wird. Anders formuliert: Zur »Evolution von Kultur« gehört, dass der Stärkere nicht eo ipso Recht hat gegenüber Leben und kultureller Identität von Schwächeren. Die Frage, wie das Dilemma zwischen der Übermacht von bestimmten zivilisatorischen Errungenschaften und dem Recht auf kulturelle Selbstbestimmung angesichts einer unilateral globalisierten Kultur gelöst werden kann, ist heute allerdings offener denn je.

Merkmale primärer oraler Kulturen: Gedächtniskulturen

Wenn man erst einmal akzeptiert hat, dass eine auf primäre Oralität gestützte Kultur kein prinzipiell defizitärer Zustand ist, lässt sich ermessen, wieso es so viele Jahrtausende dauern konnte, bis es zu einer Veränderung der archaischen Aufschreibesysteme kam. Der entscheidende Grund dafür war: Es bestand keine zwingende Notwendigkeit für eine sprachgebundene Schrift, die über die vergleichsweise einfachen und vor allem visuellen Mnemotechniken oraler Kulturen hinausging. Solche Kodierungstechniken waren z. B.: Ritzungen, Linierungen und Punktierungen in Kerbstöcken, Hölzern oder Leder bzw. an Steinen und Felswänden; Knotenschnürungen, piktographische Darstellungen, Bilder und Bildsequenzen (Felsbilder, Bildersteine, Bildererzählungen). Es ist völlig unangebracht, diese Notationen als Vorformen der heutigen Schrift aufzufassen und sie dadurch an einem Prinzip zu messen, dem sie nicht genügen können. Die Notationen der oralen Kultur erfüllten nicht nur die Bedürfnisse der in der Regel kleinen Menschengruppen vom Ausgang der Altsteinzeit bis zur Jungsteinzeit (ca. 35000–5000 v. Chr.). Sie reichten zunächst auch für die sehr viel größeren Gesellschaftssysteme mancher Hochkulturen aus, wie noch das Beispiel der Knotenschnüre (khipu bzw. Quipu) des hoch entwickelten Inka-Reiches bis zum 15./16. Jh. n. Chr. in Peru belegt, das keine Schrift kannte.[3]

Die eigentliche Spezialität der oralen Kulturen ist jedoch die Wissenstradierung durch gestisch-mündliche Weitergabe und die daran anschließende Speicherung der Wissensdaten im Gedächtnis. Sie übersteigt in wachsendem Maße die Formen der materiellen Überlieferung und der Übertragung von Verhaltensweisen. J. Assmann nennt zusammenfassend die folgenden Arten der Weitergabe: Übertragen durch Vor- und Nachmachen (»mimetisches Gedächtnis«), Zeigen und Lernen durch den Gebrauch tradierter Dinge (»Gedächtnis der Dinge«), Kommunikation im Erfahrungshorizont mit lebenden Zeitgenossen, d. h. über maximal 3–4 Generationen (»kommunikatives Gedächtnis«), Überlieferung von »Sinn« durch Einweisung mithilfe spezieller kultureller Praktiken (»kulturelles Gedächtnis«).[4]

Die zentrale Bedeutung, die das Gedächtnis in diesem Prozess der Weitergabe hat, führte dazu, orale Kulturen als »Gedächtniskulturen« bzw. als »Erinnerungskulturen«[5] zu bezeichnen. Es liegt auf der Hand, dass in ihnen die Erzeugung und Bewahrung des »kulturellen Gedächtnisses« einen hohen Rang einnehmen und dabei das Leistungsvermögen der Sprechsprache als Speichermedium besondere Geltung erlangen musste. Aus Sicht der Schriftkultur gilt das Gedächtnis als ein minderer Speicher. Über die unbezweifelbar große Leistungskraft und bequeme Handhabung der Schrift als Medium der Aufbewahrung haben wir jedoch vergessen, welche erstaunliche Leistungskraft das (Langzeit-)Gedächtnis in oralen Kulturen tatsächlich entwickelt hat. Schließlich hing das physische Überleben und die Bewahrung der eigenen Identität in entscheidendem Maße vom guten Funktionieren des Gedächtnisses ab.

Eine erste und in vielen oralen Kulturen verbreitete Form war die Ausbildung von Gedächtnis-Spezialisten in Gestalt von Schamanen, Priestern, Richtern, Sängern, Druiden, Barden, Griots u. a.[6] Deren Memorierungsvermögen war beträchtlich im Hinblick darauf, wie rasch ein Text angeeignet werden und welchen erheblichen Umfang er haben konnte. Darbietungen in einer Länge von vielen Stunden und sogar Tagen waren keine Seltenheit. Das zeigen ethnologische und philologische Untersuchungen im 20. Jh. an nicht-literaten Sängern in Afrika, Indien, Mittelamerika und Jugoslawien.[7] Diese Fähigkeiten lassen sich aber auch erschließen, wenn man an das Beispiel der homerischen und germanisch-romanischen Heldenepen oder an Rezitationen aus heiligen Schriften denkt. Die Gedächtnisleistungen funktionierten mithilfe spezieller Techniken des Memorierens. Da nicht anhand einer Textvorlage auswendig gelernt werden kann, muss die Einprägung über das Zuhören und Nachmachen ablaufen. Das führt dazu, dass der orale »Text« stark von Formeln, festen Figuren und wiederkehrenden Wendungen gekennzeichnet und dazu in der Regel durch metrisch-rhythmische Formen und Reim gegliedert ist. Gesteigert werden Einprägung und Darbietung durch die Verbindung mit den »regelmäßigen Rhythmen des Körpers (Puls, Atem, Schritt), so daß Metrum, Gesang und Tanz die Rede begleiten und ihren Ablauf leichter einprägen«[8]. Bei Märchenerzählern, Rezitationen und im langen religiösen Gebet sind die letztgenannten Merkmale noch heute erhalten, auch wenn der Sprechtext jetzt streng an eine literale Vorlage gebunden ist.

Man kann sich den Übertragungsmodus der oralen Kulturen als eine Folge von Gesprächen vorstellen, die jeweils von Generation zu Generation geführt werden.[9] Sie enthalten das Wissen der Vorfahren, das sich allein an die gerade Lebenden richtet, und ist damit personengebunden. Wird diese Folge durch Unglück, Krankheit oder Tod gefährdet oder unterbrochen, ist zwar noch nicht die gesamte Kultur, wohl aber ihre Substanz, ihr »kulturelles Gedächtnis«, bedroht. Das ist ein hohes Risiko, aber eben auch die Eigenart einer oralen Kultur, deren Charakteristikum die menschliche Nähe und »Wärme« ist. Aufgrund dieser Eigenart ist heute nicht mehr genau zu ermitteln, welche oralen Kulturen existiert haben; dagegen dürfte es kaum Schriftkulturen gegeben haben, von deren Existenz wir nichts wissen. Es gibt noch eine Besonderheit, in der sich die Überlieferungsweise der oralen Kulturen von denen der schriftbasierten Kulturen grundlegend unterscheiden: Orale Gedächtniskulturen überliefern ihr memoriertes Wissen nicht »textgetreu«. Versuche mit nicht-literaten Sängern im 20. Jh. haben erwiesen, was die Geschichte der oral tradierten »Literatur« (z. B. Märchen, Epen, Sagen, Lieder usw.) – mittlerweile auch Oratur bzw. Oralitur genannt[10] – schon immer gezeigt hat: Orales Erinnern und Rezitieren arbeitet das Memorierte aus der Perspektive der jeweiligen Gegenwart und seiner Bedürfnisse um und passt es an. Auf diese Weise wird das unwichtig Gewordene abgetrennt und »vergessen« und das Wichtige durch Anpassung gesichert. Vergangenheit wird konzeptualisiert, indem die »Texte« geändert werden, um Konformität mit der Gegenwart zu erzeugen.[11] Aus Sicht der literalen Kultur, speziell der Geschichts- und Literaturwissenschaft, ist diese Praxis allerdings inkorrekt, weil sie nicht dem Anspruch genügt, Vergangenheit so zu referieren, wie sie in den Texten belegt ist. Ausgestattet mit den Speicherungsmöglichkeiten der Schrift können wir heute kein kulturelles Gedächtnis mehr ermessen, das das Erinnerte nicht exakt und unveränderbar festhält. Im Alltag ist das homöostatische Prinzip des Erinnerns jedoch bis zur Gegenwart gang und gäbe.

»Oralität« und »Literalität« in neuer wissenschaftlicher Sicht

Mit Blick auf die hier geschilderten Verfahrensweisen der oralen Wissensspeicherung und -überlieferung und das Wissen um sie, das sich erst seit wenigen Jahrzehnten präzisiert hat, verschoben sich traditionelle Wertungen über orale und literale Kultur und ihr gegenseitiges Verhältnis, das in der Vergangenheit oft viel zu stark als ein dichotomisches betrachtet worden war. »Oralität« (engl. *orality*) wurde zum zusammenfassenden Begriff für sprechsprachlich verfasste Kulturen. Analog dazu setzt sich der Begriff »Literalität« (engl. *literacy*), der ursprünglich auf die Problemfelder Lese- und Schreibfähigkeit/Alphabetisierung konzentriert war und noch heute als eine der Domänen der UNESCO (»literacy for all«) betrachtet werden kann, mehr und mehr als Bezeichnung für schriftbasierte Kulturen und ihre Kommunikationsabläufe durch.[12] Gefragt wurde von nun an nicht mehr nur danach, was es bedeutet, illiterat zu sein bzw. literat zu werden. Gefragt wurde ebenso danach, was es bedeutet, literat (geworden) zu sein in einer oral bzw. multimedial geprägten Gesellschaft, die zugleich global und multiethnisch bzw. multikulturell stratifiziert ist.

Zunächst ging es um das Verhältnis, in dem Schrift als geschriebene Sprache zur gesprochenen steht. Die seit Platon dominierende Auffassung war phonozentrisch geprägt, d. h., Schrift galt als Repräsentation des gesprochenen Wortes und von daher als ein sekundäres Phänomen. Dies konnte so nicht aufrechterhalten werden, zumal das erkenntnistheoretische Dilemma unverkennbar war, dass dem Konzept von mündlicher Sprache »ein Begriff von Sprache vorausgesetzt [ist], der immer schon orientiert ist am Modell von Schrift«[13]. Zudem wurde deutlich, dass diese Ansicht von einem bestimmten Schrifttyp, nämlich der Alphabetschrift, her gedacht und Schriftlichkeit somit in ihrer Vielfalt missachtet war. Die Reflexion über Literalität bzw. Textualität musste daher über den Kreis der alphabetschriftlichen Kultur hinausgehen und sich universaler ansetzenden Fragen zuwenden. Solche Fragen waren: »Was passiert, wenn die Schrift zu einer Form der Kommunikation wird?«[14] Worin besteht die Eigenständigkeit der geschriebenen Sprache? Wie ist ihr Unterschied zur gesprochenen Sprache zu bewerten? Welche gegenseitigen Einflüsse gibt es seit dem Übergang von oraler zu literaler Kultur? Folgt die Schrift einem stufenförmigen Entwicklungsprinzip mit benennbarer Zielrichtung oder nicht? Ist ein universales System bis hin zur Möglichkeit einer *optima scriptura*[15] denkbar oder heißt es Abschied nehmen von einer universal gültigen Vorstellung von Literalität? – In den Vordergrund traten dabei mehr und mehr solche Ansätze, die nicht mehr von einer fundamentalen Differenz von Oralität und Literalität, sondern von deren »Kohabitation«[16] im historischen Prozess ausgingen.

So wurde es interessant, die Fortdauer und die Veränderung von ursprünglich primärer Oralität in der Schriftkultur in ihren Mischformen von literaler Mündlichkeit und oraler Schriftlichkeit genauer zu erforschen. Dabei spannt sich ein Bogen von der antiken Rhetorik, der Bedeutung von Mündlichkeit in den Religionen, im Rechts- und Bildungswesen über die Rolle der lange Zeit unverschrifteten Volkssprachen und Dialekte bis hin zu den Formen »oraler Literatur« (z. B. Märchen, Dialektdichtung, Witze). Dem Phänomen der (modernen) »(Re-)Oralisierung« entsprechen in der Geschichte der Schriftkultur verschiedene Formen der »Entschriftung«, wenn ein einmal erlangtes Maß an Literalität z. B. als Folge von Kolonisierung oder Kulturtransfer aufgegeben wird. Nicht zuletzt musste die Frage interessieren, auf welche Weise die »Zähigkeit der Oralität« (Ong) prägenden Einfluss auf bestimmte Formen der Schriftkultur erlangt hat (z. B. im lauten Lesen der *scriptio continua*, in diktierten bzw. mitstenographierten

Texten, im religiösen Ritus, in der dialogischen Struktur von Dramen oder Fachprosa bzw. in den Auswirkungen rhetorischer Prinzipien in Literatur und Wissenschaft), sodass von oral »begrenzter Literalität«, »struktureller Mündlichkeit«, »konzeptioneller Schriftlichkeit« bzw. »scriptural orality« und sogar von einer Differenz zwischen »Verschriftung« und »Verschriftlichung« gesprochen werden kann.[17]

Schließlich stellten die Untersuchungen zu diesen Fragen auch einen veränderten Zusammenhang zwischen Literalität und Medialität her, durch den die Geschichte der Schrift- und Lesekultur – lange Zeit das Zentrum kulturhistorischen Interesses – gewissermaßen einen Anfang und ein Ende erhielten. In dieser neuartigen Einrahmung, die ohne Zweifel den Erfahrungen eines tief greifenden Medienwechsels am Ende des 20. Jh. geschuldet ist, formt sich auch der Status von Schriftkultur um. Ihr Anspruch, erstmals »Schrift« konstituiert zu haben, muss ebenso neu und anders bewertet werden wie ihr Anspruch, einen nicht hintergehbaren Status von »Kultur« entwickelt zu haben. Angesichts der digitalen Reproduktionsmöglichkeiten verlieren die kulturellen Erscheinungen »Schrift«, »Typographie« und »Literalität« ihre distinkten Formen. Damit stellt sich aber auch die Frage nach Dauer und Zukunft von Schriftkultur neu und anders.

Führt Schriftsprachlichkeit zu einem höheren kulturellen Status?

Die Frage, ob Schriftsprachlichkeit zu einem höheren kulturellen Status führe, hätte noch in den 1960/70er Jahren nur Kopfschütteln ausgelöst. Die Antwort lautete selbstverständlich ja. Daran änderte zunächst auch die Tatsache nichts, dass die unverkennbare Ausbreitung der audiovisuellen Massenmedien (Film, Rundfunk, Fernsehen, Video) und deren Einwirkung auf die Druckmedien (Illustrierte, Comics, Heftliteratur u. a.) die bisherige Dominanz des Leitmediums Buch infrage zu stellen drohte. Die Sorge darüber hat viel Aufregung verursacht. Lässt man jedoch einmal die Dramatisierungen beiseite, die letztlich nur Ausdruck von Ratlosigkeit gegenüber der Erfahrung des aktuellen Medienumbruchs sind, so muss festgestellt werden: Die bisher verbreiteten Ansichten vom hohen bzw. höheren Wert einer auf Schriftlichkeit gegründeten Kultur müssen differenziert werden, denn der kulturelle Fortschritt zur schriftzentrierten Kultur hatte seinen Preis.

Unabhängig davon, ob man Schrift als ein gegenüber der gesprochenen Sprache eigenständiges Notationssystem (logographisches System) oder als ihr »materielles Korrelat«[18] (phonographisches System) auffasst – in beiden Fällen ist sie zu einer neuartigen Artikulationsform neben der natürlichen Stimme und zugleich ein künstliches Gedächtnis neben dem in Kopf und Herz situierten geworden. In beiden Funktionen unterscheidet sich Schrift nicht nur in Umfang und Reichweite von den Äquivalenten der oralen Kultur. Indem sie sich von der individuellen Stimme bzw. der körperlichen Präsenz löst, verändert sie den Status des Gedächtnisses. Als ein mächtiger Speicher übertrifft sie das orale Gedächtnis bei weitem und erlangt dadurch eine neue Qualität. Goody/Watt haben die Veränderungen, die sich durch die erweiterten literalen Aufzeichnungsmöglichkeiten ergeben, einmal aufgelistet. Danach kann erst eine Schriftkultur Folgendes leisten:

1. Aufzeichnungen, Tagebücher, Buchhaltung, Rechnungsführung und die durch diese angeregte Mathematik.

2. Interesse an genauer Reihenfolge, Datierung, Kalender, Chronologie, Uhren, Zeitlöhne, Zeitmessung, der physikalische Begriff der Zeit.

3. Annalen, Geschichtswerke, die historische Einstellung, Interesse an der Vergangenheit, Archäologie, Einfühlung in vergangene Zeitalter: Klassizismus, Romantizismus usw.[19]

Insgesamt hat man immer wieder diese enzyklopädische Leistung der Schrift hervorgehoben und ihr die Fähigkeit zu den folgenden kulturellen Praktiken zugeschrieben: »Organisation in großem Maßstab, die kritische Akkumulation, Speicherung und Aktualisierung von Wissen, die systematische Anwendung von Logik sowie das Betreiben von Wissenschaft und die Verfeinerung der Künste.«[20] Angesichts dieser Lobpreisungen ist es jedoch nicht verkehrt, sich zu vergegenwärtigen: »Die als Folgen der Literalität dargestellten Phänomene sind gleichzeitig meistens auch Bedingungen für die Verbreitung der Literalität.«[21]

Die wichtigste Qualitätsveränderung, die durch die Ingebrauchnahme der Schrift eintrat, ist die temporale Erweiterung des kulturellen Gedächtnisses. Die Stimme der Schrift spricht nicht nur zu den Lebenden, sie memoriert auch nicht nur das Vergangene – sie spricht über die Zeiten hinweg vor allem zu den Nachgeborenen in der Zukunft: »Der sich [oral] Erinnernde«, so führen A. und J. Assmann aus, »hat die Vorfahren, der Schreibende die Nachkommen im Blick. Schrift und [orales] Gedächtnis wirken so als zwei grundsätzlich verschiedene Formen der Orientierung und Aneignung von Wirklichkeit.«[22] Als sprachgebundener Text eröffnet die Schrift somit ein vielstimmiges Gespräch, löst die festen und ritualisierten Strukturen der oralen Kultur auf und dynamisiert Kommunikation, Wissen und Entwicklung. Aus dem homöostatischen »Archiv« der memorierten

Erzählungen in der oralen Kultur wird die »Bibliothek« der nachlesbaren Texte in der literalen Kultur. Poesie und Wissen beginnen sich zu trennen, ebenso Mythos und Geschichte. Die Frage, ob die Errungenschaft der Schrift nicht nur das kulturelle Bewusstsein der Menschen, sondern das Denken selbst weiterentwickelte bzw. umstrukturierte, ist umstritten. Sie ist eingebettet in den größeren Problemkontext, wie Sprache und Denken miteinander zusammenhängen. Gegenwärtig dominieren zwar konstruktivistische Theorien, die von der Nachträglichkeit der sprachlichen gegenüber den kognitiven Strukturen ausgehen, doch vermag gerade die Reflexion über den kulturellen Status von Schriftlichkeit hier neue Impulse zu geben. Auf der einen Seite hat man dabei die besondere Leistung der Alphabetschrift für die Ausbildung des formalen Denkens hervorgehoben, da doch unverkennbar sei, dass mithilfe der (alphabetischen) Schrift, die Gesprochenes aufzuschreiben vermag, Gedachtes auf eine besondere Weise vertieft und systematisiert werden könne. Dagegen ist jedoch einzuwenden, dass es sich dabei vor allem um eine bestimmte Form der Rationalität (Logozentrismus) handelt, die keineswegs mit dem Denken schlechthin gleichzusetzen ist. Mit K.L. Pfeiffer lässt sich vermittelnd sagen, dass für die Alphabetschrift »wohl ein ›logozentrisches Potenzial‹, nicht aber ein ausschließlich logozentrischer Gebrauch«[23] charakteristisch ist.

Damit wäre zugleich vermieden, Schrifttypen in eine leistungsfähigere und eine weniger taugliche Schrifttechnologie zu klassifizieren (vgl. Kap. 3). Vor allem K. Gough legte dar, wie kurzschlüssig es ist, die unzweifelhaft vorhandenen und von ihr auch nicht bestrittenen kulturellen Potenziale der (alphabetischen) Schrift allein dieser selbst, d. h. ihrem Werkzeugcharakter zuzurechnen. Literale Potenziale und ihre tatsächliche Mobilisierung sind für sie nicht identisch. Ihre Gegenthese lautet daher: »Ob bzw. mit welcher Stärke diese Entwicklungen eintreten, scheint weniger von der Beherrschung der Schrift abzuhängen als von der Gesamtentwicklung der Technologie und Sozialstruktur einer Gesellschaft und vielleicht auch von den Beziehungen dieser Gesellschaft zu anderen Gesellschaften.«[24] Noch bündiger formulierten es Olson u.a.: »What matters is what people do with literacy, not what literacy does to people.«[25]

So viel zunächst zur Reflexion über die erweiternden Möglichkeiten, welche die Literalität einer Kultur eröffnet. Dabei sollte deutlich geworden sein, dass der auf das technologische Potenzial der Schrift gegründete Fortschrittsoptimismus in den neueren Forschungen mehr und mehr kritisiert wird. Mit Recht stellt R. Thomas »a shift of attention from literacy to the use of writing«[26] fest. Und R. Harris fordert »a semiology which breaks with the old tradition of treating writing systems as indices of cultural progress or cognitive advancement«.[27] In den Vordergrund rückte jedoch auch die Frage, welche Implikationen die wachsende Zentrierung der Kultur(en) um die Schrift mit sich gebracht hat.

Implikationen der Schriftkultur

Diese Zentrierung war ein dialektischer Prozess. Mithilfe der Schrift wurden die kommunikativen Grenzen, die die orale Kultur bei aller Fortentwicklung doch hatte, weit überschritten. Zugleich aber grenzte sich die Kultur der Schrift (Literalität) in ihrer Selbsteinschätzung immer schärfer von der Kultur der oralen Kommunikation (Oralität) ab, indem sie sich als die überlegenere Kultur betrachtete. Ob der Zugewinn nicht auch einen Verlust implizierte, wurde eher weniger thematisiert. Dabei war von Anfang an unverkennbar, dass die Schrift nicht nur eine Erweiterung, sondern zugleich auch etwas Begrenztes und normativ Einschränkendes war: »Schrift schafft *Vorschriften*«,[28] d. h., als das Aufgeschriebene war sie immer auch etwas nachträglich Festgeschriebenes. Einer der frühesten Kritiker dieser Nachträglichkeit von Schrift war Platon. Seine Einwände, auf die im Einzelnen zurückzukommen sein wird, sind vom Standpunkt der primären Oralität formuliert, wenn er vorträgt, auf welche Weise das Geschriebene dem gesprochenen Wort unterlegen ist. Folgenreich für die christlich-abendländische Tradition wurde auch die Schriftkritik von Paulus, die er in 2 Kor. 3 auf die Formel brachte: »Denn der Buchstabe tötet, der Geist aber macht lebendig« (vgl. Kap. 5).

Das, was in der Schrift als künstliche Stimme und künstliches Gedächtnis so viel an Schubkraft und Produktivität auslöste, war also zugleich auch etwas Sekundäres, Übersetztes und auf den Logos Konzentriertes, wo davor und daneben lebendiges Hier und Jetzt, Original und Stimme des Körpers sprachen. Das Nicht-Authentische in ihr »*entstellt* das, was sie bedeutet«[29], indem auf Zeichen reduziert wird, was als »Spur« über sich hinausweist. Auf das konstitutive logozentrische »Defizit« der Schrift bzw. auf die Überschätzung der »Logik der Schrift« (J. Goody) hat am nachdrücklichsten J. Derrida aufmerksam gemacht. Seine Kritik, die vor allem für die Frage nach dem Ende der Schriftkultur noch relevant sein wird, ist formuliert von einem Standpunkt jenseits der Schriftkultur, wenn er vorträgt, auf welche Weise das Geschriebene im Vergleich zur »Ur-Schrift«[30] vor und zu den »Schriften« nach der Schrift des Buches eingeschränkt ist. Platon wie Derrida sind keine Schrifthistoriker, sondern Philosophen, deren Denken sich diametral gegenübersteht. Ihre verschiedenartigen Argumente gegen die Schrift hinderten sie gleichwohl nicht daran, ihre Kritik präzis mithilfe der Schrift zu formulieren.

Doch man muss gar nicht so weit gehen, um die Grenzen der Schrift und der Schriftkultur ins Auge zu fassen. Dass beide von ihren Anfängen her etwas Exklusives gewesen und letztlich noch immer sind, zeigen die folgenden Beobachtungen, die hier zunächst lediglich aufgezählt werden, weil sie im Verlaufe der nächsten Kapitel Gegenstand der näheren Untersuchung sind:

- Schrift ist schwierig, kann erst ab einem bestimmten Alter erlernt und durchaus wieder vergessen werden. Das gilt für die Entwicklung des einzelnen Individuums wie für die ganzer Kulturen.

- Literalität war die längste Zeit weder universal noch in der Geschichte der einzelnen menschlichen Gesellschaften vollständig dominierend, sondern befand sich im fließenden Austausch mit Oralität und (vor allem heute) mit Medialität.

- Der Literalitätsprozess ist immer wieder auch unterbrochen, in nicht wenigen Fällen sogar abgebrochen worden.

- Es gab niemals «die» Schriftkultur, sondern viele verschiedene, abhängig vom Schrift- und Gesellschaftssystem, abhängig aber auch vom Entwicklungsgrad der Ökonomie, Politik und Technik. Die Gefahr der eurozentrischen Favorisierung der abendländischen Schriftkultur ist daher dann groß, wenn die historisch gewachsene Vielstimmigkeit von schriftbasierten Kulturen außer Betracht bleibt.

- Die moderne europäische Schriftkultur mit den Kennzeichen wie z. B. Alphabetschrift, Typographie, durchgängige Alphabetisiertheit, schriftzentrierte Bürokratie, Literatur und literale Massenkommunikation hat sich erst in den letzten Jahrhunderten entwickelt und kann nicht ohne weiteres als Muster für jegliche Schriftkultur gelten.

Erst wenn man sich diese Implikationen einer auf Schrift gegründeten Kultur vor Augen hält und anerkennt, dass Literalität nicht per se immer und überall aus Fesseln befreite und zu Mündigkeit führen muss, kann man J. Assmanns weit vorausgreifendem Fazit über die weltverändernde Kraft der Schrift zustimmen:

> So hat Schrift die Welt verändert. Sie hat Grenzen überschritten und Grenzen gezogen. Mit der Überschreitung der Grenzen unseres Gedächtnisses und unserer Stimme hat sie die Bildung großräumiger politischer und wirtschaftlicher Organisationsformen ermöglicht und die Idee der Kultur als eines Jahrtausende umfassenden Gedächtnisses und Kommunikationsraums entstehen

lassen, angesichts dessen die Menschen von Unsterblichkeit und Fortdauer träumen konnten. Mit der Aufrichtung der Grenzen zwischen dem Alten und dem Neuen sowie dem Geglaubten und Verbürgten hat sie einen neuen, kritischen Wahrheitsbegriff geschaffen und eine Ideenrevolution in Gang gesetzt. Mit der Aufrichtung der Grenze schließlich zwischen Buchreligion und Kultreligion, Monotheismus und Kosmotheismus hat sie die Dynamik der abendländischen Religionsgeschichte bestimmt.[31]

Phasen der Schriftkultur

Literalität ist – wie Kultur überhaupt – weniger ein Zustand, sondern ein Prozess, der keineswegs als ein geradliniger aufzufassen ist. Es gibt verschiedene Möglichkeiten, diesen Prozess systematisch und/oder historisch aufzugliedern, nicht zuletzt mit der Zielsetzung, die eigene Gegenwart hierin zu verorten. Am weitesten gehen dekonstruktive Ansätze, die eine »archaische‹ Schrift der Spur«, eine »klassische‹ Schrift literaler Aufschreibesysteme«, eine »ästhetische‹ Schrift dinglicher Chiffrierungen« (z. B. Malerei, Architektur, Musik) und eine »transklassische‹ Schrift medientechnischer Spurensicherung«[32] unterscheiden. Beschränkt auf Schriftlichkeit im engeren Sinne lassen sich systematisch Phasen der Aliteralität (völlige Abwesenheit von schriftlicher Kommunikation), Präliteralität (schriftliche Kommunikation ist vorhanden, aber noch nicht relevant für alle), Hypoliteralität (schriftliche Kommunikation ist relevant, wird aber von der Mehrheit der Gesellschaft noch nicht beherrscht) und Literalität (schriftzentrierte Kommunikation in [voll]alphabetisierten Gesellschaften) gegeneinander abgrenzen.[33]

Andere Bezeichnungen für die Stufen noch nicht entfalteter Literalität sind »Protoliteralität« (Goody/Watt) und »begrenzte Literalität« (Goody, Ong). W. Harris unterscheidet »scribal literacy« (typisch z. B. für die antike und frühmittelalterliche Schriftkultur), »craftsman's literacy« (z. B. in Westeuropa vom 16. – 18. Jh.) und »mass literacy«. In völliger Abweichung davon schlägt R. Harris drei Stufen vor: »crypto-literacy«, »utilitarian literacy« und »full literacy«, wobei die letzte Stufe erst noch erreicht werden muss, weil die bisherige Geschichte der Schriftkultur von der »utilitarian literacy« beherrscht war, in der die Schrift als reines (Ersatz-)Werkzeug für die gesprochene Sprache benutzt worden sei.[34] Problematisch an den meisten dieser Formulierungen ist, dass sie den Status der oralen Kommunikation begrifflich als defizitäre Literalität fassen bzw. lediglich am Fortschritt hin zur Literalität interessiert sind und dabei die Besonderheiten der oral-literalen Mischformen verkennen. Ein weiteres Problem der systematischen Gliederung von Schriftkultur ist, dass die bezeichneten Stufen nicht ohne weiteres mit historischen Phasen gleichgesetzt werden dürfen, weil diese verschiedenen Stufen in einer Epoche und einer Gesellschaft sehr wohl nebeneinander existieren können.

Eine historische Phasengliederung hat aber auch ihre Probleme. Sie muss die Frage lösen, wie die Vielfalt der Schriftkulturen auf einen gemeinsamen Nenner gebracht und sodann als sich differenzierender Entwicklungsprozess dargestellt werden kann. M. McLuhans publizistischer Fanfarenstoß, sein 1962 erschienenes Buch *The Gutenberg Galaxis*, gab die Richtung bis heute vor: Er unterteilt darin die Geschichte der Schriftkultur in eine nicht-alphabetische Vorphase, dann folgt die Phase der alphabetschriftlichen Kultur. Letztere gliedert sich in zwei aufeinander folgende Abschnitte: die Phase der Manuskriptkultur bis zum 15. Jh. n. Chr. und die Phase der typographischen Kultur seit dem 16. Jh. Das Ende dieser »Gutenberg-Galaxis«, die vor allem eine Alphabetschrift-Galaxis ist, wird seit dem 20. Jh. durch den Übergang zum elektronischen Zeitalter bezeichnet, das in vielen Kommunikationsformen wieder an die Zeit vor der Schriftkultur anknüpft.

Mit diesem Schema ist zugleich die Frage danach beantwortet, ob es einen (historischen) Höhepunkt der Schriftkultur gegeben habe. Eigentlich ist diese Frage nicht zu beantworten. Denn wie sollte gemessen werden, ob etwa die Hoch-Zeit der chinesischen oder altägyptischen Schriftkultur mehr oder weniger einen Höhepunkt gegenüber der Blütezeit der athenisch-hellenistischen Schriftkultur darstellte oder diese gegenüber der Blütezeit der arabisch-islamischen Schriftkultur im Mittelalter oder diese gegenüber der Zeit der europäischen Aufklärung oder gar der Gegenwart? Wer allerdings der Alphabetschrift und der von ihr geprägten Schriftkultur von vornherein den Vorrang einräumt, wird diesen Höhepunkt nur für sie gelten lassen wollen und ihn dann dort finden, wo sie ihre größte gesellschaftliche Durchdringung gefunden hat. Das wäre dann wohl die Zeit der letzten 250 Jahre, vor allem in Westeuropa und Nordamerika.

McLuhans dreiteiliges Phasenschema kehrt als Grundriss in vielen Untersuchungen zur Schrift- und Medienkultur wieder, des Öfteren leicht verändert und auch in der Wertung verschieden. Die Einteilung ist bestimmt von der Überzeugung, dass der Alphabetschrift eine universale Geltungskraft zukomme und mithin vom Vorrang der Entwicklungslinie der abendländischen Schriftkultur ausgegangen werden müsse, da sie zum Schrittmacher der westlichen Industriestaaten geworden ist. Diese Auffassung wird – in Übereinstimmung mit den Erkenntnissen der neueren

Literalitäts-Forschung – im vorliegenden Buch nicht geteilt. Da die Darstellung sich jedoch auf den Entwicklungsgang der europäischen Schriftkultur (unter besonderer Berücksichtigung der deutschen Entwicklung) konzentriert, ist eine Anlehnung an dieses Phasenschema unvermeidlich, ohne dass die damit verbundenen Wertungen übernommen werden. Insofern geben gerade die Beschreibung der oralen Kultur, der Schriftsysteme antiker Hochkulturen und der Schriftkultur seit dem Mittelalter genügend Gelegenheit, der Gefahr einer eurozentrischen Verkürzung entgegenzuwirken.

Schriftkultur als Medienkultur?

Die bisherigen Ausführungen sollten deutlich gemacht haben: Der Blick auf die Geschichte und Geschichtlichkeit der Schriftkultur ist bestimmt von den Erfahrungen, die vor allem im Verlaufe des 20. Jh. durch die Veränderungen der kulturellen Kommunikation erzeugt worden sind. Es ist hauptsächlich die Erfahrung, dass eine Vielzahl unterschiedlicher Medien (mit wachsender technischer Erweiterung bis ins Virtuelle) unsere Wahrnehmungen geprägt und möglicherweise so beeinflusst haben, dass es kaum noch möglich ist, die Medialität der Schriftkultur von der der modernen Medienkultur zu trennen. Statt vom Ende der Schriftkultur zu sprechen, liegt es daher ebenso nahe, die gegenwärtige Situation als fortgesetzten Übergang von der Schrift- in die Medienkultur zu betrachten, wobei die Umschrift der alten alphabetisch-typographischen Codes (Lettern) in die neuen digitalen Codes (Ziffern) nicht als Umbruch, sondern als Erweiterung aufzufassen wäre.

Diese Ansicht ist im Ansatz schon bei M. McLuhan vorgeprägt und hat sich seitdem verstärkt. Sie hat zum einen den unverkennbaren Vorteil, dass sie die Beurteilung der Zukunft der Schriftkultur offen hält. Zum anderen öffnet sich aber auch der Blick dafür, dass sich die schriftlichen Texte im Verlaufe ihrer Geschichte immer mit anderen Medien in einem Wechselzusammenhang befunden haben und ohne ihn schwerlich existiert hätten. So gehörte z. B. das gesprochene Wort, verbunden mit Gestik und Mimik, in antiker Rhetorik, Literatur und Dramatik eng zur literarischen Kommunikation und blieb es darüber hinaus. Im Mittelalter traten das Tafel- und Wandbild, die Buchillustration, das darstellende Spiel u. a. hinzu. Zur Typographie gehörten das illustrierte und dialogisierte Flugblatt, später die illustrierenden Drucktechniken, der Notendruck und vor allem die (analogen) technischen Bilder seit dem 19. Jh., deren Grenzen sich heute im Zeichen der Digitalisierung auflösen.

1. Orale Kultur, Schriftkultur, Medienkultur

Die hier vorgelegte Kulturgeschichte der Literalität kann das Verhältnis zu nicht-literalen Medien aufgrund des beschränkten Raumes nur andeuten. Sie hält sich in dieser Hinsicht jedoch auch aus methodologischen Gründen zurück. Es gibt Medienwissenschaftler, die eine neue *querelle des anciens et des modernes*, d. h. einen Streit über die kulturelle Bedeutsamkeit der »alten« Schriftkultur angesichts der modernen Medien, herbeiführen wollen bzw. den Streit darüber sogar schon für erledigt erklären und eine Umwertung der Kultur- in Richtung auf eine Medienkulturgeschichtsschreibung fordern.[35] Meine Darstellung geht von der Überzeugung aus, dass es zum gegenwärtigen Zeitpunkt noch viel zu früh und letztlich auch völlig übereilt wäre, einen derartigen Paradigmenwechsel vorzunehmen. In einer holistisch angelegten »Geschichte aller Medien in ihrer Vernetzung«[36] schmilzt, noch ehe überhaupt die Summe in der Geschichte der einzelnen Medien gezogen worden ist, die Qualität des geschriebenen Wortes zum »Schreibmedium« ein. Eine Medienwissenschaft, die es unternehmen will, im Namen einer übergeordneten »Medienkultur« schlechthin alles zu beerben, verhebt sich völlig. Sie müsste sich zuallererst einmal Klarheit darüber verschaffen, wie sehr ihr Gegenstand selbst vom »Archimedium medialer Kommunikativität«,[37] der Sprache, sowie vom Prozess der sprachlichen Schriftkultur geprägt ist.

Schriftkultur/Literalität ist mehr als die Addierung unterschiedlicher Erscheinungsformen von »Schreibmedien«. Sie ist das Produkt eines langen Prozesses und zugleich ein treibender Faktor in Gesellschaften gewesen, in denen geschriebene/gedruckte Texte für die religiöse, politische, wirtschaftliche und soziokulturelle Kommunikation hohe Bedeutung gewannen. Sie prägte – wenn auch nicht als erste und einzige Instanz – das Prinzip und die Gestalt der symbolischen Formenbildung, mit deren Hilfe wir die Wirklichkeit betrachten. Sie schuf auf diese Weise maßgeblich die Voraussetzung für die »Lesbarkeit der Welt« mit allen ihren nicht unproblematischen Konsequenzen, wenn sich, wie H. Blumenberg es formuliert hat, »das Geschriebene [...] an die Stelle der Wirklichkeit«[38] schob. Vieles davon ist von den Medien des 20. Jh. aufgenommen, gesteigert und möglicherweise sogar aufgelöst worden. Diese Erkenntnis kann aber nicht zu der Konsequenz führen, sich von der Schrift wie von etwas Veraltetem abzuwenden. Vielmehr gilt das Gegenteil: Nie ist der Entwicklungsgang der literalen Kultur interessanter gewesen als gerade heute, da sie von ihren mit der Mode gehenden Kritikern im doppelten Sinne des Wortes »abgeschrieben« wird.

Dabei wird allerdings auch deutlich, wie sehr eine Darstellung der Geschichte der Literalität noch in ihren Anfängen steckt. Schon die Bezeichnung »Literalität« ist als Oberbegriff nicht unproblematisch. Denkbar wäre auch der ältere (Doppel-)Begriff »Schrift- und Lesekultur«. Neuere Arbeiten heben auf die »Materialität der Kommunikation« (H. U. Gumbrecht/K. L. Pfeiffer) ab oder thematisieren unter »Literalität« den Gebrauch, der vom Aufgeschriebenen gemacht wird. Zentrale Aspekte hierbei sind dann: »Alphabetisierung«, »Lesekultur« (R. Chartier, A. Manguel), »literarische Kommunikation« (J. Schneider). Viele Aspekte sind noch nicht erforscht. Es fehlen vor allem eine Geschichte des Schreibens sowie der Schriftreflexion.[39] Gut erforscht sind dagegen Teilaspekte der Literalität (z. B. die Geschichte der Schrift, der Schreibgeräte, der Literatur, der Bibliotheken, der Buchherstellung, des Buchhandels, der Alphabetisierung, des Lesens).

Der Gedanke, die gegenwärtige Schriftkultur als Medienkultur zu verstehen, enthält aber noch eine andere Herausforderung. »Medien« sind im modernen Verständnis mit massenhafter Verbreitung und Unterhaltung verbunden. Medienkultur ist in vielerlei Hinsicht populäre Kultur und gerät damit – wenigstens nach dem in der deutschen Kulturgeschichte verbreiteten Verständnis – in einen Konflikt mit Kultur, die nicht nur mit »Hochkultur« assoziiert ist, sondern ganz entscheidend auch mit Schriftlichkeit und literarischer Kultur. Eine Geschichte der Schrift- und Lesekultur, die sich der Hochkultur verpflichtet sieht, wäre im Wesentlichen eine Literaturgeschichte der Autoren und Texte oder – in einer ihr dienenden Absicht – eine »Sozialgeschichte der Kunst und Literatur« (A. Hauser) bzw. eine »Kulturgeschichte des Buches« (K. Schottenloher). Beides ist hier nicht beabsichtigt. Mit der Darstellung dessen, wie Schriftlichkeit entstand, in Gebrauch genommen wurde, in die verschiedenen gesellschaftlichen Bereiche eingedrungen ist und umgekehrt von ihnen durchdrungen wurde, diese mit neuen Praktiken verändert und erweitert hat und schließlich die Eigenart der Kultur zentral bestimmte, handelt eine Geschichte der Schrift- und Lesekultur nicht zuletzt auch vom Handwerk jener vielen Namenlosen, die an der Herausbildung einer mehr und mehr schriftbasierten Kultur mitgewirkt haben.

---

1 M. Bodmer: Die Bedeutung der Textüberlieferung. In: Hunger (1975), S. 18 f. Ähnlich bei: Hunger (1989), S. 9. Vgl. auch von Ranke: Weltgeschichte. I. Teil. Leipzig 1896⁵, S. 7.
2 Vgl. Leroi-Gourhan (1988), S. 243 ff.

1. Orale Kultur, Schriftkultur, Medienkultur 27

3 Vgl. dazu Leroi-Gourhan (1988), S. 237 ff.; Kuckenburg (1989), S. 100 ff.; Haarmann (1990), S. 21 ff.
4 Assmann (1992), S. 20 f.
5 Schlaffer (1986), S. 15; Assmann (1992), S. 29 ff.; Weinrich (2003), S. 37.
6 Vgl. Ehlich, in: Assmann/Hardmeier (1983), S. 33 f.
7 Vgl. Ong (1987), S. 61 ff.; Kullmann (1997), S. 55 f.; Jahandarie (1999), S. 7 ff.
8 Schlaffer (1986), S. 14. Vgl. auch Ong (1987), S. 39 ff.
9 Vgl. Goody/Watt (1981), S. 47.
10 Vgl. Weinrich (2003), S. 38.
11 Die wissenschaftlichen Bezeichnungen für diese soziale Funktion des Gedächtnisses lauten »strukturelle Amnesie« (Barnes, 1947, S. 48 ff.), »homöostatische Organisation« (Goody/Watt, 1981, S. 50), »floating gap« (Vansina, 1985, S. 23 f.), »Rekonstruktivität« (Assmann, 1992, S. 40 f.).
12 Vgl. zur Semantik von *literacy* Mostert (1999), S. 22 ff.; Sting (2003), S. 321 ff.
13 Krämer (1997), S. 107. Ähnlich zuvor schon Chaytor (1966, S. 6 f.); zur Forschungsentwicklung des Theorems (geschriebene Sprache als Abbild der gesprochenen) vgl. Feldbusch (1985), S. 1 – 64. Vgl. auch Harris (1986), S. 29 ff.; Glück (1987), S. 57 ff; Coulmas (1993), S. 104 ff.; HSK 10.1 (1994), S. 269 ff.; Stetter (1997), S. 117 ff.; Harris (2000), S. 27 ff., 39 ff. und passim.
14 Luhmann (1993), S. 350.
15 Eco (1994) schildert die Suche nach der vollkommenen Sprache als historisches Problem.
16 Stetter (1997), S. 9; 139 f. Vgl. auch HSK 10.1 (1994), S. 18 ff.; Koch (1997), S. 60 ff.
17 Epping-Jäger (1996), S. 59 ff.; Assmann (1992), S. 271; Kullmann (1997), S. 66; Graham (1987), S. 7; Oesterreicher (1993), S. 267 ff. Vgl. auch Finnegan (1988), S. 59 ff.
18 Goody (1981), S. 8.
19 Goody/Watt (1981), S. 99. Vgl. auch Ong, in: Baumann (1986), S. 36 ff., sowie die informative Auflistung bei Harris (1989), S. 26 f.
20 Gough, in: Goody (1981), S. 127.
21 Yan (2000), S. 67.
22 Assmann, in: Assmann/Hardmeier (1983), S. 268.
23 Pfeiffer (1993), S. 12. Vgl. auch die Kritik bei Olson/Torrance (1991), bes. S. 47 ff., 66 ff.
24 Gough, in: Goody (1981), S. 127. Vgl. auch Ehlich (1980), S. 336. Goody (1987, S. 54) folgt dieser Ansicht und revidiert damit frühere Urteile.
25 Olson u. a. (1985), S. 14. Ähnlich bei: Thomas (1992), S. 21 ff. Lloyd (in: Yunis, 2003, S. 122 ff.) belegt diesen Ansatz mit einem detaillierten Vergleich griechischer und chinesischer Literalität.
26 Thomas (1992), S. 28.
27 Harris (2000), S. 15. Vgl. zuletzt Goody (2000), der – freilich in einem mehrfach differenzierten Sinn – am Werkzeugcharakter (»tools«) des geschriebenen Wortes festhält: »Change those tools, by means of education, economy, religion, or politics, and you change the outcomes« (S. 150).
28 Coulmas (1993), S. 102.
29 Wetzel (1991), S. 36.
30 Derrida (1983), S. 99, 107 f.
31 Assmann: Jenseits der Stimme, jenseits des Mythos. Über die Veränderung der Welt durch die Schrift. In: *NZZ* Nr. 15, 19./20.1.2002, S. 52. Wiederabdruck: Seipel (2003), S. 45 – 49, Zitat: S. 49.
32 Wetzel (1991), S. 47.
33 Vgl. Glück (1987), S. 182 ff.
34 Harris (1989), S. 7 f.; Harris (2000), S. 10 f.

35 Vgl. dazu den kritischen Überblick von Schöttker (2003 a), S. 17 ff.
36 Faulstich (1997), S. 9, 129 f.
37 Jäger (2001), S. 31.
38 Blumenberg (1993), S. 7.
39 HSK 10.1 (1994), S. 48, 103. Vgl. auch Schlieben-Lange (1982), S. 116; Günther/Günther (1983), S. 36; Pfeiffer (1993), S. 10 f.

2. Von den Anfängen der Schrift zu den Schriftsystemen der frühen antiken Hochkulturen

»Schrift« in oralen Kulturen

Die Anfänge der Schrift liegen vor der Schrift. Diese auf den ersten Blick paradoxe Aussage trifft zu, wenn man unter »Anfänge der Schrift« solche graphischen Notationen versteht, die noch nicht sprachgebundene lineare Abfolgen sind und die deswegen häufig nicht als »Schrift« bezeichnet werden. In oralen Kulturen gibt es solche Notationsformen als vollgültige Formen der Kommunikation. Es handelt sich dabei um Formen graphischer Informationsspeicherung, die auf eine symbolische bzw. bildhafte Weise Kodierungen vornehmen. Wir kennen diese Technik aus den verschiedenen Epochen bis heute, sowohl anstelle der Schrift wie vor allem an ihrer Seite. Sie ist immer dort angewandt worden, wo rasch bzw. jenseits der Bindung an eine einzelne Sprechsprache Informationen mitgeteilt werden sollen wie z. B. bei Ziffern, piktographischen Hinweisschildern, chemischen Formeln, mathematischen Zeichen oder musikalischen Noten, aber auch bei komplexeren Formen der Bild-Erzählung (Rebus, Comic, Werbeplakat usw.).

Als Schrift werden diese Kodierungsformen in der Regel erst dann anerkannt, wenn sie einem linearen Prinzip gehorchen. Das muss aber nicht zwingend so sein, auch wenn in der abendländischen Entwicklung die Vorstellung tief verwurzelt ist, dass (alphabetische) Schrift – dem Strom der Rede folgend – als ein Nacheinander von Lautzeichen Sinn erzeugt. Gestisch-mimische Körpersprache in Kulturen mit primärer Oralität (z. B. im kultischen Ritus als Opferhandlung, Initiationsritual, Totenfeier, Tanz, Spiel usw.) »erzählt« jedoch anders, ebenso sind eine musikalische Darbietung und eine Abbildung anders zu »lesen«; für die Aufzeichnung gestisch-mimischer »Erzählungen« trifft dasselbe zu. Noch in der Hieroglyphenschrift gibt es die Lizenz, das Prinzip der Linearität durchbrechen zu dürfen; ebenso arbeiten z. B. Buchstabenmagie, rabbinische bzw. scholastische Schriftauslegung oder visuelle Poesie daran, Schrift und Schriftsinn gegen Linearität zu wenden, um ein verborgenes Anderes zu zeigen.

Worin aber besteht dieses Andere? Der zentrale Unterschied zur linearen Schrift dürfte sein, dass der nichtlineare »Text« mehrdimensional ist, d. h. sich als Gleichzeitigkeit verschiedener Impulse entfaltet und dabei weniger auf ein eindeutiges Sinnzentrum hin, sondern strahlenförmig strukturiert ist.[1] Man könnte es auch so ausdrücken: Nicht einzelne Zeilen erzeugen den Sinn, sondern die ganze Fläche – wobei hinzuzufügen wäre: nicht *den* Sinn, sondern *Sinn*. Ein Beispiel: Das hier Dargestellte (Abb. 1) sieht auf den ersten Blick wie eine primitive Zeichnung aus. Zu erkennen sind Abbildungen verschiedener Tiere (Bisons, Pferde, Böcke u. a.), zu erkennen ist aber auch eine bestimmte Gruppierung und Heraushebung der Figuren, die unterstützt wird durch Linien, Ausrichtungen und Pfeilzeichen. Eine lineare Folge gibt es nicht, eher eine komplexe Verzweigung ohne Anfang und Ende. Es ist also kein »Text«, in dem eine bestimmte Bedeutungsabfolge festgeschrieben ist. Es handelt sich aber auch nicht um Kunst im Sinne einer Abbildung von Realität (also etwa um eine Darstellung von Jagdtieren u. Ä.). Die ganze Fläche »spricht« mit der Anordnung ihrer graphischen Zeichen, bleibt aber zugleich stumm, weil sie weder direkten Aufschluss über eine phonetische Umsetzung noch eine visuelle Repräsentation gibt. Leroi-Gourhan schließt daher: »Hinter der symbolischen Figurenansammlung hat mit großer Sicherheit ein mündlicher Kontext gestanden, der in einem engen Zusammenhang mit der symbolischen Anordnung stand und dessen Werte räumlich reproduzierte.«[2]

Die Differenzen zwischen nicht-sprachgebundenen Mitteilungsformen (z. B. geschichtete Steine, Knotenschnüre, Ritzungen usw.) und sprachgebundener Schrift bestehen darin, dass es sich um verschiedene Kommunikationsweisen handelt, die den jeweiligen Bedürfnissen angepasst sind. Im Folgenden geht es zunächst nur um die frühen nicht-linearen Formen, wobei hier der Begriff »Graphismus« (Leroi-Gourhan) verwendet wird. Mit ihm soll zum Ausdruck gebracht werden, dass bereits die nicht-sprachgebundene Notation ohne lineare Struktur eine ganze Reihe von Abstraktionsleistungen vollbringt, die es berechtigt erscheinen lassen, sie in die Nähe des Ursprungs von Schrift zu setzen, auch wenn ein solcher Ursprung niemals fixierbar sein wird.

Nicht-linearer Graphismus

Der Ursprung des Graphismus liegt im Dunkeln. Zeugnisse datieren vor allem von der Zeit ab ca. 35 000 v. Chr., auch wenn ältere Kerbungspraktiken existieren, von denen nicht völlig klar ist, ob sie schon als Notationssysteme gelten können. Die entscheidende Frage, wie es der Cro-Magnon-Mensch schaffte, Dinge und Sachverhalte seines Lebens und seiner Umwelt anders als auf gestisch-sprachliche Weise zu repräsentieren, lautet: Nimmt

2. Von den Anfängen der Schrift zu den Schriftsystemen

Abb. 1   Mythogramm (Höhle von Niaux), 11. – 8. Jt. v. Chr.

diese neue Repräsentationsform ihren Ausgang vom Bild oder von graphischen Zeichen? Wie schon vor ihm das Gros der Schrifthistoriker vertrat zuletzt H. Haarmann die These: »Erst Bilder, dann Schrift.« Dagegen argumentierte der Paläontologe A. Leroi-Gourhan: »Der Graphismus hat seinen Ursprung nicht in der naiven Darstellung der Wirklichkeit, sondern im Abstrakten.«[3]

Für Haarmanns Auffassung spricht das reichhaltige Beweismaterial der steinzeitlichen Bildproduktion, die in den Fels- und Höhlenbildern aus der jüngeren Altsteinzeit (z. B. in Altamira, Lascaux u. a., ca. 15 000 – 8000 v. Chr.) ihren Höhepunkt hatte. Sie findet sich aber auch noch in späteren Epochen und Kulturkreisen (z. B. in den Felsbildern vom karelischen Onegasee aus dem 3./2. Jahrtausend oder noch in den schwedischen Bildsteinen vom 5. – 11. Jh. n. Chr.). Diese Bilder und Bildsequenzen veranschaulichen eindrucksvoll, wie detailliert ihre Verfertiger es vermochten, (erzählende?) Mitteilungen kultischen Inhalts zu fixieren. Gegen Haarmanns These spricht allerdings die Chronologie der Funde. Die ältesten Zeugnisse stammen aus der Zeit von 35 000 bis 30 000 v. Chr. und sind keine Bilder, sondern Zeichen, die nur zu einem Teil figürlich konzipiert sind. Es sind vor allem graphische Zeichen (Symbole), die zum einen Dinghaftes und wohl auch Gedachtes repräsentieren, zum anderen aber auch als Merkzeichen für sie fungieren.

Diese Technik des Graphismus hat weder schon etwas mit »Kunst« zu tun, da keine naturalistische Abbildung intendiert ist, noch handelt es sich bereits um Schrift im engeren Sinne, da noch keine lineare Erzählstruktur vorhanden ist. Sie entstand zeitgleich mit der Entwicklung der sich differenzierenden Sprechsprache in der Jüngeren Altsteinzeit (ab ca. 30 000 v. Chr.). Sie existierte jedoch unabhängig von der gesprochenen Sprache, sodass es zu einem dualen System der Informationskodierung kam, das charakteristisch für den eiszeitlichen Kulturkreis in Mitteleuropa ist. Die graphischen Aufzeichnungen sind zwar mithilfe der Sprechsprache expliziert worden, existieren aber stets als ein »Mehr« wegen der Ausgedehntheit ihrer symbolischen Verweisungen. Hierin ist der Graphismus der gestisch-mimischen Körpersprache ähnlich und vermag gerade im Bereich des Kultus das Unaussprechliche des »Heiligen« angemessener zum Ausdruck zu bringen als die Sprechsprache oder (später) die phonetisierte Schrift. An der Herausbildung der Letzteren hat er einen wichtigen Anteil, weil er das Vermögen beförderte, neben der Sprechsprache und unabhängig von ihr ein neues Kodierungssystem zu entwickeln, das in der Lage war, Abstraktes zu fixieren. Der Graphismus ist also nicht der Ursprung der Schrift und kann auch nicht als eine Vorform von ihr bezeichnet werden. Er hat gewissermaßen Entwicklungsarbeit geleistet und damit einen Transfer ermöglicht, durch den sich das Prinzip der sprachgebundenen Ideenschrift in der oralen Kultur herausbilden konnte.

Der Übergang zum linearen Graphismus: eine »Urerfindung«?

Wie kommt es vom nicht-linearen zum linearen Graphismus? Ist die Anwendung des Prinzips einer linearen Zeichenfolge ein Bruch mit dem mehrdimensionalen Prinzip der frühen Notationssysteme in Gestalt einer einmaligen »Urerfindung« (A. Schmitt) oder eine langsam gewachsene Entwicklung? In jüngerer Zeit gewinnt die Auffassung an Geltung, dass es zwischen dem Graphismus und den mehr und mehr linear angeordneten archaischen Schriften eher fließende Übergänge gegeben haben müsse. Dafür hatte der Graphismus bereits wichtige Grundlagen geschaffen. Zu nennen ist vor allem das Prinzip der Abstraktion durch Symbole und deren Repräsentation durch graphisch-figürliche Zeichen (Ideographie). Damit stand auch zugleich ein Zeichenarsenal zur Verfügung, das nur noch weiter zu entwickeln war. Der Schritt in die Linearität konnte des Weiteren auch gefördert worden sein durch das jahrtausendealte Vorbild der Kerbungspraktiken, wenn man die vielfältigen Gravuren als Zählungen und damit als linear zu lesende Formen der Informationsübermittlung auffasst. Dem widerspricht jedoch, dass bestimmte, vor allem flächige Formen von Kerb-Markierungen als nicht-lineare Aufzeichnungen von Botschaften gedeutet werden. Der Streit entschärft sich, wenn man sich auf die Inkubationsphase der Schrift, d. h. auf die Zeit zwischen ca. 10 000 und 3000 v. Chr., konzentriert. Dabei ist zu berücksichtigen, dass in diesen wenigen Jahrtausenden ein tief greifender Umbruch in der wirtschaftlichen Lebensweise der in Eurasien lebenden Menschen stattfand, der seine Spuren auch in den Formen der kulturellen Überlieferung hinterließ. Es handelt sich um den Übergang zur Mittel- (Mesolithikum) bzw. Jungsteinzeit (Neolithikum) vor ca. 12 000 – 8000 Jahren, als zuerst die im Vorderen Orient lebenden Menschen zur Sicherstellung der Ernährung vom Jagen und Früchtesammeln auf Ackerbau und Viehzucht umzustellen begannen. Mit dieser Veränderung, die sich am stärksten in den fruchtbaren Flusslandschaften an Euphrat, Nil und dem Gelben Fluss ausbildete, waren mittelfristig nicht nur Sesshaftigkeit, Surpluswirtschaft und Ausdifferenzierung von Handwerk und Technik verbunden. Es kam zu einer markanten Verdichtung der Kommunikationsformen in der Siedlungsweise (Dörfer, Städte), im Handel, der Verwaltung, in Kultur und Kultus. Sie gipfelte in der Gründung von Stadtstaaten im 4. Jahrtausend v. Chr., dem Beginn antiker Hochkulturen, die zugleich hoch komplexe Wirtschafts- und Staatsgebilde waren, wie es sie in der Geschichte der Menschheit zuvor noch nie gegeben hatte.

Die meisten Schrifthistoriker sind sich einig, dass diese gesellschaftlichen Veränderungen die maßgeblichen Impulse für die weitere Schriftentwicklung waren. Uneinigkeit herrscht allerdings darüber, welche spezifischen Anstöße es waren und wo sie zuerst der linearen Schrift zum Durchbruch verholfen haben. Waren es vor allem wirtschaftlich oder staatlich begründete Impulse oder eher religiöse Zwecksetzungen, die die Ingebrauchnahme einer neuartigen Schrift vorantrieben? Und: Geschah dies vor ca. 5000 Jahren zuerst in Mesopotamien oder bereits vor mehr als 6000 Jahren in Südosteuropa oder zu noch einem anderen Zeitpunkt in Ägypten oder Indien? Wie auch immer die nicht mit letzter Sicherheit zu formulierende Antwort lautet, eines dürfte feststehen: Die »Erfindung« der linearen Schrift ist keine Erfindung durch einen Einzelnen, auch wenn begabte Einzelne jeweils ihren Beitrag zur Hervorbringung leisteten. Sie hat auch keinen bestimmten einzelnen Ursprung, sondern ist das Ergebnis eines Zusammenwirkens verschiedenster Faktoren und insofern eine kollektive Produktion der Menschheit.

Theorien über die Entstehung archaischer Schrift – Ägypten oder Alteuropa?

Unter »archaischer Schrift« werden im Folgenden jene frühen Aufzeichnungsformen verstanden, in denen auf unterschiedliche Weise der Versuch gemacht wird, graphische Zeichen an gesprochene Sprache zu binden. Diese Bindung ist noch partikular und sozusagen auf dem Wege zur Linearität. Das Aufgezeichnete hat vor allem mnemotechnische Funktion, d. h., es entlastet das Gedächtnis bei komplexer werdender Informationsübermittlung. Die verwendeten Zeichen können ideenschriftliche (ideographische), bilderschriftliche (piktographische) oder sogar schon wortschriftliche Zeichen sein und in den jeweiligen Schriften auch in gemischter Form auftreten. Am Ende dieser Versuche stehen die verschiedenen linearen Schriftsysteme der Hochkulturen.

Archaische Schrift ist in mehreren Kulturkreisen, wenn auch mit einer zeitlichen Differenz von über 1500 Jahren, entstanden. Bislang überwog die Ansicht, dass die ersten Zeugnisse einer archaischen Schrift – inklusive einer Vorlaufphase, die mit der neolithischen Umwälzung begann – frühestens ab ca. 3500 v. Chr. im mesopotamischen Uruk (heute: Warka) belegt sind. Der Prozess der Schriftentstehung dürfte dann dort um 2800 v. Chr. abgeschlossen gewesen sein.[4] Aufgrund neuester Funde kommt jedoch auch Ägypten als Ursprungsland infrage. Die frühesten, nicht eindeutig entzifferbaren ägyptischen Schriftzeugnisse datieren demnach aus der Zeit um 3200 v. Chr., deren (bislang noch nicht aufgefundene) Vorläufer noch weiter ins 4. Jahrtausend v. Chr. zurückreichen dürften.[5] Für die Zeit zwischen 3100 und 2700 v. Chr. ist aus dem persischen Susa die (nicht entzifferte) sogenannte protoelamische Schrift belegt, die somit die drittälteste Schrift sein dürfte. Aus der ersten Hälfte des 3. Jahrtausends stammen Schriftbelege (Siegelinschriften), die im Indus-Tal gefunden wurden, aber noch nicht entziffert werden konnten. Als älteste Dokumente der chinesischen Schrift gelten Bronzeplatten-Inschriften aus der Zeit der Xia-Dynastie (ab 2205 v. Chr.), doch gibt es eine zusammenhängende Schriftüberlieferung erst seit ca. 1600 v. Chr.

Der Schrifthistoriker H. Haarmann griff 1990, gestützt auf archäologische Forschungen zum altbalkanischen Kulturkreis, die These auf, dass hier – im sogenannten Alten Europa im Verlaufe der Vinca-Kultur in der Zeit von 5300–3500 v. Chr. – zum ersten Male archaische Schrift verwendet worden sein soll. Schriftträger sind Tonfiguren, -gefäße und -tafeln, die 230 verschiedene graphische Zeichen besitzen und nun nicht, wie bisher, als Töpfermarken, sondern als logographische Schrift einer Sakralsprache gedeutet wurden. Gebunden an eine damals existierende vor-indogermanische Sprache, kann sie heute nicht mehr entschlüsselt werden. Reste dieser von den Indogermanen vertriebenen Kultur erkennt Haarmann im Rückzugsraum der mykenischen Kultur Altkretas (3200–2000 v. Chr.). Ein Wiederaufleben der balkanischen Sakralschrift sieht er in der altkretischen Linear A-Schrift (1650–1450 v. Chr.).[6]

Die These von der europäischen Wiege der Schriftkultur ist umstritten und mit der vorgelegten Beweisführung noch nicht überzeugend. Sie steht quer zur verbreiteten Auffassung, dass diese Wiege im Vorderen Orient oder in Ägypten gestanden haben müsse. Der Dissens betrifft dabei nicht nur die Datierung, die für die (alt)europäischen Schriftzeugnisse nach wie vor strittig, für die sumerischen jedoch überwiegend zweifelsfrei ist. Es ist auch die Behauptung, dass die archaische Schrift zuerst im und für den sakralen Bereich in Gebrauch genommen worden sei, die Widerspruch findet. Zwar ist die Bedeutung des religiösen Kultus schon im nicht-linearen Graphismus der Altsteinzeit und später bei der archaischen Schriftentwicklung in Altägypten, Altchina, in der Induskultur und nicht zuletzt bei den Sumerern nicht zu bestreiten. Aber Religion und Priesterschaft hingen gerade zu Beginn der Hochkulturen in Gestalt der Tempelwirtschaft immer eng mit Ökonomie und Herrscherpolitik zusammen. Insofern bleibt unverkennbar, dass die komplexer werdenden gesellschaftlichen und ökonomischen Bedingungen der entstehenden Hochkulturen selbstverständlich nicht nur entwickeltere Formen der Buchführung erforderten. Sie benötigten in zunehmendem Maße auch die Schrift, um verwalten, benachrichtigen, registrieren, dokumentieren und archivieren zu können. »Buchhalter«, so P. Damerow, »erfanden die Schrift [...] und das Ziel war nicht die dauerhafte Fixierung von Gedanken und Ideen, sondern die Kontrolle der Aneignung und Distribution von Rohstoffen, Arbeitskräften und Produkten.«[7]

Archaische Schrift in Mesopotamien

Einen bestechenden Erklärungsansatz dafür, wie aus den Notwendigkeiten wirtschaftenden Rechnens die archaische Schriftentwicklung angestoßen wurde, lieferte ab 1977 die Archäologin D. Schmandt-Besserat. Gestützt auf die Ergebnisse archäologischer Ausgrabungen in Nuzi (Nordirak), Susa (Westiran), Uruk (Südirak) und weiteren Stätten, brachte sie die Erkenntnisse über das mit Tonmarken/Tonhüllen operierende Buchführungssystem in Zusammenhang mit der Entstehung der archaischen Schrift.[8] Ihrer Theorie zufolge entwickelte sich ab ca. 8000 v. Chr. zunächst ein System von Tonmarken (*token*), das sich vor allem ab ca. 5500 v. Chr. zu einer immer komplexeren Dokumentation von Wirtschaftsgütern, Mengen und Werten ausbildete, die für Handel und Verwaltung unverzichtbar war. Ab etwa der Mitte des 4. Jahrtausends kam es in Verbindung mit Hohlkugeln aus Ton (*bullae*), in denen die Tonmarken nicht nur aufbewahrt wurden, sondern auf deren Außenfläche sie auch als Beleg für den Inhalt abgedrückt waren, zu einem immer abstrakteren Aufzeichnungssystem. Aus dem dinglichen, dreidimensionalen »Dokument« (Tonhülle + *token*) entstand ein zweidimensionaler »Text« mit graphischen Zeichen, indem die *token* zu Zahl- und Schriftzeichen und die Hülle zur Tafel als Schriftträger wurden. Dieser Prozess war zwischen 3300 und 3100 v. Chr. abgeschlossen. Unterschieden wurden für die Anfangszeit bis zu 1800 piktographisch-ideographische Zeichen, die sich besonders bei den aus Uruk stammenden Tafeln auf etwas mehr als 700 reduzierten, die jeweils für bestimmte Zahlen und Mengenangaben, Wörter (Logogramme) oder Begriffe (Ideogramme) stehen.[9]

Bis ins erste Drittel des 3. Jahrtausends beschränkten sich die Inhalte der altsumerischen Tafeln auf die knappe Auflistung von Wirtschafts- und Verwaltungsinformationen. Schrift ist hier noch reine »Buchhalterschrift« (Damerow). Dann aber gingen die Mitteilungen über den Charakter von Warenscheinen, Quittungen und Buchhaltung hinaus. Es erschienen Zeichen(kombinationen), mit denen – auch unter Ausnutzung des Synonym-Prinzips, bei dem ein Zeichen mehr als eine (bzw. eine übertragene) Bedeutung annehmen konnte – textliche Erweiterungen vorgenommen wurden. Spätestens von diesem Zeitpunkt an kann man von einer Schrift im engeren Sinne sprechen. Sie ist schon sprachbezogen, d. h. eine schlagwortartige Wortschrift, aber noch keine vollständige phonetische Umsetzung. Dieser Typ von archaischer Schrift findet sich ebenfalls bei der so genannten proto-elamischen Schrift im südlichen Iran (Beginn des 3. Jahrtausends v. Chr.), bei der Indus-Schrift (Anfänge ab 2600 v. Chr.) und trifft wohl auch für mögliche Vorstufen der altägyptischen Hieroglyphenschrift zu.

Zusammenfassend lässt sich die archaische Schrift folgendermaßen charakterisieren: Archaische Schrift hat sich in einem längeren Entwicklungsprozess aus einem wahrscheinlich überlieferten piktographisch-ideographischen Zeicheninventar zu einer linearen Notation entwickelt. Sie diente kultischen und staatlich-repräsentativen, vor allem aber wirtschaftlich-verwaltungstechnischen Zwecken. Die archaische Schrift steht in ihrer verknappten Schreibweise neben der Sprechsprache, d. h., sie schreibt nur das Notwendigste auf und muss durch mündliches Kontextwissen ergänzt werden. Gerade weil sie in einer nach wie vor von Oralität geprägten gesellschaftlichen Kommunikation lediglich als Unterstützung des Gedächtnisses und dann mehr und mehr auch als Archiv dient, will sie zählen, auflisten und registrieren, nicht aber schon die Rede kopierend aufzeichnen. Diese Eigenart ist kein Defizit, sondern funktional. Die dadurch bedingte Unabhängigkeit von der jeweiligen Sprechsprache erhöhte ihre Eignung im Verkehr mit Mitgliedern verschiedener Sprachen. Sie gab ihr zugleich eine größere Dauer gegenüber dem steten Wandel der Sprechsprache.

Aus der piktographisch-ideographischen Grundform der archaischen Schrift entstanden in den verschiedenen Kulturkreisen in einem viele Jahrhunderte dauernden Prozess die komplexeren Schriftsysteme der frühen antiken Hochkulturen. Ihnen gemeinsam ist, mit der markanten Ausnahme des chinesischen Schriftkulturkreises, die zunehmende Phonetisierung der Schrift, d. h. die Erweiterung der ideographischen Wortschrift zur phonetischen Silbenschrift (z. T. auch schon zu Elementen der Buchstabenschrift). In dieser wachsenden Bindung an die Sprechsprache begannen sich die Schriftsysteme jedoch auch voneinander zu unterscheiden, weil die einzelnen Sprechsprachen wegen der Eigenart ihrer Sprachstruktur (Lautsystem, Syntax, Grammatik usw.) einen jeweils anderen schriftlichen Ausdruck verlangten. Unterschiedlich sind des Weiteren die Schriftgestalt (Schriftzeichen, Zeichenmenge), die Schreibkonventionen (Schriftrichtung, Aufteilung der Schreibfläche) und die Art und Weise der Schriftproduktion (Schriftträger, Schreibwerkzeug), hervorgerufen durch die jeweilige Verfügbarkeit von Schreibmaterialien und die Zwecksetzung des Gebrauchs.

Vorderasiatische Keilschriften und Schriftkultur

Der Begriff »Keilschrift« bezeichnet in erster Linie eine bestimmte Schreibtechnik, meint dann aber auch ein bestimmtes Schriftsystem. Graphische Zeichen (Piktogramme, Ideogramme, Phonogramme) werden mit einem hölzernen Griffel in eine zwei bis vier Zentimeter dicke Tontafel eingeritzt bzw. eingedrückt und durch Trocknen oder Brennen gehärtet. Diese Technik wurde zuerst bei den Sumerern angewandt, doch kann man streng genommen hier noch nicht von echter Keilschrift sprechen. Die überwiegend piktographischen Zeichen sind nämlich zunächst geritzte Striche. Sie wurden erst ab ca. 2700 v. Chr. zu keilförmigen Zeichen, indem der (nun dreikantige) Griffel schräg in die Tonmasse gedrückt wurde (als Steininschrift erst ab 2500 v. Chr.). Etwa zur selben Zeit veränderte sich die Schreibrichtung: Statt weiter von oben nach unten schrieb man nun von links nach rechts (als Steininschrift erst ca. 1000 Jahre später). Weiterhin bzw. im Zusammenhang damit erfolgte eine Drehung der Schriftzeichen um 90 Grad und zugleich wurden die Zeichen noch mehr vereinfacht und abstrakter (Abb. 2). Die Gesamtzahl der Zeichen sank bis 2000 v. Chr. auf rund 500. Für einen einfachen Schreiber dürfte ein Repertoire von ca. 200 Zeichen ausgereicht haben.[10]

Damit war die äußere Gestalt der Keilschrift vollendet. Zugleich hat sich bis zu diesem Zeitpunkt das sumerische Schriftsystem als Mischung von Wort-, Silben- und Deutungszeichen ausgebildet. In diesem System gewannen die Silbenzeichen in der Folgezeit immer größere Bedeutung, sodass es nun möglich wurde, die gesprochene Sprache unmittelbarer abzubilden. Da die Silbenzeichen jedoch Mehrdeutigkeit nicht verhindern konnten, mussten hinzugefügte Deutungszeichen Hinweise auf das Gemeinte geben. Insofern kann zwar noch nicht von einer eindeutigen Umsetzung der Rede in Schrift gesprochen werden, doch ist unverkennbar, dass die schriftlichen Texte dicht an die gesprochene Sprache heranrückten.

Der Prozess der Phonetisierung verstärkte sich weiter, als in den späteren Jahrhunderten die sumerische Keilschrift von anderen vorderasiatischen Kulturen übernommen wurde. Der Grund für diesen Entwicklungssprung hin zur (allerdings nicht vollständigen) Silbenschrift war: Die Nachfolgekulturen verwendeten die sumerische Keilschrift zur Schreibung ihrer mit dem Sumerischen nicht verwandten Sprachen und mussten daher zwangsläufig das phonetische Prinzip intensivieren. Die erste bedeutende Übernahme geschah ab ca. 2350 v. Chr. durch die Akkader, die die verschiedenen sumerischen Stadtstaaten im Zweistromland unterworfen hatten, aber sowohl politisch wie kulturell in einem engen Wechselverhältnis mit ihnen verblieben. Um 1700 v. Chr. errangen die Babylonier die Vorherrschaft, ab 1520 v. Chr. die Hethiter, ab 1350 v. Chr. die Assyrer und ab 612 v. Chr. noch einmal die Babylonier. Trotz wechselnder Herrschaft und Sprache blieb die sumerische Keilschrift, jeweils angepasst an die Struktur der Sprache des Herrschervolks, in Mesopotamien in Gebrauch, auch als das Sumerische als gesprochene Sprache um 1800 v. Chr. untergegangen war. Darüber hinaus wurde sie in Persien (Elam, Altpersien), im östlichen Kleinasien bei den Hethitern und Armeniern sowie in Syrien (Ugarit) übernommen.

Von einer auf der Keilschrift basierenden Schriftkultur lässt sich spätestens ab der Mitte des 3. Jahrtausends sprechen. Sumerische, später akkadische und vor allem babylonisch-hethitische Texte des 2. Jahrtausends werden immer »reicher, greifen weiter in die Vergangenheit zurück, erzählen genauer, konstruieren größere Zusammenhänge«[11]. Es handelt sich zunächst um Verwaltungs- und Wirtschaftsurkunden, Rechtsurkunden, Herrscher-

Abb. 2 Keilschriftlicher Übungstext, 3. Jt. v. Chr.

korrespondenzen und Inschriften an Gebäuden, Statuen, Gefäßen, oft auch in zweisprachiger Form bzw. als Vokabulare erhalten. Hinzu kamen kultische, wissenschaftliche und literarische Texte sowie Schultexte verschiedensten Inhalts aus Schreiberschulen. Unter den Hethitern entstanden größere historische Darstellungen (Tatenberichte, Grabinschriften). Mithilfe der Keilschrift konnte das umfangreiche astronomische, mathematische und medizinische Wissen aufgeschrieben werden, das in Archiven und Tempelbibliotheken gesammelt und in Schulen gelehrt wurde.

Die (assyrische) Keilschrift war vom 2. bis ins 1. Jahrtausend v. Chr. die »internationale Diplomatensprache« bzw. die »Antiqua des alten Orients«[12], d. h. ein überregionales Kommunikationsmedium, das in dem politisch und ökonomisch eng verflochtenen Gebiet zwischen Persien und dem östlichen Mittelmeer ein sehr taugliches Mittel war, Verständigung unter den verschiedenen Sprechsprachen zu gewährleisten. Ab dem 6. Jh. v. Chr. verlor die Keilschrift an Bedeutung und wurde in ihrem Ursprungsgebiet vom alphabetschriftlichen Aramäisch verdrängt. Der letzte keilschriftliche Text datiert von 74/75 n. Chr.

Die Fülle der keilschriftlichen Dokumente – man vermutet eine Gesamtzahl von etwa einer Million Tontafeln[13] – ist noch längst nicht ausgewertet. Allein aus den Schuttschichten der 3. Dynastie in Ur (ca. 2100–2000 v. Chr.) sind bis 1990 rund 100000 Tafeln geborgen worden, nachdem die 1845–53 ausgegrabene Palastbibliothek des assyrischen Königs Assurbanipal (669–627 v. Chr.) in Ninive, die rund 20000[14] Tontafeln umfasste, den Beginn spektakulärer Funde markiert hatte.[15] Der berühmteste Text dieser Bibliothek, die sich heute im British Museum befindet, ist das älteste Epos der Menschheit, das *Gilgamesch*-Epos (entst. um 2000 v. Chr.). 1902 wurde bei Susa eine 2,25 m hohe Basaltstele ausgegraben, auf der die Gesetzessammlung des Hammurabi (um 1700 v. Chr.) in 282 Paragraphen niedergeschrieben war. Da die gefundenen Tafeln nur den erhaltenen Rest bezeichnen, wird deutlich, welche Reichweite für das tägliche Leben die Schrift in Mesopotamien besaß, und das trotz ihrer Schwierigkeit und trotz der Tatsache, dass nur geschulte Schreiber sie beherrschten.[16]

Ägyptische Hieroglyphenschrift und Schriftkultur

Die ägyptische Schriftkultur gehört mit ihrer dreieinhalbtausendjährigen Dauer zu den ältesten und stabilsten Schriftkulturen überhaupt. Ob sie wirklich die älteste und damit eine »Urschöpfung« oder eher eine »Nachschöpfung« (aufgrund sumerischer Einflüsse) ist, bleibt umstritten. Doch haben neueste Funde einige bemerkenswerte Aufschlüsse gegeben.[17] Aus den ab Ende der 1980er Jahre im Grab U-j in Abydos (ca. 3200 v. Chr.) entdeckten Anhängetäfelchen und beschrifteten Tongefäßen ergibt sich heute zweifelsfrei: Im vordynastischen Ägypten, ebenso wie in Mesopotamien, setzten politisch-wirtschaftliche Herrschaftsinteressen den Schriftgebrauch in Gang, den dann das vereinigte Alte Reich am oberen und unteren Nil weiter vorantrieb. Dabei fällt auf, dass die ersten Schriftbelege sowohl im Zeichenarsenal wie in der Technik, phonetische Schreibweisen anzuwenden, bereits so fortgeschritten sind, dass ein Beginn aus dem Nichts kaum vorstellbar ist.

Die weiteren überlieferten Schriftzeugnisse (beschriftete Schminktafeln, Prunkkeulen, Städtelisten) datieren vom Zeitpunkt der Vereinigung Ober- und Unterägyptens zu einem Pharaonenreich. Dies ist vermutlich schon in den Jahrhunderten um 3000 v. Chr. geschehen, doch liegt eine gesicherte Datierung erst für das Alte Reich (ca. 2665–2135 v. Chr.) vor.[18] Von da an gibt es eine zusammenhängende und sich rasch differenzierende altägyptische Schrifttradition, deren charakteristisches Erscheinungsbild vor allem durch die Verwendung der Hieroglyphen als Zeremonialschrift geprägt ist. Diese Aussage ist zutreffend und doch noch nicht zutreffend genug. Das wirklich markante Kennzeichen der altägyptischen Schriftkultur ist nicht die Hieroglyphenschrift allein, sondern die Tatsache, dass es von Anfang an neben ihr ein zweites Schriftsystem, die hieratische Schrift, und ab dem 7. Jh. v. Chr. sogar noch ein drittes Schriftsystem, die demotische Schrift, gegeben hat. Dieses Nebeneinander mehrerer Schriftsysteme, die sich in Schreibweise, Verstehbarkeit und Zwecksetzung immerhin so sehr unterschieden, dass sie gesondert erlernt werden mussten, ist deswegen so zu betonen, weil sonst ein recht einseitiges Bild der altägyptischen Schriftkultur gezeichnet würde.

Die Bezeichnung »Hieroglyphen« stammt schon aus antiker griechischer Zeit (Clemens Alexandrinus) und bedeutet »heilige Ritzzeichen«.[19] Die auffällige Bildhaftigkeit dieser Zeichen verführte zunächst dazu, sie als Ornament bzw. als Bilderschrift zu betrachten. Damit wird jedoch ihre Haupteigentümlichkeit verfehlt: Diese Schrift hat zwar bilderschriftliche Zeichen, doch ist sie von Anfang an eine Mischung aus bildhaften Logogrammen (für Bedeutungen von Wörtern) und zumeist nach dem Rebusprinzip erzeugten und ebenfalls bildhaften Phonogrammen (für einen Konsonanten oder eine Konsonantenfolge). Unter Zuhilfenahme weiterer Zeichen (Determinative, Striche, Umrandungen) sowie durch die Bildung fester Kombinationen verschiedener hieroglyphischer Einzelzeichen war es möglich, Texte zu schreiben, die Sprache in Gestalt von Silben, Wörtern und Wortformen recht differenziert wiedergeben, auch wenn wegen nach wie vor bestehender Mehrdeutigkeiten nicht immer sichere Lesarten möglich sind. Die frühesten Hieroglyphen aus Abydos besaßen lediglich 70 Zeichen; im Mittleren Reich hatte das Hauptinventar etwa 1000 Zeichen, in der Spätzeit sogar bis zu 10 000 Zeichen. Schon ab dem 26. Jh. v. Chr. war die Hieroglyphenschrift phonetisch entwickelter als die sumerische Keilschrift. Daraus lässt sich mit W. Schenkel der Schluss ziehen: »Die Schriftentwicklung ist also ein komplizierter Prozess, der parallel, aber asynchron in Sumer und Ägypten ablief.«[20]

Eine weitere Besonderheit der altägyptischen Hieroglyphen ist, dass sie als Schriftsystem über mehr als 3000 Jahre, von den Königsinschriften des Alten Reiches (ab ca. 2700 v. Chr.) bis zur letzten hieroglyphischen Inschrift (394 n. Chr.) bzw. bis zum letzten demotischen Text (452 n. Chr.), unverändert blieb. Diese Konstanz hing aufs Engste mit der Funktion der Schrift zusammen: Die Hieroglyphenschrift war die heilige Schrift, d. h. die Zeremonialschrift der gottähnlichen Pharaonen, der Priester und des theokratischen Staates. Sie zielte aus politisch-religiösen Gründen auf Verewigung und brachte diese Intention durch ihre besondere Ikonizität, d. h. mit einer bildlich-sinnhaften, kunstvoll-komplizierten und heilig-unveränderlichen Form zum Ausdruck. Die enge Verbindung von Bild und Schrift ließ die Unterschiede von Bildfläche und Schriftlinie verschwinden: Das Bild

»schrieb« und die Schrift »zeichnete«. Diese Mitteilungskunst wurde von spezialisierten Künstlern ausgeführt. Dass sie streng reserviert war für den repräsentativen »monumentalen Diskurs« (J. Assmann), d. h. als starre inschriftliche Textform den Tempeln, Stelen, Grabkammern und Sarginschriften vorbehalten blieb, weist auf den hohen Rang hin, den die (Hieroglyphen-) Schrift für die Identität der altägyptischen Hochkultur besaß. Damit ist zugleich erklärt, warum diese Kultur in ihrer schriftlichen Kommunikation notwendigerweise zweisprachig sein musste. Denn wie in Mesopotamien ließ sich eine zentralstaatliche Wirtschafts- und Wissensverwaltung nicht ohne eine Gebrauchsschrift durchführen.

Diese Gebrauchsschrift war die hieratische Schrift, die parallel zur hieroglyphischen Zeremonialschrift als schneller zu schreibende Kursivschrift für Zwecke des staatlich organisierten Alltags (Rechtsprechung, Verfügungen, Urkunden, Dokumentationen usw.) eingesetzt wurde. Sie hat deswegen, obwohl häufig gegenüber der Hieroglyphenschrift zurückgesetzt, keinen minderen Rang, zumal sie genauso alt ist und den Beleg dafür liefert, dass Schrift in allen Bereichen der ägyptischen Hochkultur bedeutsam war. Schriftträger waren Papyrusrolle und -blatt, gewonnen aus den Papyrusstauden, die massenhaft am Nilufer wuchsen: Längs und quer gelegte, aus dem Mark geschnittene Streifen verklebten mit dem Saft, wurden mit Leim verstärkt und anschließend geglättet, wobei unterschiedliche Qualitäten erzielt werden konnten. Einzelblätter maßen in der Breite meist zwischen 20 und 40 Zentimeter. Zur Rolle aneinander geklebt und um einen Stab gerollt, betrug die durchschnittliche Länge 6 bis 10 Meter. Beschrieben wurden die Papyri mit einer schräg angeschnittenen Binse und roter oder schwarzer Tinte, bevorzugt in sitzender Haltung auf den Knien (Abb. 3).

In der Form der »Buchschrift« stand die Kursivschrift der Bildhaftigkeit der Hieroglyphen noch einigermaßen nahe, in der Form der »hieratischen Schrift« waren die Schriftzeichen jedoch bereits abgeschliffener. Sie wurden im Laufe der Jahrhunderte immer mehr vereinfacht und damit abstrakter, bis ab dem 7. Jh. v. Chr. mit der »demotischen Schrift« eine nochmalige Zeichenreduktion eintrat, bei der der hieroglyphische Bild-Ursprung nicht mehr erkennbar ist. Die demotische Schrift (»Volksschrift«) erfüllte nun die vielfältiger gewordenen profanen, die hieratische Schrift (»Priesterschrift«) die religiösen Bedürfnisse. Die absolute Zeichenmenge lag zwischen 1000 und 2000 Zeichen, in Gebrauch waren in den verschiedenen Epochen jedoch deutlich weniger Zeichen. Die Schreibrichtung verlief – wie überwiegend auch bei der Hieroglyphenschrift – von rechts nach links, zunächst in Form von Kolumnen, ab der Zeit des sogenannten Mittleren Reichs (ca. 2040 – 1785 v. Chr.) in waagerechten Zeilen.[21]

2. Von den Anfängen der Schrift zu den Schriftsystemen 43

Abb. 3   Altägyptischer Schreiber, 3. Jt. v. Chr.

Die Vielfältigkeit der nebeneinander existierenden Schriftsysteme der altägyptischen Reiche, ihre Leistungsfähigkeit in der Wiedergabe von Sprache und ihre lange Dauer erzeugten eine Fülle von Texten, die einen umfassenden Einblick in die Schriftkultur vermitteln. Wie in Mesopotamien waren die wichtigsten Bereiche der gesellschaftlichen Kommunikation von Schriftlichkeit geprägt. Diese Bereiche waren: Staatsrepräsentation, Kultus, Wirtschaftsverwaltung, Rechtsprechung, Geschichtsschreibung, Wissenschaft, Erziehungs- und Erzählliteratur, Totenliteratur. Zugleich muss festgehalten werden, dass – anders als z. B. in der chinesischen Schriftkultur ab dem 2. Jahrtausend v. Chr. – die Schreiber-Beamten, (Vorlese-)Priester und später auch Gelehrte einen hohen Rang besaßen, als Autoren der Texte jedoch kaum erwähnt sind. Lediglich aus den Inschriften von Privatgräbern sind Namen überliefert, die belegen, dass es spätestens im Neuen Reich eine kleine Schicht von Gebildeten (ca. 1–5% der Bevölkerung) gab, die Texte abschreiben ließ, las, sammelte und ggf. auch selbst verfasste.[22]

Die altägyptische Schriftkultur ging unter, weil das Land von anderen, mächtigeren Großreichen (Perser, Griechen, Römer) unterworfen, letztlich aber durch die Christianisierung umgewandelt wurde. Sie erhielt mit der nach griechischem Vorbild ab dem 4. Jh. n. Chr. entwickelten koptischen Alphabetschrift ein neues Schriftsystem, das bis zur arabischen Eroberung 639–642 n. Chr. in Gebrauch blieb.

Exkurs: Über Schriftentzifferung und Lesbarkeit untergegangener (Schrift-)Kulturen

Das Interesse an der Vergangenheit setzt die Fähigkeit voraus, Geschichte und Kultur als einen langen Prozess wahrnehmen zu können, dessen Anfänge nicht mehr direkt mit der eigenen Gegenwart verbunden sind. Dieses historische Interesse ist erst in der Neuzeit entstanden. Es konzentrierte sich zunächst auf die nahe liegende griechisch-römische Antike sowie auf die Ursprünge des Christentums. Sprachliche Probleme gab es dabei nicht, denn die »toten« Sprachen Griechisch, Latein und Hebräisch waren in der Wissenschaft nicht untergegangen. Humanismus, Renaissance und die Altertumswissenschaften (Philologie, Geschichte, Archäologie) weckten und vertieften seitdem das Wissen, dass die Kultur des Abendlandes aufs Engste mit der griechisch-römischen Antike verflochten ist. Die Klassische Philologie erweiterte zwar den Kreis um jene Schriftkulturen, die zur indoeuropäischen Sprachfamilie gehörten, doch blieb noch lange Zeit außer Betracht, was innerhalb des altorientalischen Raumes in nichtalphabetischer Schrift verfasst war. Dies war so, obwohl deutlich sichtbare Monumente die Existenz einer alten Hochkultur bezeugten (wie z.B. im Falle Altägyptens), oder es geschah, weil Schuttberge oder versteckte Überreste eine solche Existenz mehr oder weniger verbargen (wie z.B. im Falle Mesopotamiens) oder weil es überhaupt keine Kenntnis vom Vorhandensein einer früheren Kultur gab (wie z.B. im Falle des hethitischen Reiches).

Erst ab dem 18. Jh. stieg das Interesse an den untergegangenen Hochkulturen und führte im 19. Jh. zu einem wahren Wettlauf europäischer Forscher(teams), deren Reste zu entdecken, auszugraben und die aufgefundenen Kulturschätze den heimischen Nationalmuseen zu überliefern. Dabei wurden die schriftlichen Zeugnisse immer wichtiger und ihre Entzifferung vordringlich. In dem Maße, wie dies bis zum Beginn des 20. Jh. gelang, erweiterte sich binnen 100 Jahren der antike Geschichtsraum um zweieinhalb Jahrtausende über das frühe Griechenland und Palästina hinaus, nachdem er zuvor fast ebenso lange vergessen und ein Freiraum für Mythen und Legenden gewesen war. Der Umbruch im epochalen Zeitbewusstsein war derart markant, dass die Namen der Entzifferer und Entdecker der altorientalischen Schriften noch heute ebenso im Gedächtnis bewahrt sind wie die abenteuerreiche Geschichte ihrer Leistungen.

Es ist aber nicht nur die Geschichte von spektakulären Funden, Glücks- und Unglücksfällen genialer Forscher auf den Spuren einer verschütteten

Vergangenheit, d. h. die Geschichte um »Götter, Gräber und Gelehrte« (C. W. Ceram), die die Aufmerksamkeit auf sich zog. Die abendländische Schriftkultur, die um 1800 im Zenit ihrer Entfaltung stand, musste im Prozess der Enträtselung der Schriften ihrer Vorgängerkulturen so etwas wie eine umgekehrte Selbstentzifferung vollbringen, d. h. das »Fremde« verstehen lernen als ein anderes Eigenes. Fremd war aus abendländischer Sicht, dass Schrift auf nicht-phonetische Weise funktionieren sollte. Als am Beispiel der ägyptischen und der chinesischen Schrift das spärliche und lange Zeit noch fehlerhafte Wissen hierüber zunahm, blieb das Verständnis blockiert, solange es den Entzifferern nicht gelang, sich mental von dem zu lösen, was sie bis dahin allein für »Schrift« gehalten hatten, nämlich die Alphabetschrift, und der Überzeugung, dass es vor ihr keine wirkliche Schriftkultur gegeben habe.

Wie schwierig das war, zeigt exemplarisch der lange Entzifferungsprozess der altägyptischen Hieroglyphenschrift, die die Menschen seit der griechischen Antike (Herodot, Horapollo) immer wieder fasziniert hatte. Wer »Schrift« mit Alphabetschrift und deren Linearität identifizierte, konnte gar nicht anders, als in den Hieroglyphen lediglich künstlerische Ornamente bzw. kultisch-magische Geheimzeichen zu erkennen, die als prälogische Chiffren bzw. als eine poetische »Universalschrift« galten, wie noch der Romantiker F. Schlegel glaubte. In solchem emphatischen Sinn ist der Begriff »Hieroglyphe« in der europäischen Geistesgeschichte zu einer bedeutungsvollen Metapher für ein Jenseits von logozentrischer Schrift und Welterfahrung geworden.[23] Dabei fungierten als typische Orte dieses Jenseits der Orient und der Ferne Osten mit ihrer Religion, »Weisheit«, Kultur und besonders mit ihrer andersartigen Schrift. Nicht zu Unrecht qualifizierte J. Derrida den von Leibniz bis Hegel philosophisch vertieften »Orientalismus« als »eine Art europäische Halluzination«, die »weniger Ausdruck einer Unkenntnis als vielmehr eines Verkennens«[24] gewesen sei.

Verkannt wurde in dieser Dichotomisierung, dass die Hieroglyphen trotz ihres piktographisch-ideographischen Grundcharakters eben keine »fremde« Notationsform gegenüber der Alphabetschrift sind, andererseits aber auch nicht nach deren Prinzip funktionieren. Hier hätte die Kenntnis der chinesischen Schrift wichtige Einsichten vermitteln können, doch entwickelte sich aufgrund der politisch-kulturellen Abschottung Chinas ein solides sinologisches Wissen erst ab dem Ende des 18. Jh. in Europa. Die ab diesem Zeitpunkt massiver werdende, weltweite militärisch-ökonomische Expansion der europäischen Mächte schuf die Basis für die Aneignung fremder Produktivkräfte, in deren Verlauf als Nebenprodukt die entscheidenden Funde gemacht wurden, die die Entzifferung der alten Schriften auf die richtige Bahn brachten.

Abb. 4   Stein von Rosette, 196 v. Chr. (Ausschnitt).

Bei diesen Funden handelte es sich um Inschriften, die in zwei oder mehreren Sprachen denselben Text wiedergaben, d. h. um sogenannte Bilinguen bzw. Trilinguen. Sie demonstrierten als Erstes, dass miteinander vergleichbare Schriften vorlagen, die gegenseitig übersetzbar waren. Wenn eine der notierten Sprachen bekannt war oder sich aus einer jüngeren Sprache erschließen ließ, war das Tor für die Entzifferung geöffnet. In Verbindung mit historischem Wissen, das Götter- und Königsnamen, Ortsnamen und Ereignisse bereitstellte und so durch Vergleich zu einem Grundinventar von Zeichen führte, konnte durch etymologische Ableitungen und kombinatorische Erschließung von texttypischen Formeln (wie z. B. Anrede- und Fluchformeln, Inschriftenanfänge usw.) dieses Inventar vergrößert werden. Der durch archäologische Funde stetig erweiterte Textfundus (Siegel, Amulette, Inschriften, Inventare, Beischriften zu Abbildungen, Texte) lieferte das Material, um die mehrsprachigen Texte vollständig entziffern zu können.

Der Fund des sogenannten Steins von Rosette (Abb. 4) im napoleonischen Ägyptenfeldzug des Jahres 1799 bildete den Anfang. Der in Hieroglyphisch, Demotisch und Griechisch beschriftete Stein aus dem Jahr 196 v. Chr., ein 112 Zentimeter hoher Granitblock, war insofern ein Glücksfall, als er ausdrücklich die drei Schriftsprachen benennt und die Identität der Texte bescheinigt. 1815 kam noch der Fund der hieroglyphisch-griechischen Bilingue von Philae hinzu sowie das 1866 gefundene sogenannte Kanopus-Dekret. Die altägyptischen Texte des Rosette-Steins konnten von dem Franzosen J. Fr. Champollion unter Heranziehung der koptischen Alphabetschrift zuerst in der demotischen Notation und, 1822 in seinem berühmten *Lettre à M. Dacier*, in der hieroglyphischen Notation entziffert werden, womit zugleich der Zusammenhang beider Schriften bewiesen war. 1867, also noch vor der Entdeckung des Sign Papyrus aus dem 1. Jh. n. Chr., der als ein Handbuch der Hieroglyphen zu betrachten ist, erschien das erste altägyptische Wörterbuch.

Nicht ganz so spektakulär verhielt es sich mit der Entzifferung der Keilschrift. 1836 wurden die altpersischen Felsinschriften von Behistun entdeckt, die zusammen mit einer elamischen und einer babylonischen Fassung eine Trilingue bildeten. Mithilfe der bereits 1802 von G. F. Grotefend entzifferten altpersischen Schrift konnten der Engländer H. C. Rawlinson und weitere Forscher bis 1857 die Keilschrift dechiffrieren und über babylonisch-akkadische Wörterlisten bis ins Sumerische zurückverfolgen. Ausgerüstet mit diesen Kenntnissen gelang es zu Anfang des 20. Jh., die hethitische Keilschrift und im Verlaufe des 20. Jh. das Hieroglyphen-Hethitisch zu entschlüsseln. Auch die altkretische Linear B-Schrift konnte mithilfe einer griechisch-kretischen Bilingue, der 1953 aufgefundenen Inventartafel aus Pylos, entziffert werden. An der Entschlüsselung der altsumerischen Proto-Keilschrift aus Uruk und ihrem Zusammenhang mit der Keilschrift wird seit den 1980er Jahren gearbeitet. Die mittelamerikanischen Maya-Hieroglyphen gelten seit den 1990er Jahren als weitgehend entziffert. Nicht lesbar sind nach wie vor die Indus-Schrift, die altkretische Linear A-Schrift, die meroitische Schrift aus Nubien, die altzyprische Schrift sowie die etruskische Schrift.

Chinesische Schrift und ostasiatische Schriftkultur

Die chinesische Schrift gehört weder zu den ältesten Schriftsystemen noch hat sie die längste Dauer aufzuweisen. Im Gegensatz zur mesopotamischen und altägyptischen Schriftkultur ist sie jedoch diejenige, die sich seit ihren archaischen Anfängen bis heute ununterbrochen erhalten hat. Daher konnte sich hier, anders als im Alten Orient, das Problem der Schriftentzifferung nicht stellen. Die Tatsache, dass sich in China bzw. im ostasiatischen Schriftkulturkreis (Japan, Korea u. a.) ein Schriftsystem, das charakteristisch für die Zeit der frühantiken Hochkulturen ist, bis in die Gegenwart lebendig bewahrt hat und sogar an die Anforderungen der Moderne angepasst werden konnte, hat für die dominant alphabetschriftliche Welt einen eigentümlichen Reiz, stellt aber auch eine besondere Herausforderung dar. Letztere besteht vor allem in der Frage, ob die Schriftgeschichte als stete Fortschrittsgeschichte von der archaischen Bilderschrift zur abendländischen Alphabetschrift interpretiert werden kann, oder ob diese Auffassung eurozentrisch beschränkt ist. Das chinesische Beispiel belegt Letzteres, zeigt es doch, dass die Schrift seit ihren Anfängen und eben noch heute mehr umfasst als das, was in der Dimension der engen Gebundenheit an die gesprochene Sprache aufgeht.

Worin liegt nun das Besondere der chinesischen Schrift? Die ältesten erhaltenen Schriftzeugnisse (beschriftete Schildkrötenpanzer, Tierknochen, Bronzegefäße), die aus der Zeit ab dem 17. Jh. v. Chr. datieren und bis weit ins 1. Jahrtausend v. Chr. reichen, dienten vor allem kultischen Zwecken (Orakel). Es handelt sich hier nur noch im Ansatz um eine Wortbildschrift, d. h.: Ein aus dem Vorbild der dinglichen Lebenswelt entwickeltes bildhaftes Zeichen steht für ein Wort. Diese Technik findet sich sowohl bei den Anfängen der rund 1000 Jahre früher entstandenen Keilschrift wie auch bei denen der Hieroglyphen, ohne dass jedoch eine direkte Beeinflussung nachweisbar ist. Anders als die Keil- und Hieroglyphenschrift entwickelte sich die chinesische Schrift sehr rasch zu einem Schriftsystem, das den Charakter einer Wort- bzw. Begriffsschrift streng beibehielt, obwohl sie wie diese ebenfalls zunehmend phonetische und weitere unterscheidende Zeichen einsetzte. Der Schritt in die dominant phonetische (syllabische) Schreibweise wäre möglich gewesen, wurde aber nicht gemacht. Gleichwohl ist der Anteil der unterscheidenden Lautzeichen hoch und spielt für die Erzeugung neuer Schriftzeichen eine große Rolle.

Die verschiedenen Zeichenarten werden zu einer komplexen Einheit (»piktographisch-ideographisch-rebusartige Logogramme«[25]) verbunden, um jeweils ein bestimmtes Morphem bzw. Wort zu bezeichnen. Diese Einheit heißt »hanzi« (Schriftzeichen Chinas). Sie besteht aus einem das Begriffsfeld bezeichnenden Hauptzeichen (Radikal bzw. Klassenzeichen) sowie (phonetischen) Zusatzzeichen.[26] Die Folge ist, dass für jedes vorkommende Morphem eine Zeichenfolge gebildet werden muss, die sich zwar aus einem begrenzten Inventar rekrutiert, im Ergebnis jedoch eine einmalige Kombination ist. Dieses Prinzip gilt bis heute. Ihm kam entgegen, dass die chinesische Sprache vorrangig aus einsilbigen Wörtern besteht und dem

2. Von den Anfängen der Schrift zu den Schriftsystemen

Abb. 5 Die Entwicklung chinesischer Schreibstile.

isolierenden Sprachtypus angehört, d.h. keine Konjugation und Deklination kennt.

Natürlich war dieses Schriftsystem nicht von Anfang an voll ausgebildet, sondern hat sich in einem längeren Prozess verfeinert, der hier nicht in seinen Einzelheiten dargestellt werden kann. Die Verfeinerung betrifft die

Klassifizierung der Schriftzeichen, ihre graphische Anordnung, Strichfolge und -zahl, den Duktus der Strichführung, die kalligraphischen Vorschriften u. a. Auffällig ist jedoch, dass wichtige Grundregeln bereits seit über 2000 Jahren festgelegt sind (z. b. die linksläufige Schreibrichtung von oben nach unten, die Beschränkung der Zeichen- und Strichmenge u. a.) und dass insgesamt Beständigkeit und lange Gültigkeit als herausgehobene Qualitäten von Schrift gegenüber der rascher wechselnden Sprechsprache geachtet waren. Damit einher ging der Respekt vor den geistigen Leistungen, die mithilfe der Schrift entstanden waren und durch sie tradiert wurden. Das Alter der Schrift, ihre graphische Komplexität und Schönheit, aber auch ihr Charakter als nicht-alphabetische Schrift waren hier ein genuiner Ausdruck eines Traditionalismus, der für die durch den Taoismus und Konfuzianismus tief geprägte chinesische Kultur kennzeichnend ist.

Nach verschiedenen Zwischenstufen bis in die Zeit des 5. bis 3. vorchristlichen Jahrhunderts (sog. Zhòu-Schrift, Große Siegelschrift), in deren Verlauf sich der Schriftgebrauch aus dem sakralen in den profanen Bereich ausdehnte und umfangreiche Verschriftlichungen oral tradierter Texte (Orakelsprüche, Riten, Lieder, Epen, Chroniken u. a.) vorgenommen wurden, kam es im Zuge der chinesischen Reichseinigung von 221 v. Chr. zur ersten umfassenden Schriftreform (Kleine Siegelschrift). Im Kern bestand deren Ergebnis bis zum 20. Jh., auch wenn bis dahin im Interesse einer besseren Schreibbarkeit weitere Schriftveränderungen durchgeführt wurden wie z. B. die Normschrift um 200 n. Chr., die Konzeptschrift im 3. Jh. n. Chr. sowie verschiedene Kursiv- und Zierschriften (Abb. 5).[27]

In der anschließenden Zeit der Han-Dynastie (206 v. Chr. – 220 n. Chr.) entfaltete sich die chinesische Schriftkultur zu hoher Blüte. Der Konfuzianismus wurde zur Staatsphilosophie und mit ihm ein Bildungsideal herrschend, in dem die Lektüre kanonischer Texte (*sishu wujing*), Schreibfähigkeit und philosophisch-wissenschaftliche Gelehrsamkeit einen hohen Rang besaßen. Im »goldenen Zeitalter« Chinas unter der Tang-Dynastie (618 – 907) setzte sich diese Blütezeit fort. Die Angaben über den Prozentsatz der Lese- und Schreibkundigen schwanken zwischen 2% und 33%.[28] Infolge der politisch-ökonomischen Stärke des »Reiches der Mitte« wurde das System der chinesischen Schriftzeichen (*hanzi*) ab dem 1. Jh. v. Chr. in Korea, ab dem 1.– 4. Jh. n. Chr. in Japan, etwas später in Vietnam (bis 1945) und zuletzt im malaysisch-indonesischen Raum übernommen, wobei es allerdings zu erheblichen Anpassungen kam. So führte Korea ab dem 15. Jh. die alphabetische Silbenschrift »hangul« ein und Japan erweiterte ab dem frühen Mittelalter die chinesischen »kanji«-Zeichen mit den japanischen Wortsilbenzeichen »katakana« (für chinesische Lehnwörter) und »hiragana« (für

2. Von den Anfängen der Schrift zu den Schriftsystemen 51

grammatikalische Endungen). Zusammen mit dem Schriftsystem eignete man sich dort auch die chinesische Schreibtechnik (Pinsel, Tusche, Papier) sowie die Schriftrichtung an. Die Übernahme konnte relativ problemlos funktionieren, weil die *hanzi* unabhängig von der jeweiligen gesprochenen Sprache existierten und somit allgemein verständlich waren. So, wie schon im dialektreichen und vielsprachigen China die Schriftsprache unveränderlich und abgehoben über der Sprechsprache stand und damit eine gemeinsame kulturelle Identität garantierte, war und ist der vom chinesischen Schriftsystem befruchtete ostasiatische Kulturkreis innerlich verbunden. Schrift-Chinesisch ist in dieser Hinsicht dem Latein des europäischen Mittelalters vergleichbar. Ein Problem stellt allerdings angesichts der Notwendigkeit einer allgemeinen Lese- und Schreibkompetenz die Eigenart der chinesischen Schrift dar, ständig neue Zeichenfolgen bilden zu müssen, um den wachsenden Wortschatz abbilden zu können. Hier setzte die zweite große Schriftreform ein, die ab 1951/56 auf Veranlassung Mao Zedongs die *hanzi* einmal mehr durch Verminderung der Strichzahl zu vereinfachen und dadurch in ihrer Anzahl auch zu begrenzen suchte. Von den insgesamt in China je hervorgebrachten rund 80 000 Zeichen registrieren heute die umfassendsten Wörterbücher ca. 60 000, die kleineren Standardlexika zwischen 8000 – 11000, während in Alltagstexten die 1000 am häufigsten vorkommenden *hanzi*-Zeichen rund 90 % betragen. Die Kenntnis von ca. 5000 Zeichen ist nötig, um als gebildeter Leser und Schriftkundiger bestehen zu können. Andererseits gilt, dass man mit den 1000 am häufigsten vorkommenden *hanzi* wenigstens ein Minimum erfüllen kann.[29]

Abschließend bleibt festzustellen, dass es mit Rücksicht auf die internationale Kommunizierbarkeit Tendenzen gibt, alphabetschriftliche Prinzipien in die chinesische Schriftkultur einzuführen (phonetische Hilfsschrift »pinyin«, Schilder, Wörterbücher für Fremdsprachler usw.). Die von Mao angestrebte Umstellung des chinesischen Schriftsystems auf ein alphabetisches System ist nicht in Sicht. Sie wäre mit einem radikalen Kulturwechsel verbunden, in dem die bis zur Gegenwart reichende chinesische Schriftkultur aufgegeben werden müsste. Insofern ist K. Ehlichs Fazit zuzustimmen: »Der chinesische Weg ging von der Bedeutungsseite sprachlicher Zeichen aus, der alphabetische von ihrer Lautseite. Keiner der Wege führt für sich allein zum Ziel. Keiner hat nur eindeutige – und schon gar nicht eineindeutige Lösungsvorschläge anzubieten.«[30] Es sind nicht zuletzt die Möglichkeiten der computergestützten Textverarbeitung, die das chinesische Prinzip nicht nur retten, sondern sogar zu neuer Geltung bringen können.

Literalität in traditionalen Gesellschaften

In der Geschichte der Menschheit ist es ab etwa 3500 v. Chr. in verschiedenen Regionen der Erde zur Ausbildung komplexer Organisationen von Gesellschaft gekommen. In diesem Prozess, der das Zusammenleben von immer größeren Gruppen von Menschen in Dorfverbänden, Städten, Städtebünden, Staaten und Staatsverbänden regulierte, nahmen – nicht zuletzt durch wachsende Arbeitsteilung – wichtige Handlungsbereiche wie z. B. Religion, Wirtschaft, Verwaltung, Recht und Kunst an Umfang und Bedeutung zu. Der Ausdifferenzierungsprozess ging in allen Kulturen mit der Entwicklung von Notationssystemen einher, wobei in der Regel – wenn auch auf verschiedenen Wegen und mit unterschiedlicher Hauptzwecksetzung – lineare Schriftsysteme das Ergebnis waren. Der Weg dahin war, wie J. Goody dargelegt hat, letztlich ein »langer Lernvorgang«[31], auch wenn der Akt der Ingebrauchnahme in einzelnen Kulturen durchaus sehr rasch ablaufen konnte. Das zeigt sich vor allem dann, wenn auch jene schriftbesitzenden Kulturen berücksichtigt werden, die neben den großen Hochkulturen existierten.

Zwischen etwa 2600 und 1900 v. Chr. gab es am Lauf des Indus die sogenannte Indus-Kultur mit einer vermutlich logographisch-syllabischen Zeremonialschrift, die als das viertälteste Schriftsystem der Welt zu gelten hat. Vom 2. Jahrtausend an datieren die Byblos-Schrift aus dem nördlichen Phönizien, die hethitische Hieroglyphenschrift (ca. 1600 – 700 v. Chr.) aus Kleinasien, die altkretischen Schriftsysteme (Hieroglyphen, Linear A und Linear B) sowie verschiedene kleinere südchinesische und tibetanische Schriftkulturen. Schließlich gehören in diese Reihe die piktographisch-logographischen Schriftsysteme der Olmeken (ca. 5. Jh. v. Chr.), der Maya (250 – 900 n. Chr. und später) sowie der Azteken (14. – 16. Jh.) in Mittelamerika. Ohne Schrift, aber mit dem archaischen Notationsprinzip der Knotenschnüre (*khipu*) kam das Reich der Inka (8. – 16. Jh.) in Peru aus.

Alle diese Schrifttraditionen brachen ab, zumeist wegen des Untergangs der Kulturen aufgrund von Eroberungen. So endete Linear B, die Schrift der mykenischen Kultur in Kreta und auf dem griechischen Festland, zwischen 1375 v. Chr. (Zerstörung des Palastes von Knossos) und 1100 v. Chr. durch dorische Eroberung. Seit Beginn des 1. Jahrtausends v. Chr. kam es im europäischen Raum allmählich wieder zur kontinuierlichen Verwendung von Schriftsprache, jetzt allerdings in neuen alphabetischen Formen, die sich als konsonantschriftliche Systeme bereits ab dem Ende des 2. Jahrtausend v. Chr. im Vorderen Orient entwickelt hatten. Unter Einschluss dieser Schriftsysteme erstreckte sich in der zweiten Hälfte des 2. Jahrtausends v. Chr. das Gebiet verschrifteter Kulturen von der Ägäis und Ägypten bis nach Persien, Indien und China, allerdings nicht in zusammenhängender Form.

Gemeinsam ist diesen Kulturen, dass die Zahl der Schrift- und Lesekundigen äußerst niedrig ist. Sie dürfte selbst in den Blütezeiten der altägyptischen oder mesopotamischen Kultur maximal um die 5% der Bevölkerung betragen haben, wobei der Anteil in den Machtzentren natürlich höher lag. Für China galten jedoch noch höhere Raten, erst recht für die alphabetischen Schriftkulturen der griechisch-römischen Antike, die in ihren Spitzenwerten auf bis zu 20–30% der männlichen Bevölkerung kamen. Doch ist ein derartiges Messen von Literalitätsraten einer modernen Denkweise verhaftet, die Illiteralität in einer von Grund auf schriftbasierten Kultur als entscheidenden Mangel betrachten muss. In der antiken Welt und bis in die Neuzeit hinein ist jedoch die Fähigkeit, lesen und schreiben zu können, die Ausnahme. Es fehlt das Stigma der Illiteralität, stattdessen gibt es das Phänomen der sozialen Exklusivität des Literalen und zugleich das schwer zu fassende Phänomen der sozialen Diffusion von Literalität, wenn erst einmal die Schrift in Gebrauch gekommen ist. Insofern kommt es sehr darauf an, die Funktionsmöglichkeiten von Schrift stets in Rücksicht auf ihren jeweiligen gesellschaftlichen Kontext zu betrachten.[32]

Die Hauptfunktion der archaischen Schrift, Stütze für das Gedächtnis zu sein, blieb auch dann noch lange erhalten, als weitere Funktionen wie Fixierung, Sicherung und Archivierung oraler Texte hinzukamen. Schriftkompetenz war eine Spezialfähigkeit, die zur Herrschaftsausübung gehörte und deswegen Eliten vorbehalten war. So betrachtet, hat die Fähigkeit zur Schriftnutzung den Effekt gehabt, Herrschaft zu erhalten und zu erhöhen. Der französische Ethnologe C. Lévi-Strauss ging sogar so weit zu behaupten, »daß die Schrift zunächst der Ausbeutung des Menschen diente, bevor sie seinen Geist erleuchtete«[33]. Dieses Interesse ist nicht zu bestreiten, zumal unverkennbar ist, dass im Schreiben immer ein Fest-Schreiben wirkt, das Schrift zur Vorschrift werden lässt und die Texte in ihrer kanonischen Funktion zur Geltung bringen will. In den frühen antiken Hochkulturen mit ihren logographischen Schriftsystemen bildeten diese Tendenzen eine starke Einheit. Die Antike reicht jedoch weiter und es sollte sich bald zeigen, dass noch andere Formen der Ingebrauchnahme von Schrift möglich waren. In ihnen offenbarte sich eine veränderte und verändernde Dynamik, durch die die Schriftkultur neue, bis dahin ungeahnte Konturen erhielt.

1 Vgl. Leroi-Gourhan (1988), S. 247.
2 Leroi-Gourhan (1988), S. 247.
3 Haarmann (1990), S. 22; Leroi-Gourhan (1988), S. 240.
4 Vgl. Nissen/Damerow/Englund (1990), S. 4.
5 Vgl. Dreyer (1998).
6 Vgl. Haarmann (1990), S. 70 ff.
7 Damerow (1993), S. 9 f.
8 Vgl. die neuesten Zusammenfassungen in: HSK 10.1 (1994, S. 264 ff.) und Schmandt-Besserat (1996) sowie Damerow (1993, S. 29 ff.) mit kritischen Einwänden.
9 Vgl. Damerow/Englund/Nissen (1988), S. 74.
10 Vgl. Nissen/Damerow/Englund (1990), S. 160.
11 Assmann (1992), S. 238.
12 Jensen (1969), S. 89; Friedrich (1966), S. 51.
13 Vgl. Damerow (1993), S. 11.
14 Johnson/Harris (1976, S. 19) gehen von 30 000, Jochum (1993, S. 15) von nur 5000 – 10000 Tafeln aus.
15 1895 wurde das Archiv des Bêl-Tempels in Nippur mit Texten aus der Zeit um 2500 v. Chr. entdeckt. Vgl. Schottenloher (1968), I, S. 10; Damerow (1993), S. 13. Auch der assyrische König Tiglatpileser I. (1112 – 1074 v. Chr.) besaß eine Bibliothek. Vgl. Jochum (1993), S. 14 f.; HSK 15.1 (1999), S. 474. Zu weiteren mesopotamischen Bibliotheken vgl. Johnson/Harris (1976, S. 21 f.).
16 Über die Schreiberausbildung informieren detailliert Nissen/Damerow/Englund (1990), S. 147 ff. Zur Keilschriftkultur des Vorderen Orients insgesamt: HSK 10.1 (1994), S. 491 ff.
17 Vgl. Dreyer (1998); Seipel (2003), S. 123 ff., 127 ff.
18 Die Datierungen der altägyptischen Dynastien und Reiche differieren in der einschlägigen Literatur. In Seipel (2003, S. 121) datiert das Alte Reich von 2687 – 2191 v. Chr.
19 Vgl. Friedrich (1966), S. 33. Auf Ägyptisch heißt die Zeremonialschrift »Schrift der Gottesworte«, vgl. Assmann (1992), S. 170.
20 Schenkel, in: Assmann/Hardmeier (1983), S. 57.
21 Vgl. Schlott (1989), S. 76 ff.
22 Vgl. Donadoni (1992), S. 79 ff. Schlott (1989, S. 179 ff.), Jochum (1993, S. 18) und Schön (2001, S. 2) gehen von 5 – 7% Schriftkundigen im Neuen Reich aus.
23 Vgl. Blumenberg (1986), S. 278; Eco (1994), S. 153 ff.
24 Derrida (1983), S. 142.
25 HSK 10.1 (1994), S. 348.
26 Vgl. HSK 10.1 (1994), S. 348 f.; Karlgren (2001), S. 44 f.
27 Vgl. HSK 10.1 (1994), S. 355 ff.; Karlgren (2001), S. 49 ff.
28 Vgl. Goody (1981), S. 36 f.; Yan (2000), S. 57 f.
29 Vgl. Coulmas (1983), S. 181 f.; Coulmas (1993), S. 173 ff.; HSK 10.1 (1994), S. 381.
30 Zit. nach Yan (2000), S. 249.
31 Goody (1990), S. 277.
32 Vgl. Harris (1989), S. 3 ff., 25 ff.
33 Zit. nach Kuckenburg (1989), S. 220. Kritik an Lévi-Strauss übt Goody (2000), S. 5 ff.

3. Alphabetschrift und griechisch-hellenistische Schriftkultur

Die Alphabetschrift: eine »schrifthistorische Revolution«?

Die Alphabetschrift gibt es nicht. Es gibt drei systematisch voneinander zu unterscheidende Typen von Alphabetschrift, nämlich den silbenschriftlichen, den konsonantschriftlichen und den vollalphabetischen Typ. Sie stellen keine historische Abfolge und erst recht nicht eine Evolution dar, an deren krönendem Endpunkt das Vollalphabet steht. Alle drei Typen reichen weit in die Geschichte zurück, sie existieren noch heute nebeneinander und keiner ist besser oder schlechter als der andere. Silbenschriftlich ist zum Beispiel die koreanische Hangul-Schrift, Konsonantenschriften sind das Arabische und Hebräische, und die älteste vollalphabetische Schrift ist das Altgriechische. Alle diese Schriften stimmen in dem angestrebten Prinzip überein, mithilfe weniger Zeichen die verschiedenen Laute der gesprochenen Sprache abzubilden (phonographisches Prinzip). Sie unterscheiden sich darin, ob sie als Grundeinheit eines »Lauts« die Silbe, den Konsonanten oder Konsonanten plus Vokale wählen.

Schon in den frühen Hochkulturen hatte sich die Sprachbindung der Schrift immer stärker ausgebildet. Phonetische Zeichen, die Silben und Konsonanten wiedergaben, ergänzten in den einzelnen Schriftsystemen in unterschiedlichem Umfang die piktographisch-ideographischen Zeichen, ohne damit das Geschriebene bereits zur Kopie der Rede zu machen. Dieser Schritt wäre sowohl bei den ägyptischen Hieroglyphen durchaus möglich gewesen wie auch bei den assyrisch-babylonischen Silbenschriften sowie den Mischformen aus Keil- und Konsonantenschrift (z. B. Ugaritisch, Altpersisch). Er war aber offensichtlich nicht gewollt.[1] Grund für diese Verweigerung war möglicherweise der Wunsch, mit der Schrift ein universelles Medium haben zu wollen, das sich nicht im alltagspraktischen Nutzen erschöpfte – ohne dass dieser ausgeschlossen war. Das Universelle an der Schrift galt als das Göttliche in Gestalt des Ewig-Dauernden und war deswegen mit Religion, Gottkönigtum und Herrschaft verbunden. Die Anbindung der Schrift an die sich wandelnde Sprechsprache war dagegen eine

Konzession an das vergängliche Menschliche und daher von nachgeordnetem Interesse.

Mit diesem Prinzip brachen die halb- und vollalphabetischen Buchstabenschriften. Indem die Alphabetschriften einzelne Zeichen (Buchstaben) für bedeutungsfreie einzelne Laute (Konsonanten, Vokale) benutzten, verabschiedeten sie sich vom logographischen Prinzip (Zeichen für Bedeutungen) bzw. vom ideographisch-phonographischen Mischsystem mit seinen zusätzlichen Deutungszeichen, wie sie für die Schrift der frühen Hochkulturen charakteristisch waren. Sie reduzierten auf diese Weise die Zeichenmenge um ein Beträchtliches, womit zugleich die Voraussetzung für schnellere Erlernbarkeit und größere Verbreitung geschaffen war. Es entstand ein offenes System, das eine größtmögliche Annäherung an die Rede erlaubte und zugleich in der Lage war, jede andere gesprochene Sprache zu verschriftlichen.

In der Schriftgeschichtsforschung ist dieser Systemwechsel fast durchweg als tiefer Einschnitt und Umbruch betrachtet worden. Darüber hinaus wurden europäisch-nordamerikanische Philologen, Sprach- und Schriftforscher nicht müde, auch noch zwischen der voll- und der halbalphabetischen Schrift entscheidende qualitative Unterschiede zu behaupten. I. J. Gelb ging so weit, den konsonantschriftlichen semitischen Schriften den Alphabet-Charakter abzusprechen, indem er sie als »ein System von Silbenzeichen […], von denen jedes einen Konsonanten plus irgendeinen Vokal enthält«[2], qualifizierte. E. Havelock, der ihm folgte, sah deswegen sogar eine »technologische Kluft« zwischen dem Persischen, Sanskrit, Aramäischen, Hebräischen und Arabischen einerseits und dem Griechischen andererseits und feierte Letzteres als »Quantensprung«[3]. Die gängigen Zuschreibungen zum spezifischen Potenzial der vollalphabetischen Schrift lauten: Intensivierung und Ausweitung des Visuellen (McLuhan), Ökonomie (Gelb), demokratisierender Effekt (Ong, Havelock), Begünstigung der monotheistischen Buchreligionen (Goody), des formalen Denkens (Stetter) und der »Psychotechnologie« (de Kerckhove) usw.[4]

Diese Urteile reduzieren die Alphabetschrift auf die eine Erscheinungsform der vollalphabetischen Schrift, um deren »Vollendung« als Ausgangspunkt eines umwälzenden kulturellen Potenzials allein dem antiken Griechenland bzw. dem alphabetschriftlichen Abendland zuschreiben zu können. Unterschlagen wird in diesem »Topos unter okzidentalen Schrifthistorikern«[5], dass die andere Erscheinungsform, nämlich die Konsonantenschrift, nicht nur historisch älter ist, sondern im aramäisch-hebräisch-arabischen Schriftraum – mit geringfügigen Modifikationen – bis heute ihre vollgültige Geltungskraft behalten hat. Phonetische Prinzipien spielten ja bereits in den Schriftsystemen der Hochkulturen eine wichtige Rolle – auch in der chinesischen Schrift, was zumeist übersehen wird. Nach neueren Erkenntnissen (Tropper 2001/03, Zauzich 2001) kommen die frühesten Belege für ein »Uralphabet« sogar direkt aus Ägypten (Felsinschriften im westlich von Theben gelegenen Wadi el-Hol, ca. 2000–1800 v. Chr.). Noch ohne schon Buchstabenschrift zu sein, gab die ägyptische Hieroglyphenschrift in bestimmter Auswahl auch die Lautung von Sprache wieder (Segmentalschrift), indem nur einzelne Konsonanten bzw. eine Konsonantenfolge geschrieben wurde. In der Form der Silbenschrift, wie sie mit der Keilschrift der Akkader und Assyrer in zunehmendem Maße in Anwendung kam, rückte das Geschriebene sogar noch dichter an die Lautstruktur heran, indem wiederkehrende Konsonanten-Vokal-Verbindungen oder auch nur einzelne Vokale wiedergegeben wurden und sich damit die Anzahl der Schriftzeichen auf bis zu 200 Zeichen reduzierte.

Noch einen Schritt weiter gingen die proto-sinaitischen und proto-kanaanäischen Schriftsysteme, die ab der ersten Hälfte des 2. Jahrtausends v. Chr. belegt sind. Hinzu kommt die Schrift aus Ugarit (13./12. Jh. v. Chr.), eine keilschriftliche Alphabetschrift, die sich auf den 1929 entdeckten ca. 2000 Tontafeln befindet. Gestützt auf weitere Funde der letzten Zeit, die auch Ägypten einbeziehen, lässt sich heute sagen, dass ab dem 2. Jahrtausend v. Chr. im (ägyptisch-)palästinensisch-syrischen Raum Schriften existierten, die mehr oder weniger vollständig das Silbenprinzip zu einem konsonantischen Buchstabenprinzip verwandelt und damit eine (halb-) alphabetische Schrift ohne ideographische Zeichen auf den Weg gebracht hatten. Von hier aus breitete sich das Prinzip der (konsonantischen) Buchstabenschrift in Gestalt des semitisch-phönizisch-aramäischen Alphabets weit über den Vorderen Orient hinaus aus und dürfte um 1800 v. Chr. fest etabliert gewesen sein.

Schon aus dieser historischen Betrachtung folgt, wie ungeeignet der Begriff der Revolution für die Heraufkunft der Alphabetschrift ist. Das Prinzip dieser Schrift bildete sich in einem Zeitraum von über 1000 Jahren heraus, indem das von den frühen Anfängen der Schrift bekannte Prinzip der Lautrepräsentation immer konsequenter hervortrat. Das System war offen für Varianten, sowohl in der halb- wie in der vollalphabetischen Form. Wenn überhaupt von einem Systemwechsel die Rede sein kann, so geschah dieser bereits beim Entstehen der konsonantischen Buchstabenschrift, als diese die für die Silbenschriften typischen zusätzlichen Deutungszeichen wegließ.[6] Die konsonantische Buchstabenschrift kann daher keinesfalls als eine begrenzte Übergangsform betrachtet werden und ist erst recht nicht defizitär gegenüber der vollalphabetischen Schrift.[7] Sie stand als moderne

Schriftschöpfung zunächst lange Zeit neben der Keil- und Hieroglyphenschrift, bis sie Letztere in der nachhellenistischen Zeit schließlich verdrängte. Die vollalphabetische Buchstabenschrift ergab sich dagegen dort, wo die Struktur der gesprochenen Sprache so beschaffen war, dass Vokale zur Bedeutungsunterscheidung konsonantischer Silben unverzichtbar waren. Das war beim Griechischen – anders als in den semitischen Sprachen – der Fall.

Insofern ist die Entwicklung zum Vollalphabet weder eine dramatisch-umwälzende Erfindung noch die evolutionäre Vollendung eines besonderen Schrifttyps. Dass die verschriftete Sprechsprache in der Folge auch aufgrund ihrer Materialität eine neuartige Autonomie gegenüber der gesprochenen Sprache erlangte und damit zu einer Textualität führte, wie sie im Mündlichen nicht möglich ist, bleibt davon unberührt. Insgesamt ist also die Alphabetschrift – wie schon zuvor die Hervorbringung des linearen Graphismus – die Frucht eines langen kollektiven Lernvorganges, der in Ägypten bzw. im Vorderen Orient begann.

Konsonantenschriften im Vorderen Orient: phönizisch-punische und aramäische Schriftkulturen

Gemessen an dem, was über die Schriftkultur der frühen antiken Großreiche in Mesopotamien, Ägypten oder China bekannt ist, war das Wissen über die phönizische Kultur die längste Zeit gering. Wenn man es knapp und sarkastisch ausdrücken will, so bestand die Leistung der Phönizier darin, den Griechen als See- und Handelsmacht ein wenig vorausgegangen zu sein und ihnen die Idee für die Alphabetschrift geliefert zu haben. Nicht einmal die Selbstbezeichnung gehört ihnen, sondern ist griechisch und reduziert die »phoinikes« (d. h. Purpurfärber) auf Produzenten und Händler des Exportguts Purpur. Die seit der Antike von Griechen, Römern, Humanisten und Altphilologen dominierte negative Sicht, die z.B. in Homers *Odyssee*, in der Bibel und in römischen Darstellungen Karthagos zum Ausdruck kommt, führte zu einem verbreiteten Desinteresse. Erst die archäologischen Funde der letzten 100 Jahre, die Entdeckung altkanaanäischer Texte als frühe Buchstabenschrift sowie vor allem der Aufschwung des wissenschaftlichen Interesses seit der Mitte des 20. Jh. leiteten einen Wechsel ein. Inzwischen stellt sich immer gewisser heraus, dass der phönizische Einfluss bei der Vermittlung der kulturellen Errungenschaften des Vorderen Orients für die griechisch-römische Antike stark unterschätzt worden ist.

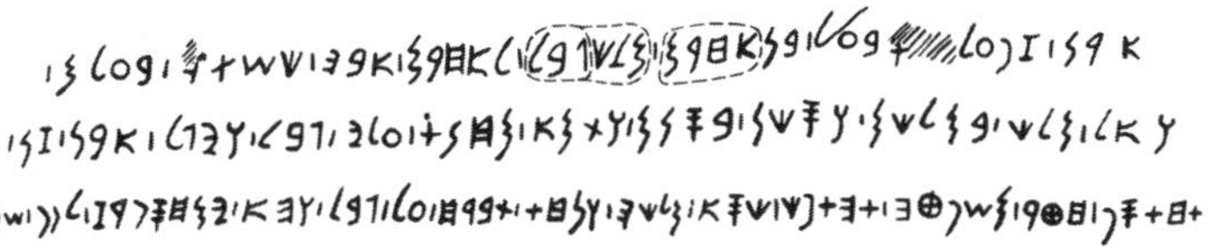

3. Alphabetschrift und griechisch-hellenistische Schriftkultur 59

Abb. 6 Altphönizische Sarkophag-Inschrift, 13.–10. Jh. v. Chr.

Phönizien konnte diesen Einfluss ausüben, weil es sich auf markante Weise von den bisherigen Machtgebilden im Vorderen Orient unterschied. Gelegen an dem schmalen Küstenstreifen auf dem Gebiet etwa des heutigen Syrien und Libanon, bildete es ein Netzwerk von untereinander konkurrierenden Stadtstaaten (z. B. Ugarit, Tripolis, Byblos, Sidon, Tyros), denen es gelang, sich gegenüber den ägyptischen, hethitischen und assyrischen Großmächten recht erfolgreich zu behaupten. Der wachsende Wohlstand, der weitläufige Seehandelsverkehr und die neuartige Form des kleinteiligen Stadtstaates machten Phönizien zu einem »Schmelztiegel der unterschiedlichsten ethnischen und kulturellen Elemente und Einflüsse«[8]. Gleichzeitig kam es zu einer ausgedehnten Expansion in den Mittelmeerraum (Zypern, Kleinasien, Ägäis, Sizilien, Nordafrika und Iberien), sodass die Phönizier zwischen ca. 1200 und 740 v. Chr. zur größten Handels- und Seemacht aufstiegen. Danach blieb der phönizische Einfluss in den mittelmeerländischen Niederlassungen noch länger erhalten, wobei besonders Karthago zu erwähnen ist, das bis zu den Punischen Kriegen die beherrschende Seemacht im westlichen Mittelmeer war und erst 146 v. Chr. gegen Rom verlor. So, wie vom phönizischen Karthago nur wenig übrig blieb, verschwand das fast tausendjährige Phönizien mit seiner »amphibischen« Kultur zwischen Orient und Okzident. Es muss heute aus den Verschüttungen, die die Siegermächte und Nachfolger von der Levante bis zum Libanon(krieg) angerichtet haben, Stück für Stück rekonstruiert werden.

Dabei ist Folgendes zu bedenken: Der weltliche Charakter des phönizischen Herrschaftssystems ließ kaum Monumentalarchitektur entstehen, in der sich Textzeugnisse überliefert hätten. Inschriften an anderen Bauten sind nur spärlich erhalten, allerdings hat es in den letzten Jahrzehnten Funde von beschrifteten Dingen (Stelen, Sarkophage, Pfeilspitzen u. Ä.) gegeben (Abb. 6). Es ist bekannt, dass die Phönizier über eine umfangreiche Literatur verfügt haben, die auf Leder und Papyrus aufgeschrieben war. Karthago besaß eine Bibliothek.[9] Deren Texte sind jedoch verloren gegangen und

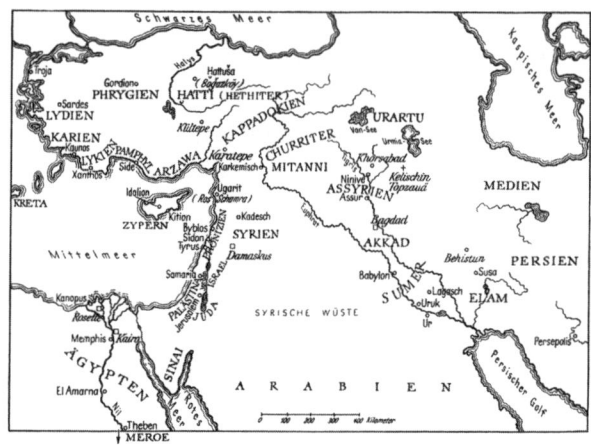

Abb. 7   Landkarte des Nahen Orients, 2. Jt. v. Chr.

können nur noch indirekt aus der Rezeption in der griechischen bzw. – im Falle der punischen Schriftkultur – in der römischen Literatur erschlossen werden. Die wenigen erhaltenen Inschriften auf Bruchstücken aus festerem Trägermaterial (Stein, Ton, Metall) ermöglichen nur eine umrisshafte Rekonstruktion der Entwicklung der Buchstabenschrift.

Von einer phönizischen Schrift lässt sich etwa ab dem 11. Jh. v. Chr. sprechen. Die ältesten Belege sind Inschriften aus Byblos (Sarkophag des Königs Ahiram). In der Blütezeit der phönizischen Stadtstaaten ist die phönizische Schrift als Verkehrsschrift vollendet und normiert. Die Schreibrichtung verläuft von rechts nach links. Unterschieden werden jetzt nur noch 22 Konsonantenzeichen. Das schon früher praktizierte sogenannte akrophonische Prinzip steht nun fest, d. h., die einzelnen Zeichen haben Namen und werden in einer bestimmten Reihenfolge sortiert. Es sind die folgenden semitischen Buchstaben: 'aleph, beth, gimel, daleth, he, waw, zajin, heth, teth, jodh, kaph, lamedh, mem, nun, samekh, 'ajin, pe, sadhe, qoph, res, sin, taw. Die Namen der einzelnen Buchstaben sind in hebräischen, griechischen, lateinischen und arabischen Texten überliefert. Aus den beiden ersten Buchstaben »'aleph« (semit. Rind) und »beth« (semit. Haus) wurden das griechische *alpha* und *beta*, die ab dem 3. Jh. n. Chr. in der lateinischen Form »alphabetum« zum Namen für die Buchstabenschrift (»Alphabet«) geworden sind und heute sogar als Synonym für Schrift überhaupt verwendet werden.[10]

Die phönizische Schrift verbreitete sich ab dem 11. Jh. v. Chr. vom Stammland aus im syrisch-palästinensischen Raum, erreichte ab ca. 1050 Kreta und wurde ab dem 9. Jh. im Mittelmeergebiet und Vorderen Orient für einige Jahrhunderte dominant. Sie wurde in dieser Zeit zum Anreger für weitere Buchstabenschriften. Die erste bedeutende Anregung ging in Richtung Westen und führte bei den Griechen zur Ausbildung des Vollalphabets, das dann seinerseits zum Vorbild der etruskischen und lateinischen Schrift wurde. Die zweite Anregung ging in Richtung Osten, wo sie zum Ausgangspunkt von wichtigen Buchstabenschriften wurde, die sowohl das konsonantische Alphabet als auch die Linksläufigkeit der Schrift übernahmen. Die bedeutendste unter ihnen war die aramäische Schrift.

Die aramäische Schrift ist ab dem 9. Jh. v. Chr. überliefert und bis zum 4. Jh. v. Chr. »das große Verständigungsmittel für den ganzen Vorderen Orient bis nach Ägypten, Kleinasien und Indien hin«[11] geworden (Abb. 7). Sie verdrängte die im mesopotamisch-persischen Raum seit über 2000 Jahren praktizierte Keilschrift und trug das alphabetische Schriftprinzip bis zum Indus. In Indien erlangten zunächst die Kharosthî-Schrift und mehr noch die Brâhmî-Schrift, die ab etwa dem 3. Jh. v. Chr. in Anlehnung an das phönizisch-aramäische Alphabet entstanden war, die größte Verbreitung auf dem Subkontinent, der bis heute von einer großen Anzahl verschiedener Sprachen und Schriften gekennzeichnet ist.[12] Über mehrere Stufen entwickelte sich ab dem 11. Jh. n. Chr. aus dem Brâhmî-Alphabet die Devanâgarî-Schrift, in der die in der heiligen Sprache Sanskrit verfasste Literatur verschriftet wurde und noch heute das Hindi aufgeschrieben wird. Aus der über mehrere Jahrhunderte ziemlich einheitlich gebliebenen aramäischen Schrift entstanden ab etwa 200 v. Chr. weitere Ableger, wie z. B. die hebräische Quadratschrift und später die kursive Buchschrift der Juden, die syrische Schrift und die nabatäische Schrift, aus der sich ab dem 4. bis 6. Jh. n. Chr. der arabische Schriftenkreis entwickelte. In hellenistischer Zeit wurde das Aramäische im Vorderen Orient als Verkehrssprache vom Griechischen verdrängt; in Persien wurde die aramäische Schrift jedoch noch bis zum 7. Jh. n. Chr. verwendet.

Entstehung der griechischen Schriftkultur

Wenn im Folgenden von Griechenland und griechischer Kultur die Rede ist, so muss vergegenwärtigt bleiben, dass es eine politisch-kulturelle Einheit die längste Zeit nicht gegeben hat. Wanderungsbewegungen und wechselnde Herrschaften prägten seit dem Beginn des 2. Jahrtausends v. Chr.

die Geschichte im ägäischen Raum. Zunächst dominierte das minoische Kreta mit einer reich entwickelten Kultur, die auch über Schriftkenntnis verfügte (kretische Hieroglyphen, Linear A-Schrift). Ab etwa der Mitte des 2. Jahrtausends gewann das in der Bucht von Argos gelegene Mykene die Oberhand, bis infolge der Einwanderung der Dorier und weiterer Stämme aus dem Nordwesten ab 1250 die kretisch-mykenische Kultur unterging. In der mykenischen Kultur spielte die Linear B-Schrift (1450–1200 v. Chr.), die sich auf etwa 7500 Tontafeln bzw. Tafelfragmenten mit Wirtschaftstexten erhalten hat, eine wichtige Rolle. Es handelt sich um eine erst 1952/53 von den Engländern M. Ventris und J. Chadwick entzifferte Silbenschrift, deren Gebrauch wohl nur auf den Bereich fürstlicher Verwaltung in Knossos, Pylos, Theben, Tiryns und Mykene beschränkt war. Sie kann als erste Schrift des griechischen Mutterlandes bezeichnet werden.

Der Untergang der kretisch-mykenischen Kultur war ein tiefer Einschnitt. Die Zeit bis 700 v. Chr. gilt in vielen Darstellungen als »dunkel«, weil das kulturelle Niveau verfiel, eine »schriftlose Lücke«[13] entstand und nur wenige andere Quellen existieren, die nähere Kenntnis erlauben. Die herausragendsten sind zweifellos die Epen Homers (8. Jh. v. Chr.) sowie die Dichtungen Hesiods (7. Jh. v. Chr.), die zunächst mündlich tradiert wurden. Diese identitätsstiftenden Texte waren es, die die Erinnerung an die mykenische Heldenzeit und das archaische Leben wach hielten. Ihre lebendige Weitergabe bis in die Zeit des Hellenismus konstruierte eine Kontinuität über die historischen Brüche und Differenzen hinweg.[14] Zugleich ist ihre Existenz jedoch auch Beleg dafür, dass die Epoche bis zum 8. Jh. v. Chr. nicht gar so dunkel gewesen sein kann.

Zwischen 750 und 550 setzte eine zweite Kolonisationsbewegung ein, die den westlichen Mittelmeerraum erfasste. Dabei verstärkte sich das panhellenische Bewusstsein trotz markanter einzelstaatlicher Zersplitterung, wobei das ionisch-attische Griechentum hervorragte. Neben Adelspolitik und wirtschaftlichen Interessen hatte die Kultur (gesprochene und geschriebene Sprache, Kunst, Mythos und vorsokratische Philosophie) großen Anteil an dieser wachsenden Einheit in der Vielfalt. Ihren Höhepunkt erreichte die Entwicklung im klassischen Griechenland (ca. 480–320 v. Chr.), insbesondere im 4. Jh. v. Chr., als sich eine neue Qualität von Schriftlichkeit und Schriftkultur herausbildete. Doch schon etwa vom 6. Jh. v. Chr. an liegt eine reichhaltige, kontinuierlich verschriftlichte Überlieferung vor, die über Epigraphik hinausging und anzeigte, dass die griechische Kultur in Ionien und später in Attika mehr und mehr literal wurde.

Wann, wo und von wem die Schrift im archaischen Griechenland übernommen wurde, ist auch heute noch nicht völlig eindeutig geklärt. In der

3. Alphabetschrift und griechisch-hellenistische Schriftkultur 63

Abb. 8   Elisches Amnestiegesetz (Olympia), ca. 350 v. Chr.

Frage des Übernahmedatums gibt es Annahmen, die vom 15. Jh. v. Chr. bis zum späten 8. Jh. v. Chr. differieren, obwohl die ältesten schriftlichen Zeugnisse – Inschriften auf einem auf der Insel Ischia gefundenen Becher (sog. Nestor-Becher) und auf der athenischen Dipylonkanne – aus dem 8. Jh. v. Chr. datieren. Diese Funde schließen jedoch nicht aus, dass das griechische Alphabet schon viel früher in Gebrauch war. Insofern gibt es auch unterschiedliche Theorien, an welchem griechischen Ort die Übernahme ihren Ausgangspunkt genommen haben könnte. Hier kommen mit Kreta, Rhodos, Zypern, Ionien und Poseideion Orte infrage, an denen zuerst Handelsbeziehungen mit den Phöniziern entstanden. Eher unstrittig ist, dass das phönizische Alphabet der maßgebliche Anreger war. Dafür sprechen die Buchstabenformen, ihre Reihenfolge und die Namen im Alphabet, nicht zuletzt auch die griechischen Quellen seit Herodot. Anregungen könnten aber auch aus Kanaan oder Ägypten gekommen sein.[15]

Bemerkenswert ist des Weiteren, dass für die Zeit der belegten griechischen Schriftdokumente (Inschriften) ab dem 8. Jh. v. Chr. eine Vielzahl regionaler Alphabetvarianten existierte. Bei aller Unterschiedlichkeit haben diese ein entscheidendes Merkmal gemeinsam: Das benutzte Alphabet ist im Gegensatz zum semitisch-phönizischen Vorbild ein Vollalphabet, d. h., es wird zwischen Konsonanten und Vokalen genau unterschieden und die Vokale werden mit eigenen Buchstaben in das Alphabet aufgenommen. Dies geschah keineswegs schlagartig, sondern – wie schon I. J. Gelb annahm – schrittweise. Im 8. Jh. v. Chr. ist dieser Schritt bereits vollzogen.[16] Neu ist auch ab etwa 500 v. Chr. die Veränderung der Schreibrichtung zur Rechtsläufigkeit. Bis dahin wurde von rechts nach links, teilweise auch von Zeile zu Zeile zwischen Links- und Rechtsläufigkeit (*bustrophedon*) wechselnd geschrieben. Als gemeingriechische Norm setzte sich erst ab 403 v. Chr. das in Athen durch Volksbeschluss angenommene ionische Alphabet durch

(Schriftreform des Archinos) und bildet seitdem das klassische Griechisch-Alphabet mit den folgenden 24 Großbuchstaben (Majuskeln), deren Bestand und Zeichenform sich bis zur Gegenwart nicht mehr verändert haben: Α, Β, Γ, Δ, Ε, Ζ, Η, Θ, Ι, Κ, Λ, Μ, Ν, Ξ, Ο, Π, Ρ, Σ, Τ, Υ, Φ, Χ, Ψ, Ω.

Durchgängig gilt für die gesamte griechische Schriftkultur die *scriptio continua*, d. h. das Schreiben ohne Wortlücke (Abb. 8). Diese Schreibweise ist neu gegenüber allen älteren Schriften bis zu den Phöniziern; sie verdankt sich dem vollalphabetischen Schriftsystem, das durch die Mitberücksichtigung der Vokale genügende Wortunterscheidungskriterien bot. Dementsprechend praktizieren die nicht-vollalphabetischen semitischen Sprachen (Aramäisch, Hebräisch, Arabisch) die Worttrennung. In späteren Zeiten wurden Worttrennzeichen und Akzente als Lesehilfe bei literarischen Texten gesetzt, in noch recht sparsamer Weise auch einige Interpunktionszeichen (Punkte, Trennzeichen) oder textkritische Zeichen, wie sie zuerst die alexandrinischen Philologen pflegten. Eine wirkliche Worttrennung wurde in der griechisch-lateinischen Antike nicht durchgeführt. Die Schriftform der ältesten Dokumente ist eine Großbuchstabenschrift, die möglicherweise auch für Papyri bis in die klassische Zeit hinein verwendet wurde. Ab dem 3. Jh. v. Chr. treten eine daran angelehnte, aber flacher gerundete Buchschrift sowie eine kursive Geschäftsschrift. Weitere Varianten folgten in hellenistisch-römischer und römisch-byzantinischer Zeit.

Schriftträger waren zunächst Fels, Wände und Grabmäler (für Inschriften), dann Tongefäße und Vasen (für Beischriften) und Tonscherben (*ostraka*, für Graffiti). Wichtige Texte, wie z. B. Gesetze und Verträge, wurden auf Metallplatten, seltener auf Leder und zunehmend auf Holztafeln (*deltos*, *pinax*) geschrieben, die in unterschiedlichen Ausgaben und Formen existierten. Am bekanntesten ist die mit Bändern oder Ringen verbundene Doppeltafel (*diptychon*), die auch in drei- und mehrfach geschichteter Form (*triptychon, polyptychon*) vorkam. Die Tafeln konnten roh oder mit Wachs beschichtet sein; letztere Form eignete sich bestens für den Alltagsgebrauch (Briefe, Notizen, Konzepte, Schulübungen usw.), weil die mit dem Holz- oder Metallstift (*grapheion*) geritzte Schrift jederzeit wieder mittels Glättung entfernt werden konnte. Diptycha und Polyptycha waren bis zum Ende der Antike in Gebrauch; sie haben sich in vielen Ausführungen erhalten und geben wegen ihres situationsgebundenen Inhalts interessante Aufschlüsse über den griechisch-römischen Alltag.

Papyrus (griech. *biblos, biblion*) kam als Beschreibstoff in Griechenland ab der Ingebrauchnahme der Alphabetschrift zur Verwendung, ist aber in größerer Zahl durch Abbildungen bzw. durch Textfunde erst ab dem 4. Jh. v. Chr. belegt. Bis zum Ende des 3. Jh. n. Chr. war der Papyrus, als Blatt und vor allem als Rolle, der wichtigste Schriftträger. Obwohl die durchschnittliche Lebensdauer einer Papyrusrolle nur etwa 200–300 Jahre betragen haben dürfte, haben sich viele Fragmente bis heute erhalten, nachdem sie vor allem ab dem 19. Jh. durch Funde in verschütteten Gebäuden und Gefäßen (vor allem im hellenistischen Ägypten) wieder entdeckt worden sind. Sie sind eine unersetzliche Quelle für die Altertumswissenschaft, weil sie als die ältesten Textmonumente Korrektive zur verbreiteteren Sekundärüberlieferung der griechischen Schriftkultur darstellen. Pergament war schon ab dem 3. Jh. v. Chr. in Gebrauch, spielte aber für das klassische Griechenland nur eine geringe Rolle, weil es sich als Schriftträger erst ab dem 3. Jh. n. Chr. durchzusetzen begann (vgl. Kap. 4).

Durchsetzung des Alphabets und griechischer Geist

Es war ein nahe liegender Gedanke, die Durchsetzung des Alphabets mit dem zeitlich anschließenden Durchbruch der griechischen Geisteskultur in Verbindung zu bringen und damit sowohl die Überlegenheit des alphabetischen Schrifttyps als auch die Besonderheit des griechischen Geistes für die abendländische Kulturentwicklung zu begründen. Am weitesten wagte sich der amerikanische Altphilologe E. Havelock vor, indem er alle wichtigen Literalitätskriterien, wie z. B. Ökonomie, Eindeutigkeit, Einfachheit, Offenheit für jedermann, ja sogar das »Denken neuartiger Gedanken«, dem technischen Charakter des Alphabets zuschrieb, die mündliche Rede vollständig und leicht wiedergeben zu können. Vom Königsstandpunkt der Klassischen Philologie und unbeirrt vom Kenntnisstand moderner Ägyptologie, Orientalistik und Sinologie dekretierte er: »Die Griechen erfanden nicht nur einfach ein Alphabet; sie erfanden die Literalität und die literale Grundlage des modernen Denkens.«[17] Dem ist inzwischen massiv widersprochen worden, ohne dass damit der hohe Rang griechischer Schriftkultur geschmälert wird.

Misslich für alle, die vor und mit Havelock ähnlich urteilten, war allerdings das Faktum, dass die Grundlagen des griechischen Geistes bereits in einer bis zum 5. Jh. v. Chr. dominant oralen Kultur gelegt worden waren und die extensive Ingebrauchnahme der Schrift ab etwa dem 7./6. Jh. noch lange von oralen Bedürfnissen geprägt war. Die epigraphischen Zeugnisse belegen zwar, dass von der Aufzeichnung von Gesetzen und Verträgen über Verwaltungsinformationen bis hin zu Namenslisten rege behördliche Schriftaktivitäten bestanden, ebenso auch private, die sich z. B. in einer Fülle von Signaturen und Graffiti ausdrücken. Insofern kann man daher mit A. Heubeck feststellen, dass schon diese griechische Frühzeit die »Welt einer weit verbreiteten und höchst lebendigen Schriftlichkeit«[18] gewesen war. Aber man muss bedenken, dass es sich dabei noch längst nicht um eine Schriftlichkeit im modernen Sinn handelte, die für sich allein stehen konnte, sondern der Umgang mit ihr eine Art »non-literate‹ use of the written word«[19] war. Texte, insbesondere die literarischen, wurden weniger zum Lesen, sondern zum Hören und für die Rezitation geschrieben. Das alles zeigt: Nicht aus einer alphabetischen Textualität entfaltete sich der griechische Geist, sondern aus und für oralkommunikative Situationen.

Gegen Havelock ist daher zu betonen: Die Griechen begannen ihre alphabetische Schrift nicht wesentlich anders zu benutzen als die Phönizier und Karthager, die in etwa zeitgleich mit ihnen im Mittelmeerraum aktiv waren, nämlich für wirtschaftliche Zwecke. Phönizier und Karthager hatten aber das historische Pech, Verlierer zu sein und ihren kulturellen Fundus fast völlig einzubüßen. Dass der griechischen Schriftkultur nicht ein ähnliches Schicksal zuteil wurde, liegt wohl kaum am Alphabet und kann auch nicht mit der unbestreitbaren Qualität griechischer Errungenschaften erklärt werden. Trotz der großen Gefährdung ihres Bestandes ist die griechisch-hellenistische Schriftkultur diejenige unter den antiken Kulturen bis zur Zeitenwende, die am besten überliefert ist. Insofern ist sie »das erste historische Beispiel für den Übergang zu einer wirklich literarischen [d. i. literalen] Gesellschaft.«[20] Die Fülle der Dokumente, die sich besonders seit dem Ende des 5. Jh. im athenisch-thebanisch-korinthischen Raum sowie in den griechisch(-römischen) Kolonialstädten im ganzen Mittelmeergebiet erhalten haben, erlaubt eine Rekonstruktion des Verschriftlichungsprozesses, wie sie bis dahin für keine andere orale Kultur durchführbar gewesen ist. In Ermangelung vergleichbarer Dokumente für mögliche Vorgängerkulturen in Ionien, Phönizien und im mykenischen Griechenland wird man daher wohl kaum umhin kommen, den gewaltigen geistigen Aufschwung als eine genuin griechische Leistung zu betrachten, auch wenn sie sich bestimmten historischen Umständen verdankt.

Die Besonderheit griechischer Schriftkultur sollte nicht idealisiert werden, sondern als etwas Exemplarisches aufgefasst werden, das sich in der Konstituierung späterer Schriftkulturen wiederholt hat, wenn es nicht ohnehin schon als Vorbild wirkte. Mit Recht hat J. Assmann deswegen auf die Unzulässigkeit hingewiesen, Schriftsystem bzw. Schrifttyp und Schriftkultur gleichzusetzen.[21] Nicht eine Aufschreibetechnik, nicht die quantitative Verbreitung von Schreiben- und Lesenkönnen machen den Wert und die Leistungskraft einer Schriftkultur aus, sondern die Art und Weise, wie die Potenziale der Schrift in einer Gesamtkultur, die von verschiedenen gesellschaftlichen Interessen geprägt ist, eingesetzt werden, um übergreifende Ziele in Ökonomie, Kultus, Mythos, Kunst, Wissen, Bildung u. a. zu erreichen. Von daher müssen sich einzelne Schriftkulturen erheblich unterscheiden, nicht weil sie es jeweils nicht besser können, sondern weil sie etwas anderes anstreben. Nach Assmann haben die Griechen sehr wohl einen neuen, bisher nicht beschrittenen Weg in die Schriftkultur eingeschlagen, der richtungsweisend werden sollte. Der Grund für diesen »Sonderweg griechischer Kulturentwicklung«[22] ist aber nicht die Ingebrauchnahme des Alphabets, sondern die besondere Zwecksetzung, die die Schrift bei der Bewahrung und Tradierung des kulturellen Gedächtnisses erhalten hat.

Der »Sonderweg griechischer Kulturentwicklung«: Oral strukturierte Schriftkultur

Worin nun besteht der griechische Sonderweg? Folgt man E. Havelock und H. Schlaffer, so ist es das erste Charakteristikum des griechischen Literalitätsprozesses, bis in die klassische Zeit hinein »geschriebene Oralität«[23] gewesen zu sein: »Nirgendwo sonst ist die Gedächtniskultur einer oralen Gesellschaft so umfassend im Archiv der Schrift überliefert worden.«[24] Diese Überlieferung war jedoch keine einfache Transformation, sondern ein längerer Prozess »der Niederschrift einer Oralität, die sich selber langsam in Richtung Literalität modifizierte«[25]. J. Assmann bezeichnete das als »strukturelle Mündlichkeit« der griechischen Literalität, K. L. Pfeiffer als »Ora-Literalität« und Ø. Andersen formulierte: »Das Geschriebene hegte sozusagen immer die Erwartung, gesprochen zu werden.«[26] Die Tatsache, dass die Schrift bei den Griechen nicht für die herausgehobenen Herrschaftszwecke in Staat und Religion reserviert war, machte sie frei für die Bereiche, in denen nach wie vor mündliche Kommunikationsformen dominierten. Jenseits der Alltagskommunikation waren solche Bereiche vor allem die Poesie und die Wissenschaft. Beide erfuhren jedoch im Prozess ihrer allmählichen Verschriftlichung eine charakteristische Veränderung.

Für die Poesie bedeutete das: »Die singende Muse übersetzt sich selber in eine schreibende: sie, die von den Menschen gehört werden wollte, fordert sie jetzt zum Lesen auf.«[27] In und aus dieser Situation heraus entstand die griechische Literatur, an deren Beginn Fragen stehen, die hier nicht weiter vertieft werden können: Sind die Anfänge griechischer Literatur noch von (primärer) Oralität geprägt oder schon (prä)literal? Ist Homer ein Sänger der oralen Kultur oder schon Autor und Person? Sind sogar die klassischen Werke der Griechen (ab ca. 450 v. Chr.) von Pindar über Aischylos bis zu Sophokles und Euripides deswegen so einzigartig, weil sie vor allem als *oral poetry* zu verstehen sind? Sind sie noch »Poesie«, die die rhapsodisch-theatrale Darbietung erfordern, oder haben sie sich zu »Literatur« verändert, die gelesen werden muss und deren Ort die Bibliothek ist?

Der andere Veränderungsschub durch Literalisierung ging in Richtung Wissenschaft und Philosophie, den J. Goody als »intellektuelle Revolution«[28], J. Assmann einschränkender als »Ideenevolution« bezeichnet hat und der zum zweiten wichtigen Charakteristikum griechischer Literalität führte: »Nicht mehr Sprecher reagieren auf Sprecher, sondern Texte reagieren auf Texte.«[29] Das Gesprochene/Rezitierte verwandelt sich zum im Text Gesagten, das mehr und mehr zum dominanten Bezugspunkt wird. Das neu Gesagte wiederholt nicht (mehr bzw. nur) das bisher Gesagte, sondern fügt Neues hinzu, variiert, wendet ein, erörtert und widerspricht und treibt dadurch die Auseinandersetzung mit Tradition und überliefertem Wissen voran. J. Assmann nennt dieses Variationsprinzip »Hypolepse« und sieht in ihm den entscheidenden Unterschied zu der repetitiven, traditionsbewahrenden Schriftkultur Altägyptens.[30] Ähnlich argumentierte schon Goody, wenn er im »Prozeß der Kritik und Skepsis« gegenüber der »vorher mündlich überlieferten kulturellen Tradition eine Einstellung zur Vergangenheit [erblickte], die sich von der in nicht-literalen Gesellschaften üblichen stark unterschied«[31].

Im hypoleptischen Diskurs, so J. Assmann, wird das Gesagte zum »Text«, der über die situative Interaktionssituation hinausgeht und sich dabei mit Regeln von Textualität ausrüstet, um auch jenseits solcher Situationen verstanden zu werden. Regeln dieser Art sind nicht nur textimmanente Strukturen, die sich aus dem Fortfall oraler Kommunikationspraktiken ergaben und zu neuen Diskursregeln wurden (z. B. Problemeröffnung, Methode, Zitat, Kommentar, Argumentation usw.). Zu berücksichtigen sind auch externe Rahmungen wie z. B. Institutionen (Akademie, Archiv, Bibliothek, Philologie usw.). Im Verlaufe dieses Verschriftlichungsprozesses entstand in Griechenland, wie Assmann zusammenfasst, »eine Disziplin kritischer Bezugnahme auf vorhergehende Texte, die sich zu einem eigenen Rahmen des kulturellen Gedächtnisses, der Wissenschaft, verfestigt. Vergleichbares läßt sich weder in Ägypten und Mesopotamien noch in Israel beobachten, wohl aber in China und Indien.«[32]

Poesie/Literatur und Philosophie/Wissenschaft sind also als zwei spezifische Formen griechischer Literalität zu betrachten. Sie wären – so kann man es fast ohne Ironie formulieren – keine spezifisch griechischen Leistungen, wenn nicht auch sie nicht nur im produktiven Widerstreit mit ihrer Abkunft aus Rhapsodentum und Mythos gelegen, sondern ebenfalls untereinander heftig ihre jeweiligen Geltungsansprüche bestritten hätten.

Ur-sache dafür war, dass der Literalisierungsschub »im gleichen Medium zwei verschiedene Kulturen nebeneinander, verschieden nach Herkunft (archaisch – modern), Form (Poesie – Prosa) und Zuverlässigkeit (Fiktion – Wahrheit)«[33], hervorgebracht hatte, die nun miteinander konkurrierten. Die zentralen Streitpunkte lauteten: Welche logische Beweiskraft und welche soziale Ver-bindlichkeit hat Dichtung angesichts rational-kritischer Wissenschaft und Philosophie? Gibt es eine höhere »Wahrheit der Dichter« trotz wissenschaftlicher Erkenntniskraft? Lügen die Dichter? Ist Philosophie noch wahr, wenn sie geschrieben wird? Diese Probleme werden bereits bei Platon erörtert.

Platons Schriftkritik und die Literalität des klassischen Griechenlands

Platons Behandlung des Themas Schriftlichkeit ist in der Klassischen Philologie und in der Schriftkultur-Forschung wegen der Radikalität der Argumentation stark beachtet worden, wobei die Interpretationen weit auseinander gehen. Im Mittelpunkt der Aufmerksamkeit steht zumeist der Schlussteil des Dialogs *Phaidros* (274b – 278c) mit seiner Erörterung der Bedeutung von Schriftlichkeit und Mündlichkeit in der Philosophie, die Platon seiner »Dialogfigur ›Sokrates‹«[34] in den Mund legt. Tatsächlich handelt es sich bei diesem Dialog um einen zentralen Text Platons. Doch darf nicht außer Acht gelassen werden, dass das Thema nicht nur in einem Kontext mit dem häufig vernachlässigten Hauptteil des *Phaidros* steht, sondern auch mit anderen platonischen Texten (z.B. *Siebter Brief, Ion, Politeia* u.a.). Erst in diesem Zusammenhang wird die zunächst verborgene Dialektik des philosophischen Standpunkts Platons deutlich: Danach ist es nicht zutreffend, von einer Verurteilung der Schrift bei ihm zu sprechen. Ein derartiges Fazit wäre auch paradox angesichts des Faktums, dass Platon seine Erkenntnisse schriftlich überlieferte.

Platon steht nicht an der Schwelle zur literalen Kultur in Griechenland und formuliert daher auch gegenüber einem Medienwechsel keine Bedenken, die sich in konservativer Weise noch an Maßstäben der oralen Kultur orientieren. Er befindet sich vielmehr in einer bereits etablierten Schriftkultur, was in der gegebenen Situation heißt, dass sich der Umgang mit Schrift neben der dominierenden oralen Kommunikation eingebürgert hat. Man wird davon ausgehen können, dass in Athen spätestens seit Beginn des 5. Jh. v. Chr. Elementarschulen existierten, in denen der männliche Nachwuchs der Vollbürger das Lesen und Schreiben lernte. Das entspräche etwa einem Viertel der Gesamtbevölkerung der Stadt. Dieser Prozentsatz mag in etwa auch für die anderen bedeutenden Städte wie Theben, Milet, Korinth oder Syrakus gelten. Im Falle Spartas schwanken die Angaben aufgrund spärlicher Quellen zwischen »eher illiterat« und »eher literat«; für die attische Halbinsel schätzt W. Harris die Literalitätsrate auf 5 – 10 %.[35] Belege für Schulunterricht für Mädchen sind ebenfalls rar. Insofern gibt es das Urteil, Frauen und Mädchen seien in großem Umfang illiterat gewesen, ebenso wie die Auffassung, sie seien durch häusliche Unterweisung bzw. Selbstbildung durchaus zu einer Art »second-hand‹-literacy« gelangt.[36] Ähnliches dürfte für Sklaven gegolten haben.

Schulbildung allein ist jedoch in der Antike kein alleiniger Gradmesser für das Maß an Literalität in einer Gesellschaft. Es gibt noch andere Anzeichen dafür, dass der Schriftgebrauch immer selbstverständlicher wurde. Für das 5. und mehr noch für das 4. vorchristliche Jahrhundert bezeugen Vasenmalereien, wie der Umgang mit Geschriebenem (Schreibwerkzeuge, Papyrusrollen und -truhen, Briefe usw.) alltäglich wurde. Fachprosa (Naturphilosophie, Historiographie, Geographie und Medizin) wurde nicht mehr zuerst oral publiziert, sondern aufgeschrieben. Homers Texte wurden verbindlich kodifiziert, ebenso begannen Schauspieler-Vereine (sog. Techniten-Verbände) die Bühnenstücke der erfolgreichen Dramatiker schriftlich zu thesaurieren. Die Zahl der Papyrusrollen wuchs markant an; spätestens zu Platons Lebzeiten gab es einen gewerbsmäßigen Handel mit Rollen und Sammelstätten für Muster-Manuskripte (Tempelbibliotheken, Stadtarchive, erste Formen von Privatbibliotheken). Als weitere Pflanzstätten wirkten die Athener Philosophenschulen, unter denen Platons Akademie (ab 385 v. Chr.), Aristoteles' Schule der Peripatetiker (ab ca. 335 v. Chr.), Epikurs Schule der Epikureer (ab 306 v. Chr.) und Zenons Schule der Stoiker (ab ca. 300 v. Chr.) die bedeutendsten waren.

Platon konnte sich daher in der Lage sehen, den längst eingetretenen Medienwechsel kritisch zu reflektieren. Dementsprechend trug er in seinem Werk keine einseitige Kritik an einem Medium vor, sondern problematisierte die neue Konstellation des Medienverhältnisses. Insofern trifft es zu, dass er eine doppelte Kritik vorträgt: Die erste behandelt die (Vor- und) Nachteile der Literalität, die zweite die der Oralität – beide sind jedoch miteinander verknüpft. An der Schrift lässt Platon im *Phaidros* Sokrates kritisieren, dass sie die Vorzüge der oralen Kommunikation nicht vollgültig ersetzen könne bzw. sogar zerstöre. Sie schwäche das Gedächtnis, antworte nicht auf unmittelbare Fragen, richte sich ungefragt an beliebige Adressaten und sei letztlich »unernst«, d. h. ohne personale Verantwortung verfasst und somit sekundären Zwecksetzungen ausgeliefert (274 c – 278 b). Sokrates

3. Alphabetschrift und griechisch-hellenistische Schriftkultur

stellt den Missbrauch so krass heraus, weil es ihm überhaupt nicht darum geht, wozu Schrift sehr wohl gut taugen könne, sondern einzig um die Frage, in welchem Medium ernste und um Wahrheit bemühte Kommunikation am besten stattfinden kann. Das heißt, es geht um Philosophie. Und hier lässt der literale Philosoph Platon, der den nur mündlich philosophierenden Sokrates »aufschreibt«, keinen Zweifel: Philosophie kann sich nur in der Oralität verwirklichen – als aufgeschriebene ist sie stets sekundär, allenfalls als Hinweis und stete Erinnerung an das Verborgene tauglich.

Diese Einschränkung gilt auch für die von Platon geschriebenen Texte und erklärt damit zugleich, warum er sie gleichwohl geschrieben hat.[37] Die Pointe ist nämlich, dass Platon die Begründung für die Schriftkritik aus dem spezifischen Potenzial der Schrift entwickelt, d. h., »er argumentiert, wenn er sie kritisiert, mit ihr gegen sie«[38]. Nur der mit der Schrift Vertraute kann begreifen, was sie (noch) nicht leistet, und doch zeigen, was sie kann, indem er die Aporie ausdrückt. Mit anderen Worten: Der im Dialog auftretende Sokrates muss »besser« sein als der Autor Platon, der ihn und den Dialog geschrieben hat, ohne den er aber nicht existierte. Im Umkehrschluss sind daher aus der dialektischen Schriftkritik auch die Vorzüge der Schrift zu entnehmen. Diese sind: Schrift fixiert und entlastet, ist dauerhaft, vielen zugänglich und von spielerischem Ernst (Fiktion) geprägt.

Führt Platon in seiner Literalitätskritik die überlegene Oralität der Philosophie ins Feld, so wendet er sich in seiner Oralitätskritik (bes. im 2. und 3. Buch der *Politeia*) gegen den tradierten Geltungsanspruch der oralen Poesie. Hier bestreitet er im Namen von Wissenschaft und Vernunft die Wahrheit der Dichter und urteilt damit wiederum aus dem Zentrum jener Schriftkultur, die sich im Griechenland des 6.–5. Jh. v. Chr. durchzusetzen begann. Man könnte es auch so formulieren: Platon rettet die Oralität, indem er sie aus dem archaischen Kontext von Poesie und Mythos löst und sie dem Wissen übereignet. Er protestiert gegen die Ent-Oralisierung der Schriftkultur, treibt diese jedoch mit seiner Poesiekritik in die nächste Aporie, indem er mit der Favorisierung von Philosophie zugleich einen (logozentrischen) Abstraktionsprozess in Gang setzt, der die Schriftkultur verstärkt. In diesem von Platons Kritik verkörperten Widerspruch, der angesichts des gegenwärtigen Medienwechsels im 20./21. Jh. eine übertragene Bedeutung erlangt hat, entfaltet sich die griechisch-hellenistische Schrift- und Lesekultur.

Griechisch-hellenistische Schrift- und Lesekultur

Mit dem von dem Historiker J. G. Droysen geprägten Begriff »Hellenismus« wird eine politisch-kulturelle Epoche bezeichnet, die von der Herrschaft Alexanders d. Gr. 336 v. Chr. bis zum Ende des Ptolemäer-Reiches 30 v. Chr. reicht. Politisch betrachtet ist es ein neuer Aufstieg des geeinten Griechenlands unter makedonischer Vormacht. Bald nach Alexanders frühem Tod (323 v. Chr.) zerbrach das bis nach Indien ausgedehnte Großreich in verschiedene Nachfolgestaaten (Diadochen-Reiche), die am Ende von Randvölkern bzw. dem aufsteigenden Römischen Reich besiegt wurden. Doch blieben die griechische Sprache als Verkehrssprache (*koiné*) und die griechische Schriftkultur trotz dieser politischen Entwicklung im hellenistischen Staatensystem dominant. Allerdings verlagerte sich das Zentrum von Athen mehr und mehr in die Hauptstädte der wichtigsten Diadochen-Reiche. Diese unternahmen gerade im Bereich der Kulturpolitik große Anstrengungen, ihren Anspruch auf Vorherrschaft zu demonstrieren, und beuteten dabei die materiellen und geistigen Ressourcen des Mutterlandes (Kulturgut, Intellektuelle) aus.

Hellenismus bedeutet jedoch nicht nur Ausdehnung und Universalisierung des Griechentums, sondern auch seine damit verbundene Durchdringung mit orientalischen Kultureinflüssen. Insofern ist es eine durchaus schwierige Frage, ob man von einem identischen Griechentum sprechen kann, da die Ausgewanderten sich in den Folgegenerationen mit den Ansässigen zu vermischen begannen und die exportierte Kultur spezifische Anpassungen erfuhr. Dieses Phänomen hat sich in der Geschichte Roms, Arabiens, Spaniens, Englands und Russlands wiederholt, um nur ein paar besonders markante Beispiele zu nennen. Für den hellenistischen Raum erhöht sich die Schwierigkeit, den Charakter der Schriftkultur näher zu bestimmen, noch dadurch, dass die Quellenlage sehr unterschiedlich ist, wobei sie für das ptolemäische Ägypten recht gut, für den Mittleren Orient hingegen weniger gut belegt ist. Feststehen dürfte, dass der im Mutterland bis zum 4. Jh. v. Chr. erreichte Standard der Literalität in der Wirtschaftskommunikation, der politischen Bürokratie, der wissenschaftlich-kulturellen Öffentlichkeit und dem privaten Leben in den hellenistischen Städten erhalten blieb bzw. in den Metropolen noch gesteigert werden konnte. Das schloss ein nicht unbeträchtliches soziales und regionales Gefälle keineswegs aus.[39]

Zum bedeutendsten Mittelpunkt des Hellenismus entwickelte sich das 332 v. Chr. im Nildelta gegründete Alexandria, die Hauptstadt des ägyptischen Ptolemäer-Reiches. Nach athenischem Vorbild wurde 280 v. Chr. eine Lehranstalt (Museion) mit Bibliothek gebaut, die zusammen mit einer Tochterbibliothek im Serapis-Tempel zum führenden Wissenschaftszentrum für Philosophie, Theologie, Medizin, Technik, Literatur und Kunst aufblühte und in Resten bis 391 bzw. sogar bis 640 n. Chr. existierte.[40] Es war das ehrgeizige Ziel Ptolemäus' I. und seiner Nachfolger, die besten Gelehrten seiner Zeit an dieser Institution zu beschäftigen, um das geistige Erbe des Griechentum zu bewahren und mit dem Wissen der hellenistischen Gegenwart zu verbinden. Tatsächlich gebührt den im Staatsdienst stehenden Philologen der Bibliothek von Alexandria das Verdienst, die verstreut gesammelten Bestände an Papyri durch Ankauf oder Abschrift vereinigt, bibliothekarisch in Katalogen (*pinakes*) erfasst und wissenschaftlich ediert, kommentiert und interpretiert zu haben.

Schon wenige Jahrzehnte nach ihrer Gründung umfasste die Bibliothek rund 490 000 Papyrusrollen; bis zum Ende des Ptolemäer-Reiches stieg der Bestand auf 700 000 Rollen.[41] Sie kann mit Fug und Recht als das Gedächtnis der griechisch-hellenistischen Antike bezeichnet werden oder, wie W. Harris formuliert, »a giant retrospective exhibition of all Greek thinking – and of barbarian thinking too«[42]. Ohne die wegweisende Arbeit dieser Institution wäre die Schriftkultur eines halben Jahrtausends schwerlich so gut bewahrt und tradiert worden. Dass sie am Ende verschwand, war Anlass für vielerlei Spekulationen über barbarische Büchervernichtung durch Cäsar oder die Araber. U. Jochum bietet gegen die Klage über die verbrannte Bibliothek die weiterführende Interpretation, dass »das Feuer, das die Überlieferung verschlingt, [...] dem Geist Gelegenheit gibt, die verbrannte Urschrift in immer neuen Texten zu umschreiben«[43]. Immerhin war die alexandrinische Bibliothek selbst eine kanonische Institution, die Bücher nicht nur bibliothekarisch »rettete«, sondern auch korrigierte bzw. durch Verweigerung der Umschrift ausschied.

Nach dem Vorbild der ptolemäischen Bibliothek entstanden in den anderen Diadochen-Reichen weitere wichtige Zentren. Dazu gehören Pergamon (2. Jh. v. Chr.) im Reich der Attaliden mit einem Bestand von ca. 200 000 Papyrusrollen, Antiochia im Seleukiden-Reich und Pella in Makedonien. Hinzu kamen kleinere Hofbibliotheken, die teilweise auch öffentlich waren, Bibliotheken von Tempeln, Gymnasien und Philosophenschulen sowie Privatbibliotheken.[44] Die Summe dieser Bibliotheken, ihre öffentliche Zugänglichkeit, der Umfang der Bestände und ihre Verbreitung im hellenistischen Raum erlauben den Schluss, dass nicht nur im griechischen Mutterland, sondern weit darüber hinaus ein Schriftgebrauch praktiziert wurde, wie es ihn zuvor in dieser Form nicht gegeben hat. Dieser

Schriftgebrauch ging über den Bereich der Wissenschaft und Literatur, der eine große Bedeutung hatte, hinaus und durchsetzte das gesamte Leben. Griechisch lesen und schreiben zu können war nicht nur die unabdingbar gewordene Voraussetzung, Bildung und Besitz zu erlangen und zu erhalten. Es garantierte zugleich die Partizipation an einer hellenischen Identität, die sich aufgrund der Vorherrschaft in einem Vielvölker-Territorium immer schärfer von den nicht-griechischen »Barbaren« abgrenzte. Illiteralität war, anders ausgedrückt, Nicht-Hellenität und Literalität das beste Mittel, in der hellenistischen Diaspora weiterhin Grieche sein zu können.

Dies hatte zur Voraussetzung, dass es ein (Elementar-)Schulwesen zur Ausbildung der Lese- und Schreibfähigkeit gab und weiterbildende Fachschulen existierten, sodass ein (zweifellos noch begrenztes) »Lese«-Publikum im Bereich des Theaters und Festspielwesens entstand, auf das sich Autoren beziehen. Freilich handelt es sich dabei nicht um eine literarische Öffentlichkeit im modernen Sinn: Die Literaturrezeption war nach wie vor eingebunden in den Kontext einer primär oralen Kommunikation. Das wird an der Praxis des (Vor-)Lesens mit lauter Stimme (*alta voce*) deutlich, die für die gesamte Antike charakteristisch blieb, auch wenn ab dem 5. Jh. v. Chr. eine kleine Schicht professioneller Leser bereits das stumme Lesen beherrschte.[45] Der Grad der Verbreitung von Elementarschulen wird unterschiedlich beurteilt. Das Mutterland, die ägäischen Inseln, Oberägypten und die größeren Städte mit griechischer Bevölkerung im Mittelmeerraum und Nahen Osten hatten bis zum 2. Jh. v. Chr. Schulen, die Schulgeld kosteten und in der Regel zunächst wohl nur Jungen offen standen. Mädchen dürften in den höheren sozialen Klassen jedoch häuslichen Unterricht erhalten haben. Der Alphabetisierungsgrad wird in den Städten für das 2. Jh. v. Chr. auf maximal 20–30% der männlichen Bevölkerung, im Gesamtdurchschnitt auf 10–15% geschätzt, da in der nichtgriechischen Bevölkerung und auf dem Lande die Zahl der Illiteraten höher gewesen sein dürfte.[46]

Griechisch als Kulturschrift bis zur Gegenwart

Graecia capta ferum victorem cepit.[47] Als Horaz diesen Satz über das besiegte Griechenland formulierte, das seine grimmigen Eroberer gefangen genommen bzw. besiegt habe, konnte er nicht ahnen, wie zutreffend er damit den Gang der weiteren Entwicklung des Griechischen als Kulturschrift im Abendland bezeichnet hatte. Ab dem 2. Jh. v. Chr. löste sich die griechisch-hellenistische Staatenwelt (*magna graecia*) mehr und mehr auf. Der Osten

3. Alphabetschrift und griechisch-hellenistische Schriftkultur 75

ging wieder an den Orient verloren, von Westen her unterwarf das aufsteigende Rom die östliche Mittelmeerregion. Schon 227 v. Chr. war Sizilien römische Provinz geworden. Makedonien unterlag 167 v. Chr. den Römern, Griechenland kam ab 146 v. Chr. unter römische Verwaltung und 30 v. Chr. wurde das ptolemäische Ägypten römische Provinz. Rom hatte sich zur beherrschenden Macht im Mittelmeerraum entwickelt; Amtssprache im östlichen Teil des Imperiums blieb jedoch Griechisch.

Die Einverleibung in das Römische Reich minderte also auf keine Weise die Ausstrahlungskraft von griechischer Sprache und Bildung. Als ältester vollalphabetischer Schrifttyp ist das griechische Alphabet der produktivste Anreger weiterer Alphabetschriften in Europa geworden. Es war das Vorbild für die Schrift der Etrusker und ab dem 7. Jh. v. Chr. mittelbar auch für die altitalischen Schriften der Osker, Umbrier und Falisker sowie die alpinen Schriften in Norditalien, die ihrerseits ab etwa 500 v. Chr. die germanische Runenschrift prägten. Des Weiteren orientierten sich ab dem 7. Jh. v. Chr. die kleinasiatischen Phryger, Lyker und Lyder, zwischen 150 und 500 n. Chr. im vorrömischen Iberien (Spanien) die Keltiberer und ab dem 2. Jh. n. Chr. die ägyptischen Kopten und abessinischen Nubier an der griechischen Schrift. Schließlich war sie ab dem 4. Jh. für die im Balkanraum siedelnden Westgoten, ab dem 5. Jh. für die Armenier sowie ab dem 9. Jh. für die kyrillische Schrift der Slawen in Bulgarien, Makedonien, Serbien, Russland und in der Ukraine Vorbild. Nicht zuletzt hatte das Griechische bedeutenden Einfluss auf das frühe Latein.[48]

Griechisch erlangte jedoch nicht nur als Alphabet, sondern vor allem als Kulturschrift, in der Sprache, Schrift und Bildung zu einer bis heute kaum unterbrochenen Einheit verschmolzen, große Bedeutung. Bis in die Spätantike hinein war Bildung gleichbedeutend mit *griechischer* Bildung (Sprache und Geisteskultur) – ein Umstand, der zu einer weitreichenden Zweisprachigkeit im lateinischen Kulturleben führte (vgl. Kap. 4). Im Neuplatonismus des 3. Jh. kam es in Rom zu einer Wiederbelebung der griechischen Philosophie. Mit dem Erstarken des Christentums ab 325 und der Reichsteilung 395 verlagerte sich das geistig-politische Zentrum von Rom nach Konstantinopel/Byzanz. Zwar ging ab dem 4. Jh. im Weströmischen Reich der zweisprachige Schulunterricht zu Lasten des Griechischen zurück, doch blieb die Sprache der Wissenschaft davon unberührt.

Die frühchristliche exegetische Literatur und Theologie begann auf Griechisch, wie besonders an der Bibelexegese des Origines († 254) zu erkennen ist, ehe mit den Schriften der Kirchenväter (z. B. Cyprian, Athanasius, Hieronymus, Augustinus) das Latein dominierend wurde. Als eine der drei heiligen Sprachen (neben Hebräisch und Latein) ging das Griechische im christlichen Mittelalter nicht unter, wurde aber eine »zweite Fremdsprache«[49], die nur wenige Gelehrte beherrschten. Zeugnis davon legten die so genannten Graecolatina ab, d. h. griechisch-lateinische Bilinguen (Psalter, Evangelien, Paulusbriefe, Apostelgeschichte) seit dem 5./6. Jh. Besondere Beachtung fand die griechische Sprache in liturgischen und wissenschaftlichen Texten im Italien des 6. Jh. unter dem ostgotischen Kaiser Theoderich d. Gr. (493–526); hier ist besonders das Aristoteles übersetzende und kommentierende Werk von Boethius († 524) hervorzuheben.

Weitere Rezeptionen der griechisch-hellenistischen Antike erfolgten in Italien in der Zeit der byzantinischen Herrschaft in Rom (griechische Mönche und Päpste bis Mitte des 8. Jh.), in den Klöstern am Sinai, in Irland, England und Gallien, im karolingischen und ottonischen Reich (9./10. Jh.), im süditalienischen Normannenreich mit den Zentren Amalfi, Salerno, Neapel und Palermo (12. Jh.) sowie im römischen Vatikan und in Florenz und Venedig (15. Jh.). 1462 gründete Cosimo de' Medici in Florenz eine platonische Akademie; 1500 bildete sich in Venedig eine Neoacademia, die allein den griechischen Studien gewidmet war. Eigenartig ist allerdings, dass Homer bis 1360, als Petrarca eine Übersetzung ins Lateinische veranlasste, so gut wie unbekannt war.[50] Zentrum der Überlieferung war jedoch Byzanz/Konstantinopel, das sich als das »Neue Rom« verstand. Im Oströmisch-Byzantinischen Reich behielten die (mittel)griechische Sprache als Amtssprache und die späthellenistische Kultur bis ins 15. Jh. ihre Geltung (vgl. Kap. 6). Als Fazit darf gelten: »Hätte Byzanz das griechische Erbe nicht gepflegt, dann hätte die europäische Renaissance – und in ihrer Spur die Altertumswissenschaft – sich nicht in voller Breite entfalten können.«[51]

Die im 15. Jh. aus Byzanz vor den Türken fliehenden bzw. vertriebenen griechischen Gelehrten und Intellektuellen fanden vor allem in Florenz und Venedig Aufnahme. Andere griechisch-byzantinische Emigranten flohen nach Kreta, Zypern, Spanien und Frankreich. Sie wirkten als Lehrer, Korrektoren sowie als Kopisten und Editoren geretteter Kodizes. Ein beachtlicher Kulturtransfer fand trotz osmanischer Oberherrschaft auch in die Territorien des nördlichen Balkans, der Walachei und der Moldau statt. Auf diese Weise tradierten sich wichtige Elemente der griechisch-byzantinischen Schriftkultur in die frühe Neuzeit und wurden zum Auslöser der Renaissance antiken Geistes. Vor allem der von Italien (Petrarca u. a.) ausgehende Humanismus, der sich auch auf Leistungen der arabisch-islamischen Schriftkultur mit ihrer intensiven Pflege griechisch-hellenistischer Wissenschaft und Philosophie stützte, führte unter dem Motto »Zurück zu den Quellen!« zu einer vertieften Hinwendung zur Antike. Als Graecophilie erfasste die humanistische Bewegung alsbald ganz Europa. Unterstützt

3. Alphabetschrift und griechisch-hellenistische Schriftkultur 77

Abb. 9   Druckermarke des Aldus Manutius, 1502.

wurde diese Tendenz durch die Buchdruck-Technik, die als Garant für das humanistische Bildungsprogramm (philologische Exaktheit, Wissensvermittlung, ästhetisches Vorbild) gefeiert wurde. Bereits 1476 erschien in Mailand das erste griechische Buch, eine Grammatik, 1488 in Florenz die erste Homer-Ausgabe im Druck. Ab 1495 brachte die Offizin von Aldus Manutius in Venedig hervorragende griechische Textausgaben (Hesiod, Theokrit, Aristophanes, Aristoteles u. a.), teilweise im Oktav-Format (sog. Aldinen), heraus (Abb. 9). Überliefert sind insgesamt 67 griechische Inkunabeln, d. h. Drucke aus der Zeit vor 1500.[52]

Während für die katholische Kirche die humanistische Begeisterung für die griechisch- (und auch hebräisch)sprachige Tradition eher als »Bedrohung für das lateinischsprachige Fundament der römischen Traditionsvermittlung«[53] betrachtet wurde, waren für Luther und die Reformation die auf Griechisch und Hebräisch geschriebenen Texte des frühen Christentums wichtigere, weil »unmittelbarere« Quellen als die lateinischen. Hebräische Handschriften wurden in Italien bereits ab dem Ende des 15. Jh. ediert. Der Humanist Johannes Reuchlin († 1522) verfasste 1506 eine Einführung in die hebräische Sprache und trat 1510 entschieden für den Erhalt und die Pflege jüdischer Handschriften ein, womit er den Streit um die sogenannten Dunkelmänner (1515–17) auslöste. In Frankreich, den Niederlanden, England und Deutschland wurde das Studium des Griechischen durch Humanisten wie Guillaume Budé, Thomas Morus, Johannes Reuchlin, Erasmus von Rotterdam, Philipp Melanchthon, Conrad Celtis u. a. gefördert und fand alsbald Eingang in den Unterricht der höheren Schulen. 1572 erschien der umfassende *Thesaurus Graecae linguae*, 1708 die *Palaeographia Graeca* von Bernard de Montfaucon. Vor allem aber kam es zu einem Aufschwung der Philologie aus hellenistischem Geist, indem diese sich sowohl in Richtung Grammatik, Textkritik und Hermeneutik entfaltete (z.B Johann C. Scaliger, K. Bentley u.a.) als auch ab dem letzten Drittel des 18.Jh. als Klassische Philologie (Altertumswissenschaften) konstituierte (z.B. in Deutschland Friedrich August Wolf, August Böckh, Ulrich von Wilamowitz-Moellendorff u.a.).

Während zunächst die römische Antike stärker im Vordergrund gestanden hatte, rückte unter dem Einfluss des Neuhumanismus ab dem Ende des 18.Jh. besonders in Deutschland das klassische Griechenland in den Mittelpunkt eines enthusiastischen Interesses. An der Spitze stand eine geradezu einzigartige Homer-Begeisterung, die bei Johann Joachim Winckelmann anfing und über Herder, Goethe und Hölderlin bis zum Troja- und Mykene-Entdecker Heinrich Schliemann führte. Homer war der Auslöser einer gebildeten »Gräcomanie« (F. Schiller), die in den 1820er Jahren als Philhellenismus sogar literarisch-politisch Partei für den griechischen Freiheitskrieg ergriff. Die deutsche Griechenland-Begeisterung enthielt ein nicht zu unterschätzendes Maß an Projektion, die den Misshelligkeiten der nationalen Identitätsfindung entsprang. Sie erzeugte aber auch ein kulturelles Wissen über die Einheit von Antike und Abendland, das nationale Beschränktheit überwand. Dies drückte sich nicht zuletzt in der Spitzenstellung der alten Sprachen, der sogenannten Humaniora, aus. Griechisch und Latein umfassten im Lehrplan des humanistischen Gymnasiums, das bis zum Ende des 19.Jh. der einzige Zugangsweg zur Universität war, gut die Hälfte des Stundenkontingents. Heute beträgt der Anteil der Griechisch-Lernenden in deutschen Gymnasien allerdings nur noch 2%.[54]

---

1 Vgl. Ehlich (1980), S.351.
2 Gelb (1958), S.148. Kritisch dazu: Günther (1988), S.37.
3 Havelock (1990), S.57, 60.
4 Vgl. McLuhan (1968b), S.94; Gelb (1958), S.76; Ong (1987), S.92; Havelock (1990), S.71f.; Goody (1990), S.77ff.; Stetter (1997), S.47; de Kerckhove (1995), S.9. Kritisch dazu: Glück (1987), S.146ff.; Assmann (1992), S.262ff.; Yan (2000), S.138ff.; Harris (2000), S.126ff.
5 Assmann (1992), S.262.
6 Vgl. Günther (1988), S.37; Martin (1988), S.46.

3. Alphabetschrift und griechisch-hellenistische Schriftkultur 79

7 Vgl. Février (1984), S. 210ff.; Diringer (1996), S. 217f.; Jahandarie (1999), S. 22f.
8 Kuckenburg (1989), S. 227.
9 Vgl. Gehrig/Niemeyer (1990), S. 11.
10 Vgl. Diringer (1996), S. 195.
11 Friedrich (1966), S. 83.
12 Vgl. Falk (1993), S. 84ff., 106ff.
13 Heubeck (1979), X, S. 30.
14 Vgl. Assmann (1992), S. 274.
15 Vgl. Kuckenburg (1989), S. 241f.; Zauzich (2001), S. 170.
16 Gelb (1958), S. 181.
17 Havelock (1990), S. 71, 75. Kritisch dazu: Assmann (1992), S. 261ff.; Olson (1994), S. 46ff.; Jahandarie (1999), S. 22ff., 200ff.
18 Heubeck (1979), X, S. 152.
19 Thomas (1992), S. 88.
20 Goody (1981), S. 68.
21 Assmann (1992), S. 264ff.
22 Assmann (1992), S. 269.
23 Havelock (1992), S. 161.
24 Schlaffer (1986), S. 15.
25 Havelock (1992), S. 147.
26 Assmann (1992), S. 271; Pfeiffer (1993), S. 12; Andersen (1987), S. 34.
27 Havelock (1992), S. 107f.
28 Goody (1981), S. 68.
29 Assmann (1992), S. 281.
30 Assmann (1992), S. 281.
31 Goody (1981), S. 73, 75. Ähnlich bei: Andersen (1987), S. 42.
32 Assmann (1992), S. 301.
33 Schlaffer (1990), S. 53.
34 Szlezák (1985), S. 5.
35 Vgl. Harris (1989), S. 114. Zu Sparta vgl. Boring (1979).
36 Vgl. Harris (1989), S. 35, 106.
37 Vgl. Kullmann (1990, 324ff.), Stetter (1997, S. 302, 305) und Frede (1997, 44ff.) mit weiterführenden Hinweisen auf die Debatte über die Theorie der »ungeschriebenen Lehre« bei Platon.
38 Laermann (1990), S. 122.
39 Vgl. Harris (1989), S. 116ff.
40 Vgl. Johnson/Harris (1976), S. 47ff.; Blanck (1992), S. 138ff.; Casson (2002), S. 49ff.; Legras (2002), S. 112ff.
41 Vgl. Jochum (1993), S. 24ff.; Mazal (1999), S. 37.
42 Harris (1989), S. 125.
43 Uwe Jochum: Die Idole der Bibliothekare. Würzburg 1995, S. 127. Vgl. zur Problematik der Brände (48 v. Chr.; 272, 389 oder 640 n. Chr.) Canfora (2002), S. 88ff.; Jochum (1993), S. 33ff.; Casson (2002, S. 69ff.).
44 Vgl. Johnson/Harris (1976), S. 50ff.; Blanck (1992), S. 145ff.; Casson (2002), S. 72ff., 84ff.
45 Vgl. Saenger (1982), S. 370ff.; Manguel (1999), S. 55ff.; Chartier/Cavallo (1999), S. 79ff. Die von Balogh (1927, S. 88ff.) vertretene These, dass das stille Lesen in der Antike unbekannt gewesen sei, wurde widerlegt von Knox (1968). Zum Lesen im antiken Judentum vgl. Boyarin (1993), S. 12ff.
46 Vgl. Harris (1989), S. 141, 328.
47 Horaz, Epist. II 1,156; zit. nach Schottenloher (1968), I, S. 13.

48 Vgl. Haarmann (1990), S. 423—465.
49 Berschin (1980), S. 31.
50 Vgl. Hunger (1975), S. 516, 530.
51 Aerts, in: Engels/Hofmann (1997), S. 709.
52 Vgl. Hunger (1989), S. 137; Gastgeber (2003), S. 36f.; Heldmann, in: Pöhlmann (2003), S. 103 ff.; 125 ff.
53 Ehlich (1993), S. 188.
54 Vgl. Fuhrmann (1993), S. 20 ff.; Riedel (2000), S. 109 ff.; Seipel (2003), S. 221 ff.

4. Römisch-lateinische Antike und Latinität

Eigenart der römisch-lateinischen Antike

Schon seit langem ist es üblich, von einer griechisch-römischen Antike zu sprechen. Damit wird der unbestreitbaren Tatsache Rechnung getragen, dass Griechen und Römer die vorderasiatisch-europäische Geschichte und Kultur zwischen ca. 700 v. Chr. und 500 n. Chr. maßgeblich geprägt haben und deswegen bis heute bedeutsam geblieben sind. Dabei versteht sich, dass die Bezeichnungen »Griechen« und »Römer« in einem weiten Sinne aufzufassen sind. Entscheidend für die Zugehörigkeit waren die Sprachbeherrschung, die kompetente Teilhabe an der Kultur und in der Regel auch der Bürgerstatus, sodass z. B. der alexandrinische Philologe Aristophanes von Byzanz ebenso selbstverständlich als Grieche gelten konnte wie der aus Spanien stammende Philosoph Seneca als Römer. Was nicht vorkam: Ein Römer konnte kein Grieche werden und ein Grieche würde kein Römer sein wollen.

Griechische und lateinische Kultur bildeten für etwa die Hälfte des antiken Zeitraumes eine Doppelkultur. Allerdings wäre es präziser, eher von einer Kultur bzw. von Kulturen im Übergang zu sprechen. Schon die griechische Antike war weder von Anfang an eigenständig noch sind sich die Sprache und das Bild der Schrift sowie die auf die Schrift gestützte Kultur gleich geblieben. Ohne die Phönizier wäre der Anfang ein anderer gewesen, ohne das hellenistische Ägypten und ohne den Vorderen Orient und die Römer der Verlauf. Dasselbe gilt für die römisch-lateinische Antike. Auch sie hatte keine eigenen Anfänge, sondern war Erbin von vorgängigen und parallelen Kulturen und blieb noch als römisches Imperium in dieser Position. Dabei ist »Erbin« im kriegerisch expandierenden Rom oft genug auch schlicht »Beute des Siegers«, wodurch das zum Dokument der Kultur Gewordene »zugleich ein solches der Barbarei« (W. Benjamin) wurde. Anders als die Magna Graecia war das Imperium Romanum eben ein politisch-zentralisierter Machtstaat, der Kultur weniger erzeugte, sondern vor allem sich aneignete und verbrauchte, ohne dafür lange dankbar zu sein.

Im Vergleich zur griechisch-hellenistischen Schriftkultur wies die römisch-lateinische einige markante Unterschiede auf. Bis über das 3. Jh. v. Chr. hinaus lag Rom hinsichtlich des Ausmaßes an Literalität gegenüber Athen um etwa drei Jahrhunderte zurück, erreichte dann bis zum 1. Jh. v. Chr. einen Gleichstand mit dem hellenistischen Griechenland. Erst ab der Kaiserzeit dürfte es einen fortgeschritteneren Standard erlangt haben. Bis dahin gilt grundsätzlich: Die römisch-lateinische Schriftkultur erfand kaum Neues, sondern folgte dem griechischen Vorbild. Anders als in Griechenland spielte in der Frühzeit die Schrift im Zusammenhang mit der Religion eine große, im Zusammenhang mit Literatur eher eine geringe Rolle. Die größte Differenz resultierte jedoch aus der Tatsache, dass Rom als Imperium die Schrift für die Zwecke der weit gespannten Staats- und Militärverwaltung immer unabdingbarer benötigte. In diesem Kontext kam es zu einer neuartigen geographischen, aber auch sozialen Verbreitung von Literalität, die große Unterschiede in einer Epoche und an einem Ort einschloss.

Schließlich ist ein letzter, nicht unbedeutender Aspekt zu beachten. Die römisch-lateinische Antike liegt unserer Gegenwart um wenigstens ein halbes Jahrtausend Jahre näher als die griechisch-hellenistische. Das schützte sie insgesamt zwar kaum vor ähnlichem Ruin, wirkte sich aber mit Blick auf ihre Schriftkultur doch positiver aus. Der ab dem 3. Jh. n. Chr. einsetzende Prozess, statt auf Papyrus auf Pergament zu schreiben und mehr und mehr auch ältere Papyrus-Texte auf den neuen Schriftträger umzuschreiben, trug nicht unwesentlich dazu bei, dass neben der umfangreichen Literatur des römischen Rechts besonders die in der (christlichen) Spätantike rezipierten und produzierten Texte dauerhafter tradiert werden konnten. Dagegen mussten die griechisch-hellenistischen Texte wegen des Materials und des höheren Alters öfter kopiert werden – ein Vorgang, der immer das Risiko der Vernichtung durch Selektion einschloss.

Anreger, Gegner und Beute der Römer: Die Schriftkultur der Etrusker

Am Anfang der römischen Geschichte stehen die Etrusker. Sie gaben sogar der Stadt Rom den Namen, indem sie den Ort nach einem ihrer Geschlechter Rumlna nannten. Dennoch gehören die Etrusker wie die Hethiter, Phönizier oder Kelten zu jenen Völkern, über die schon die Antike nur noch wenig wusste, weil ihre Kultur untergegangen, nicht mehr von Interesse bzw. aufgegangen war in die ihrer Besieger. Im Falle der Etrusker ist das Vergessen und Verschwinden umso erstaunlicher, als ihr geschichtliches Wirken in Zeiten stattfand, in denen es sowohl die Möglichkeit historischer Aufzeichnung gab als auch die Fähigkeit zur tradierenden Dokumentation. Begrenzt auf die Hilfsmittel der modernen Archäologie, die den erhaltenen

Abb. 10   Etruskischer Grenzstein (Perugia), 2. Jh. v. Chr.

Fundus an architektonischen Überresten, Kunstgegenständen und kunsthandwerklichen Produkten auswertete, blieb das Wissen jedoch sehr beschränkt. Hinzu kommt ein weiterer entscheidender Mangel: Aus der reichen Schriftkultur, die die Etrusker zweifellos besessen haben, ist bis heute lediglich ein Trümmerbestand von ca. 7500–9000 kurzen Texten erhalten geblieben. Da diese in einer unbekannten, nicht zur indoeuropäischen Sprachfamilie gehörenden Sprache geschrieben sind, konnten sie nur teilweise entziffert werden. Da zudem die Herkunft der Etrusker nicht völlig geklärt ist (Kleinasien oder Oberitalien), lässt sich nicht eindeutig bestimmen, über welchen Weg und ab wann sie über Schriftkenntnis verfügten und ihr eigenes Vollalphabet ausbildeten. Die Parallelen zum westgriechischen Alphabet sind allerdings evident, sodass eine Aneignung entweder aufgrund der kleinasiatischen Herkunft schon früher oder erst durch den ab dem 8. Jh. v. Chr. belegten Handelskontakt mit dem griechischen Festland bzw. durch die euböische Kolonie Kyme am Golf von Neapel erfolgt sein dürfte.[1]

Das älteste etruskische Schriftdokument, das lediglich ein Alphabet mit 26 Buchstaben enthält, ist die elfenbeinerne Schreibtafel von Marsiliana d'Albegna aus dem 7. oder 8. Jh. v. Chr., die 1915 in einem südtoskanischen Grab entdeckt wurde. Die Tafel ist linksläufig mit nach links geöffneten Buchstaben beschrieben und zeigt damit sowie in der Form des Buchstabeninventars deutlich die griechische Herkunft der Schrift. Die Hauptmasse der erhaltenen Texte, die allesamt die Linksläufigkeit beibehalten haben, stammt jedoch aus der Zeit ab dem 5. Jh. v. Chr. und enthält vor allem knappe Grabinschriften. Des Weiteren gibt es Bau-, Besitz- und Weihinschriften, Beischriften zu Bildern, Dedikationen, Signaturen sowie etwa 30 etruskisch-lateinische Bilinguen (Abb. 10). Längere Texte sind sehr selten, zumeist fragmentarisch und beschränkt auf religiöse oder juristische Inhalte. Den längsten Text stellt ein etwa 300 Zeilen umfassender Ritualkalender aus dem 1. Jh. v. Chr. dar, von dem rund 1200 Wörter lesbar sind. Er war auf eine etwa 13 m lange Leinenrolle (*liber linteus*) geschrieben und enthielt Kultvorschriften für Opfer und Gebete. Sein Schicksal ist charakteristisch für das Etruskische überhaupt: Da er wohl schon bald nicht mehr gelesen werden konnte, wurde das Leinen in Streifen geschnitten und für die Mumienbestattung einer in Ägypten beigesetzten Frau aus Etrurien verwendet. Die Mumie gelangte im 19. Jh. als Reisemitbringsel ins Zagreber Nationalmuseum, wo 1892 ihr paläographischer Wert erkannt wurde.[2]

Das etruskische Alphabet prägte sowohl die Alphabete der benachbarten Umbrer, Osker und Falisker wie auch der in Oberitalien und im alpinen Raum ansässigen Veneter, Räter und Lepontiner. Vor allem aber hatte es aufgrund seiner politisch-kulturellen Vorherrschaft primären Einfluss auf die lateinische Schrift in der Landschaft Latium, deren Vorort ab dem 7. Jh. v. Chr. Rom wurde. Auch die archaische Lateinschrift wurde bis zum 5. Jh. v. Chr. linksläufig oder abwechselnd links- und rechtsläufig geschrieben. Literarische Zeugnisse gibt es nicht, wohl aber Hinweise auf sie. Sekundär ist die Feststellung von Poseidonius († 51 v. Chr.) überliefert, dass die Etrusker Literatur, Naturwissenschaften und Theologie gepflegt hätten. J. Heurgon zitiert des Weiteren Livius († 17 n. Chr.), der für das 4. Jh. v. Chr.

die Aussage traf, die jungen Römer würden im Etruskischen unterrichtet, so, wie es später im Griechischen geschah. Heurgon zieht daraus den Schluss: »Über Etrurien kam Rom zum Griechentum.«[3] Ob dabei etruskische Literatur und Schauspiele das entscheidende Medium waren oder nicht, lässt sich nicht klären. Dass aber die etruskische Kultur lange vor den Römern in engem kulturellem Kontakt zur griechisch-hellenistischen Kultur stand und über die südetruskischen Städte unmittelbarer mit Rom verbunden war als das griechische Süditalien, dürfte außer Frage stehen.

Diese friedliche kulturelle Übertragung endete jedoch, als die Römer ab dem 4. Jh. v. Chr. nordwärts nach Etrurien (Veji, Caere, Tarquinia, Volsinii) vordrangen und in den folgenden beiden Jahrhunderten das Land gewaltsam romanisierten. Damit einher ging die Abwertung des etruskischen Kultureinflusses durch die Römer und deren Hinwendung zur griechischen Kultur. Erst 90 v. Chr. erhielten die unterworfenen Etrusker als Bundesgenossen Roms das römische Bürgerrecht. Trotz vereinzelter Anknüpfungen an die etruskische Vorgängerkultur, insbesondere durch Cicero sowie durch Kaiser Claudius' starkes Interesse an der von den Etruskern betriebenen Praxis der Weissagung aus tierischen Eingeweiden (*haruspicina*), versank die Kenntnis ihrer Schrift und Kultur in der Spätantike. Die letzten etruskischen Inschriften stammen aus der Zeit um 20 n. Chr.

Altlateinische Schriftkultur bis zum 1. Jahrhundert v. Chr.

Mit den etruskischen Texten teilen die frühen lateinischen Texte das Schicksal der raren Überlieferung. Erhalten sind Graffiti in Gestalt von Besitzerangaben auf Keramik aus dem 7.–5. Jh. v. Chr. Ältestes inschriftliches Zeugnis ist der so genannte *Lapis niger* (ca. 600 v. Chr.), ein 1899 auf dem Forum Romanum entdeckter Stein mit verstümmelten furchenwendigen Schriftzügen. Es folgen bis zum Anfang des 1. Jh. v. Chr. nur wenige weitere Inschriften, darunter Grabinschriften und Gesetzestafeln wie z. B. das 12-Tafel-Gesetz (5. Jh. v. Chr. oder jünger). Ab etwa 300 v. Chr. gibt es Münzinschriften. Erste erhaltene schreibschriftliche Papyrus-Dokumente (Urkunden, Briefe) datieren ab ca. 50 v. Chr.; wenig jünger sind die ersten literarischen Papyri in Form von Fragmenten. Ob der Mangel an erhaltenen Inschriften und Texten auf einen nur mäßigen Schriftgebrauch hindeutet, ist umstritten.[4]

Aus den ältesten Dokumenten der römischen Zeit lässt sich das archaische lateinische Alphabet mit den folgenden 21 Buchstaben rekonstruieren:

A, B, C, D, E, F, Z, H, I, K, L, M, N, O, P, Q, R, S, T, V, X. Für die Buchstabennamen wird heute etruskisches Vorbild angenommen.[5] Die archaische Reihung entwickelte sich bis zum 1. Jh. v. Chr. zum klassischen Alphabet, indem das G an die Stelle des früheren Z rückte und ein neues Y und Z den Schluss bildeten. Die Inschriften wurden bis zum 4. Jh. v. Chr. in archaischen Großbuchstaben, danach in der römischen Monumentalschrift (Scriptura monumentalis) geschrieben, aus der sich in der Kaiserzeit die bis zur Spätantike gültige Buchschrift (Capitalis) entwickelte. Daneben gab es kursive Schriften und Buchschriftvarianten wie z. B. die Capitalis rustica (bis zum 6. Jh. n. Chr.) und die Capitalis quadrata. Bis zum 3. Jh. n. Chr. wurde mit einem Punkt als Worttrenner geschrieben, danach wieder in *scriptio continua*.[6]

Parallel zur Erlangung der politischen Vorherrschaft Roms in Italien, die bis zur Mitte des 3. Jh. v. Chr. errungen war, verdrängte das Latein mehr und mehr die Sprachen der unterworfenen bzw. assoziierten italischen Nachbarn. In der Folge kam es zu politisch-kulturellen Berührungen und schließlich auch zu siegreichen militärischen Auseinandersetzungen mit Karthago und den Staaten der Magna Graecia (Syrakus, Makedonien, Pergamon, Gallien u. a.). Diese bis zum 1. Jh. v. Chr. abgeschlossene Entwicklung zur Großmacht im Mittelmeerraum brachte Veränderungen mit sich, die zunächst das Machtzentrum Rom erfassten und von dort allmählich immer mehr ausstrahlten. Dabei nahm der Stellenwert des Geschriebenen erheblich zu. Die Verwaltung und die Unterhaltung einer zu Wohlstand und Ansehen aufsteigenden Großmachtmetropole mit ihren vielfältigen auswärtigen Verbindungen (Kolonien), zugleich aber auch mit den starken inneren Konflikten bei der Verteilung von Macht und Reichtum erforderten eine politische Klasse, die zu den Standards der hellenistischen Herrschaftskultur aufzuschließen hatte. Dazu gehörte als Mindestmaß die Fähigkeit, literat zu sein, d. h. lateinisch (und mehr und mehr auch griechisch) lesen und schreiben zu können.

W. Harris zufolge wuchs der Prozentsatz der lateinisch Literaten von 1–2 % im Rom des 3. Jh. v. Chr. auf etwa 10 % im 1. Jh. v. Chr., wobei der Anteil der Frauen nur sehr gering war.[7] Ab 234 v. Chr. ist in Rom die erste Elementarschule belegt, die freilich weder verpflichtend noch offen für Schüler jenseits der Oberschicht war und in der Privatunterricht die Regel gewesen sein dürfte. Wichtiger als das Schreibenkönnen war die Lesefähigkeit, einerseits um im (beruflichen) Alltag bestehen zu können, andererseits um die für eine politische Laufbahn unabdingbar werdende höhere Bildung zu erwerben. Der genaue Umfang der alltagspraktischen Lese- und Schreibfähigkeit ist schwer zu ermitteln. Ob z. B. die ab 139 v. Chr. in der Hauptstadt eingeführte schriftliche Abstimmung bei Wahlen ein gestiegenes Maß an Literalität anzeigt oder nicht, bleibt umstritten.

Höhere Bildung wurde für die politische Klasse auch identitätsstiftend. Man erlangte sie durch Grammatik- und Rhetorikunterricht, der häufig von literaten Griechen zugleich auf Griechisch erteilt wurde. Die zweite Säule des griechischen Einflusses war das Theater. Auf diese Weise verstärkte sich ein Kulturtransfer, in dessen Verlauf Rom den vollen Anschluss an die griechisch-hellenistische Schriftkultur gewann. Zugleich aber nahm im Zeichen dieser entwickelteren Literalität das Interesse an den eigenen Ursprüngen zu, sodass sich die lateinische Schriftkultur in ihrem Bezug auf das griechische Vorbild mehr und mehr verselbstständigte. Dabei ist es ein eigentümliches Phänomen, dass sich die Rezeption der griechischen Literatur in Rom aus Sicht des »Gebers« als ein Akt von Entschriftlichung darstellt, weil der Transfer nur durch Anpassung an die oral geprägte römische Kultur in Gang gesetzt werden konnte. Aus Sicht des »Empfängers« führte der Transfer jedoch zu einem »Schriftlichkeitsgewinn«.[8]

Von 240 v. Chr. datiert das erste lateinische Schauspiel des griechischen Freigelassenen Livius Andronicus, der alsbald auch das Epos durch die Übersetzung von Homers *Odyssee* begründete. Mit den auf ihn folgenden Autoren Naevius, Q. Ennius und vor allem Plautus († 184 v. Chr.) begann die lateinische Literaturgeschichte, die im 1. Jh. v. Chr. in der Phase der so genannten goldenen Latinität ihren klassischen Höhepunkt erlangte. Nachdem vermutlich schon vor dem 3. Jh. v. Chr. Priester archivalische Aufzeichnungen gemacht hatten (*annales maximi*), entwickelten sich mit Q. Ennius und M. Porcius Cato († 149 v. Chr.) die römische Geschichtsschreibung und politische Literatur (Autobiographie, Reden, Annalen). Die juristische Fachliteratur folgte ab dem Ende des 2. Jh., während die römische Philologie, die sich auch um die Pflege der altlateinischen Texte bemühte, erst mit Ciceros Lehrer, L. Aelius Stilo († 70 v. Chr.), in Gang kam.

Eng verbunden mit der Philologie ist der Aufschwung des Bibliothekswesens. Private Bibliotheken existierten zweifellos schon im 3. Jh. v. Chr.; die eigentliche Bestandsvermehrung setzte jedoch erst mit den Kriegsbeuten im griechischen Osten ein. 168 v. Chr. wurde die makedonische Hofbibliothek aus Pella, eine der markanten hellenistischen Bibliotheken neben Alexandria und Pergamon, nach Rom gebracht. Dieser Beute folgten später weitere unter Sulla, Lucullus und Pompeius; ihre Bestände gingen in römische Privatbibliotheken auf (Politiker, Gelehrte, Bibliophile), die zum Statussymbol der Oberschicht aufstiegen. Charakteristisch ist die Zweiteilung in griechische und lateinische Bestände, die ab der Spätantike noch um eine christliche Abteilung erweitert wurde. Zumeist gehörte zu einer solchen Bibliothek auch ein Skriptorium, in dem Abschriften zum Verkauf oder Tausch gefertigt wurden. Aus diesen Anfängen entwickelte sich zum einen ein Verlags- und Rollenhandel (z. B. Ciceros Freund Titus Pomponius Atticus, die Brüder Sosius, Tryphon u. a.), für den Schreibsklaven (*servi literatii*) bzw. Lohnschreiber die Texte vervielfältigten.[9] Zum anderen entstand das öffentliche Bibliothekswesen, beginnend mit der schon von Cäsar geplanten, ab 39 v. Chr. errichteten griechisch-lateinischen Doppelbibliothek in Rom.

Schrift- und Lesekultur im Imperium Romanum

Spätestens in der Zeit der ausgehenden Republik und des beginnenden Prinzipats bzw. der Kaiserzeit (ab 30 v. Chr.) ist Rom als Machtzentrum des römischen Imperiums, das sich ab dem Jahr 115 n. Chr. bis an die Grenzen der damaligen Zivilisation (ohne Indien und China) ausgedehnt hatte, die bedeutendste Stadt. Sie behielt diesen Status auch noch nach 260 n. Chr., als die politische Autorität des Imperiums an den Rändern zu bröckeln begann, teilte ihn ab 395 mit Konstantinopel und verlor ihn endgültig in der Völkerwanderungszeit. Noch nie zuvor hatte es ein derartig großes, zentralistisch organisiertes Imperium gegeben. Zu seiner Einrichtung und Aufrechterhaltung war u. a. ein vielgestaltiges Kommunikationsnetz nötig, in dem die Fähigkeit zur schriftlichen Kommunikation unverzichtbar und daher so weit verbreitet wie nie zuvor war. Dennoch muss auch betont werden, dass die überwältigende Mehrheit der Bevölkerung im Imperium Romanum bis zu dessen Ende illiterat blieb.

Wie ist dieser Widerspruch zu klären? Zunächst ist hervorzuheben, dass die Quellenlage auch noch für die Kaiserzeit bis Diokletian (284 – 305) und vor allem für viele Provinzen nicht sehr befriedigend ist. Urteile über das Ausmaß der Schrift- und Lesekultur sind daher häufig auf Schätzungen angewiesen. Dabei entsteht regelmäßig das Problem, inwieweit es erlaubt ist, sehr gut belegte Einzelfälle, wie z. B. die für den alltäglichen Umgang mit Schrift hervorragenden Befunde aus Pompeji und Herculaneum, zu verallgemeinern. Feststehen dürfte, dass sich parallel zur allgemeinen Intensivierung des Schriftgebrauchs im ganzen Imperium zugleich markante Unterschiede zwischen der Hauptstadt und den anderen Zentren des Reiches herausbildeten, zwischen Stadt und Land, zwischen den Verhältnissen in den italienischen Kernlandschaften und denen außerhalb und schließlich auch zwischen den westlichen und den östlichen Reichsgebieten. Weitere wichtige Unterschiede bestanden in der sozialen Verteilung des Schriftgebrauchs – und mit dieser Erkenntnis nähert man sich der Lösung des oben genannten Widerspruchs.

Entscheidend für die Einschätzung der römischen Schrift- und Lesekultur ist, zwischen dem Grad ihrer Entwickeltheit und dem Umfang ihrer Verbreitung in der Gesellschaft zu differenzieren. Von einem erhöhten Maß an Schriftverwendung ist nämlich keinesfalls auf eine große Verbreitung der Lese- und Schreibfähigkeit zu schließen. Im Gegenteil: Es ist für den Literalitätsstatus gerade des römischen Imperiums sehr charakteristisch, dass die in gesteigertem Maße schriftbasierte Herrschaft und Kultur einherging mit verbreiteter Illiterarität. Das passt deswegen so gut zusammen, weil in dieser Diskrepanz der Schlüssel zu einer funktionierenden Machterhaltung lag: »Writing facilitates domination over both external and internal populations especially if they are illiterate.«[10] Allerdings führte Illiterarität – wenigstens in den unteren sozialen Schichten, die die Mehrheit bildeten – weder zu Diskriminierung noch bedeutete sie den völligen Ausschluss von der Partizipation an der literaten Gesellschaft. Dafür sorgte ein kompensatorisches System von Abhilfen (Vorlesen, stellvertretendes Schreiben, Semialphabetismus usw.), dessen Reichweite kaum zu quantifizieren ist.

Dennoch stellt das historisch jüngere Imperium Romanum im Vergleich zur griechisch-hellenistischen Staatenwelt des 3./2. Jh. v. Chr. mit Blick auf den literalen Status keinen einfachen Fortschritt dar, obwohl ein quantitativer Zuwachs an Literalität nicht zu bestreiten ist. Die Formel »the more literacy, the more freedom«[11], die von Schrifthistorikern gern als Konsequenz für die Ingebrauchnahme des Alphabets und die Verbreitung der Lese- und Schreibfähigkeit in Anspruch genommen wird, trifft hier durchaus nicht ohne weiteres zu. Das römische Beispiel zeigt – in dieser Hinsicht sogar anders als das griechische – nicht nur eine durch die orale Kultur begrenzte Literalität. Der historische »Fortschritt« Roms besteht vielmehr darin, dass es nun die auf das geschriebene Wort basierte Kultur selbst ist, die die mögliche weitere Entfaltung von Literalität in Grenzen hält. Mit anderen Worten: Aus hegemonialer Sicht war eine Steigerung der Alphabetisiertheit notwendig – es kam aber durchaus darauf an zu verhindern, dass zu viele Beherrschte literat wurden. Diese Konstellation war etwas historisch Neues und verlieh den Errungenschaften der kaiserzeitlichen Schrift- und Lesekultur einen Charakter, der nicht ohne Ambivalenz ist.

Eine der meistgenannten Errungenschaften ist die Ausweitung des städtischen Elementarschulwesens und der darauf aufbauenden höheren Schulen (mit griechisch-lateinischem Grammatik-, Literatur- und Rhetorikunterricht). Allerdings weiß man nicht exakt, wie dicht das Netz und wie allgemein zugänglich diese Schulen waren. Fest steht, dass die Schule bis zur

Spätantike eine private Einrichtung war, die Geld kostete. Allerdings gab es eine zunehmend stärkere Aufsicht über die höheren Schulen. Das Ansehen der Elementarschul-Lehrer blieb negativ. Städte wie z. B. Pompeji und Ostia besaßen vermutlich kein Schulgebäude, sondern allenfalls Buden auf dem Marktplatz. Dagegen waren die griechischen Städte im Osten des Reiches besser versorgt, möglicherweise auch deswegen, weil eine Kontinuität mit der hellenistischen Zeit bestand. Zugänglich dürften diese Schulen wohl für jene gewesen sein, die nicht reich genug waren, um sich Privatunterricht leisten zu können, aber auch nicht zu arm, sodass sie das Schulgeld bezahlen konnten. Zu welchen Alphabetisierungsraten führte diese Ausbildung?

Eine Einschätzung des Grades der Alphabetisierung im Römischen Reich hat zweierlei zu berücksichtigen: Zum einen war das Imperium ein Vielvölkerstaat, in dem große Landesteile Latein oder Griechisch nicht als Muttersprache besaßen. Elementarunterricht war hier zugleich mit der Schwelle des Fremdsprachunterrichts verbunden. Zum anderen hatte sich das Reich nicht nur mit Territorien vergrößert, in denen die Schrift bereits bekannt war (z. B. Karthago, Ägypten, Griechenland, Vorderer Orient), sondern auch mit mehr oder weniger illiteraten Völkern (z. B. Kelten, Illyrer, Germanen). Durchschnittswerte für das gesamte Reich sind wegen der dadurch bedingten Unterschiede ohne großen Aussagewert. W. Harris schätzt für die Zeit bis zum 3. Jh. n. Chr. die Alphabetisierungsrate bei den frei geborenen Männern im italienischen Kernland auf 20–30 %, bei den Frauen auf knapp 10 %, d. h. im Durchschnitt auf 15 %. Für die westlichen Provinzen beziffert er den Durchschnittswert auf 5–10 %, für Ägypten und Griechenland auf unter 15 %.[12] Zu diesen Raten ist allerdings ein nicht bestimmbarer Prozentsatz von Halbalphabeten hinzuzählen, die nur lesen bzw. sehr wenig schreiben konnten.

Eine weitere römische Errungenschaft war der Aufbau eines öffentlichen Bibliothekswesens. Bibliotheken mit zugänglicher Regalaufstellung wurden in Tempeln oder in eigens erbauten Häusern errichtet, deren Stellfläche Platz für bis zu 50 000 Rollen bot. Schon in der Regierungszeit von Augustus (27 v. Chr. – 14 n. Chr.) gab es in Rom mehrere Bibliotheken; unter Konstantin (306–337) sind 28 Bibliotheken belegt, deren bedeutendste die schon von Trajan nach 113 gestiftete Bibliotheca Ulpia war. Geschätzt wird, dass es in allen größeren Städten Bibliotheken gab.[13] Berühmt und heute archäologisch fast vollständig rekonstruiert ist z. B. die um 135 erbaute Celsus-Bibliothek in Ephesos, ebenso die Hadriansbibliothek in Athen. Des Weiteren sind die ab dem 3. Jh. entstandenen christlichen Gemeindebibliotheken zu erwähnen. Die bedeutendste christliche Bibliothek entstand im

4. Römisch-lateinische Antike und Latinität

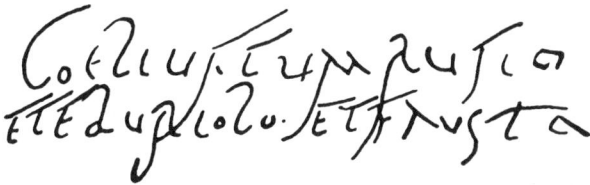

Abb. 11   Graffito aus Pompeji, 79 n. Chr.

4. Jh. in Caesarea (Palästina); wichtige Bistums- bzw. Klosterbibliotheken gab es in Tours, Bethlehem und Rom.[14]

Der römische Bibliothekstyp (Ein-Raum-Bau, öffentlicher Zugang, griechisch-lateinischer Bestand) wirkte auf den Ostteil des Reiches zurück und führte dort nach den kriegsbedingten Bestandsverlusten im 2./1. Jh. v. Chr. zu zahlreichen Neugründungen, von denen die kaiserliche Bibliothek von Konstantinopel mit 120 000 Kodizes (verbrannt 475) die größte war. Über den Umfang und die Zahl der Privatbibliotheken kann es nur Schätzungen geben. Immerhin ist belegt, dass die Bibliothek der »Villa der Papyri« in Herculaneum, die beim Vesuvausbruch 79 n. Chr. verbrannte, etwa 2000 Schriftrollen besaß. Das Ende im Feuer oder durch feindselige Zerstörung hat diese Bibliotheken manchmal schon nach wenigen Jahrzehnten, zumeist aber noch in der Spätantike ereilt.

Bibliotheks- und Buchkultur sind jedoch nicht die ganze Schriftkultur, vor allem dann nicht, wenn sie sich in einer Gesellschaft mit einer dominant illiteraten Bevölkerung entfalten. Ihr Wert als Luxusgegenstand, Statussymbol oder Quelle privilegierten Wissens überlagert den Gebrauchswert, den das geschriebene Wort in anderen gesellschaftlichen Zusammenhängen schon hat bzw. erlangen kann. Insofern ist es nicht leicht, ihre letztlich begrenzte Bedeutung in ein angemessenes Verhältnis zur übrigen schriftlichen Kommunikation zu setzen. Schließlich wiederholte sich auch dort der eigentümliche Prozess, Verschriftlichung zu potenzieren, ohne Alphabetisiertheit extensiv ausweiten zu müssen. Das gilt klar für den staatlichen Bereich der Verwaltung, des Militärs, der Justiz und der Diplomatie, wo der Mehrbedarf durch Vermehrung der Spezialisten (Schreiber, Kopisten, Sekretäre, Archivare, Lehrer, Bibliothekare u. a.) bewältigt wurde. Dasselbe wird im Prinzip auch für den Bereich der Privatwirtschaft gegolten haben, in der das geschriebene Wort in Handelskorrespondenzen, Verträgen, Lagerverwaltung und Buchführung an Umfang und Wichtigkeit zunahm.

Noch schwieriger ist es, die Bedeutung des Literalisierungsschubes in der Alltagskommunikation zu ermessen. Beweist bereits die quantitative Erhöhung der Alphabetisierungsrate, mag sie auch maximal nur ein Fünftel der Bevölkerung umfasst haben, einen Qualitätswechsel? Warum war das Ansehen der berufsmäßigen Schreiber (*scribae*) bei den Römern, anders als bei den Griechen und in den Hochkulturen, sehr gering? Die historische Momentaufnahme, die der Vesuvausbruch im Jahr 79 n. Chr. von Pompeji überlieferte, zeigt eine fortgeschrittene, fast schon moderne Umgangsweise mit Schrift im Alltagsleben (Abb. 11). Aber ist diese erstarrte Stadt typisch für alle römischen Städte? Und: Alle diese erhaltenen Briefe, Tafeln, Eingaben, Quittungen, Listen, Notizen und Graffiti können eines nicht sagen: Inwieweit war das begrenzte Lesen- und Schreibenkönnen »von unten« etwas zu leisten imstande, das sich vom gewünschten Lesen- und Schreibensollen »von oben« unterschied. Von daher wird man sich mit der Erkenntnis begnügen müssen, dass es unter den gegebenen Umständen im Römischen Reich sicher besser war, lesen und schreiben zu können, als zu den vielen Armen zu gehören, die diese Fähigkeit nicht erlangen konnten bzw. auf Hilfe angewiesen waren.

Lateinische Literalität in der Spätantike

Der Begriff »Spätantike« wurde von J. Burckhardt geprägt und steht seitdem für das Bemühen, den Übergang von der Antike zum Mittelalter präziser zu fassen. Damit war nicht gemeint, ein bestimmtes Epochenjahr, wie z. B. die Spaltung des Imperiums (395), das Ende des Weströmischen Reiches (476), den Regierungsantritt des oströmischen Kaisers Heraklius (610), Muhammads Flucht nach Medina (622) oder gar den Aufstieg der Karolinger (751/52), als Umschlagspunkt näher zu begründen. Vielmehr ging es darum, anstelle eines (katastrophischen) Umschlags eine mehrere Jahrhunderte umfassende Periode des politisch-kulturellen Wandels in den Blick zu nehmen, die etwa vom Ende des 3. Jh. bis zum Beginn des 8. Jh. reicht. Innerhalb dieses Zeitraums differiert die Epochenschwelle mit einem Gefälle von West nach Ost, wo sich antike Kontinuitäten länger erhielten. In jedem Fall drückt der Name »Spätantike« aus, dass diese Übergangszeit letztlich immer noch von der Antike geprägt blieb. Unter diesem Aspekt lassen sich vor allem jene Formen der Schriftkultur fassen, die sich in engerer Abhängigkeit von der politisch-ökonomischen Verfassung des Imperiums befanden. An erster Stelle ist das Schulwesen zu nennen. Dessen Alphabetisierungsleistung nahm vor allem im Westen in dem Maße ab, in

4. Römisch-lateinische Antike und Latinität

dem Kriegswirren und Verarmung seit dem 3. Jh. einen Niedergang anzeigten, den auch die Stabilisierungspolitik unter Diokletian (284–305) und Konstantin (306–337) letztlich nicht aufhalten konnte.

Ab dem 4. Jh. geht die seit dem 2. Jh. v. Chr. existierende Doppelsprachigkeit immer mehr zurück, weil die Schüler im Westen des Reiches nur noch Latein und im Osten nur noch Griechisch lernten. Parallel dazu verstärkte sich allerdings jeweils die Differenz zwischen dem geschriebenen und gesprochenen Latein bzw. Griechisch. Ob der Aufstieg des Christentums zur Staatsreligion (ab 391) zur Folge hatte, dass die nun als heidnisch betrachteten »alten« Schulen abgewertet wurden, lässt sich nicht beweisen. Harris vermutet negative Auswirkungen der »antieducational priorities of the Christians«[15]. Als jedoch auf Grund des weströmischen Staatsverfalls ab dem 5. Jh. das Bildungswesen stark eingeschränkt wurde, »übernahmen deshalb kirchliche Instanzen die Unterrichtsbetreuung, ohne eingreifende Änderungen des Lehrstoffs vorzunehmen«[16]. Ebenso ist es schwer zu erweisen, in welchem Umfang ab dem 5. Jh. eine Verdrängung des nichtchristlichen antiken Schrifttums und ihrer Philologien erfolgt ist. Sicherlich war der Wechsel im Westen einschneidender als im Osten. Eine bedeutsame Ausnahme stellen jedoch die christlichen Klöster in Italien, Südgallien, Irland, Schottland und England dar, die auch als Schreibschulen intakt blieben und in denen vom 5. Jh. an christliche wie heidnische Autoren rezipiert und durch Abschriften tradiert wurden.

Ein wechselvolles Bild liefert auch die literarische Kultur. Der Unterschied zwischen dem hochsprachlichen Latein der Literatursprache und dem gesprochenen Latein verstärkte sich nach der Periode der »silbernen Latinität« im 1. Jh. n. Chr. Zugleich verbreitete sich das Spektrum des Geschriebenen von der Fach- bis zur Unterhaltungsliteratur markant, wobei die Distanz zwischen sprachlicher Norm und Realität weiter wuchs. Ab dem 3./4. Jh. entwickelte sich eine vulgärlateinisch geprägte Schriftlichkeit, die – gemessen am klassischen Latein – als Entschriftlichung betrachtet werden kann.[17] Hinzu kommt, dass nach wie vor in der Rezeption der öffentliche mündliche Vortrag (*recitatio*) vor der privaten Lektüre rangierte, bei der ebenfalls Vorlesen durch Berufsleser (*anagnostes*) bzw. lautes Lesen dominierten. Der auralen Qualität der Literatur entsprach eine Praxis mündlicher Verbreitung schriftlicher Texte, die heute nur noch schwer zu ermessen ist. Das mag auch ein Grund dafür gewesen sein, dass der Manuskripthandel (Kopienherstellung und -versand), obwohl mit Namen und Orten belegt, kein exorbitantes Ausmaß angenommen hatte und im Verlaufe der Spätantike immer stärker zurückging. Der Erwerb von Manuskripten war eine teure Angelegenheit und blieb deswegen exklusiv. Gängigere Erwerbsform war vielmehr das von Fachleuten und Bibliophilen veranlasste Kopieren zum Eigengebrauch oder Tausch.[18]

Spätantiker Schriftträgerwechsel: eine »Buchrevolution«?

Mit der Ersetzung des Papyrus durch das Pergament und der Schriftrolle durch den Kodex sind Veränderungen in der Schriftgestaltung, der Buchillustration und -einbände sowie letztlich im praktischen Umgang mit Büchern (Leseweise, Aufbewahrung, wissenschaftliche Arbeit usw.) verbunden, die den Übergang von der antiken zur mittelalterlichen Schriftkultur bezeichnen. Es gibt Forscher, die den Schriftträgerwechsel und seine Folgen eine »Buchrevolution« nennen und ihn in seinen Auswirkungen sogar mit der Einführung der Drucktechnik verglichen haben.[19] Diese Einschätzung ist überspitzt, auch wenn unverkennbar ist, dass mit dem Wechsel markante Änderungen begannen. Das Entscheidende liegt nicht im technischen Wandel, sondern in der Einstellung zum Geschriebenen.

Im technischen Sinn muss man zwei verschiedene Neuerungen unterscheiden: den Wechsel vom Papyrus zum Pergament und den Wechsel von der Rollenform zum Kodex. Pergament ist als Schriftträger schon gegen Ende des 3. Jh. v. Chr. belegt. Es wurde in größerem Umfang wohl ab etwa 180 v. Chr. im kleinasiatischen Pergamon aus speziell behandelter Tierhaut (Schafs-, Ziegenfell) hergestellt, was gegenüber dem gröberen Leder eine bedeutende Verbesserung mit sich brachte.[20] Trotz dieser Verfeinerung galt Pergament in gebildeten Kreisen bis fast in die Spätantike jedoch als minderer Schriftträger, der für anspruchsvolle Texte nicht infrage kam. Im Römischen Reich fand es unter dem Namen »diphtera« bzw. »membrana« ab dem 1. Jh. v. Chr. zunehmend Verwendung für Notizen, Briefe, Urkunden und Duplikate, ab dem 1. Jh. n. Chr. wohl auch für Billigausgaben literarischer Werke. Die Bezeichnung »pergamena« gibt es erst ab 301 n. Chr.[21] Von da an erfolgte auch der Durchbruch als Schriftträger, begründet durch die wachsende Knappheit an Papyrus sowie vor allem durch die Verbindung mit der neuen Buchform Kodex. Bis zum 11./12. Jh. (in Byzanz) und 12./13. Jh. (im Westen) war das Pergament der dominierende Schriftträger, bis es vom Papier abgelöst wurde.

Auch der Wechsel von der Rolle zum Kodex trat nicht schlagartig ein. Die Einrollung des Geschriebenen, ob nun als lange Rolle oder als Blatt, war die bis zur Spätantike vorrangig praktizierte Weise, mit Texten umzugehen. Das geschah so mit den Schriftträgern Papyrus (*volumen*), Leinen,

4. Römisch-lateinische Antike und Latinität 95

Abb. 12   Mädchen mit Polyptychon und Stilus, 79 n. Chr.

Leder und auch zunächst noch mit Pergament (*rotulus*). In antikisierender Form war die Schriftrolle auch später noch die Gestalt von Urkunden und vor allem von literarischen Texten. Die vom Standpunkt der mittelalterlich-neuzeitlichen Buchkultur zu kritisierende Umständlichkeit ihrer Handhabung (kurz: Rollen statt Blättern) muss als ebenso funktionsgerecht betrachtet werden wie die *scriptio continua* und das laute Lesen.

Das Schreiben auf ein einzelnes Blatt (als Zettel, Rinde, Scherbe oder Holztafel) war ebenso üblich, allerdings reserviert für den Alltagsgebrauch. In Gestalt des Diptychons bzw. Polyptychons, das mehrere Einzeltafeln zusammenband, hatte die griechisch-römische Antike sogar einen Prototyp des Kodex, der sehr verbreitet war (Abb. 12). Ab dem 1. Jh. v. Chr. kamen auch Polyptycha aus Pergament und danach aus Papyrus vor.[22] Insbesondere Erstere wurden alsbald als »codex« (von lat. caudex, Holzblock) bezeichnet. Ab dem 5. Jh. n. Chr. übertrug man auch die für die Papyrusrolle gängigen Namen »liber«, »volumen« und »tomus« auf den Kodex.[23] Üblich für größere Werke waren Umfänge von 150–300 Seiten (3. Jh.), die sich in der Spätantike bis zu 1600 Seiten steigern konnten. Die gängigen Formate lagen im Bereich von 10×20 Zentimeter; es gab jedoch auch Klein- und Miniformate (bis zu 45×38 mm) und ab dem 4. Jh. Großformate und Prachtausgaben mit besonders feinem, gefärbtem Pergament, mit Illustrationen und verzierten Buchdeckeln. Um diese Anerkennung zu erreichen, musste der Pergament-Kodex jedoch das Negativbild des Billigen abstreifen. Maßgeblichen Anteil an diesem Wechsel hatten zwei Gruppen, die nicht gerade als zusammengehörige zu betrachten sind und doch in besonderem Maße für das Erbe der römischen Antike stehen: die Juristen und die Christen.

Die Juristen repräsentierten, nicht zuletzt durch ihren Beamtenstatus, eher das weltliche Reich und zugleich ein Wissensgebiet, das spezifisch römisch ist. Da das Rechtswesen aufgrund gewachsener Dauer immer komplizierter geworden war und die Kontinuität ohne schriftliche Fixierung, Sammlung und Auswertung nicht aufrechterhalten werden konnte, ist die umfassende Kodifikation des Rechts eine Hauptleistung der römischen Spätantike geworden. Schon der Name »Kodifikation« weist auf die Modernität dieses Unternehmens hin: Die inhaltlich-rechtliche Fixierung bediente sich des neuen Trägermediums Pergament-Kodex. In dieser Form sind Gesetzessammlungen, Kommentare und Entscheidungen seit dem Ende des 3. Jh. aufgeschrieben wie z. B. der *Codex Gregorianus* (291), der *Codex Hermogenianus* (nach 294), der *Codex Theodisanus* (438) und vor allem der *Codex Iustinianus* (529), der zusammen mit weiteren Sammlungen später als *Corpus Iuris Civilis* bezeichnet wurde. Quantitativ überholte der Kodex die Rolle im Weströmischen Reich ab etwa 300. Im griechischen Osten hielt sich die Papyrusrolle länger, aber spätestens ab 600 war der Kodex »die Normalform des Buches«[24] und der Papyrus als Schriftträger für Bücher so gut wie verschwunden.

Für das moderne Trägermedium Kodex entschieden sich schon ab etwa 100 n. Chr. auch die christlich-patristischen Schriftsteller. In dem Maße, in dem das Christentum sich ausbreitete und ab 391 (Verbot der heidnischen Kulte) als Staatsreligion sogar offiziell wurde, stieg auch die Kodex-Form im Rang.[25] Spätestens ab diesem Zeitpunkt wurden die früheren Vorbehalte gegen den neuen Buchtyp auch im literarischen Bereich immer hinfälliger. Sichtbarer Ausdruck sind die Prachthandschriften lateinischer Klassiker (z. B. Vergil, Terenz, Livius u. a.), deren älteste erhaltene der *Vergilius Vaticana* (um 400) ist, sowie die Bibelhandschriften auf Pergament, die ab dem 4./5. Jh. erhalten sind: z. B. der *Codex Vaticanus* (325), der *Codex Sinaiticus* (350), der *Codex Argenteus* (6. Jh.), der die früheste germanische Bibelübersetzung durch den gotischen Bischof Wulfila († 388) enthält.[26] Für Byzanz sind die griechischen Prachthandschriften *Wiener Dioskurides* (um 512), *Wiener Genesis* (6. Jh.) und *Codex Rossanensis* (6. Jh.) zu nennen, die auch reiche Illustrationen enthalten.

Über die Gründe der Entscheidung für Pergament und Kodex kann letztlich nur spekuliert werden. Hat sich das frühchristliche Schrifttum aus unliterarischen Ursprüngen (Gemeindebriefe, religiöse Zweckliteratur, Evangelien usw.) entwickelt, wählte es den Kodex als »Buchform des einfachen Volkes« (G. Cavallo) oder weil ein normaler Kodex den Inhalt von zehn Rollen aufnehmen konnte (Roberts/Skeat) bzw. wegen der besseren Handhabbarkeit (W. Harris) oder aus Opposition zum herrschenden Geschmack der Gebildeten?[27] Im Kontext der lateinischen Spätantike ist zu konstatieren, dass das Christentum sowohl ein (mit)treibender Faktor am Entschriftungsprozess war wie auch seinerseits dem geschriebenen Wort neue Funktionen gab, die ab dem 6. Jh. sogar immer wichtiger wurden. Die Entscheidung für den Kodex hat jedenfalls maßgeblich dazu beigetragen, dass die auf Pergament geschriebenen bzw. umgeschriebenen Texte der Spätantike überproportional besser tradiert werden konnten als die Papyrustexte.

Folgen der Umschrift von der Papyrusrolle auf den Pergamentkodex

Noch ehe die Buchkultur gänzlich vom Christentum bestimmt war, führte die Durchsetzung des Kodex dazu, dass Teile der nicht-christlichen lateinischen Literatur auf Pergament umgeschrieben wurden. Das hatte z.T. rein bibliothekarische Gründe (z.B. Brüchigkeit der Papyrusrollen), z.T. aber auch bibliophile bzw. philologische Gründe. Vor allem aber förderte die größere Kapazität des Kodex die Neigung, Textsammlungen als Kompilation verstreuter Schriften, als Exzerpt oder als Gesamtwerk eines Autors herauszugeben.[28] Einer der bedeutendsten Bewahrer des klassischen Erbes war Q. Aurelius Symmachus († 402). Auf christlicher Seite ist besonders Hieronymus († 419/20) hervorzuheben, weil er sich als Philologe und Handschriftensammler sehr um den Erhalt der lateinischen Schriftkultur bemühte. Schließlich muss der römische Adlige Magnus Aurelius Cassiodor (ca. 490–583) erwähnt werden, der – wie schon vor ihm Augustinus († 430) – die Unabdingbarkeit (spät)antiker Bildung für die christliche Kultur propagierte. In dem von ihm gegründeten Kloster Vivarium in Kalabrien baute er eine Musterbibliothek auf, die aus einer christlichen und einer weltlichen (paganen) Abteilung bestand. Mit seinen bibliothekarischen Regeln (*Institutiones divinarum ac saecularium litterarum*) übte er großen Einfluss auf die Einrichtung von Skriptorien und die Buchproduktion in den benediktinischen Klöstern (z. B. Montecassino, Benevent, Bobbio u. a.) aus.[29]

Die Umschrift der lateinischen Texte verlief im Westen wegen des politisch-ökonomischen Niedergangs verlustreicher als die Umschrift der griechischen Texte im Osten. O. Mazal beklagt deswegen: »Viele Texte, ja das ganze Schaffen mancher Autoren ging dabei verloren.«[30] Als griechische Beispiele nennt er Verluste im Werk von Aristophanes (33 von 44 Komödien), Aischylos, Sophokles und Euripides. Andererseits sollen in Byzanz etwa 900 griechische Autoren durch Umschrift gerettet worden sein.[31] Deswegen geht K. Büchner davon aus, dass die Selektion »kaum den Bestand getroffen haben« dürfte.[32] Ergänzend ist hinzuzufügen, dass die Verluste ungleich größer gewesen wären, wenn der Kodex erst 500 Jahre später in Gebrauch gekommen wäre. Was er überlieferte, sicherte er dauerhafter, sogar auch dort noch, wo christlicher Eifer die heidnisch-antiken Kodizes abschabte und überschrieb: Die radierten Texte dieser sogenannten Palimpseste können mit modernen Verfahren sichtbar gemacht werden. Auf diese Weise blieben z. B. Texte von Plautus, Cicero oder Livius erhalten, die sonst nicht überliefert worden wären.[33] Andererseits gilt: Da mit der Herrschaft der Langobarden in Oberitalien (ab 568) die Überlieferung der nichtchristlichen lateinischen Literatur abbrach, konnten im ehemals weströmischen Staatsgebiet nur die in den vorangegangenen zwei Jahrhunderten auf Kodex umgeschriebenen Texte bewahrt werden. Allerdings darf nicht vergessen werden, dass mit der Umschrift von der Majuskel- zur Minuskelschrift ab dem 9. Jh. eine weitere kritische Selektion geschah.

Stationen und Traditionen der Latinität bis zur Neuzeit

Mit dem Begriff »Latinität« sollen im Folgenden jene Elemente der Schriftkultur bezeichnet werden, die von der römisch-lateinischen Antike in verschiedenen Abstufungen und Formen bis in die Neuzeit nachgewirkt haben. In Betracht kommt nicht nur die unmittelbare Ausstrahlungskraft von lateinischer Sprache, Schrift und Literatur, die zum »Lateinischen Mittelalter« führte. Sie ist in Gestalt des Alphabets, der Schriftzeichen, der Bereicherung des Wortschatzes, des Stiles und der Formen im wissenschaftlichen Denken und in der Literatur bis weit in die europäische Neuzeit prägend geblieben.

4. Römisch-lateinische Antike und Latinität

Von ebenso großer Bedeutung ist die Abfolge von Renaissancen, in denen sich insbesondere das westliche Europa dem römischen Anteil der antiken Schrift- und Geisteskultur zuwandte und ihn sich anverwandelte. Die isolierte Betrachtung des Lateinischen in diesem Prozess ist dabei nicht unproblematisch, weil die literale Kultur Roms die längste Zeit aufs Engste mit griechischer Literalität verbunden gewesen war. Allerdings gibt es auch gute Gründe, den Weg der Latinität separat zu verfolgen.

Schon in der Spätantike hatten sich im Verlaufe der staatlichen sowie der sich andeutenden kirchlichen Teilung des (ehemaligen) Römischen Reiches lateinischer Westen und griechischer Osten mehr und mehr voneinander getrennt. Anders als im oströmisch-byzantinischen Bereich zerbrach im Westen jedoch die alte staatliche Einheit, die ein starker Garant für das zivilisatorische Niveau gewesen war. Sie musste aufgrund von Eroberungen wechselnden (Teil-)Herrschaften Platz machen, in denen der Status lateinischer Literalität sich veränderte. Schrift und Schriftlichkeit, Alphabetisiertheit und die verschiedenen Institutionen literaler Kultur (Schulen, Bibliotheken, Buchwesen usw.) verloren an Umfang und Bedeutung, gingen unter kirchlich-christlicher Obhut jedoch nicht unter. Das zeigt beispielhaft der westgotische Bischof Isidor von Sevilla († 636), der mit seinem stark rezipierten enzyklopädischen Werk *Etymologiae* die fortwirkende Kraft lateinischer Literalität demonstrierte. Ähnliches gilt für die Reichsgründungen der Germanen in Gallien, Burgund, Italien und Spanien bis zur Errichtung des Frankenreiches. Auch im Maghreb und in Spanien (nach 711) endete die lateinische Schriftkultur in der Folge der arabisch-islamischen Eroberung nicht völlig.

Insofern bleibt festzuhalten: Wo die gesellschaftlich-kulturelle Kommunikation auf Schrift basiert blieb (d. h. vor allem im Bereich der staatlichen Verwaltung sowie in Liturgie, Kirchenrecht und den Glaubensschriften der christlichen Kirche), war das Latein die gemeinsame Schrift- und Verkehrssprache (*lingua franca*). Das galt für den gesamten Bereich des römischen Christentums und der christlichen Staaten in Europa. Literat sein hieß daher zunächst: Latein schreiben, lesen und ggf. sprechen zu können. Das war etwas Exklusives, zugleich aber auch etwas Verbindendes. So wurde Latein zu einer »Sprache ohne Volk« bzw. zu einer Fremdsprache für die wenigen Gebildeten, die mit Schrift zu tun hatten, auch wenn im romanischen Sprachgebiet bis etwa zum 8. Jh. noch engere Kontakte bestanden. Diese Kontinuität war jedoch begrenzt. Zum einen tradierte sich im Übergang zum Lateinischen Mittelalter fast ausnahmslos nur der spätantike, zumeist christlich dominierte Anteil der Latinität. Zum anderen vertiefte sich die schon in der Spätantike entstandene Kluft zwischen dem geschriebenen und dem gesprochenen Latein sowie innerhalb des geschriebenen Lateins zwischen der Sprachform der Gebildeten (*lingua latina*) und dem Vulgärlatein (*lingua romana* bzw. *rustica*), das vor allem in Italien und Frankreich in dichterer Anlehnung an die gesprochenen Umgangssprachen (*vernacula*) entstand.

Eine erste Erneuerung und zugleich eine lebendige Anverwandlung lateinischer Schriftkultur brachte die sogenannte karolingische Renaissance mit sich, die im 9. Jh. vom Hofe Karls d. Gr. ausging. Neu war die Schriftreform, mit der eine auf der römischen Halbunziale basierende Kleinbuchstaben-Schrift, die karolingische Minuskel (Carolina), als Einheitsschrift für das Reichsgebiet verbindlich wurde. Diese Schrift bestach gleichermaßen durch ihre Ökonomie und formschöne Lesbarkeit. Als »Schrift des christlichen Mittelalters«[34] begann sie ab ca. 1100 auch in Nord- und Südeuropa als Buch- und Kanzleischrift zu dominieren, bis ihr, ausgehend von Frankreich und Italien, die »gotische Schrift« (Textura bzw. Rotunda) gegenübertrat. Über die zu Beginn des 15. Jh. entwickelte »Humanistenminuskel«, die sich auf die Carolina stützte, lebt sie in ihrer Grundform als Buchdruck-Schrift Antiqua bis heute weiter (Abb. 13). Neu war des Weiteren die Verbesserung der Schreibschulen und Skriptorien der Klöster sowie die in großem Umfang betriebene, sorgfältige Umschrift der spätantiken Kodizes, bei der von da an die karolingische Minuskel zum Einsatz kam. Diese erneuerten Handschriften sind es, die unmittelbar bis heute bzw. als Vorlage für die ab dem 16. Jh. erfolgten Drucke die Überlieferung der antiken lateinischen Literatur sicherten.[35]

Dass »Latinität«, schrifthistorisch betrachtet, eine Konstruktion ist, zeigt das Beispiel des mittelalterlichen Lateins. Als »Mittellatein« unterscheidet es sich vom spätantiken Latein dadurch, dass es etwa ab dem 9. Jh. keine lebendige Verbindung mehr zu den aus dem Latein hervorgegangenen Volkssprachen der Romania gab. Dennoch war es, geschrieben wie gesprochen, insofern nicht nur eine »tote« Sprache, als es von nun an Praxis wurde, sich des gesamten Sprachschatzes des bekannten lateinischen Schrifttums zu bedienen sowie – angeregt durch die Volkssprachen, das Griechische und Arabische – auch ständig neue Wörter zu erschaffen. Das konnte einerseits bis zu verballhornten Formen des »Mönchs-« bzw. »Küchenlateins«, andererseits aber auch zur rationalen Flexibilität des scholastischen Lateins führen, wie es ein Anselm von Canterbury († 1109), Thomas von Aquin († 1274), Meister Eckart († 1327) oder Nikolaus von Kues († 1464) schrieben. Das Mittellatein bildete die Grundlage der Schul- und Wissenschaftssprache an den Universitäten, der Sprache des Rechts und der Verwaltung sowie der Diplomatie und vor allem der christlichen Theologie und Gebrauchsliteratur im westeuropäischen

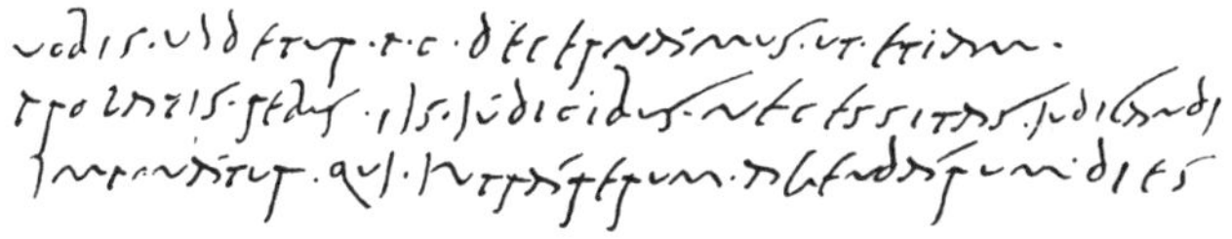

Lateinische Majuskelkursive, 1. Jahrhundert

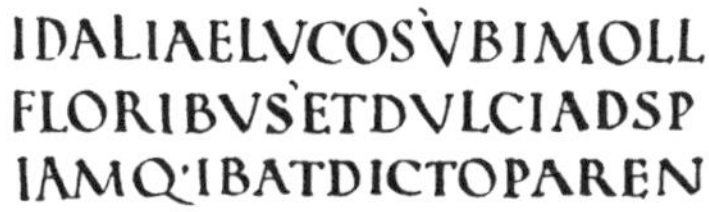

IDALIAELVCOS'VBIMOLL
FLORIBVS'ETDVLCIADSP
IAMQ:IBATDICTOPAREN

Capitalis quadrata, 4./5. Jahrhundert

VOIVITVAATEAODOATICTISTV
INTVSSAXASONANTVACVAS
ACCIDITHAECLESSISITIAMIO

Capitalis rustica, 4. Jahrhundert

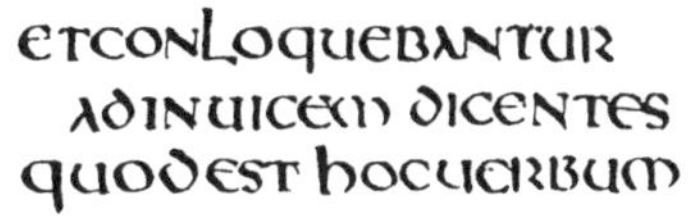

ETCONLOQUEBANTUR
ADINUICEM DICENTES
QUODEST HOCUERBUM

Italienische Unziale, um 700

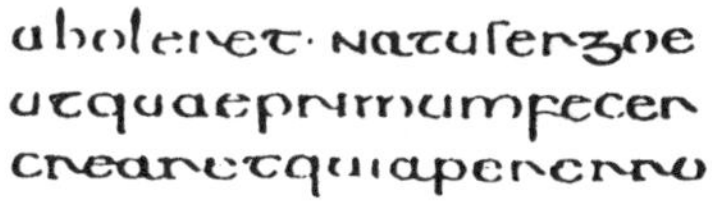

abolenet· Natuſerzoe
ucquaepnmumpecen
creanecquiapenenno

Halbunziale, vor 569

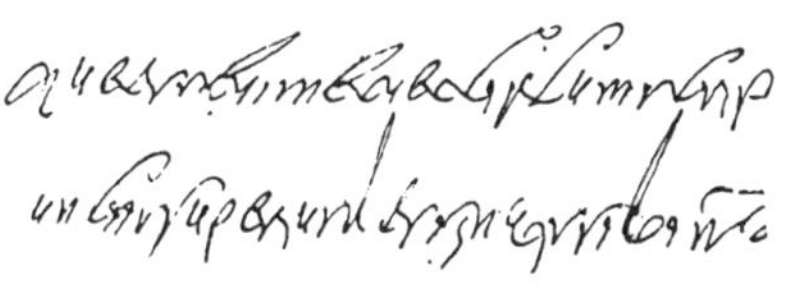

Römische Minuskelkursive, 572

Abb. 13 Entwicklungsstufen lateinischer Handschriften.

Mittelalter. Die über das Mittellatein vollbrachte einsprachige Literalität, die sich erst allmählich zu einem Bilingualismus von Latein und jeweiliger Volkssprache entwickelte, unterscheidet das frühe und hohe Mittelalter markant von der zweisprachigen Literalität der römischen Antike.[36]

Lateinische Literalität dominierte bis zum 12. Jh. und überdachte von da an die allmählich bedeutsamer werdenden volkssprachlichen Schriftkulturen, bis (in Deutschland) ab dem 14. Jh. der Abstiegsprozess des Lateins begann. Letzterer koinzidierte jedoch mit einer erneuten Wiederbelebungsbewegung der antiken lateinischen *und* griechischen Schrift- und Geisteskultur, die später mit den Begriffen »Humanismus« und »Renaissance« bezeichnet wurde. Mit Petrarca († 1374) und den italienischen Humanisten setzte im 14. Jh. eine Rückbesinnung auf die »goldene Latinität« der späten Republik und frühen Kaiserzeit sowie auf das klassische Latein Ciceros ein, die sich als »Humanistenlatein« sprachlich scharf vom Mittellatein abgrenzte. Damit einher ging die Wiederentdeckung der in den europäischen Klöstern verschollenen Bücherschätze der römischen Antike und ihre neue Verbreitung durch Abschrift, Übersetzung und vor allem Drucklegung durch die Humanisten. Diese mit großer Leidenschaft betriebene Suche ging als »Handschriftenfieber« in die Geschichte der Bibliophilie ein. Ihr Zentrum war Florenz mit Cosimo de' Medici († 1464) als Mäzen. Neben Petrarca sind hier vor allem die Entdeckungen von Poggio Bracciolini und Giovanni Aurispa zu nennen.[37] Die Funde erweiterten den Horizont der lateinisch-griechischen Schriftkultur beträchtlich, führten zur Einrichtung humanistischer Bibliotheken und über sie und die Universitäten zu einer Vertiefung der Antikerezeption, die bis in die Gegenwart ihre tiefen Spuren hinterlassen hat.[38]

Gleichwohl verlor das geschriebene Latein ab dem Spätmittelalter, beginnend in Westeuropa, seine Spitzenstellung. In Deutschland begannen die kaiserlichen Kanzleien ab dem 14. Jh. deutsch zu schreiben. Auch in anderen europäischen Ländern wurde das Latein mehr und mehr durch die Nationalsprache ersetzt. Eine Gegenbewegung ist die »Re-Latinisierung«[39] der Literatur, die, ausgehend von Italien, auch in Deutschland bis zum 17. Jh. zu einer neulateinischen Dichtung (Briefe, Lyrik, Drama) führte. Ab dem 17. Jh. löste das Französische in Westeuropa Latein als Diplomatensprache ab, doch noch der Vertragstext des Westfälischen Friedens 1648 ist lateinisch geschrieben. Ab 1681 überstieg erstmals (und ab 1692 dauerhaft) die Zahl der deutschen Drucke die der lateinischen.[40]

Im Bereich der Wissenschaften und besonders im akademischen Unterricht verstärkte sich die rückläufige Bewegung vor allem ab dem Ende des 17. Jh., doch blieb die Lateinkenntnis für viele Disziplinen ein unabdingbares Erfordernis. An den Universitäten wurden erste Vorlesungen in der Landessprache nach 1650 gehalten (z. B. in Schweden 1677, in Deutschland 1687, in Frankreich erst im 18. Jh.).[41] Als Kirchensprache erhielt sich das Latein in der katholischen Kirche, anders als im Protestantismus, in der Liturgie (bis 1965) und als Schriftsprache des Vatikans (Enzykliken, feierliche Messen) und des jesuitischen Ordens. Humanistische Schulbildung, mit Latein- und – in minderem Umfang – Griechischunterricht im Range wichtiger Hauptfächer, ist seit dem Ende des 19. Jh. immer mehr eingeschränkt worden, sowohl in der Wochen- wie in der Gesamtstundenzahl.[42]

Damit einher ging ein steter Rückgang des bildungsbürgerlichen Allgemeinwissens über die Antike.

Universelle Überlegenheit des lateinischen Alphabets?

Trotz des unverkennbaren Rückgangs kann nicht bezweifelt werden, dass die lateinische Sprache und Schriftkultur mit ihren deutlichen Spuren im geschriebenen und gesprochenen Wort der europäischen Sprachen und Kulturen auf eine immanent-universale Weise erhalten ist, die nicht vergehen kann. In Gestalt des lateinischen Alphabets und der an römischen Vorbildern orientierten Schriftzeichen liegt solch ein Erbe vor. Das seit dem 1. Jh. n. Chr. bestehende klassische Alphabet existiert, mit der ab dem Mittelalter zugefügten Unterscheidung von I und J sowie U, V und W, als Kernbestand bis heute. In dieser Gestalt wurde das lateinische Alphabet nicht nur zur Verschriftlichung der Sprachen der Romania übernommen, sondern auch von fast allen anderen west-, nord- und osteuropäischen Sprachen. Ein wichtiger Grund und zugleich die Ursache für die Schranke gegenüber dem griechisch-kyrillischen Osten war der mit der Lateinsprache verbundene Prestigewert des römischen Christentums. Der andere Grund war das »Kultursprachenprestige«, das das Latein aufgrund seiner Geschichte besaß und über das Lateinische Mittelalter ausbauen konnte. Beide Gründe führten dazu, dass das lateinische Alphabet »gemessen an den Hunderten lokaler Adaptionen in fünf Kontinenten […] die erfolgreichste Basisschrift aller Zeiten«[43] geworden ist.

Verglichen mit diesem Erfolg blieben spätere Alphabetschöpfungen mit einem eigenen Zeichenrepertoire begrenzt. Solche Alphabetschriften sind in Europa z. B. die germanische Runenschrift Futhark (1.–8. Jh.), das jüngere altnordische Futhark der Wikinger/Normannen (9.–12. Jh.), die irische Ogham-Schrift mit keltischen Zeichen (4.–7. Jh.) und die altungarische Kerbschrift der Slawen. In gewisser Hinsicht ist auch die hebräische Quadratschrift (überliefert seit dem 1. Jh. v. Chr.), mit der die jüdische Bibel (Thora) bis heute geschrieben ist und sich mit dem Judentum in Europa und Übersee ausbreitete, hier zu nennen. Als außereuropäische Alphabetschrift ragt die koreanische Hangul-Schrift heraus, die im 15. Jh. mit einem eigenen Zeicheninventar aufkam und in einem radikalen Schriftwechsel die ältere, am Chinesischen orientierte koreanische Schrift ablöste.

Das lateinische Alphabet breitete sich als Folge des europäischen Kolonialismus wie kein anderes Alphabet in der Welt aus. Seinem europäischwestlichen Prestige waren sprachpolitisch begründete Schriftwechsel wie z. B. in Vietnam, der Türkei und zuletzt in Aserbaidschan, Kasachstan u. a. verpflichtet. Stand hielten diesem Prestige, heute eher mehr denn je, die Schreibweisen des Griechischen, Arabischen, Kyrillischen ebenso wie das nichtalphabetische Chinesisch. Das zeigt, dass von einer im Alphabetprinzip begründeten Überlegenheit keineswegs die Rede sein kann. Auch Sprachpolitik kann weder universal noch, wie gerade das Beispiel der Sowjetunion mit ihrem Hin und Her zwischen kyrillischem und lateinischem Alphabet bewiesen hat, regional einen Schrifttyp durchsetzen, wenn es zu ihm Alternativen gibt.[44] Der Erfolg von Überbrückungssystemen zu alphabetischen Schreibweisen (z. B. *pinyin* in China, Afrika-Alphabet) bleibt abzuwarten.

Auch von einer computerbedingten Latinisierung durch die digitale Textproduktion, Computer- und Online-Kommunikation kann keine Rede sein.[45] Im Rechner dominiert eine andere, universal überlegene »Schrift«, nämlich die ab 1993 eingesetzte Weltzeichensprache Unicode, ein Schriftcodierungssystem, das an die 100 000 Zeichen besitzt und damit in der Lage ist, praktisch jede Schrift und Schriftart auf der Welt online zu generieren. In Anbetracht dieser Technologie mag man weder mit H. Haarmann an eine »Dominanz der Lateinschrift in der Welt der sekundären Schriftlichkeit« noch mit dem McLuhan-Schüler D. de Kerckhove an das Alphabet als »Software des Abendlandes« glauben.[46] Dieser Glaube kann sich nicht auf eine besondere Leistungsfähigkeit des lateinischen Alphabets berufen, sondern ist Ausdruck einer Siegermentalität, die schon immer das alphabetische Schriftsystem als das Nonplusultra der Schriftgeschichte betrachtet hat.

1 Vgl. Jensen (1969), S. 498 ff.; Haarmann (1990), S. 291; HSK 10.1 (1994), S. 517; Mazal (1999), S. 259 ff., 267 ff.
2 Vgl. Heurgon (1993), S. 316 ff.; Mazal (1999), S. 265.
3 Heurgon (1999), S. 340. Cornell (1991, S. 12 ff.) geht von geringem etruskischem Einfluss auf Rom aus.
4 Vgl. Harris (1989), S. 149 ff.; Cornell (1991), S. 21 ff.
5 Vgl. Diringer (1996), S. 535 f.; Jensen (1969), S. 515 f.
6 Vgl. Saenger (1997), S. 12.
7 Harris (1989), S. 158, 173.
8 Vgl. Vogt-Spira, in: Tristram (1996), S. 67 ff.
9 Vgl. Blanck (1992), S. 120 ff.

4. Römisch-lateinische Antike und Latinität 105

10 Harris (1989), S. 335. Vgl. auch Haarmann (1993), S. 126 ff.
11 Zit. nach Harris (1989), S. 334.
12 Vgl. Harris (1989), S. 259, 267, 272 ff.; Graff (1987), S. 27. Blanck (1992, S. 39) vertritt – ohne Kenntnis der Arbeit von Harris – gar die Auffassung, dass bis zum Ende des 3. Jh. n. Chr. »das Lesen und Schreiben eine jedermann zugängliche Fähigkeit war«.
13 Vgl. Johnson/Harris (1976), S. 60 ff., 64 ff.; Blanck (1992), S. 168 ff.; Casson (2002), S. 113 ff.
14 Vgl. Schottenloher (1968), I, S. 22; Hunger (1975), S. 360 f.; Jochum (1993), S. 42 ff.
15 Harris (1989), S. 312.
16 Engels (1997), S. 601.
17 Vgl. Blänsdorf, in: Tristram (1996), S. 85 ff.
18 Vgl. Hunger (1975), S. 61; Harris (1989), S. 297 f.
19 Vgl. Hunger (1975), S. 349; Chartier/Martin (1989), S. 21; Blanck (1992), S. 97; Fuhrmann (1994), S. 5 f. Löhr (1997, S. 211) spricht gar von einer »antiken Medienrevolution«.
20 Vgl. Chartier/Martin (1989), S. 22 f.; Pöhlmann (1994), S. 6.
21 Vgl. Blanck (1992), S. 63; Mazal (1999), S. 91 ff.
22 Vgl. dagegen Roberts/Skeat (1983, S. 29), die den Papyrus-Kodex für zumindest gleich alt halten.
23 Vgl. Mazal (1999), S. 151.
24 Hunger (1975), S. 49. Zu den genauen Zahlen vgl. Roberts/Skeat (1983), S. 37.
25 Gegen Roberts/Skeat (1983, S. 54 ff.) vgl. Fox (1994), S. 141 f.
26 Vgl. Mazal (1999), S. 143 ff.
27 Vgl. Roberts/Skeat (1983), S. 45 ff.; Harris (1989), S. 295 ff.; Blanck (1992), S. 99 f.; Pöhlmann (1994), S. 87 ff.; Mazal (1999), S. 139 ff.
28 Vgl. Engels/Hofmann (1997), S. 76 ff.
29 Vgl. Hunger (1975), S. 367 ff., 514; Johnson/Harris (1976), S. 97 ff.; Klopsch (2003), S. 49 f.
30 Mazal (1999), S. 144, sowie Gastgeber (2003), S. 2.
31 Vgl. Pöhlmann (1994), S. 99.
32 Hunger (1975), S. 283, 359. Vgl. auch Schottenloher (1968), I, S. 26, und Klopsch (2003), S. 47.
33 Vgl. Roberts/Skeat (1983), S. 75 f.; Klopsch (2003), S. 60 ff.; Mazal (2003), I, S. 151 f.
34 HSK 10.1 (1994), S. 237.
35 Vgl. Hunger (1975), S. 515; Mazal (2003), II, S. 9 – 58.
36 Vgl. Richter (1976), S. 44 ff.; Haarmann (1993), S. 83 ff.; Fuhrmann (2001), S. 14 f.
37 Hunger (1975), S. 541. Vgl. auch S. 518 ff., 540 ff.; Schottenloher (1968), I, S. 75 ff.; Heldmann, in: Pöhlmann (2003), S. 97 ff.
38 Vgl. zur deutschen Antikerezeption der Neuzeit Ludwig (1993); Riedel (2000).
39 Kühlmann (1989), S. 199.
40 Vgl. Wittmann (1999), S. 84.
41 Vgl. Haarmann (1993), S. 132.
42 Vgl. Ludwig (1993), S. 14; Fuhrmann (2001), S. 155 ff.
43 Haarmann (2002), S. 95 f.
44 Vgl. Haarmann (1993), S. 116 ff., 303 ff.
45 Vgl. Weingarten, in: Greber u. a. (2002), S. 165 ff. Vgl. dagegen Haarmann (2002), S. 109 ff., 123.
46 Haarmann (2002), S. 125; de Kerckhove (1995), S. 11. Ähnlich zuvor: Friedrich (1966), S. 121; Földes-Papp (1987), S. 206.

5. Schrift und Buch in Ritus, Religion und Magie bis zum Mittelalter

Schrift als Zeichen heiliger Mächte: »Hieroglyphenschrift der Götter«[1]

Die Sprache, so steht es in den mythischen Erzählungen vieler alter Kulturen, wurde den Menschen von den Göttern gegeben. Ähnlich soll es sich mit der Schrift verhalten haben. Nach ägyptischem Glauben war es, folgt man Platons *Phaidros*, der Gott Theut (Thot), nach babylonischem Glauben der Gott Nabu (Nebo), nach indischer Sage Brahma, nach hebräisch-jüdischer Überlieferung Jahwe, bei den Griechen Hermes und bei den Germanen Odin, die die Schrift erfanden bzw. auf die Erde brachten. Weitere Parallelen sind für China und Japan, für den Hinduismus und den Islam belegt. Diese Zuschreibungen verdeutlichen, was die Menschen – auch nachdem sie die Schrift für weltliche Zwecke in Gebrauch genommen hatten – glaubten: dass Schrift von ihrem Ursprung her aufgeladen sei mit heiliger Macht.

Daher war Schrift von Anfang an mit älteren kultischen Praktiken in Ritus und Religion verbunden. Diese Praktiken wurzelten in dem Glauben, dass das Leben der Menschen zutiefst bestimmt sei vom Wirken höherer Mächte. Mit diesen Mächten in Kontakt zu treten und ihre Winke zu deuten, war die besondere Aufgabe einer Priesterschaft, die seit archaischer Zeit stets einen zentralen Platz im gesellschaftlichen Leben innehatte. Die Formen dieser Kommunikation waren zunächst oral geprägte gestische Rituale wie z. B. Fruchtbarkeitsriten, Opfer, sakrale Tänze und Zeremonien. Die Götter wurden jedoch nicht nur angerufen, sondern es kam auch darauf an, ihre Botschaften als Zuspruch oder Warnung zu verstehen und eben auch zu »lesen« (Divination). Die gegebenen Zeichen konnten aus selbstständigen Naturphänomenen gedeutet werden (z. B. Astrologie, Vogelschau, Eingeweideschau, Hydromantie), aber auch aus herbeigeführten Befragungen, insbesondere durch Orakel. Sie konnten als »Schrift« gelesen werden, wobei sowohl die Zeichen selbst und ihre Botschaft als auch der Zeichenträger als »heilig« verstanden wurden.[2] Zeichendeutung in Gestalt der Divination gab es in allen antiken Hochkulturen und noch in den Kulten der griechisch-römischen Zeit.

Die Heiligkeit der Schrift drückte sich in ihrer Geheimnishaftigkeit und Exklusivität aus, die nur Eingeweihten zugänglich war. H. Haarmann machte diese Kerneigenschaft (»wohlbehütetes Privileg einer einflussreichen Priesterschaft«) für die nicht entzifferbaren, schriftähnlichen Zeichen der alten europäischen Vinca-Kultur (5300 – 3500 v. Chr.) geltend und sah daher bereits hier den sakralen Ursprung von Schrift.[3] Das ist jedoch ebenso umstritten wie die Deutung der wesentlich jüngeren altgermanischen Runen – deren Name immerhin »Geheimnis« bedeutet – als magische Zeichen.[4] Explizit präzisierte sich die Vorstellung des schreibenden Gottes und des von ihm geschriebenen Buches bei den Babyloniern und wanderte von dort weiter zum frühen Judentum (z. B. Niederschrift der Tafeln des Gesetzes durch den »Finger Gottes«[5]), zur griechisch-römischen Antike (z. B. Inspiration der Seher als göttliche Gabe), zum Christentum und Islam.

Markant sind die ägyptischen Hieroglyphen als »Schrift der Gottesworte« bzw. »heilige Ritzzeichen«.[6] Sie stellen geradezu den Inbegriff einer heiligen Schrift dar und dienten ausschließlich diesem Zweck. Ihre Schriftgestalt ist der konkrete Ausdruck von still gestellter »Heiligkeit«, sowohl in ihrer Monumentalität als auch in ihrem Kunstcharakter, ihrem Hermetismus und ihrer langen Kontinuität. Göttliche Inspiration liegt auch dort vor, wo – wie in Indien oder Japan – nur widerstrebend bzw. um die mündliche Überlieferung zu sichern, die heiligen Texte verschriftlicht wurden. Auch in China zeigt sich die enge Verbindung von höherem Ursprung und Schrift. Wenn im Zusammenhang mit dem Orakelwesen durch Knochenbeschau (Scapulomantik) identifizierte Risse als Schrift der Götter »gelesen« werden und mit ähnlichen Zeichen fragender Kontakt zu ihnen aufgenommen wird, sind die Anfänge einer Sakralschrift bezeichnet, deren Kern »magisch-rituell«[7] ist.

Diese »magisch-rituelle« Ansicht von Schrift als Zeichen und Ausdruck des Heiligen verschwand trotz der wachsenden Ingebrauchnahme der Schrift für Zwecke der Wirtschaft, Staatsverwaltung, des Rechtswesens und der Kultur schon deswegen nicht, weil in den frühen Hochkulturen Schrift und Religion eng verbunden blieben. Theokratische und politische Herrschaft, Tempelwirtschaft und Staatsverwaltung bildeten eine feste Einheit, wie am Beispiel des (spät)ägyptischen Pharaonenreiches besonders klar zu erkennen ist. Schrift ist hier in erster Linie Sakralschrift in Gestalt der Sargkammer-, Sarg- und Totenbuchtexte. Als solche erweiterte sie Literalität und begrenzte sie zugleich wieder, d. h., die Schrift offenbarte Heil als »Hieroglyphenschrift der Götter« und verschloss sie gleichzeitig rituell im Tempelbezirk. Diese Eigenart der ägyptischen Kultur beschränkte J. Assmann zufolge die Schrift darauf, dass sie »die Vor-Schrift der Götter nachschreibt«.

Darin sieht er in Ägypten den »Sonderfall einer schrift- und textgestützten Ritualkultur«[8], der sich vom Weg der jüdischen, christlichen und islamischen Buchreligion-Kultur fundamental unterscheidet.

Magisch-rituelle Praktiken mit Schrift waren auch der griechisch-römischen Antike nicht fremd, obwohl schlecht von der Hand zu weisen ist, was M. Detienne zugespitzt für Griechenland formuliert hat: »Les dieux grecs sont des parfaits analphabètes: ils vont rester illettrés jusqu'à l'âge hellénistique.«[9] Diese Götter äußerten sich – befragt durch die Orakel – mündlich und ihre Mitteilungen wurden bis zum 5. Jh. v. Chr. nicht verschriftlicht. Des Weiteren ist nicht zu bestreiten, dass es in der griechisch-römischen Antike weder einen verbindlichen heiligen Text noch eine institutionell herausgehobene Priesterschaft gegeben hat. Dennoch ist mit guten Argumenten auf die besondere Funktion des geschriebenen Wortes für die Religion hingewiesen worden.

Für Griechenland stellte A. Henrichs die bis zum 5. Jh. v. Chr. sich dynamisierende Herausbildung einer »schreibenden Religion« (writing religion) am Beispiel kultischer Graffiti, magischer Texte und kultischer Kalender dar. Diese Texte fixierten den Umgang mit dem Heiligen und stärkten damit die Autorität des Ritus; das Heilige selbst verblieb allerdings – mit Ausnahme der Orakel – im Bereich des Mündlichen.[10] Am Wandel der Orakelpraxis ab etwa dem 5. Jh. v. Chr. (Verschriftlichung in Orakelsammlungen, inspirierte Seher als »Autoren«), an der Funktion des orphischen Schrifttums als heilige Texte sowie an der Herausbildung der Vorstellung eines »schreibenden Gottes« konnte R. Baumgarten zeigen, dass der religiöse Kultus der Griechen mehr und mehr der Schriftlichkeit bedurfte. Dennoch, so das Fazit, »hat die griechische Religion den Schritt zur Buchreligion mit kanonischem Schrifttum nicht vollzogen«[11].

Für die römische Antike hat M. Beard hervorgehoben, wie gerade durch neue magisch-rituelle Schriftpraktiken die ursprünglich oral geprägte religiöse Kommunikation unwiderruflich verändert wurde. Das Wort der Götter offenbarte sich auch im (auf)geschriebenen Wort, wobei es nicht selten vorkam, dass es sich ausschließlich schriftlich offenbarte. Beispielhaft werden die sibyllinischen Priesterbücher (*libri sibyllini*) sowie die Kalender genannt. In dem Maße, wie diese Verschriftlichung geschah, befestigte sich die Priesterherrschaft auf eine Weise, die der staatlichen Herrschaft mittels Schrift nicht nachstand. Diese Funktionen von Schrift verbieten es, den Unterschied zwischen paganer und jüdischer bzw. christlicher Religion am Stellenwert des Schriftlichen festzumachen.[12] Die magisch-rituellen Schriftpraktiken haben einen beachtlichen Eigencharakter gehabt und behielten ihre Bedeutung auch in und neben den großen Schriftreligionen.

Schriftreligionen im Spannungsfeld von Mündlichkeit und Schriftlichkeit

Schrift- oder Buchreligionen sind Religionen, die sich im Unterschied zu Natur- und Kultreligionen auf einen Text bzw. auf ein Korpus von Texten stützen, in denen die maßgeblichen Glaubenssätze aufgeschrieben sind. Solche Texte sind z. B. die jüdische *Thora*, das christliche (*Alte* und) *Neue Testament*, der islamische *Koran*, aber auch Schriften wie der jüdische Talmud, vedische Literatur des Hinduismus, buddhistische Kanonsammlungen oder der zoroastrische *Awesta*. Deren unanfechtbare Gültigkeit (Heiligkeit) gründet darauf, dass sie als unmittelbare Offenbarung der einen Gottheit betrachtet werden, wobei in der Regel auserwählte Menschen (Propheten, »Erwachte«, Erlöser), wie z. B. Moses, Buddha, Jesus oder Muhammad, deren Medium waren. Die Verschriftlichung ist jedoch in der Regel erst das Ergebnis eines Entwicklungs- bzw. Tradierungsprozesses, der über lange Strecken ausschließlich oral verlief.

Sofern verschriftlicht wurde, kann man mit J. Assmann das Motiv, den Ritus zu sichern (rituelle Kohärenz), von dem die Schriftreligion im engeren Sinn konstituierenden Motiv unterscheiden, einen heiligen Text zu fixieren, um ihn überprüfbar auslegen zu können (textuelle Kohärenz). Beiden Motiven liegt die Einsicht zugrunde, dass das geschriebene Wort das gesprochene überdauert: »vox audita perit, littera scripta manet.« Assmann unterscheidet daher zwei historische Phasen: »die Phase ritengestützter Repetition und die Phase textgestützter Interpretation«[13]. Dabei verbürgt die Einmaligkeit der Offenbarung, Erweckung und Auserwählung die Besonderheit der jeweiligen Religion, nicht zuletzt auch ihre unbedingte Forderung nach Gehorsam sowie ihren Anspruch auf universale Geltung. Der Gedanke einer friedlichen Toleranz nach innen gegenüber abweichenden Konfessionen sowie nach außen gegenüber Kultreligionen bzw. anderen Schriftreligionen und ihren heiligen Texten ist unterschiedlich ausgebildet und da, wo er existiert, eher modernen Ursprungs.

Als weltweit verbreitete Schriftreligionen gelten vor allem Judentum, Christentum und Islam, jeweils mit ihren konfessionellen Verzweigungen; in einem weiter gefassten Sinn wird auch der Buddhismus dazu gezählt, während der Hinduismus aufgrund seiner dominanten Mündlichkeit einen Sonderfall darstellt. Ihre große Verbreitung ist das unteilbare Ergebnis von Mission und Bündnis mit erfolgreichen Machtgebilden. Dabei dürfte der Status der schriftlichen Verfasstheit dieser Religionen bzw. das Bündnis mit der Macht des Geschriebenen sehr förderlich gewesen sein. Doch darf darüber nicht außer Acht gelassen werden, dass die Schriftreligionen sich in einem komplexen Spannungsfeld von Mündlichkeit und Schriftlichkeit befunden haben. Schon die Fundierung auf einen »authentischen« göttlichheiligen Text warf diesbezügliche Probleme auf: Moses und die Propheten, Jesus, Zarathustra, Buddha und Muhammad haben – im Unterschied zum persischen Religionsstifter Mani († 276) – ihre Botschaften nicht selbst aufgeschrieben. Ist das aber, was andere nach ihnen aufzeichneten, noch authentischer Wortlaut (und dieser damit Gotteswort) oder gibt es eine Differenz? Dem Deuteronomium zufolge sagte Moses »genau das, was ihm der Herr aufgetragen hatte«, und verbot, den Wortlaut zu ändern (Deut. 1,3; vgl. auch 4,2 und 13,1). Ähnliches gebieten das Neue Testament in der Offenbarung des Johannes und der Islam. Das Problem verschärft sich bei den Übersetzungen, insbesondere im Christentum, sowie bei der Verschriftlichung jener Texte, die zunächst längere Zeit neben dem einen heiligen Text ausdrücklich mündlich überliefert worden waren (z.B. mündliche Thora, Evangelien, Hadit).

Aber auch dann, wenn die heiligen Texte in Wortlaut und Umfang als Schrift kanonisiert waren, entstanden weitere typische Probleme einer Buchreligion: Kann mündliche Überlieferung die schriftliche korrigieren oder darf die schriftliche Überlieferung die mündliche ergänzen? Ist der Text mit allen seinen Textstellen irrtumslos und verbindlich, gilt er buchstäblich oder darf bzw. muss er allegorisch gedeutet werden? Kann der Text nur von Spezialisten vorgelesen bzw., von ihnen angeleitet, (laut) gelesen werden oder ist individuelle (stumme) Lektüre zugelassen? Muss der Text stets als Ganzes genommen werden oder ist es erlaubt, Kurz- oder Zusammenfassungen (sog. Harmonien) anzufertigen? Für die Gesetzesauslegung der Juden und Muslime sind solche Fragen äußerst wichtig, wobei es durchaus als erlaubt gilt, als Beweismittel ebenjenen Text heranzuziehen, um den es in der Streitfrage geht. Für den unabschließbaren Streit der Lesarten der heiligen Schriften und ihres Schriftsinnes war also von vornherein gesorgt. Dabei kam es zu charakteristischen Unterschieden zwischen den einzelnen Schriftreligionen.

Judentum und rabbinische Literalität: »gelebte Textualität«[14]

Für J. Assmann fand die Erfindung der Religion in Israel statt. Israel ist für ihn das Volk, das aufgrund einer besonderen historisch-kulturellen Entwicklung »Religion« zu einer bestimmten neuen Form ausbildete, die er »emphatisch« nennt: Das von äußeren Mächten bedrohte, unterdrückte und vertriebene Volk, das zugleich immer wieder durch innere Differenzen gespalten war, versicherte sich in einer rigiden Religion seiner Identität und bewahrte sie, obwohl es in alle Welt zerstreut wurde.[15] Die Strenge dieser neuartigen Religion gründete sich auf den monotheistischen Anspruch (»Jahwe allein«), die unbedingte Forderung nach Einhaltung der religiösen Gesetze (Halacha) und die (allmähliche) Fundierung eines heiligen Textkanons (*Thora*).

Im Verlaufe einer Geschichte, deren zentrale Erinnerungsmarken katastrophische Vertreibung, Identitätsbedrohung und Rückkehrhoffnung waren[16], bildete sich die jüdische Religion in mehreren Schritten mit ihren Eigenarten heraus. Noch in der Königszeit setzte sich der Monotheismus durch und mit ihm ab dem 6./5. Jh. v. Chr. die fundamentale Begründung durch kanonisierte heilige Texte, d. h. den Moses zugeschriebenen fünf biblischen Texten (*Pentateuch*). Es sind *Genesis, Exodus, Levitikus, Numeri* und *Deuteronomium*, die den Kern der Lehre und Unterweisung (*Thora*) bildeten. Sie waren zunächst in einer althebräischen Konsonantenschrift, ab dem 5. Jh. v. Chr. in der sogenannten hebräischen Quadratschrift aufgeschrieben, die eine Abwandlung der aramäischen Schrift ist und als jüdische Sakralschrift in dieser Form bis heute erhalten ist.[17] Ihnen gesellten sich bis zum 2. Jh. v. Chr. weitere 34 Texte hinzu wie z. B. die acht Bücher der Propheten (*Newiim*) sowie die elf Bücher der Schriften (*Ketuwim*). Daneben entstand eine mündliche Gesetzestradition (Mischna), die in den Jahrhunderten nach der Zerstörung des Zweiten Tempels (70 n. Chr.) in jüngerem Hebräisch verschriftlicht wurde.

Die Vorschriften der Mischna wurden ab dem 1. Jh. n. Chr. schriftlich in aramäischer Sprache, der Umgangssprache der Juden dieser Zeit, kommentiert (Gemara). Beide zusammen bildeten den Talmud, der in der palästinensischen Form um 400 und in der später einflussreicheren babylonischen Form im 6. Jh. abgeschlossen sein dürfte. Hinzu kommt die so genannte *Midrasch*-Literatur, die aus rabbinischen Thora-Auslegungen besteht. *Talmud* und *Midrasch* werden auch als »rabbinische Literatur« bezeichnet.[18] Mit der so-

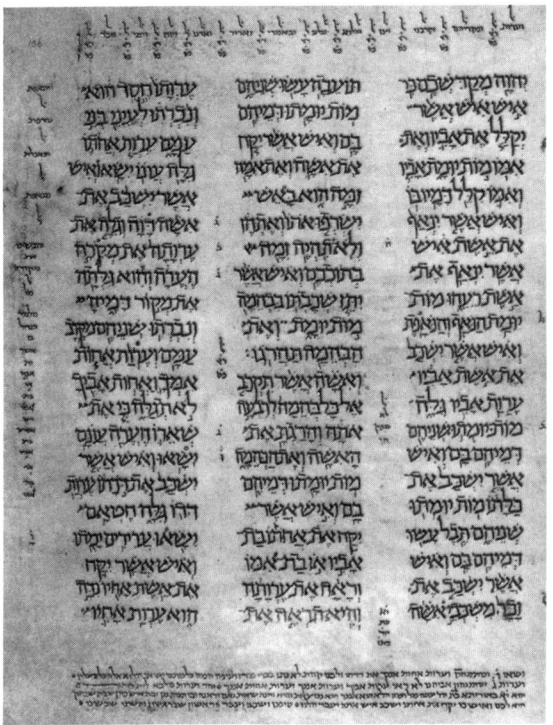

Abb. 14   Hebräische Masoreten-Bibel, um 850.

genannten masoretischen Bibel (zwischen 750 und 1000) war die endgültige, durch Punktierung vokalisierte und damit zugleich präzisierte Fassung der hebräischen Bibel kanonisiert (Abb. 14). Aufgrund späterer Funde (z. B. der 1844/59 entdeckte *Codex Sinaiticus* sowie vor allem die 1947 aufgefundenen Schriftrollen aus Qumran und andere Fragmente) wie auch durch Vergleich mit Übersetzungen ins Aramäische (*Targume*) und ins Griechische (z. B. die zwischen dem 3. und 1. Jh. v. Chr. verfasste *Septuaginta*) haben sich auch abweichende Teilfassungen erhalten.[19]

Maßgeblichen Anteil an dem langen Prozess einer immer rigideren Schließung des Textkanons und der Ausbildung einer spezifischen Umgangsweise mit dem geschriebenen Gotteswort hatten die jüdischen Schriftgelehrten und Religionslehrer (z. B. Sadduzäer, Pharisäer, Rabbiner bzw. Masoreten).[20] Sie sind ein für Buchreligionen charakteristischer, neuer Typus von »Theologen«, deren Aufgabe es wurde, die durch Kanonisierung historisch gleichsam stillgelegten heiligen Texte durch Auslegung und Kommentar für die Zwecke der jeweiligen Gegenwart in Bewegung zu halten. Diese Aufgabe erfüllten im Judentum die Rabbiner, deren Stellung als Religionslehrer ab dem 2. Jh. n. Chr. deswegen so dominierend wurde, weil sie keiner sakralen Hierarchie unterworfen waren. Deren mit höchstem Ansehen verbundene Tätigkeit wurde charakteristisch für die Ausbildung der jüdischen Schriftreligion, weil nur sie aufgrund ihrer Spezialisierung auf das Geschriebene in der Lage waren, als »brokers of knowledge«[21] Gottes Wort aus der Schrift zu erkennen. Sie sind es, die eine spezifische rabbinische Literalität und eine Form der jüdischen Frömmigkeit begründeten, die man als »gelebte Textualität« bezeichnen könnte.

Die rabbinisch-jüdische Literalität erweiterte den Raum des Schriftlichen und band doch zugleich das geschriebene Wort zurück an den oral-auralen Vollzug. Die konstitutiv auf Schrift gegründete Religion (schriftliche Thora) war begleitet von einer mündlichen Thora und wurde im religiösen Ritus mündlich vorgetragen. Dabei ist das (Ab-)Lesen zwar die zentrale fromme Handlung, doch bedeutet es dieses: Vorgelesenes bzw. Erklärtes hören, auswendig lernen und ihm im Leben außerhalb der Synagoge oder Schule gehorchen. Der Ort für diesen neuartigen Wortgottesdienst war nach dem Verlust des Tempels die Synagoge. Deshalb galt: »The written Torah belongs in the mouth.«[22] Diese prinzipiell orale Situation korrelierte eng mit dem allgemeinen Status einer sehr eingeschränkten Literalität in Palästina. Bis über die Zeit des Zweiten Tempels hinaus lag die Literalitätsrate bei unter 3% und bis zum 3. Jh. n. Chr. gab es keinen Elementarunterricht, der dem hätte abhelfen können.[23] Es bestand insofern weder ein spezifisches religiöses Interesse noch die Notwendigkeit, als gläubiger Jude besonders literal werden zu müssen. Geschultsein in Lesen und Schreiben war Sache der Spezialisten. Deren Rang als Hersteller, Lehrer und Bewahrer von Thora und Talmud war allerdings herausragend und einzigartig gegenüber der Rolle von Schreibern bei den Römern und Christen.[24]

Diesem Re-Oralisierungsprozess stand ein Literalisierungsprozess gegenüber. Da im Laufe der Jahrhunderte die mündliche Thora wegen ihres gewachsenen Umfangs ebenfalls nicht mehr ohne weiteres oral kommunizierbar war, musste auch sie verschriftlicht werden. Das geschah nicht ohne heftige Diskussionen, weil eine Qualitätsverschlechterung befürchtet wurde. Doch man begegnete den Einwänden, indem man den vormals mündlichen Text wie eine »zweite Offenbarung« kanonisierte. In einem jahrhundertelangen »Reinigungsprozess«, von dem mit wenigen Ausnahmen nur das Ergebnis in Gestalt der masoretischen Bibel und der rabbinischen Literatur erhalten ist, wurde die kanonisierte Schrift zum neuen Tempel und das

Judentum trotz der Diaspora zu einer »in der antiken Welt einzigartige[n] Schriftreligion«[25]. Die Verschriftlichung von Mischna und Talmud war dabei mehr als ein bloß technischer Akt, denn sie hob den überlieferten Doppelcharakter von Mündlichkeit und Schriftlichkeit auf eine Stufe, die nun primär literal strukturiert war. Dass alle rabbinische Literatur ursprünglich oral gewesen war, wurde allmählich zu einer »Fiktion«, denn was vertextet war, stellte sich zwar als »verschrifteter Sprechakt«[26] dar, war aber ein literates Produkt.

Dennoch ist der Beitrag der jüdischen Buchreligion zum allgemeinen Literalitätsprozess begrenzt. Was aufgrund des sorgfältigen Studiums der »Schrift« in mündlicher Unterweisung gelehrt/gelernt werden sollte, musste zwar aus dem Text bzw. dem zum Text Gewordenen belegt werden. Das führte zu einer extremen Hochschätzung der Thora als »rein« zu haltende Papyrusrolle bei streng geregelter Herstellung, Aufbewahrung und Verwendung als zentrales Utensil im Ritus. Damit verbunden war eine Heiligung des Geschriebenen, seien es die einzelnen Buchstaben des hebräischen Alphabets, das rituelle Vorlesen oder das Gebot, den Namen Gottes JHWH mit »kyrios« für *adonai* (Herr) zu lesen. Im Extrem richtete sich die heilige Aufmerksamkeit auf »das Weiße zwischen den Buchstaben«[27], aus dem die zukünftigen Lesarten hervorgehen werden.

Vor allem aber führte diese Heiligung zu einem exklusiven Schriftexpertentum, das sich vom alltagspraktischen Umgang mit Schrift abgrenzte. Der kompetente Zugang zur Thora, wiewohl grundsätzlich offen, beschränkte sich jedoch wegen der hohen Kosten der Ausbildung, der niedrigen Literalitätsrate, der »Fremdsprache« Hebräisch usw. auf wenige und schloss zudem die Frauen aus.[28] Die aus dem Koran überlieferte Charakterisierung der Juden als das »Volk des Buches«[29] ist daher wohl nur als eine Metapher zutreffend, die auf die schriftgestützte Religiosität zielt, ohne damit einen erhöhten Grad von Literalität bezeichnen zu wollen. Bis zum 9./10. Jh. änderte sich daran wenig, auch wenn in der Zeit der byzantinischen und arabischen Herrschaft, zugleich in der Konkurrenz mit den Buchreligionen Christentum und Islam, Wandlungen eintraten. Die Durchsetzung der masoretischen Bibel, das Festhalten an der Papyrusrolle als Schriftträger für die Thora und die immer größer werdende Differenz der Sakralsprache und -schrift Hebräisch zur Sprache der Juden in Palästina und der Diaspora standen weiterhin für die exklusive Literalität. Die zunehmende Praxis der Übersetzungen, die Ingebrauchnahme von Pergamentkodizes (ab dem 9. Jh.), die ab dem 11. Jh. wachsende Alphabetisiertheit und die Notwendigkeit von Mehrsprachigkeit signalisierten dagegen eine Öffnung.[30] Dies geschah vor allem im islamischen Kulturbereich.

Bibel und Buchreligion Christentum: »Im Anfang war das Wort«

Der Name »Bibel« geht auf griech. »biblion« (Buchrolle) bzw. »byblos« (Papyrusstaude) zurück und wurde im Kirchenlatein zum Neutrum Plural bzw. Femininum Singular »biblia«. Die Bibel gilt den Christen als »Buch der Bücher«. Das ist zunächst wörtlich zu verstehen als Sammlung verschiedener »Bücher«, die im Alten Testament 39 Schriften und im Neuen Testament 27 Schriften umfasst. Sinn ergibt aber ebenso die übertragene Bedeutung, nach der die Bibel für den Gläubigen das wichtigste Buch schlechthin ist. Schließlich ist sie für den Kulturhistoriker ein einzigartiges Buch, auch wenn es weder das älteste noch das umfangreichste Buch in der Schriftkultur ist. Nimmt man hinzu, dass es als Heilige Schrift im Alten Testament mit dem Judentum und dem Islam geteilt wird, dürfte es das Buch sein, das am häufigsten ediert, kommentiert und übersetzt worden ist.

Christentum, Judentum und Islam stimmen als »textual communities«[31] auch in der herausragenden Wertschätzung der »Bibel« als Gottes Wort überein, ebenso in der Heiligung des Buches und sogar der Schrift und der Buchstaben als göttliche Inkarnation. Im Vergleich zum Judentum konstituierte sich jedoch das historisch jüngere Christentum sehr viel rascher als »Buchreligion« und als solche dann stärker über das Neue Testament. Vor allem aber entwickelte es in der Institution der »Kirche« ein organisatorisches Gebilde, das traditionsbildend neben die »Bibel« trat. Dabei verstärkten sich auch die weiteren Unterschiede (z. B. im Textkanon, in der Textkontrolle und -auslegung, in den Vorschriften für den religiösen Gebrauch usw.) so erheblich, dass die Differenz zwischen beiden Buchreligionen immer markanter wurde.

Eine zentrale Differenz betrifft den über die (Nieder-)Schrift sich ereignenden Vorgang der Offenbarung des göttlichen Wortes bzw. dessen Rezeption. Im Johannes-Evangelium steht geschrieben: »Im Anfang war das Wort, und das Wort war bei Gott, und das Wort war Gott« (Joh. 1,1). Die Identität von Gott und Wort ist für den (christlichen) Theologen »Offenbarung«, für den (nicht-christlichen) Philosophen Metaphysik. Wo der religiöse Glaube von göttlicher Selbstidentität im geschriebenen Wort als »Stimme der Schrift« ausgeht und auf Sinn vertraut, stockt heute die dekonstruktivistische Kritik. Sie erkennt eine fundamentale Differenz zwischen der phonozentrischen Sinnverheißung, bei der die Schrift nur stumme Dienerin einer göttlichen Stimme ist, und dem intertextuellen Potenzial von Schrift, das eine eindeutige Sinnzuweisung nicht mehr zulässt.[32] So ungelöst diese Kontroverse insgesamt ist, dürfte doch unbestritten sein, dass das vierte Evangelium »eine Schlüsselstellung in der Geistesgeschichte des Westens«[33], die vom Christentum tief geprägt worden ist, innegehabt hat. Der Satz »Im Anfang war das Wort« ist deswegen ebenfalls für die Literalitätsforschung, auch wenn sie lediglich nach dem Beitrag des Christentums zur Verschriftlichung der Kultur fragt, ein Problem.

Im christlichen Verständnis differieren weder Gott und Wort noch gesprochenes und geschriebenes Wort. In der *Genesis* heißt es, dass Gott die Welt und den Menschen erschuf, indem er sprach. Zeugnis davon legt die Heilige Schrift ab, in der Gottes Wort »spricht«. Daran knüpft das *Johannes-Evangelium* an: »Alles ist durch das Wort geworden, und ohne das Wort wurde nichts, was getan worden ist«, um wenig später die zentrale christliche Botschaft zu formulieren: »Und das Wort ist Fleisch geworden [...]« (Joh. 1,3; 1,14). Das heißt: Das Wort hat sich verkörpert in Jesus als Sohn Gottes und als Mensch, der durch sein Leben, seinen Tod und seine Wiederauferstehung die »gute Botschaft« vom Neuen Bund und von der Erlösung durch Gnade gebracht hat. Insofern trifft zu: Gott ist das Wort, Jesus ist das Wort, die Welt ist das Wort. Das gilt aber nicht so buchstäblich wie bei den Juden und im Islam, d. h., es ist »geschrieben nicht mit Tinte, sondern mit dem Geist des lebendigen Gottes, nicht auf Tafeln aus Stein, sondern – wie auf Tafeln – in Herzen von Fleisch« (2 Kor. 3,3). Das »Wort« ist also inkarniertes »Urwort« und als solches zunächst genuin mündliche Verkündigung (Kerygma).[34] Es lebt als Verbalinspiration bzw. Herrenwort fort in der Lehrüberlieferung (Dogma) der Apostel, der Bischöfe und der Kirche (*corpus Christi*) und noch im Körper der Schrift und des Buches lebt es als »Geist«, der sich über die Buchstaben erhebt: »Denn der Buchstabe tötet, der Geist aber macht lebendig« (2 Kor. 3,6).

Aus dieser Betrachtungsweise hat sich bis zum Mittelalter besonders im römischen Christentum ein gegenüber dem Judentum stark veränderter Umgang mit Schrift, Schriftinterpretation und Literalität ergeben. Die hohe Bedeutung des Bekenntnisses zum »Geist des lebendigen Gottes« führte dazu, dass die Heilige Schrift nicht das alleinige Zentrum bildete – einmal ganz davon abgesehen, dass im frühen Christentum ohnehin die mündliche Lehre dominierte. Der Prozess der Kanonisierung und die Praxis des Umgangs mit der Bibel sind davon stark geprägt. Während das Alte Testament durch die hebräische Bibel und die griechische *Septuaginta* zu Jesus' Lebzeiten bereits kanonisiert vorlag, brauchte das Neue Testament von der ersten Abfassungszeit in der zweiten Hälfte des 1. Jh. n. Chr. noch rund 200 Jahre, bis 384 mit der lateinischen Übersetzung der griechischen Urtexte

(*Vulgata*) durch Hieronymus die bis heute gültige Auswahl festgelegt war. Aber auch dann noch, als der Kanon feststand, behielt das geschriebene Wort seine primär dienende Funktion für das laute (Vor-)Lesen (*lectio*) und Memorieren sowie für das Predigen im Wortgottesdienst.[35]

Eine der jüdischen Praxis vergleichbare strenge Sorgfalt der Textkontrolle hat es nicht gegeben. Sowohl die ersten lateinischen Übersetzungen des Alten Testaments (*Vetus Latina*) als auch die (verloren gegangenen) Ursprungstexte der Evangelisten, wahrscheinlich verfasst in »Bibelgriechisch«, erfuhren durch fehlerreiche Abschriften bzw. Über- und Rückübersetzungen viele Veränderungen.[36] Auch Hieronymus' *Vulgata*, die ab dem 5. Jh. im Bereich der römischen Kirche alle anderen Übersetzungen verdrängte, aber erst 1546 vom Trienter Konzil für »authentisch« erklärt worden ist, enthielt solche Veränderungen. Im Jahr 1701 stellte der Engländer John Mill rund 30 000 Abweichungen beim Vergleich von 98 verschiedenen Übersetzungen des Neuen Testaments fest. Erst 1979 veröffentlichte Papst Johannes Paul II. eine an den griechischen Handschriften geprüfte Überarbeitung (sog. Neue Vulgata).[37] Dieser erstaunliche Umgang mit der Bibel hängt mit dem Weg zusammen, den das römisch-katholische Christentum im Unterschied zum orthodoxen und zum späteren protestantischen Christentum genommen hat.

Neben der Heiligen Schrift wurde zum immer bedeutsameren Fundament die Heilige Tradition in Gestalt der apostolischen, patristischen und amtskirchlichen Träger der Offenbarung. In dieser Tradition dominierte zunächst eine an Personen gebundene mündliche Überlieferung, die – zusammen mit der wachsenden Bedeutung der Bilder – auch den Kultus prägte. Im Verlaufe der Jahrhunderte erlangten die Institution der Kirche hohe und die des Papstes als Nachfolger Petri (apostolische Sukzession) und Stellvertreter Christi höchste Geltungskraft – Letzterer ab 1870 sogar den Status der Unfehlbarkeit.[38] Damit ging eine stärkere Verschriftlichung des Traditionsprozesses einher, die in der hochmittelalterlichen Dogmatik ihren Höhepunkt hatte. Beispielhaft dafür sei hier die »pneumatische Schriftauslegung«[39] genannt, d. h. die exegetische Interpretation der heiligen Texte durch mündliche Auslegung im Lehramt und in der Mission. Sie wurde zu einer Methode der Allegorese, mit deren Hilfe ein mehrfacher Schriftsinn jenseits der buchstäblich-wörtlichen Bedeutung ermittelt werden konnte. Die hinzugefügte Bedeutung erweiterte sich dadurch ins Allegorische, Moralische und Anagogische, wodurch z. B. die Erwähnung des Ortes Jerusalem zum Synonym für die christliche Kirche, die menschliche Seele und das Paradies werden konnte.[40] In einem mittelalterlichen Merkvers wurde dieser vierfache Schriftsinn folgendermaßen erläutert: *Littera gesta docet, quid credas allegoria, / Moralis quid agas, quo tendas anagogia* (»Der Buchstabe sagt, was geschehen ist, die Allegorie, was du glauben sollst, der moralische Sinn, wie du handeln sollst, und die Anagogie, welches dein Ziel sei«). Von diesem Textumgang gingen zweifellos nachhaltige Impulse für die Bewahrung und Erweiterung einer (religiösen) Schriftkultur aus, auch wenn diese größtenteils im autoritativen Rahmen derer, die qua Amt als Kleriker mit ihr befasst waren, verblieben.

Mit dem Votum für die Bibel und gegen den Primat der Heiligen Tradition grenzte sich das orthodoxe Christentum 867 und dann endgültig 1054 ab. Luther ging in seinem Protest noch weiter, indem er das Fundament der Heiligen Tradition völlig verwarf und den Glauben aus dem Prinzip *sola scriptura*, d.h. allein aus der Heiligen Schrift, begründete (vgl. Kap. 8). Für das römische Christentum des Mittelalters aber galt: »[...] much more was known through listening, singing, and looking than through personal textual study.«[41] Zwar spielt – wie gerade in der mehr und mehr konkurrierenden ikonographischen Darstellung deutlich wird – das Buch in Verbindung mit Christus bzw. als sein Stellvertreter und als Inkarnation des Heiligen Geistes eine zentrale Rolle. Doch ist sowohl in der römisch-katholischen als auch in der byzantinischen Ikonographie das Buch jetzt zu einer Metapher für die mündliche Botschaft geworden: »Zwischen Buch und Botschaft wurde nicht mehr unterschieden. Zu sagen, es enthielte den Text des Evangeliums, wäre eine bloß äußerliche Auffassung. Es *war* das Evangelium.«[42] Hinzu kommt, dass auch die bildliche Übermittlung der christlichen Botschaft bis zum Mittelalter an Bedeutung gewann. Aus der »Kooperation von Bild und Schrift« wurde eine »Bestätigung der Schrift durch das Bild«.[43] So kam es, dass die Schrift »weniger als Kommunikationsmedium denn als sakraler Bedeutungsträger fungierte [...]. Diesen hohen Wert von Buch und Schrift nahm vor allem der des Lesens und Schreibens unkundige Zeitgenosse wahr.«[44]

Die »Mutter der Schrift«: Der Koran und das Unbeschreibliche

Anders als das Christentum, das Gott im gesprochenen Wort geoffenbart sah, bestand das Judentum darauf, in der Schrift Gottes Offenbarung zu sehen. Diese Differenz führte nicht nur zu einer unterschiedlichen Gewichtung von Mündlichkeit und Schriftlichkeit im Ritus, sondern hatte weitgehende Konsequenzen im Umgang mit der Heiligen Schrift, ihrem Rang gegenüber anderen Traditionen und ihrer Interpretation. Die Auswirkungen waren bis in die von diesen Religionen geprägten literalen und ikonographischen Kommunikationsformen spürbar. Über die Frage, ob die Offenbarung bis in den Buchstaben reiche (oder nicht) bzw. ob Gott angesprochen, im geschriebenen Wort benannt, beschworen und ob er gar abgebildet werden dürfe, entbrannten jahrhundertelange Dispute zwischen den Konfessionen. Es ist letztlich der Streit, ob das Heilige sich mittels oder in der Schrift verkörpere und ob diese Schrift vor allem als Inspiration bzw. als »Stimme« eines heiligen Körpers oder als körperlose »Urschrift« aufzufassen sei. Der Islam steht in diesem Streit, obwohl er erst im 7. Jh. entstanden und damit die jüngste Buchreligion ist, dem Judentum nicht nur nahe, sondern überbietet es in vieler Hinsicht als »Schriftreligion par excellence«[45].

Diese Überbietung hat mehrere Ursachen. Als Ein-Propheten-Religion ist der Islam (»Ergebung«) das Werk Muhammads (569–632), das von ihm und den Koranlesern mündlich verbreitet wurde. Zugleich begann knapp 20 Jahre nach Muhammads Tod ein Prozess der Verschriftlichung, der »von Aufzeichnungen zur Stützung des Gedächtnisses über gezielte Zusammenstellungen bis hin zum redigierten und ›veröffentlichten‹ Buch«[46] führte. Neben dem Koran gab es eine auf das Wort des Propheten und seine Handlungen (Sunna) zurückgehende mündliche Tradition (Worte, Erzählungen und Kommentare), die durch geprüfte Zeugenketten belegt ist und Hadit heißt. Der Hadit hat, wie die jüdische Mischna, heiligen Rang. Seine Verschriftlichung, die bis zum 9. Jh. abgeschlossen war, ging einher mit einem heftigen Streit darüber, ob der aufgeschriebene Text lediglich als persönliche Gedächtnisstütze für den Lehrer oder als veröffentlichte Ausgabe erlaubt sei. In dieser Auseinandersetzung offenbart sich einmal mehr die für die Buchreligionen charakteristische Spannung von Mündlichkeit und Schriftlichkeit, wobei die islamische Variante durchaus ambivalent ist.

Nach muslimischer Auffassung ist der Koran nicht eine zusätzliche, Schrift gewordene Offenbarung Gottes (Allahs), sondern als seine letzte und deswegen gültigste Botschaft in 114 Kapiteln (Suren) »herabgesandt« – einmalig übermittelt durch eine einzige Person, nämlich Muhammad, und ausdrücklich nur in arabischer Sprache. Der Koran ist insofern die »Mutter der Schrift«[47], weil er zwar nur das »unvollkommene irdische Abbild einer verborgenen himmlischen Urschrift«[48] sein kann, in dieser Eigenschaft aber die heilige Garantie göttlicher Existenz ist. Er wurde, so die islamische Dogmatik, nicht auf Erden geschrieben, sondern über den illiteraten Propheten durch Verbalinspiration vom Himmel geschickt. In dieser seiner »Unerschaffenheit« steht er daher hoch über allem anderen Geschriebenen. Dementsprechend darf der Text weder geändert noch übersetzt noch bebildert werden, wobei auch hier der islamische Umgang bedeutend strenger ist als der jüdische. Da der gegebene Korantext jedoch primär ein von Gott gesprochener Text ist, wurde er vor allem durch die Rezitation rezipiert und tradiert, was letztlich zur Folge hatte, dass die von Korangelehrten vorgelegte kritische Kairoer Ausgabe des Korans (1923/24) nicht danach strebte, eine möglichst bis Muhammad zurückreichende Urfassung zu rekonstruieren, sondern sich an der Tradition der Koranrezitierungen orientierte.[49]

Es ist daher auch kein Widerspruch, wenn trotz dieser Höchstschätzung des Korans als heiliger Schrift das geschriebene Wort im religiösen Vollzug bis heute sekundär blieb. Schon der Name »Koran« (arab. qur'an) verweist auf lautes Lesen bzw. Rezitation: Der Koran ist das Buch, das durch Vorlesen und Hören »gelesen« wird – und man muss ihn nahezu auswendig kennen, um ihn wirklich lesen zu können.[50] Diese Praxis hatte Parallelen in der weltlichen Wissenstradierung, hier nicht zuletzt darin begründet, dass die in konsonantschriftlichem Arabisch verfassten Texte in ihrer dadurch bedingten Vieldeutigkeit ohne autorisierte Kontrolle missverstanden werden konnten. Der grundlegend oral-aurale Gestus ist Ausdruck eines Umgangs mit dem Heiligen trotz der Textualität und damit die Entsprechung zum Bilderverbot: Dem Unbetrachtbaren entspricht das Unbeschreibliche. Deswegen kann der gläubige Muslim, auch ohne das Koran-Arabisch im Einzelnen zu verstehen, im Rezitieren Allahs Wort erfahren.

In gewisser Weise scheinen die orale Skripturalität des Islams ebenso wie die mittelalterliche Audiovisualität[51] des Christentums den eigentlichen Ansatz der Schriftreligion aufzuheben, durch Verschriftung das Heilige explizit zu machen. Für den Buddhismus war diese Skepsis gegenüber der Schrift immer da: »Du wirst Buddha nicht in Bildern oder Büchern finden, blicke in dein eigenes Herz: dort ist's, wo du ihn finden wirst.«[52] Ähnlich sahen es die mystischen Strömungen im Christentum, in der jüdischen Kabbala und im islamischen Sufismus. Dem Vorteil, mittels Schrift Vorschriften dauerhaft etablieren zu können, stand die Gefahr gegenüber, mit ihr das Unbeschreibliche des Göttlichen zu verfehlen, auch wenn die Exklusivität einer für den heiligen Text reservierten, »toten« Schriftsprache (Hebräisch, Latein, Arabisch) einer Veralltäglichung entgegenwirken sollte. Deswegen kam es im Zusammenhang mit der Konstituierung der Schriftreligionen nicht nur zu intensiven Formen von Re-Oralisierung und Re-Visualisierung, sondern in dialektischer Umkehr dazu auch zu magisch-mystischen Praktiken des Umgangs mit der Schrift, um das Unbeschreibliche des Göttlichen gerade im Potenzial der Schrift zu ergründen.

Mittelalterliche Buchstabensymbolik und Schriftmagie

Magisch-mystische Praktiken hatten in den monotheistischen Religionen eigentlich keinen Platz, weil das Streben, die Gottheit zu beeinflussen oder ihr auf besondere Weise nahe zu sein, als unstatthaft angesehen wurde. Dennoch gab es diese Praktiken in Judentum, Christentum und Islam zum Leidwesen der Theologen immer wieder. Sofern sie sich auf die Schrift und die heiligen Texte bezogen, konnten sie schon eher geduldet werden bzw. zeitweise sogar Anteil an der praktizierten Frömmigkeit erlangen. Ausgangspunkt war ein »Universismus«[53], demzufolge alle irdischen Erscheinungen in geheimnisvoller Beziehung zueinander standen und Zeichen höherer Mächte waren. In Gestalt der Buchstaben- und Zahlensymbolik sowie der Schriftmagie kam er bereits in den Schriftkulturen von China bis zur Spätantike vor, entfaltete aber besonders im frühmittelalterlichen Christentum, im mittelalterlichen Judentum und im Islam weitere Geltungskraft.

Immer ging es darum, in der jeweiligen heiligen Schrift nicht in erster Linie den ablesbaren Text mit seiner inhaltlichen Botschaft zu erkennen, sondern sich auf dessen Schriftgestalt und deren einzelne Elemente zu konzentrieren. Buchstaben, Buchstabenreihen, Silben, Wörter und Sätze erlangten auf diese Weise als *res significantes* einen verdichteten, verborgenen oder labyrinthischen Sinn, der sich nur durch verschiedene regelgeleitete Operationen erschließen ließ. Dabei wurde Schrift nicht unmittelbar als Logos, sondern esoterisch als Zauber, Mantik oder Mystik entfaltet. Die magischen Praktiken profitierten eher von der verbreiteten Illiteralität und einem Volks-Aberglauben gegenüber der Schrift. Die mystischen Praktiken setzten dagegen eine hohe Professionalität im interpretatorischen Umgang mit Texten voraus.

Spekulation über einzelne Buchstaben und Zahlen betrieben schon die Inder, Mesopotamier, Ägypter und Griechen (Pythagoräer, Neuplatonismus). Die Christen hoben als »geistliche Buchstaben« (*litterae mysticae*) jene besonders hervor, die zur Bezeichnung des Gottesnamens und des Namens von Jesus verwendet wurden. Das waren vor allem die Buchstaben des Alphabetanfangs und -endes, A und O, die in Anspielung auf die Offenbarung des Johannes (»Ich bin das Alpha und das Omega«[54]) zum Kürzel für Gott bzw. Jesus wurden. Allein stehend bedeutete das A die Heilige Dreifaltigkeit. Weitere geistliche Buchstaben waren das T als Symbol des Kreuzes und das Y als Zeichen für die Wegscheide von Tugend und Laster.

5. Schrift und Buch in Ritus, Religion und Magie bis zum Mittelalter 123

Abb. 15 Magisches Quadrat.

Bedeutungsschwer waren desgleichen bestimmte Buchstabenkombinationen (Monogramme, Initialen, Akrosticha) für heilige Namen (*nomina sacra*) wie z. B. JHWH (Jehovah), JNRJ (Jesus Nazarenus Rex Judaeorum), IHS (Jesus), die Ligatur von XP (Christus), SPS (*Spiritus Sanctus*). Auch ganze Sätze eines Gebetes, ein Psalmen-Anfang oder Aufzählungen konnten mit den Anfangsbuchstaben ihrer Wörter als Akronym abgekürzt werden wie z. B. E + E (Enoch und Elia) sowie C+M+B (für *Christus Mansionem Benedicat* bzw. für die Heiligen Drei Könige).[55] Sogar ganze Alphabete kamen als Inbegriff der Macht des Geschriebenen zum Einsatz. Markant ist z. B. die sprachalchimistische Kombination der Anfangs- und Endbuchstaben der Alphabete der drei heiligen Sprachen, die das Wort AZOTH (für: Anfang und Ende, Einheit) ergibt.

Schriftmagie entstand, wenn das Geschriebene aus seiner Struktur heraus, d. h. gleichsam eigenschöpferisch, Referenzen erzeugte, die auf Verborgenes verwiesen. Das konnte ein Text sein, in dem ein bestimmter Buchstabe nicht (Lipogramm) oder besonders häufig vorkam (Pangramm). Schöpferkraft sah man z. B. in Wörtern oder Sätzen, die durch Buchstabenvertauschung bzw. auch rückwärts gelesen mit sich selbst identisch sind oder einen neuen Sinn ergeben (Anagramme, Palindrome), ebenso dort, wo in Versen die Anfangs-, die Mittel- oder die Endbuchstaben, -silben oder -wörter neue Wörter oder Sätze bilden (Akrostichon, Mesostichon, Telestychon). Berühmt und in der Interpretation letztlich ungelöst ist die Steigerung dieser verschiedenen Möglichkeiten im »Teufelslatein« des symmetrischen Sator-arepo-Quadrats, dessen fünf Wörter (SATOR AREPO TENET OPERA ROTAS) untereinander geschrieben sich in vier Richtungen als identische Sätze sowie als Anagramm (»Pater, oro te, pereat Satan roso«) lesen lassen (Abb. 15).[56]

In diesen Buchstaben(reihen) verdichte sich, so die magische Überzeugung, die Kraft der Schrift und ihre heilige/heilende Wirkungsmacht. Aufgeschrieben auf Gebetszetteln, Talismanen und Amuletten, als Inschriften oder auf Gegenständen angebracht, sollten sie Schaden abwehren bzw. Gutes bewirken. Diese Praxis ist auch für das Judentum und den Islam belegt.[57] Ebenso verbreitet waren mantische Praktiken, um mithilfe bestimmter Manipulationen mit Buchstaben und Wörtern biblischer Bücher Aufschluss über die Zukunft bzw. Entscheidungshilfe bei bevorstehenden Handlungssituationen zu erhalten (*sortes biblicae*). Praktiziert wurden folgende Buchstabenorakel: blindes Aufschlagen von Buchseiten und Suchen nach Wörtern in bestimmter Position; Ermittlung von Buchstaben oder Wörtern durch Hineinstechen in einen Text sowie Buchstabenlosen bzw. -würfeln usw. Mantische Praktiken erforderten bereits höhere hermeneutische Fertigkeiten, doch gab es auch Orakelbücher mit fertigen Lösungen.

Innerhalb der Kabbala, einer im 13./14. Jh. besonders in Südfrankreich und Spanien verbreiteten mystischen Strömung des Judentums, spielte die hebräische Buchstabenschrift als eine von zehn göttlichen Wirkungskräften (Sefirot) eine wichtige Rolle. Dabei herrschte die Auffassung, dass die Buchstaben als kleinste Einheit der Schrift je einzelne Bedeutungsträger seien und mit allen Erscheinungen der Schöpfung chiffriert zusammenhingen. Ein darauf basierendes, auf antike Vorläufer zurückgehendes Deutungsverfahren, das von Abraham Abulafia († 1291) ausgearbeitet worden war, ist die sogenannte Gematria. Dabei handelt es sich um eine besondere Methode verschiedener Zählarten, mit der den einzelnen Buchstaben Zahlenwerte zugeordnet, daraus Zahlenwerte von Wörtern gebildet und diese auf bestimmte Weise miteinander kombiniert werden. Danach besteht z. B. das Tetragramm JHWH aus den Zahlenwerten 10+5+6+5 bzw. durch Potenzierung aus $10^2+5^2+6^2+5^2 = 186$. Da diesem Wert zugleich auch der Zahlenwert des Wortes »makon« (Ort, Raum, Platz) entspricht, galt dieser somit als weiterer Gottesname.[58] Ähnliche Berechnungen sind für den Islam und den europäischen Manierismus (z. B. Pico della Mirandola, John Dee u. a.) belegt.

Andere Entschlüsselungsverfahren waren die nach bestimmten Permutationsregeln vorgenommene Buchstabenversetzung (Temura) und die Auflösung der Buchstaben eines Bibelwortes in Anfangsbuchstaben der Wörter einer neuen Wortfolge (Notarikon). Berechnet und gedeutet wurden z. B. das erste und das letzte Wort der Bibel, der in der genauen Mitte der Bibel stehende Buchstabe, die an Zahlenwert gleichen Wörter und vieles andere mehr. Diese kabbalistische Versenkung in den Text diente allein dem Ziel, Gott besser zu erkennen, um seinen Gesetzen genauer folgen zu können. Das schloss jedoch nicht aus, dass die kabbalistischen Techniken auch für andere Zwecke von Zauberkunst, Magie und Geheimwissenschaften genutzt werden konnten. Das Spektrum reicht von den Geheimschriften (Kryptographie) über Zauberliteratur, Concettismus, Manierismus, »Sprach-Alchimie und esoterische Kombinationskunst«[59] bis zu den labyrinthischen Texten von Stéphane Mallarmé, James Joyce oder Jorge Luis Borges.

Buchstabenspekulation gab es auch im Islam. Hier gewann jedoch noch eine andere Form des spirituellen Umgangs mit der Schrift große Bedeutung: die Kalligraphie. Da der Koran nach islamischer Auffassung »unerschaffen«, d.h. göttliche Schrift ist, kann das Gotteswort nur in diesem Medium dargestellt werden. Göttlich ist nicht nur sein Inhalt, sondern auch seine Form und beide lassen sich letztlich nicht trennen. Insofern gehören islamische Religion und arabische Schrift unauflöslich zusammen. Die Kunst des schönen Schreibens ist daher mehr als eine profane Kunst, weil in der dargestellten Schriftschönheit die Größe Allahs zum Ausdruck gebracht wird. Das konnte so weit gehen, dass Koranschriften angefertigt wurden, die mit so großen Buchstaben geschrieben waren, dass jeweils nur wenige Zeilen auf eine Seite passten. Die schöne Schrift wurde gleichsam zum Bild und erlangte eine »ikonische Qualität« (M. Lings).[60]

Schriftreligionen und Literalitätsprozess

Die großen Schriftreligionen Judentum, Christentum und Islam entstanden zwischen dem 7. Jh. v. Chr. und dem 7. Jh. n. Chr. mit gegen Ende dieses Zeitraums sich verstärkenden Abgrenzungen. Sie haben neben der je spezifischen Fundierung auf Alphabetschrift und heilige Texte vor allem den Monotheismus gemeinsam. Die ältere Schriftkultur-Forschung sah darin einen inneren Zusammenhang. Sie leitete daraus nicht nur den besonderen Charakter von »Buchreligionen« ab, sondern attestierte diesen, dadurch zu wichtigen »Agenturen des Schriftlichkeitsprozesses«[61] geworden zu sein. Hauptvertreter dieser These ist J. Goody. Aus der Gegenüberstellung mündlich tradierter afrikanischer Stammesreligionen mit den auf Alphabetschrift gestützten eurasischen Buchreligionen abstrahierte er universale Merkmale von literaler Religion wie z. B. Missionierungsgebot, Hierarchie, Unantastbarkeit der Heiligen Schrift, Absolutheitsanspruch und »Kontrolle über die Mittel literaler Kommunikation«[62]. Sein Fazit lautete daher: »Wie die Religionen mit Alphabeten die Literalität verbreiteten, so sorgte die Literalität für die Verbreitung dieser Religionen.«[63]

Es kommt jedoch darauf an, den Status von Literalität im historischen Kontext der Schriftreligionen näher zu untersuchen. Dabei haben jüngere Arbeiten festgestellt, dass sich der literale Charakter der Schriftreligionen erst im Verlaufe eines längeren historischen Prozesses herausgebildet hat.[64] Obwohl sie allesamt als »Schrift«-Religionen bezeichnet wurden, verblieben sie – wenn auch in unterschiedlichem Maße – in einem charakteristischen Spannungsfeld von verschrifteter Mündlichkeit und oralisierter Schriftlichkeit, das es verbietet, sie undifferenziert zu Förderern der Literalisierung zu erklären. Grundlegend für die Eigenart schriftreligiöser Literalität bleibt, dass der Urgrund der heiligen Schrift(en) immer das gesprochene Wort Gottes ist. Dementsprechend hat in der religiösen Praxis der auf Schrift gegründeten Religionen nicht nur das Hören und Sprechen gegenüber dem Lesen und Schreiben einen unverzichtbaren Raum eingenommen. Es war immer auch ein Problem, in welchem Umfang Schrift von Anfang an bzw. nachträglich an die Stelle des Gesprochenen oder oral Tradierten treten dürfe.

Insgesamt betrachtet sind »Schriftreligionen« keineswegs von Anfang an mit dem Vorrang von Schriftlichkeit und Textualität verbunden gewesen. Das, was im religiösen Zusammenhang als »die Schrift« bzw. als »Es steht geschrieben« angerufen wurde, war eben nicht historische Quelle, Aufzeichnung, Bericht oder gar Literatur, sondern im eigentlichen Sinne »Stimme« bzw. allenfalls »gesprochene Schrift«. Es waren aber dann die Schrift und das kanonisierte Buch, die dieser Stimme jene Autorität, Legitimität, Dauer und Reichweite verliehen, die gerade die Schriftreligionen anstrebten. Es war ein historischer Prozess, der am Ausgang der Spätantike abgeschlossen war, wobei der Islam am raschesten und wohl auch am ausgeprägtesten zur Buchreligion wurde. Von diesem Zeitpunkt an gilt: »Inspiration durch den einen Gott, Herausarbeitung der Traditionsinstanzen, Bindung an einen Schrifttext und bekennendes Festhalten werden zu Unterscheidungskriterien von der antiken Religiosität.«[65]

Der stärkere literale Status ab dieser Zeit ist sichtbar in den gesteigerten Formen der Buch- und Schriftverehrung, in der Reservierung einer bestimmten Schriftart für den heiligen Text, in der Hervorhebung von Kodex und Rolle in bildnerischen Darstellungen, in den kalligraphischen und illustrativen Ausschmückungen der heiligen Texte, in der schriftlichen Fixierung der Liturgie (im Christentum), in der wachsenden »theologischen«

5. Schrift und Buch in Ritus, Religion und Magie bis zum Mittelalter

Literatur (Dogmatik, Hermeneutik, Ethik) und nicht zuletzt in der Herausbildung eines monastischen bzw. laizistischen Textstudiums. Erst in diesem ab dem Frühmittelalter relevanten Zusammenhang waren es die Buchreligionen, die in ihrer nach außen dominierenden Mündlichkeit vor allem deswegen machtvoll waren, weil sie auf Schrift gegründet waren und mit dieser Referenz sogar solche Kulturformen, wie z. B. Wissenschaft, Literatur und Unterhaltung, prägten, die sich später aus ihrer religiösen Einbindung emanzipierten.

---

1 Formulierung von F. Junge, zit. nach Assmann (1992), S. 174.
2 Vgl. dazu näher Bertholet (1949), S. 7 ff.; Speyer (1992), S. 60 f., 70 ff.
3 Vgl. Haarmann (1990), S. 70 ff., 77, 81 ff.; Goody (1990), S. 25 ff.
4 Vgl. Jensen (1969), S. 540; Düwel (1992), S. 78 ff.
5 Exodus 31,18; 32,15; 34,1; Deuteronomium 5,22; 9,10. Vgl. Schreiner (2002b), S. 95 ff.
6 Vgl. Leipoldt/Morenz (1953), S. 30; Assmann (1992), S. 170.
7 Haarmann (1990), S. 110.
8 Assmann (1992), S. 177, 185. Vgl. auch Leipoldt/Morenz (1953), S. 12; Goody (1990), S. 62 ff.
9 Detienne (1989), S. 104.
10 Vgl. Henrichs (2003), S. 42 ff.
11 Baumgarten (1998), S. 225. Vgl. dagegen Leipoldt/Morenz (1953), S. 13 f.
12 Vgl. Beard (1991), S. 37, 49 ff.
13 Assmann (1992), S. 96.
14 Vgl. Boyarin (1993, S. 2), der von »living textuality« spricht.
15 Assmann (1992), S. 195 ff.
16 Vgl. Theissen (1983), S. 176.
17 Es gibt die Quadratschrift zusätzlich noch in verschiedenen kursiven Stilen, auch für den profanen Bereich. Sie ist heute die Schrift der Amtssprache in Israel, Iwrith, die ein künstlich geschaffenes, modernisiertes Hebräisch ist; vgl. Haarmann (1990), S. 307 ff.
18 Vgl. Goldberg (1983), S. 123.
19 Vgl. Stegmüller (1975), S. 152 ff.; Vermes (1986), S. 79 ff.; TRE, XXX (1999), S. 443 f.
20 Vgl. Assmann (1992), S. 211; Hengel (1994), S. 8 ff.; TRE, XXX (1999), S. 511 ff.
21 Snyder (2000), S. 187.
22 Niditch (1996), S. 98. Vgl. auch Jaffee (2001), S. 84 ff.
23 Vgl. Hezser (2001), S. 34 ff., 290, 445 ff., 502 ff. Zur positiveren Einschätzung vgl. Reif (1990), S. 136 f.
24 Vgl. Goodman (1994), S. 102 ff.
25 Hengel (1994), S. 12; vgl. Assmann (1992), S. 94.
26 Goldberg (1983), S. 125 f.
27 Vgl. HSK 10.1 (1994, S. 525) mit Hinweis auf ähnliche Tendenzen im Islam.
28 Vgl. Hezser (2001), S. 463 ff.
29 Die Koranstellen sind: Sure 2.285, 4.136, 4.152/153; sie schließen auch die Christen und Sabäer ein, vgl. Graham (1987), S. 57; Levin (1995), S. 161.

30 Vgl. Reif (1990), S. 138 ff.; Levin (1995), S. 161 ff.
31 Fox (1994), S. 126.
32 Vgl. Kelber (1988); Rödzus-Hecker (1991), S. 121 ff.; Müller (1997).
33 Kelber (1988), S. 41.
34 Vgl. dazu ausführlich Graham (1987), S. 119 ff.; TRE, XXX (1999), S. 402 ff.
35 Vgl. Graham (1987), S. 126 ff.; Löhr (1997), S. 212 ff., 228 ff.
36 Vgl. Leipoldt/Morenz (1953), S. 82 ff.; Karpp (1992), S. 87 f.
37 Vgl. Stegmüller (1975), S. 165 ff. Zur Überlieferungsgeschichte der Bibel vgl. Mazal (2003), I, S. 75 ff.
38 Vgl. Fox (1994), S. 134 ff.; Wenzel (1995), S. 475 ff.; Kirchner (1998), S. 22 ff.; TRE, XXX (1999), S. 428 ff.
39 Sellin (1997), S. 12. Vgl. auch Ehlich (1993), S. 178 ff.
40 Vgl. Karpp (1992), S. 94 ff.; TRE, XXX (1999), S. 479 f.; Manguel (1999, S. 106 ff.) mit weiteren Beispielen.
41 Fox (1994), S. 146.
42 Janzin/Güntner (1997), S. 46.
43 Walther/Wolf (2001), S. 15. Vgl. auch Bonfil, in: Chartier/Cavallo (1997), S. 222; Küsters (2001), S. 107 ff.
44 Wenzel u. a. (2000), S. 34.
45 Günter Lanczkowski: Heilige Schriften. Inhalt, Textgestalt und Überlieferung. Stuttgart 1956, S. 66. Vgl. auch Graham (1987), S. 79.
46 Schoeler (1992), S. 19.
47 Sure 43.4. Vgl. Bertholet (1949), S. 11; Déroche/Gladiss (1999), S. 11.
48 Leipoldt/Morenz (1953), S. 31. Vgl. die Suren 6.59, 11.6, 13.39, 35.11, 43.4 sowie Graham (1987), S. 83 f.
49 Vgl. Graham (1987), S. 9 f.; Déroche/Gladiss (1999), S. 12. 1972 wurden Koran-Fragmente im Dachstuhl der Großen Moschee von Sanaa (Jemen) entdeckt, die z.T. aus dem 7. Jh. v. Chr. stammen.
50 Vgl. Graham (1987), S. 88 ff., 98.
51 Vgl. Wenzel (1995, S. 95 ff., 292 ff.) und Küsters (2001), die die Koinzidenz von Bild und Schrift bzw. die christliche Tradition der »Körperschrift« hervorheben.
52 Zit. nach Bertholet (1949), S. 47.
53 Vgl. Dornseiff (1925), S. 1.
54 Offb. 1,8; 21,6; 22,13. Vgl. Dornseiff (1925), S. 122 ff.; Schreiner (2002a), S. 278 ff.
55 Vgl. Ludwig Traube: Nomina Sacra. Versuch einer Geschichte der christlichen Kürzung. Darmstadt 1967 (zuerst: München 1907).
56 Vgl. Glück (1987), S. 223. Goody (1981, S. 31 f.) nennt islamische magische Quadrate; LMA, VII, S. 1399.
57 Vgl. Bertholet (1949), S. 16 ff.; Déroche/Gladiss (1999), S. 15 f.; Heszer (2001), S. 209 ff., 436 ff.
58 Vgl. Dornseiff (1925), S. 91 ff.; Schreiner (2000), S. 66 ff.; Seipel (2003), S. 357.
59 Vgl. Curtius (1948), S. 277 ff.; Hocke (1959), S. 7 ff.
60 Zit. nach HSK 10.1 (1994), S. 525.
61 Glück (1987), S. 160. Vgl. auch Martin (1988), S. 48; HSK 10.1. (1994), S. 434.
62 Goody (1990), S. 49. Vgl. auch Goody (1981), S. 26 f.
63 Goody (1990), S. 28 f.
64 Vgl. dazu Graham (1987), Niditch (1996) und Jahandary (1999) mit weiterführender Literatur.
65 Dormeyer, in: Engels/Hofmann (1997), S. 92.

6. Frühmittelalterliche byzantinisch-islamisch-christliche Manuskriptkultur

Schriftkultur im Übergang von der Antike zum Mittelalter

Die Schriftkultur der Antike tradierte sich auf drei Wegen ins frühe Mittelalter: über Byzanz (Konstantinopel) und das byzantinische Kaiserreich (395–1204/1453), über die arabisch-islamischen Kalifate bzw. Teilreiche (632–1258/1492) und über die lateinische Kirche und die germanisch-christlichen Nachfolgestaaten auf dem Gebiet des ehemaligen Weströmischen Reiches (ab 476). Die drei Traditionsstränge sind allerdings durch markante Ungleichzeitigkeiten charakterisiert, sowohl untereinander als auch in ihrer jeweiligen eigenen Entwicklung. Byzanz war die älteste Großmacht, verlor aber bis zum 12. Jh. gegenüber den arabischen Kalifaten im Osten und Süden sowie gegenüber den christlichen Staaten im Westen politisch immer mehr an Boden. Der Verlust der politischen Hegemonie führte aber keineswegs zu einer Minderung der kulturellen Bedeutung. Dies war im arabisch-islamischen Reich anders. Hier folgte auf den zunehmenden politischen Niedergang (im Westen durch die christliche Rückeroberung, im Osten durch das Vordringen der Perser und Türken) ein Rückgang des kulturellen Einflusses der arabisch-islamischen Schriftkultur ab dem Ende des 13. Jh. Im Gegenzug nahm, ausgehend von Italien (Papsttum, Venedig) und dem westlichen Mitteleuropa (Heiliges Römisches Reich, Frankenreich), die politische, wirtschaftliche und kulturelle Ausstrahlungskraft des christlichen Abendlandes ständig zu.

Neben dem griechischem Geisteserbe ist allen drei Kulturräumen gemeinsam, dass in ihnen die Religion die dominierende Kraft war. Da es sich dabei zwar um verwandte Religionen handelt, deren Differenzen jedoch immer mehr hervortraten, die zudem jeweils als Staatsreligion eng mit dem Herrschaftssystem verbunden waren, kam es in der byzantinischen Orthodoxie, dem arabischen Islam und dem römischen Christentum zu einer jeweils spezifischen Rezeption der antiken Schriftkultur. Diese unterschied sich nicht nur grundsätzlich im Grad der Toleranz gegenüber der Kultur der »Ungläubigen«, sondern es gab auch interne Unterschiede in den einzelnen

Epochen. Des Weiteren entstanden voneinander abweichende Präferenzen für die einzelnen Gebiete der antiken Schriftkultur: Byzanz bevorzugte besonders die griechisch-hellenistische Literatur und platonische Philosophie, die Araber die griechische (im Westen auch die lateinische) Fachwissenschaft einschließlich der aristotelischen Philosophie und der christliche Westen vor allem die lateinische Spätantike (vgl. S. 92 ff.). Religiöser Ansatz, fachliche Präferenz, eigenschöpferische Weiterentwicklung und der wachsende Austausch zwischen den drei Kulturbereichen führten zu selbstständigen, nach-antiken Schriftkulturen, deren Eigenarten jeweils eine eigene Betrachtung erfordern.

Gemeinsam ist allen drei Schriftkulturen, dass trotz markanter Steigerung der literalen Produktivität in den Bereichen Staat, Religion, Rechtswesen, Wirtschaft, Wissenschaft, Literatur und Alltag die orale Kommunikation ihren großen Stellenwert behielt. Schriftkompetenz als umfassende Fähigkeit, produktiv und rezeptiv mit Geschriebenem umzugehen, war nur in geringem Maße verbreitet und blieb eine Sache der Spezialisten (Autoren, Gelehrte, Schreiber, Sekretäre, Kleriker usw.). Schreibkompetenz schloss keinesfalls stets die Lesekompetenz ein, Lesekompetenz umgekehrt noch weniger die Schreibkompetenz. Dennoch hatte noch derjenige, der gar nicht lesen oder schreiben konnte, die Möglichkeit, über die dominierende orale Textdarbietung (im Kultus, beim Vortrag, durch Lesenhören usw.) an der Schriftkultur zu partizipieren. Auf diese Weise funktionierten über weite Zeiträume die religiöse und schulisch-akademische Unterweisung, ebenso aber auch die literarische Unterhaltung. Insgesamt ist eine – nach heutigen Maßstäben leicht missverständliche – Andersartigkeit im Verhältnis von mündlicher und schriftlicher Kommunikation zu konstatieren, die als komplementäre Formen von »verschriftlichter Mündlichkeit« und »vermündlichter Schriftlichkeit« keinesfalls als unreif oder rückständig zu qualifizieren sind.[1]

Alle drei Schriftkulturen sind reine Manuskriptkulturen, wie es vor ihnen die gesamte Antike war. In ihrem Kern sind sie noch nicht vom Druck und seinen Folgen berührt. Das ist im Falle von Byzanz recht eindeutig, denn Konstantinopel war 1453 schon gefallen, ehe die ersten Druckereien außerhalb von Mainz gegründet wurden. Im islamischen Kulturraum gab es ab dem 13. Jh. eine religiös fundierte Abschottung gegenüber dem christlichen Europa, die später auch die Ablehnung des Druckens einschloss, sodass – von den Ausnahmen hebräischer, griechischer und armenischer Drucke abgesehen – erst ab dem 18. Jh. Texte in ottomanischem Türkisch und der Koran erst 1874 gedruckt erscheinen konnten. Im christlichen Kulturraum war die Lage allerdings komplizierter. Hier kam es ab dem Ende des Frühmittelalters zu einer markanten Veränderung im Verhältnis von mündlicher und schriftlicher Kommunikation, durch die die überlieferte Manuskriptkultur so sehr dynamisiert wurde, dass die Erfindung der Drucktechnik gleichsam als ihr logisches Ende zu betrachten ist (vgl. Kap. 7).

Frühmittelalterliche Manuskriptkultur

Die byzantinisch-islamisch-christliche Schriftkultur des Mittelalters ist eine Manuskriptkultur, d. h., sie ist in der Form ihrer schriftlichen Kommunikation auf den handgeschriebenen Text (Handschrift) gegründet. Diese Form umfasst mehr als nur die technische Herstellung, Vervielfältigung und Aufbewahrung von Texten. Sie prägte vielmehr den ganzen Kommunikations- und Lebenszusammenhang von Menschen, die mit der Schrift umzugehen hatten. Insofern gilt:

> Eine mittelalterliche Handschrift – das ist nicht nur der in ihr enthaltene Text; das sind ein oder mehrere Kopisten, die ihr Leben dem Buch widmeten und für seine Herstellung all ihr Wissen und ihre Fähigkeiten einsetzten; das ist der Auftraggeber, ein leidenschaftlicher Literaturliebhaber, der keine Aufwendungen für die Erwerbung eines teuren Kodex scheute; das ist ein Teil einer Kloster- oder Kirchenbibliothek, wo ganze Generationen Gebildeter lehrten, lasen und neue Werke schufen; das sind zahlreiche Leser und Besitzer. Ihr Leben, ihre Schicksale – das ist das Schicksal einer Handschrift.[2]

Die Niederschrift ist in aller Regel nicht vom Autor geleistet worden. Als Erster, der seine Texte (Autographen) selbst niederschrieb, gilt Thomas von Aquin.[3] In der Regel wurden jedoch die Texte diktiert bzw. von Abschreibern, die in Skriptorien (in Verbindung mit Klöstern, Lehrstätten, Bibliotheken, Kanzleien) arbeiteten, bzw. von professionellen Kopisten angefertigt. Daneben gab es auch ein frommes Abschreiben heiliger Texte, sowohl als mönchische Pflicht wie auch als persönlicher Akt der Heilserlangung. Die Niederschrift ist nicht immer ein Unikat, weil wichtige Texte in mehreren Kopien überliefert worden und auch erhalten sind. Da aber jedes Exemplar handgemacht ist, ist es doch etwas Besonderes und enthält nicht selten Eigenheiten (Duktus, Fehler, Varianten, Zusätze usw.). Die handgeschriebenen Bücher waren durchweg Wertstücke, für die hohe Preise gezahlt bzw. die gegen entsprechenden Gegenwert eingetauscht wurden. Kodizes, zumal die mit Illustrationen und Illuminationen (Buchstabenverzierungen) und kostbaren Einbänden versehenen, hatten ein besonderes Kulturprestige. Ihre Anschaffung, Vermehrung und Pflege in Bibliotheken war eine Herrschertugend und entsprang nicht selten auch einem kulturpolitischen Machtkalkül.

In der abendländischen Schriftkultur ist ein handschriftliches Buch in erster Linie ein Kodex aus Pergament, seltener auch aus Papier (wie z. B. in der byzantinischen und arabischen Schriftkultur). Papyrusrollen bzw. -blätter (für Urkunden, Briefe) sind bis zum 11. Jh. überliefert. Pergamentrollen benutzte man bei Rechnungen, Katalogen, Chroniken und Amtsbüchern. Geschätzt wird, dass etwa 93 % der Handschriften aus der Zeit vor dem Buchdruck verloren gegangen sind, wobei die Verlustrate bis zum 14. Jh. nur bei ca. 12 % gelegen haben dürfte.[4] Allein bei der dreitägigen Plünderung von Byzanz, als das Reich 1453 unterging, sollen 120 000 Handschriften vernichtet worden sein. Ein Traditionsabbruch ist dennoch kaum eingetreten, weil durch rechtzeitige Umschriften, Parallelüberlieferungen, philologische Rekonstruktionen und letztlich durch die Übertragung in den Druck viele Texte tradiert werden konnten. Die Zahl der erhaltenen Handschriften sagt allerdings nur bedingt etwas über das Niveau und den Umfang der Schriftkultur aus, der sie entstammen. Eher schon ist sie Ausdruck der mehr oder weniger zeitbedingten Wertschätzungen seitens ihrer Überlieferer. So sind ca. 55 000 griechische Handschriften tradiert, davon mehr als die Hälfte aus den Klöstern des Athos, Sinai und in Jerusalem.[5] Des Weiteren gibt es noch etwa 100 000 orientalische und eine halbe bis eine Million lateinische Handschriften, darunter viele biblische Texte und Textfragmente. Von den Tausenden vor 800 geschriebenen Vollbibeln haben sich 363 Exemplare (vollständig bzw. fragmentarisch) erhalten, vom Neuen Testament über 4000, davon allerdings nur rund 50 mit komplettem Text.

Die Technik der Manuskript- und Kodexherstellung hat sich im Verlaufe der fast tausendjährigen Geschichte vom 6. bis zum 15. Jh. kaum verändert. Über die durchaus vorhandenen Varianten bei der Vorbereitung des Schriftträgers (Pergamentherstellung, Faltung in Lagen, Linierung), der Beschriftung (Kolumnen, Rubrizierung, Illustrierung) und des Einbandes (Heftungsverfahren, Bezug des Buchdeckels, Blinddruckverzierung) können die großen Gemeinsamkeiten nicht übersehen werden, die die byzantinische, islamische und christliche Manuskriptkultur des Mittelalters miteinander verbinden. Dazu gehören auch die Schreibutensilien. Geschrieben wurde seit der Antike mit einer Rohrfeder (*calamus*), im Mittelalter mehr und mehr mit dem Federkiel (*penna*) und einer vom Schreiber selbst hergestellten Ruß- oder Metalltinte. Tintenhorn, Bimsstein und Federmesser vervollständigten das Besteck. Für Notizen, Konzepte, Rechnungswesen und Korrespondenz wurden Griffel und Wachstafel benutzt. Geschrieben und gelesen wurde lange Zeit mit dem Buch auf den Knien; wenn auch durch Abbildungen schon früher belegt, setzte sich das Pult mit schräger Auflage erst ab etwa 1200 durch. Mit dem Beginn der Buchdrucktechnik hörte die manuelle Buchproduktion keineswegs schlagartig auf. Spätestens in der ersten Hälfte des 16. Jh. war jedoch in West- und Mitteleuropa die Zeit der Manuskriptkultur beendet. In Ost- und Südeuropa sowie im islamischen Kulturraum dauerte sie jedoch noch länger an.

»Writing in gold«: Grundlagen der byzantinischen Schriftkultur

Der ehemalige griechische Stadtstaat Byzanz (Byzantion) war 195/196 n. Chr. zerstört worden. Die wieder aufgebaute Stadt blieb zunächst unbedeutend, bis sie 330 von Konstantin d. Gr. unter dem Namen Konstantinopel zur neuen Hauptstadt des römischen Weltreiches erklärt und ausgebaut wurde. Ab der Regierungszeit Theodosius' II. (408–450) war die Stadt dauerhafter Herrschaftssitz, zunächst mit dem Anspruch, als »neues Rom« die entmachtete Tiberstadt als politische und geistige Metropole zu ersetzen. Nach der administrativen Reichsteilung 395 und dem Untergang des weströmischen Reichsteiles 475 verstand sich das Oströmische Reich (*basileia ton rhomaion*) als Fortsetzer des alten *Imperium Romanum*. Die Selbstbezeichnung der Byzantiner als »Rhomäer« (*rhomaioi*) sowie der offiziell ab dem 8. Jh. verwendete Kaisertitel »Basileus« (im Sinne von *imperator*) unterstützten diese Traditionsauffassung, die auch den Anspruch auf universale Herrschaft einschloss. Die Bezeichnung »Byzantinisches Reich« erhielt das Reich dagegen erst nach seinem Ende von den westeuropäischen Humanisten.

Dennoch kann die schwierige Frage nach der politisch-kulturellen Identität von Byzanz nicht allein daran festgemacht werden, wie und wie lange sich das Reich in Kontinuität mit dem ganzen römischen Imperium und der antiken Tradition befand. Byzanz verlor bis zum 9. Jh. die territoriale Identität im ehemaligen Weströmischen Reich komplett (z. B. Ravenna 751, Palermo 831, Syrakus 878) und im Vorderen Orient zu großen Teilen (z. B. Ägypten 646, Armenien 692, Kleinasien 838). Unter der makedonischen Dynastie (867–1056) gelangen zwar wichtige Rückeroberungen, doch ließ in der Folgezeit der Druck der Slawen im Norden, der Araber im Vorderen Orient und Maghreb, der Kreuzritter und der Handelsmacht Venedig nie nach. Das Ende von Byzanz kam in zwei Etappen: 1204 wurde das Reich auf Grund der Niederlage gegen Venedig und das Heer der Kreuzfahrer erneut zu einem Kleinstaat reduziert, erholte sich ab 1261 ein letztes Mal und ging dann endgültig mit dem Fall Konstantinopels am 29.5.1453 im Kampf gegen das Osmanische Reich unter.

Parallel zum Verlust der politischen Hegemonie vollzog sich ein kultureller Führungswechsel, der eine stärkere Byzantinisierung zur Folge hatte. Darunter ist eine spezifische Verbindung von autokratischem Kaisertum (Gottesgnadentum), orthodoxem Christentum (Staatskirche) und griechischer Sprache und Kultur zu verstehen, die die drei Grundelemente des Byzantinischen Reiches waren. Da die Religion Staatsangelegenheit war, vertiefte der Verlust des byzantinischen Westens eine religiöse Abtrennung vom lateinischen Christentum. Der Streit um zentrale theologische Fragen (göttliche Natur Jesu, Bilderkult u. a.) war von staatspolitischer Bedeutung und trennte die west- und die oströmische Kirche nach mehreren unbefriedigenden Einigungsversuchen schließlich im Schisma von 1054 endgültig. Die Durchsetzung des Suprematieanspruchs des römischen Papstes zwang Byzanz dazu, neben sich ein christliches Heiliges Römisches Reich (Kaisertum und Papsttum) mit universalem Herrschaftsanspruch dulden zu müssen. Auf der anderen Seite wuchs der kulturelle Einfluss von Byzanz durch Missionierung im östlichen Balkan (ab dem 9. Jh.) und in Russland (ab dem 11. Jh.).

Infolge dieser Rahmenbedingungen gab es im kulturellen Bereich auch Abgrenzungen und Einschränkungen gegenüber der hellenistischen Spätantike, angefangen mit der Schließung der platonischen Akademie in Athen 529, die als Sitz heidnischen Geistes betrachtet wurde. Bis zum 7. Jh. gingen die bedeutenden spätantiken Bildungsstätten in Antiochia, Alexandria, Berytos (Beirut) und Gaza verloren; hinzu kam die Schließung der Universität in Konstantinopel (von ca. 610 bis 863). Für die frühbyzantinische Zeit (bis 711) gilt gleichwohl: Einerseits erlangte das orthodoxe Christentum in allen Bildungsbereichen die bestimmende Rolle, was zu einer gewissen Zurückdrängung, keineswegs aber zu einer völligen Beseitigung der »heidnischen« Elemente der antiken Kultur führte.[6] Andererseits verstärkte die politische Reduzierung Byzanz' auf den Kern des griechisch-hellenistischen Territoriums die Konzentration auf dessen Tradition. Die dafür nötigen Bildungsvoraussetzungen und Bedingungen waren vorhanden, wenn auch bis zum 11. Jh. nur in eingeschränktem Maße.

Es gab (private) Schulen, die im Elementarbereich das Lesen und Schreiben lehrten, auch wenn insgesamt keine Schulpflicht existierte.[7] Es gab höhere Schulen bzw. eine Universität, die das Trivium (Grammatik, Rhetorik, Philosophie) und Quadrivium (Arithmetik, Geometrie, Astronomie, Musik) und dabei das hochsprachliche, »attische« Griechisch sowie die klassischen Autoren unterrichteten. Schließlich gab es umfangreiche Bibliotheken in Konstantinopel (im Palast ab dem 4. Jh., in der Akademie ab dem 5. Jh. und beim Patriarchen) sowie kleinere Klosterbibliotheken mit Skriptorien (Klöster in Konstantinopel, Athosklöster, Patmos, Syrien, Unteritalien).[8] Insgesamt ist das Bildungsniveau jedoch bis zum 8. Jh. immer mehr abgesunken. Ob es deswegen berechtigt ist, die Zeit zwischen dem 7. und 9. Jh. als »dunkel« zu bezeichnen, wird zunehmend bezweifelt. Ebenso ist nicht sicher, ob der Bilderstreit (Ikonoklasmus), der in Byzanz von 726 bis 787 und erneut von 813 bis 843 ausgefochten wurde, negative Auswirkungen hatte.

Der Bilderstreit ist der Streit darüber, ob und wie der unsichtbare Gott anders als durch die Heilige Schrift sichtbar gemacht werden darf. Es war ein spezifischer Streit unter den Christen, weil bei ihnen – anders als bei den Juden und später bei den Muslimen, die sich strenger an das mosaische Bilderverbot (Ex. 20,4 f.) hielten – ab dem 6. Jh. n. Chr. die Bilderverehrung (vor allem im Marien- und Heiligenkult) unter den Laien stark zugenommen hatte. Diese Bilderverehrung beanspruchte, zumindest in der legendengestützten Rechtfertigung, dieselbe Heiligkeit für das Gottes-Bildnis wie für die Heilige Schrift. Indem unter der Annahme des nicht von Menschenhand gemalten, d. h. des »ungemalten« bzw. »himmlischen« Bildes (*acheiropoitos*) Gott selbst als Urheber ausgegeben wurde, trat die Ikone in die Nähe der Reliquie. Sie wurde zu einem Gegenstand breiter volkstümlicher Verehrung, zu dem man pilgern und den man berühren bzw. sogar bei sich tragen konnte. Für die christliche Theologie war es nicht leicht, diese Bilderfrömmigkeit mit der Spiritualität des Glaubens in Einklang zu bringen, hatte dieser doch von seinem Ansatz her gerade die Macht der Schrift gegen das Götzenbildertum der heidnischen Religionen mobilisiert. Die römische Kirche fand ihre Lösung mit der auf Papst Gregor d. Gr. († 604) zurückzuführenden Auffassung, die Bilder als »Bibel der Analphabeten« anzuerkennen, damit sie »wenigstens an den Wänden sichtbar lesen, was in den Büchern zu lesen sie nicht vermögen«.[9]

In Byzanz lagen die Dinge anders. Im hier ausgetragenen Bilderstreit stritten nicht nur das weströmische gegen das oströmische Christentum um die theologische Deutungsmacht. Staat und Staatskirche kämpften im Pro und Kontra um die Identität der byzantinischen Herrschaftsordnung und des orthodoxen Christentums, die für Byzanz zugleich eine kulturelle war. Der Status der Schriftkultur war dabei in jedem Fall mitbetroffen. Die Ikonoklasten konnten für sich geltend machen, dass sie, indem sie gegen die Bilder das Primat der Schrift verfochten, für eine spirituelle Alphabetisierung eintraten. Sie standen damit der jüdischen und muslimischen Schriftfrömmigkeit sehr nahe. Ihre Kritiker hielten diese Auffassung für eine

Abb. 16   Pantokrator (Apsismosaik in der Kathedrale in Cefalù), nach 1148.

Position, die lediglich für eine literate Minderheit taugte. Ihr Eintreten für die Bilderverehrung begründete sich volkstümlicher, wenn z. B. der Abt Theodoros Studites († 826) erklärte: »Wenn das, was wegen seiner Abwesenheit nur geistig geschaut werden kann, nicht auch in bildlicher Darstellung geschaut werden kann, dann verschließt es sich auch dem geistigen Auge.«[10] In dieser Radikalität war die Schlussfolgerung eine Absage an die Spiritualität der Schrift.

Der Sieg über den Ikonoklasmus war am Ende ein Kompromiss. Entschieden wurde er aus handfesten politisch-dynastischen Gründen, aber auch auf eine politisch-theologische Weise, die sich ganz dem Geist einer auf Schrift gegründeten Kultur verdankte. Das betraf nicht nur das Faktum, dass die sakrale Bedeutung der Ikone aus der Bibel zu beweisen war.[11] Der

Ikonoklasmus wurde überwunden, indem es zu einer neuen Balance von Bild und Text kam, die für Byzanz und das orthodoxe Christentum prägend werden sollte. Das Bild fand die Anerkennung nur insoweit, als es mit jenem »geistigen Auge« gelesen werden musste, mit dem auch der heilige Text betrachtet zu werden hatte. Daher siegte nicht das Bild (Ikone) über den Text (Schrift), sondern die Bildkultur wurde schriftartig. Dazu passt, dass das griechische Wort »graphein« sowohl »malen« als auch »schreiben« bedeutet. Die Ikone durfte trotz ihrer Anschaulichkeit weder naturalistisch noch individuell sein, sondern musste in ihrer goldgrundierten Zweidimensionalität aus wiederkehrenden Formelementen bestehen wie die Schrift aus ihren Buchstaben. Ihren bildhaften Ausdruck fand diese Verbindung in der Darstellung des Allherrschers (Pantokrator) mit der geöffneten Heiligen Schrift in der linken Hand (Abb. 16).

So betrachtet, gibt es für die byzantinische Ikonographie keine treffendere Charakterisierung als die Formulierung »writing in gold«.[12] Diese ikonische Textualität – H. Belting spricht von einer »schriftartigen Klarheit«[13] – ist als Errungenschaft einer entwickelten Schriftkultur zu betrachten, weil ohne diesen Hintergrund das Bildkonzept nicht hätte entstehen können. Sie trug ganz wesentlich zur kulturellen Identität der mittelbyzantinischen Periode (711–1261) bei. In der reich entwickelten Buchillustration sowie auch in der Epistolographie ging sie eine lebendige Verbindung mit der Schriftkultur ein.[14] Mit der Hochschätzung dieser Ikonographie, die nach dem Ende des Bilderstreits ab Mitte des 9. Jh. sogleich sowohl theologisch in Kirchenbau und Liturgie wie auch in der Herrschaftsrepräsentation in Dienst genommen wurde, hing auch eine neue Hinwendung zur griechisch-hellenistischen Schriftkultur zusammen, die in der »makedonischen Renaissance« ihren Anfang und im 13./14. Jh. ihren Höhepunkt hatte.

Von der makedonischen Renaissance bis zum Ende von Byzanz (1453)

Unter Basileios I. (867–886), dem Begründer der makedonischen Dynastie (bis 1056), begann eine neue Machtentfaltung des Byzantinischen Reiches, die – nicht zuletzt aus dynastisch-restaurativem Interesse – die enge Verbindung mit der antiken Vergangenheit betonte. Ob diese Rückbesinnung schon die Namen »Renaissance« oder »byzantinischer Humanismus« verdient, ist umstritten.[15] Damit hängt die Frage eng zusammen, wie verbreitet Lesen und Schreiben seit diesem Zeitpunkt in der byzantinischen Kultur waren. Ältere Forschungen, die den Schwerpunkt auf die literarische

Bildung der Eliten legten, kamen zu eher restriktiven Ergebnissen. Argumentiert wurde im Wesentlichen mit den hohen Kosten für Pergament, Bücherkopien und Schulbildung sowie mit Hinweisen auf den kaum vorhandenen Buchhandel, die geringe nichtprofessionelle Buchnutzung und den Mangel an Grabinschriften und Graffiti.[16] Dagegen erschloss R. Browning eine verbreitete Lese- und Schreibfähigkeit (»functional literacy«), die auch Frauen umfasste.[17] Für C. Holmes steht fest, dass in Byzanz Schreiben nicht nur »power« hatte, sondern »ubiquitous« und Lesen »a widespread and recommended practice« war.[18]

Nicht bestritten ist jedoch, dass es ab dem 9. Jh. in Literatur, Philologie und Wissenschaft zu einer intensiven Bestandsaufnahme und Wiederaufbereitung der griechischen Antike kam. Der erste Akt, der seine lateinische Parallele in der sogenannten karolingischen Renaissance besaß und zweifellos auch stark angeregt war von den umfassenden Übersetzungsaktivitäten im islamischen Bagdad (s. S. 144 ff.), bestand aus einer rettenden Bewahrung. Es ging darum, die in der seit der Antike überlieferten Großbuchstaben-Buchschrift (Majuskel) abgefassten Handschriften in die zeitgemäßere Minuskelschrift umzuschreiben. Dieser Akt war immer dringlicher geworden, weil die noch vorhandenen Exemplare alt oder durch ständiges Abschreiben fehlerhaft geworden waren. Die Minuskel, schon seit dem 4. Jh. n. Chr. in der byzantinischen Kursive, empfahl sich wegen der flüssigeren Schreibbarkeit und ihres Platz sparenden Umfangs (Einsparung bis zur Hälfte). Wie schon zuvor bei der Umschrift auf den Kodex beförderte dieser Vorteil die Tendenz, mithilfe von Kompilationen verstreute Einzelschriften, Auszüge oder sogar das Gesamtwerk von Autoren herauszugeben.

Die in Byzanz ab dem 9. Jh. beginnende und sich bis ins 12. Jh. fortsetzende Umschrift von der Majuskel in die Minuskel kann durchaus mit der spätantiken Umschrift von Papyrus und Rolle auf Pergament und Kodex verglichen werden. Sie war dort wie hier niemals nur ein technischer Schrift-(träger)wechsel, sondern zugleich ein weit reichender Selektions- und Bewahrungsakt. Verlustreich war die Selektion deshalb, weil die alten Majuskelvorlagen bis auf einige Prunkausgaben, Zufallsfunde und Palimpseste nicht weiter aufbewahrt wurden. Auf diese Weise sind noch von diesem Zeitpunkt an Texte antiker griechischer Autoren verloren gegangen, sofern sie nicht anderswo tradiert worden sind. Beispielhaft sei das griechische Drama genannt, für das das philologische Interesse begrenzt war, weil es in Byzanz kein Theater gab: Von der noch in der Spätantike bekannten größeren Zahl an Dramen überlieferten die Byzantiner gerade einmal je drei Werke von Aischylos, Sophokles, Euripides und Aristophanes. Doch es gab auf der anderen Seite durch die philologische Edition und Kommentierung auch bedeutsame Rettungen. Schließlich ist es diese byzantinische Textrezeption, die zur Grundlage des Großteils der späteren Editionen griechischer Literatur wurde. Rund drei Viertel der klassischen griechischen Texte, die bis heute überliefert sind, nahmen ihren Weg über Byzanz.[19]

Unter den byzantinischen Philologen des 9. und 10. Jh. ragen besonders Leon Mathematikos († nach 860), der spätere Patriarch Photios († 893/94) und sein Schüler Arethas († 944) hervor. Sowie Photios, der in seiner wissenschaftlichen Kompilation *Bibliotheke* Exzerpte und Kommentare zu 279 antiken Autoren versammelt hatte, verfuhren viele byzantinische Philologen der Folgezeit. Sie brachten ihre große Gelehrsamkeit in Textbemerkungen (Scholien) ein und trugen damit nicht nur zur lebendigen Rezeption bei, sondern retteten per Exzerpt gleichsam nebenbei Texte, die sonst nicht mehr greifbar gewesen wären. Diese Praxis konnte auch nicht durch die Episode des sogenannten Lateinischen Kaiserreiches (1204–1261) beeinträchtigt werden, als christliche Kreuzfahrer und Venedig Konstantinopel besetzt hielten und mit üblen Plünderungen erhebliche Schäden anrichteten. Zentren der Buchkultur waren neben Konstantinopel vor allem Nikaia (bis 1331), Thessaloniki (bis 1387), Mistra (bis 1460) und Trapezunt (bis 1461).

Eine letzte Blütezeit spätbyzantinischer Schriftkultur gab es nach der Wiedereroberung Konstantinopels unter der Herrschaft der Palailogen-Dynastie (1259–1453). Philologen wie Maximos Planudes, Manuel Moschopulos, Thomas Magistros, Demetrios Triklinios und Georgios Gemistos Plethon stellten sorgfältig kommentierte Textausgaben her, andere Gelehrte und Intellektuelle edierten Lehrbücher, Lexika und umfangreiche Enzyklopädien zu allen Wissenszweigen. Überliefert sind Fachbücher zur Medizin, Rechtswissenschaft, Naturwissenschaft, Geographie, Landwirtschaft, Kriegs- und Militärtechnik, aber auch profane Literatur, Hausbücher, Reden- und vor allem Briefsammlungen, daneben eine ausgedehnte theologische Literatur. Bemerkenswert an dieser Manuskriptkultur ist auch, dass die erhaltenen Kodizes ab dem 12. Jh. auf aus Arabien eingeführtem Papier geschrieben sind. Der Schriftträgerwechsel bedeutete jedoch keinen tieferen Einschnitt. Dieser kam erst mit der Niederlage gegen das Osmanische Reich 1453, doch war damit die kulturgeschichtliche Rolle von Byzanz keineswegs beendet.

Byzanz hat als Erbe Roms im ganzen Mittelalter die Idee des universalen Kaisertums repräsentiert und ein Kulturprestige besessen, das einzigartig war. Die »Kaiserin der Kaiserstädte« (Eco), Konstantinopel, war in ihrer Ausdehnung, ihren Prachtbauten und ihrer Einwohnerzahl (bis zu 500 000) die größte Stadt des christlichen Mittelalters. Staatliche und militärische

Macht wurden modern ausgeübt, gleichzeitig war die christliche Kultur an einer »heidnischen« Überlieferung ausgerichtet, die sie zu intellektueller Offenheit nötigte. Antike Tradition und Modernität, Osten und Westen sind in dieser Kultur eine eigene Mischung eingegangen, die sich allerdings im Ausmaß von der Synthese der arabisch-islamischen Kultur unterschied, zumal im Laufe der tausendjährigen Geschichte des Reiches die beharrenden Elemente an Kraft zunahmen. Ab dem 10. Jh. prägte es über Kiew den russischen Nordosten und fand ab 1590 in Moskau, dem »dritten Rom«, seine Nachfolge. In der »metabyzantinischen« Zeit, also nach dem 15. Jh. und besonders seit der Aufklärung, hat das Bild von Byzanz als einer erstarrten Kultur in der Rezeption geradezu groteske Ausmaße angenommen. In Edward Gibbons Monumentalwerk *Geschichte des Verfalls und Untergangs des Römischen Reiches* (1776/88) stand Byzanz für den Titel ein; auch für Hegel stellte das Byzantinische Reich »eine tausendjährige Reihe von fortwährenden Verbrechen, Schwächen, Niederträchtigkeiten und Charakterlosigkeit«[20] dar. Der Ausdruck »Byzantinismus« wurde zum Schlagwort für Despotismus und Kriecherei vor dem Thron. Was Byzanz wirklich für das Abendland gewesen war, wurde überlagert vom negativen Bild der osmanischen Herrschaft und der eurozentrischen Ausgrenzung eines zaristisch-orthodoxen Russlands und Osteuropas.

Grundzüge der arabisch-islamischen Schriftkultur

Die arabische Sprache ist als Sprache des Korans weit über das arabische Siedlungsgebiet hinaus im Vorderen Orient, in Mittelasien und in Nordafrika verbreitet und steht in geschriebener Form nach der lateinischen Alphabetschrift an zweiter Stelle in der Welt. Im Zeichen des Islam wurde sie ein bedeutsamer Kulturträger. Als heute größter Zweig der semitischen Sprachfamilie, zu der u. a. auch das Akkadische, Phönizische, Aramäische und Hebräische gehören, war das gesprochene Arabisch in vorislamischer Zeit auf die Arabische Halbinsel beschränkt. Hier ist es auch seit dem 6. Jh. n. Chr. in voll entwickelter, linksläufiger Form als eine konsonantische Buchstabenschrift belegt, die über die nabatäische von der aramäischen Schrift abgeleitet worden ist.[21] Das Arabisch des Islam ist der Mekka-Dialekt Muhammads, der im Gefolge des politisch-religiösen Siegeszuges des islamisch-arabischen Großreiches als klassisches Arabisch zur Kultursprache wurde.

Muhammad stiftete nicht nur die neue islamische Religion, sondern es gelang ihm als politischem Führer, die zerstrittenen arabischen Stämme zu einem islamischen Staatsverband zu vereinigen. Nach seinem Tod 632 begann unter den omayyadischen Kalifen eine beispiellose Expansion, begünstigt durch die politische Schwäche der beiden Weltreiche Byzanz und Persien. Bis zum Ende des 7. Jh. waren Palästina, Irak, Ägypten, Syrien und Persien erobert, um 750 reichte das Kalifat von Spanien über den Maghreb bis zum Indus und nach Samarkand. Kalifensitz war zunächst Damaskus, ab 762 Bagdad, das unter dem Kalifat der Abassiden (ab 749) prunkvoller Mittelpunkt wurde und bis zur Zerstörung durch die Mongolen (1258) auch die wichtigste Metropole im Orient blieb. Bürgerkriege und Gefahr von außen (Franken, Berber, Byzantiner, Seldschuken, Mongolen u. a.) führten zur Abspaltung von Teilreichen in Spanien (ab 756), Nordafrika (ab 799), Ägypten (ab 969) sowie in den östlichen Reichsteilen, wo die arabische Vormacht mehr und mehr zurückgedrängt wurde.

Zu den Besonderheiten der arabisch-islamischen Schriftkultur gehört, dass sie nicht ausschließlich an die arabische Ethnie gebunden war, sondern ihren Reichtum durch den Beitrag vieler verschiedener Kulturen erlangt hat. Bis zu den Kreuzzügen kam es nicht zu einer Unterdrückung nichtarabischer und nicht-islamischer Minderheiten. So, wie Muhammad Juden und Christen als »Schriftbesitzer« (*ahl al-kitab*) gegenüber den Anhängern anderer Götterkulte gelten ließ, schützte sie der islamische Staat in ihrer Religionsausübung (*dimma*), solange sie ihre Extrasteuern zahlten. Politische und kulturelle Karrieren von Nicht-Muslimen und muslimischen Nicht-Arabern waren daher besonders in der Staatsverwaltung und in der Wissenschaft üblich, obwohl die in sich durchaus nicht homogene arabische Herrenschicht privilegiert blieb. Auf diese Weise gelang es der islamischen Kultur, einen kosmopolitischen Charakter zu erlangen, der sie in die Lage versetzte, sich das kulturelle Kapital jener eroberten Länder anzueignen, deren Zivilisation viel weiter zurückreichte. Da diese Aneignung auf der gemeinsamen Basis von hellenistischem Erbe und monotheistischer Staatsreligion erfolgte, muss die islamisch-arabische Kultur als eine Kultur betrachtet werden, die der christlich-mittelalterlichen und byzantinischen verwandt geblieben ist.

Für die Entwicklung der Schriftkultur hatte diese Offenheit äußerst fruchtbare Folgen. Schon der Koran hatte das fromme Schreiben positiv bewertet; die Feder galt als Gottes erste Schöpfungstat.[22] Infolgedessen war das Handwerk der Kopisten und besonders der Kalligraphen hoch angesehen. Seine herausragenden Meister und Könner sind seit dem 10. Jh. namentlich bekannt, darunter auch Kalifen und Frauen.[23] Als ihre bedeutsamsten Schriftschöpfungen gelten: das steil aufragende Kufi (ab dem 8. Jh.), das rundere Naskhi (ab dem 11. Jh.), das in Nordafrika und Spanien verwendete Maghribi (ab dem 11./12. Jh.) und das persische Talîk (ab dem

12. Jh.), jeweils in verschiedenen Varianten. Hauptkennzeichen aller arabischen Schriften sind die Zierelemente, die es erlaubten, die 28 Buchstaben des Alphabets in bis zu 10 000 verschiedenen Formen zu schreiben.[24] Im Zentrum dieser Schriftkunst stand der Koran (Abb. 17).

Die im Zusammenhang mit der islamischen Kalligraphie typischen Rankenornamente wurden, obwohl hellenistischen Ursprungs, ihrer Herkunft wegen im westlichen Abendland als »Arabeske« bezeichnet und ab dem 16. Jh. übernommen. Die in ihnen 7zum Ausdruck kommende »Freude an ornamentaler Meditation und an ästhetischer Askese«[25] verbinden Kunst und islamische Frömmigkeit auf eine ganz besondere Weise. Kalligraphie und arabeskes Ornament prägen nicht nur die Koranhandschriften und die übrige Manuskriptkultur, sondern – aufgrund des Bilderverbotes – in markanter Weise auch die Epigraphik der islamischen Sakralbauten (Moscheen, Sarkophage, Grabsteine), Keramik, Münzen und Stoffe. In dieser religiösen Schriftgeprägtheit steht die islamische Kultur einzigartig da.

Die Religion war aber auch in den anderen Bereichen der Buchkultur von Bedeutung. Rezitation wurde über lokale Koranschulen (*kuttabs*) als Teil der religiösen Unterweisung gelehrt. Der Ort für die höhere Bildung (islamische Theologie und Rechtsgelehrsamkeit) war in der Regel die zu Lehrzwecken erweiterte Moschee (*madrasa*). Bedeutende Lehranstalten gab es in der um 710 erbauten Omayyaden-Moschee in Damaskus, der wenig später errichteten Al-Aksa-Moschee in Jerusalem und vor allem in der 1009 gegründeten Al-Azhar-Moschee in Kairo. Sie waren keine staatlichen Einrichtungen, sondern gehörten »Gilden« und finanzierten sich über Stiftungen und Spenden.[26] Dabei lässt sich das Ausmaß literater Fähigkeiten kaum beziffern, doch dürften Ähnlichkeiten mit den Verhältnissen in Byzanz bestanden haben. In der Moschee fanden die Vorträge der Gelehrten statt, die von Schülern mitgeschrieben und vervielfältigt wurden, und dort bewahrte man Manuskripte als Muster- und Studienexemplare auf. Jedes Buch hatte mit den Worten zu beginnen, deren Kurzform im Arabischen »basmala« heißt: »Im Namen Allahs, des Gnädigen, des Barmherzigen.«

Aus diesen Anfängen entstanden die ersten Bibliotheken, die sich allmählich erweiterten und in den großen Zentren zu Akademiebibliotheken ausgebaut wurden. Diese Bibliotheken waren zugleich Ausbildungs- und Forschungsstätten für Gelehrte. Als früheste Bibliothek dieser Art ist das »Haus der Wissenschaft« (Dar al-Ilm) in Damaskus belegt, die von Kalif Muawiya (661–680) gegründet worden ist und bis zum 10. Jh. existierte. Weitere Akademiebibliotheken gab es in Bagdad (ab 8. Jh.), Córdoba (ab 10. Jh.), Kairo (1004–1171), Moschee-Bibliotheken in Mossul, Basra, Tripoli, Fes, Sanaa und anderen Städten. Allein im maurischen Spanien soll

Abb. 17   Koranseite (Granada), 14.–15. Jh.

es 70 Bibliotheken gegeben haben, darunter in Córdoba, Sevilla, Granada und Toledo.[27] Um sie herum und zwischen ihnen entstanden Beziehungsgeflechte gebildeter Privatleute und Gelehrter, eingebunden in die Unterhaltungs- und Repräsentationsbedürfnisse der Residenzen. Fast alle diese Bibliotheken, zu denen noch eine Vielzahl von (z.T. halböffentlichen) Palast-, Stiftungs- und Gelehrtenbibliotheken gehörte, wurden Opfer von Plünderungen, Bränden oder anderen Unglücken, wobei sich Christen im Westen und Mongolen im Osten besonders hervortaten. Dennoch gab es vom 9. bis zum 13. Jh. im islamischen Kulturraum eine verbreitete Bücherversorgung, für die das christliche Mittelalter keine Parallele hat.

Nicht unwesentlichen Anteil an dieser bibliophilen Situation hatte die Tatsache, dass die islamische Schriftkultur im Osten schon ab dem 8. Jh. in wachsendem Maße Papier als Schriftträger verwenden konnte. Die Kunst des Papiermachens war in China bereits im 2. Jh. v. Chr. bekannt (sog. Hsü-Papier aus Seideresten) und verbesserte sich bis zum 2. Jh. n. Chr. (pflanzliches Papier). Um 600 gelangte sie nach Korea und etwa um diese Zeit auch schon nach Samarkand. 795 besaß Bagdad eine Papiermühle, die ein aus Lumpen hergestelltes arabisches Papier zu produzieren begann.[28] Von da an war Papier im islamisch-arabischen Raum der vorrangige Beschreibstoff. Die Buchproduktion lag in den Händen professioneller Kopisten, die zugleich auch das Binden besorgten und den Vertrieb über eigene Buchläden organisierten. Ein solches System lässt den Rückschluss zu, dass eine verbreitete schriftliche Kommunikation existiert haben muss. So zählte der Bagdader Buchhändlersohn Ibn an-Nadim am Ende des 10. Jh. in einem Verzeichnis rund 6000 arabische Werke von über 2000 Autoren auf. Die Bibliothek in Córdoba soll zu dieser Zeit einen Bestand von 400 000 Bänden, die Fatimiden-Bibliothek in Kairo im 11. Jh. sogar bis zu 600 000 Bücher besessen haben. Privater Buchbesitz bei Gelehrten konnte über 1000 Bücher umfassen.[29] Diese Zahlen liegen weit über den Größen, die zur selben Zeit in Byzanz oder im Frankenreich existierten.

Islamisch-jüdisch-christlicher Kulturaustausch bis zum 13. Jahrhundert

Das arabisch-islamische Kalifat sah sich, nicht zuletzt in heftiger Konkurrenz zu Byzanz, als wahrer Erbe der hellenistischen Antike. Auf dem Boden seines Reiches vereinte es erstmals seit fast 1000 Jahren wieder, was die Diadochenreiche nach Alexander d. Gr. und vor allem das römische Imperium geteilt hatten, nämlich große Teile des Orients und Okzidents. Letzterer war zwar um den byzantinischen Teil verkleinert, doch wurde diese Einschränkung durch die Einbeziehung Südspaniens und Siziliens mehr als kompensiert. Um herrschen zu können, beerbte das neue Reich der Araber Traditionen beider Kulturräume und förderte so zu eigenem Nutzen einen Kulturaustausch, der im Mittelalter nicht seinesgleichen hatte. Der Austausch beschränkte sich keinesfalls auf die Schlussphase im Hochmittelalter, sondern war ein durchgängiges Kennzeichen der arabisch-islamischen Multikultur von Anfang an und in allen wichtigen Regionen.

Als erste bedeutende Phase ist die Zeit der Abbasiden-Herrschaft mit dem Macht- und Kulturzentrum Bagdad hervorzuheben. Unter den Kalifaten von al-Mansur (754–775), al-Mahdi (775–785), Harun al-Rasid (786–809) al-Ma'mun (813–833) u.a. kam es im Zuge der Etablierung als neue Großmacht auch zu einer Konstituierung als arabisch-islamische Kulturmacht. Letztere begann mit einer breiten Öffnung zum griechisch- und persisch-hellenistischen Geistesgut, die aus staatspolitischen Gründen systematisch als Übersetzungsoffensive geplant und finanziell stark gefördert wurde.[30] Von der Mitte des 8. bis zum Ende des 10. Jh. ist auf diese Weise – mit Ausnahme der literarischen und historischen Texte – das gesamte damals noch verfügbare griechische Schrifttum ins Arabische übersetzt worden. Diese Übersetzungen lagen größtenteils noch vor der byzantinischen Minuskel-Umschrift und erfassten daher auch Handschriften, die später in Byzanz nicht mehr verfügbar waren. Es sind vor allem Texte, die in syrischen Klöstern und Bildungszentren (z. B. Edessa, Nisibis, Antiochia) vor der arabischen Eroberung (und teilweise auch noch danach) ins Syrische bzw. in der schon im 6. Jh. gegründeten Hochschule in Gondeschapur (Persien) von nestorianischen Christen ins Persische (Pehlevi) übertragen worden waren. Diese syrisch-persische Vorarbeit ist nicht zu unterschätzen, doch gebührt der entscheidende Anteil der Übersetzungsarbeit ins Arabische den Aktivitäten in Bagdad.[31]

In Bagdad entwickelte sich im Umkreis der Zentralbibliothek bzw. Lehranstalt »Haus der Weisheit« (*bayt al-hikma*) eine Übersetzerschule, die Gelehrte aus allen Regionen des Reiches anzog.[32] In einem Klima multikultureller Offenheit, die im Bereich der Wissenschaft indische, persische, syrische, griechische und arabische Gelehrte ebenso vereinte wie Christen verschiedener Konfession, Juden und Muslime, wuchs eine Schriftkultur heran, die fast das gesamte ost-westliche Wissen zu integrieren suchte. D. Gutas setzt diese Bagdader Blütezeit, die der byzantinischen »makedonischen Renaissance« ohnehin überlegen war, mit der perikleischen Epoche Athens bzw. der italienischen Renaissance gleich.[33] In ihrer Folge entstanden arabische Dichtung, Wissenschaften (Medizin, Astronomie, Mathematik, Geographie u. a.) und Philosophie, für die hier beispielhaft die Namen der Universalgelehrten Abu Yusuf al-Kindi († 873) und Ibn Sina († 1037), der unter seinem lateinischen Namen Avicenna als Philosoph und Arzt für das christlich-jüdische Mittelalter größte Bedeutung erlangte, stehen mögen. Diese Bagdader Epoche ist als »die erste internationale Wissenschaftsepoche«[34] zu bezeichnen.

Eine zweite lange andauernde Welle des Kulturaustausches fand im islamisch-christlichen Grenzraum Südspaniens (al-Andalus) und Siziliens statt. Nachdem 756 in Südspanien das Emirat Córdoba entstanden und 929 zum Kalifat erhoben worden war, erlebte Al-Andalus mit der Hauptstadt Córdoba eine Blütezeit, die sich auch noch nach dem Ende des Kalifats (1031) bis zur christlichen Rückeroberung der Stadt (1236) fortsetzte. Córdoba wurde nicht zu Unrecht das »Bagdad des Westens« genannt, wetteiferte die Stadt doch als Kalifenresidenz in Größe (ca. 500 000 Einwohner), mit seinen Prunkbauten sowie als kultureller Mittelpunkt unmittelbar mit der alten Hauptstadt. Noch bedeutender als wissenschaftlich-kulturelles Zentrum war neben Saragossa und Sevilla vor allem Toledo, das bis 1085 unter muslimischer Herrschaft stand, aber bis weit ins 14. Jh. als Grenzstadt mit seiner Bevölkerungsmischung aus arabischen und berberischen Muslimen, Juden, Mozarabern (arabisierten Christen), spanischen Christen und Muslimen (Muladen) eine kosmopolitische *universitas* (»Land der drei Kulturen«) blieb. Hier wirkten u. a. Petrus Venerabilis († 1156), der Abt von Cluny und Anreger der ersten Koran-Übersetzung, und der Übersetzer Gerhard von Cremona († 1187).

Drittes Zentrum war das seit 536 byzantinische Palermo in Sizilien, das von 831 bis zur Mitte des 11. Jh. als Hauptstadt eines muslimischen Emirats große Bedeutung erlangte und diese noch unter normannischer Herrschaft (ab 1072) und bis zu Friedrich II. als Kreuzungsort arabisch-islamischer, christlicher und jüdischer Kultur behielt. So war zum Beispiel die königliche Kanzlei in Palermo dreisprachig (griechisch-arabisch-lateinisch); keine der Sprachgruppen war diskriminiert. Ähnliches gilt für das süditalienische Salerno, das zwar nie muslimisches Territorium war, aber als Teil des normannischen Königreichs Sizilien (ab 1130) mit seiner berühmten medizinischen Schule nicht zuletzt von der Offenheit gegenüber der arabischen Wissenschaft und Medizin stark profitierte. Gleichwohl sollte bei all diesen Kontakten nicht übersehen werden, dass das 12. und 13. Jh. zugleich die Epoche war, in der Arabertum und Islam im Zeichen des christlichen Kreuzes immer militanter zurückgeschlagen wurden und lateinische Wissenschaft und Schriftkultur nach Dominanz strebten.[35]

Die im spanisch-sizilianischen Raum zwischen dem 10. und 13. Jh. ausgeübten Übersetzungaktivitäten haben, verglichen mit der Bagdader Übersetzungsbewegung des 9. bis 11. Jh., freilich eine andere Dimension. Politisch bestimmt durch die Notwendigkeit eines Interessenausgleichs gegenüber einer multiethnischen, bi- bzw. trilingualen Bevölkerung, wurde der Kulturaustausch immer einseitiger, als die politische Herrschaft der Araber zu bröckeln begann. Daher überwog das Interesse an Übersetzungen aus dem Arabischen und steigerte sich noch nach dem Abzug der Araber. Das gilt noch am wenigsten für die kulturellen Aktivitäten des islamischen Córdoba, wo bedeutende Gelehrte wie der arabische Arzt, Philosoph und Aristoteles-Kommentator Ibn Rusd (Averroes, † 1192) und der jüdische Theologe Ibn Maimun (Maimonides, † 1204) mit großem Einfluss auf die christliche Scholastik bzw. das Judentum wirkten. Bemerkenswert ist, dass arabische, christliche und jüdische Rezeption in Toledo und Palermo friedlich koexistierten. Im Leben und Werk von Gelehrten wie des »christianus arabicus« Raymundus Lullus († um 1316) bis zu Pico della Mirandola

(†1494) drückt sich die befruchtende Wirkung dieser Offenheit exemplarisch aus.
Es waren christliche Herrscher wie Roger II. von Sizilien (1095–1154), Friedrich II. (1194–1250), Alfons X. von Kastilien (1221–1284) oder Karl von Anjou († 1288 als König von Neapel und Sizilien), die an ihren Höfen den Austausch aktiv förderten und (Rück-)Übersetzungen griechischer Werke aus dem Arabischen ins Hebräische, Lateinische bzw. Kastilische unterstützten. Bedeutende Übersetzer und Kommentatoren (graeco-)arabischer Werke waren in Toledo, Palermo, Neapel und anderen Orten der Italiener Gerhard von Cremona, der Engländer Michael Scotus, der Spanier Marcus von Toledo, der spanische Jude Johannes von Sevilla u. a. In dem Maße, in dem die Griechisch-Kenntnisse im Westen stiegen, wurde ab dem 13. Jh. auch direkt aus dem Griechischen übersetzt (z. B. Wilhelm von Moerbekes Aristoteles-Übersetzungen). Die Folgen der Übersetzungsarbeiten beschränkten sich nicht nur auf die (Wieder-)Aneignung und Verbreitung des Wissens eines großen alten Kulturraumes, etwa in dem Sinne, dass der lateinische Westen zu den Standards des griechisch-arabisch-indischen Wissens aufschloss (z. B. in Astronomie, Mathematik, Medizin und Naturwissenschaft). Der Franziskaner Roger Bacon († um 1292) kritisierte sogar die Beschränkung auf die lateinische Tradition und forderte die Hinwendung zu den Originaltexten. In der Folge kam es zu einer Horizonterweiterung des wissenschaftlichen Denkens, die immer enger verknüpft war mit den in Texten niedergelegten und durch schriftliche Diskurse vertieften Erkenntnissen. Der neue Ort dafür waren die Hohen Schulen und Universitäten, die – ausgehend von dem islamisch-byzantinisch-jüdisch-christlichen Kulturkontakt in Südeuropa – bis zum 14. Jh. eine gemeineuropäische Erscheinung wurden (vgl. S. 166).

Literat oder illiterat? Frühmittelalterlich-christliche Schriftkultur (6.–11. Jahrhundert)

Die Beurteilung der (früh)mittelalterlichen Schriftkultur hat lange Zeit unter Fehldeutungen leiden müssen, die eng mit der Ansicht vom »finsteren Mittelalter« zusammenhingen. Mit dieser Formulierung wird einerseits zum Ausdruck gebracht, dass ein gerade für die Frühzeit trümmerhafter Quellenzustand die angemessene Erkenntnis verdunkele. Auf der anderen Seite klingt im negativen Urteil über das Mittelalter aber auch das zählebige humanistische Vorurteil an, die mittelalterliche Kultur sei gegenüber der Antike ein Rückfall in die kulturelle Finsternis.[36] Die ältere Mediävistik tat sich mit ihren Rehabilitierungsversuchen schwer. Einerseits rechtfertigte sie mit der Lehrmeinung von der dominierenden Oralität mittelalterlicher Kommunikation die – damit verglichen – relative Bedeutungslosigkeit von Schreiben und Lesen bis hin zu der These, die christlich-mittelalterliche Kultur sei im Kern oral bzw. illiterat gewesen. Zum anderen verdeckte ein viel zu enger Begriff von literaler Kompetenz, fokussiert auf die Fähigkeit, lateinisch lesen *und* schreiben zu können, den Blick für die spezifischen Erscheinungsformen und Phasen von Schriftbezogenheit im Mittelalter. Das wirkte sich besonders für die Einschätzung der frühmittelalterlichen Schriftkultur sehr nachteilig aus, weil diese dadurch als eine defizitäre Kultur erscheinen musste. Genau das ist sie aber nicht. Wird nämlich anerkannt, dass mündlicher und schriftlicher Sprachgebrauch im Mittelalter in einen vielfältigen und auch neuartigen Zusammenhang traten, gewinnen Thesen wie »medieval civilization was a literate civilization« bzw. Aussagen über die »grundsätzliche Literarizität des Mittelalters«[37] an Plausibilität, obwohl der weitaus größte Teil der Bevölkerung bis zur Neuzeit nicht-literat war. Diese Aussagen gelten nicht nur für die Zeit ab dem 11./12. Jh. (vgl. Kap. 7), für die sie eher unstrittiger waren, sondern auch für die frühmittelalterliche Epoche bis zum 11. Jh., wenn man hier von sachgerechten Literalitätskriterien ausgeht.

Sachgerecht ist es, wenn (früh)mittelalterliche Literalität nicht mit Maßstäben gemessen wird, die am Status von Schriftlichkeit in der westlichen Zivilisation seit dem 19. Jh. orientiert sind. So kann weder das Ausmaß, in dem die Texte und die Kenntnis der griechisch-römischen Klassiker in christlichen Klöstern und Schulen bewahrt und benutzt wurden, der Indikator für literarische Kultur, noch die Latein-Beherrschung das Kennzeichen dafür sein, als literat zu gelten. Als Texte, die für die Einschätzung der mittelalterlichen Schriftkultur infrage kommen, reichen keinesfalls nur literarische, theologische und wissenschaftliche (Original-)Schriften aus. Vielmehr muss die ganze Vielfalt pragmatischer Schriftproduktion (Buchführung, Urkunden, Korrespondenz, Inschriften, Siegel, Münzen u. a.) einbezogen werden. Erst sie gibt vollständige Auskunft über die Qualität praktischer »Lebensfunktionen der Schrift im Mittelalter«, für die es Quellenbestände gibt, die noch längst nicht ausgewertet worden sind.[38] Wegweisende Untersuchungen für die Zeit bis 1200 sind für Irland, das angelsächsische und normannische England, das merowingische, karolingische und ottonische Reich sowie Polen, Ungarn und Böhmen vorgelegt worden. Über diese Erweiterung der Textbasis führt die Aufmerksamkeit ganz von selbst zu den Umgangsweisen der Menschen mit dem geschriebenen Wort.

Dabei zeichnet sich ab, dass man das Ausmaß der Schriftbezogenheit der frühmittelalterlichen Epoche beträchtlich unterschätzt hat, weil das komplexe Wechselverhältnis von geschriebenem und gesprochenem Wort zu einseitig betrachtet worden ist. Schreibfähigkeit allein, womöglich noch beschränkt auf Signierfähigkeit[39], kann kein Maßstab für frühmittelalterliche Literalität sein. Diese entfaltete sich vielmehr, wie U. Schaefer am Beispiel der altenglischen Schriftkultur dargelegt hat, aus der »Vokalität«, d. h. aus einer Mündlichkeit, die durch Vorlesen und Hören, Singen und Sagen, Auswendiglernen und Zitieren von schriftlichen Texten geprägt war. Vokale Rezeption ist, so betrachtet, daher kein illiterater Akt, sondern gekennzeichnet »von einer Rückführung, einem recycling des Schriftlichen in das Mündliche« bzw. »schriftlicher Mündlichkeit«.[40] Auch wenn es zutrifft, dass somit über alle mittelalterliche Textualität ein »Schatten der Mündlichkeit«[41] liegt und sie gekoppelt bleibt an die Performanz durch Körper und Stimme: Diese orale Kommunikation ist bereits literal geprägt.

Deswegen kann die von H. Grundmann vertretene These vom Dualismus zweier Bildungswelten nicht länger aufrechterhalten werden. Er hatte für das Mittelalter herausgestellt: »[…] jeder war entweder *litteratus* oder *illitteratus*«[42], d. h., man konnte Latein und daher lesen und schreiben, oder man konnte es nicht. Damit befestigte er die Auffassung, eine kleine klerikale Schicht der *litterati* habe einer Welt der *illitterati*, zu der die Laien aller Gesellschaftsschichten mit ihren oralen Kommunikationsformen gehörten, gegenübergestanden.[43] Literat zu sein umfasste aber weitaus mehr als ein *litteratus* zu sein. Es gab nämlich fließende Übergänge von den gelehrten Klerikern (Pfaffen) über solche, die entweder nur lesen oder auch schreiben konnten, bis zu den Laien, die es zu hoher lateinischer Bildung bringen konnten, und jener »breitere[n] Gruppe von Laien, die fördernd und rezeptiv aktiven Anteil an der Entfaltung schriftorientierter, buchbezogener Kultur gewannen«[44].

Schließlich ist der historische Kontext zu berücksichtigen. Bis zum 8. Jh. verkleinerte sich der politisch-kulturelle Raum des römischen Christentums und der von ihm geprägten Nachfolgestaaten des Weströmischen Reiches. Infolge der Angriffe der Byzantiner, Araber, Slawen und Wikinger verblieb ein Gebiet, das von der Elbe bis zum Atlantik und von Irland über Südengland bis Oberitalien reichte. Die neu entstandenen Staatsgebilde germanischer Völker (Ostgoten, Westgoten, Langobarden, Franken) hatten nach außen vorrangig um ihren Machterhalt zu kämpfen und zugleich im Innern eine von der christlichen Buchreligion inspirierte zivilisatorische Transformation zu bewältigen, die ohne Schriftbenutzung nicht zu leisten gewesen wäre. Ihre tradierten Kommunikationsformen waren zwar primär oral strukturiert, doch gelang es ihnen durchaus und in weit größerem Umfang, als oft dargestellt, an die spätantike Schriftkultur und ihre (Aus-)Bildungsstätten anzuknüpfen. Das gilt insbesondere für das westgotische Reich in Spanien (507–711), für Oberitalien, für die irische Mönchskultur (6.–9. Jh.) sowie für das merowingisch-karolingische Frankenreich (482–911).[45]

Am Beispiel des karolingischen Frankenreiches, das sich als neues abendländisches Kaiserreich gegenüber Byzanz und den arabischen Kalifaten etablierte, ist zu studieren, wie unter der Ägide von universaler Kirche und universalem Reich die Grundlagen für eine mittelalterliche Schriftkultur gelegt werden konnten, die mit ihren Leistungen die byzantinische und islamische Schriftkultur schließlich noch übertreffen sollte. Dabei gilt, dass es sich nicht bloß um eine bisher übersehene quantitative Steigerung im Grad und in der Stratifikation der literaten Kompetenzen und schulisch-literarischen Bildung, im Umfang der Produktion von Texten und Urkunden sowie im Buchbesitz handelt, obwohl das alles für die karolingische Zeit nachzuweisen ist. Es ist vielmehr, so R. McKitterick, die fundamentale Bezogenheit der gesamten Kultur in Religion und Staatswesen auf das geschriebene Wort, die das fränkische Reich vom spätrömischen Gallien übernahm. Entschiedener kann den Thesen vom dunklen Mittelalter, vom Bildungsmonopol der christlichen Kirche und vom Illiteratentum der nicht-klerikalen Welt nicht widersprochen werden.

Klerus, christliche Herrschaft und literale Laienbildung

Dennoch bleibt die wichtige Rolle des Klerus bis zum 11. Jh. unbestritten. Dieser war in den höheren Rängen und über die kirchlich-monastischen Institutionen sozial, wirtschaftlich und politisch eng in Adel und Königtum, Herrschaft und Verwaltung eingebunden. Er war zugleich in den bischöflichen Zentren und vor allem über die Klöster dicht mit der Welt der Laien verbunden. Wo Kirche und Kleriker waren, waren immer auch Staat und Verwaltung, und wo beide wirkten, bildeten sie und bildeten sich Laien im sozialen, wirtschaftlichen und kulturellen Austausch mit ihnen. Insofern muss nicht gestritten werden, ob die Impulse zum verstärkten Schriftgebrauch mehr vom Staat (wie z. B. im merowingisch-karolingischen Franken und im angelsächsisch-normannischen England) oder mehr von der Kirche ausgingen (wie z. B. im nördlichen und östlichen Europa). Gerade das Frankenreich war ein christliches Reich und schon als solches konnte es weder illiterat noch ohne Bezug zur antiken Kultur sein. In dem Maße, wie das Christentum mit seiner Klosterkultur missionierend/bildend in die Gesellschaft vordrang und zugleich im Bündnis mit der politischen Herrschaft als

6. Frühmittelalterliche byzantinisch-islamisch-christliche Schriftkultur 151

Kirche eine machtvolle weltliche Institution wurde, kam es zu einer Intensivierung des Schriftgebrauchs. An ihm waren zunehmend auch Laien (in der Administration, im Rechtsleben, in der Frömmigkeitspraxis u. a.) und vor allem Frauen beteiligt.

Des Weiteren ist hervorzuheben, dass das Christentum in seiner kulturprägenden Funktion zwar von Anfang an orale Vollzüge durchaus förderte, andererseits aber einen Umgang mit Schrift konstituierte, der sich in seiner Jenseitsorientierung qualitativ von der pragmatischen Literalität der antikheidnischen Schriftkultur unterscheiden wollte. So betrachtet, kann es also nicht damit getan sein, für die frühmittelalterliche Epoche einfach eine »Re-Oralisierung« bzw. eine Reduzierung zu einer »begrenzten Literalität« zu konstatieren. Das Interesse des Christentums zielte nämlich auf eine Schriftkultur, »die nicht auf das Leben in dieser Welt, sondern fast ganz auf das jenseitige Leben und seine Vorbereitung im Diesseits ausgerichtet war, die aber alle Menschen erreichen wollte«[46]. In dieser Perspektive sind die Impulse für den Schriftlichkeitsprozess aus dem kirchlich-klösterlichen Bereich niemals auf eine kleine Elite beschränkt, sondern eine Intensivierung der Schriftkultur gewesen, die langfristig – wie H. Keller darlegt – auch Folgen für den laizistischen Umgang gehabt hat:

> In der neuen Lebensfunktion der Schrift, in der existentiellen Bedeutung der heiligen Bücher und ihrer Lehre, die ja verbunden war mit dem Gebot, das Wort Gottes allen Menschen zu eröffnen, im Ringen um Verständnis und Deutung des Gotteworts, bei dem auch Wissen und Sprache der paganen Antike hilfreich waren, nicht zuletzt in dem das Leben ständig begleitenden liturgischen Vollzug, der exegetische Sinndeutungen auf mehreren Ebenen vermittelte, war der Kultur des Mittelalters von vornherein ein Antrieb zur Ausweitung von Textorientierung und Lesekenntnis mitgegeben.[47]

Den Klöstern und später auch den Bischofssitzen waren Schulen (Klosterschulen, Domschulen) angegliedert, die zunächst nur lateinischen Elementarunterricht erteilten, mit der Ausbreitung der klösterlich-episkopalen Kultur jedoch auch das sogenannte Trivium (Grammatik, Rhetorik, Dialektik) zu lehren begannen. Frühmittelalterliche Bildungszentren waren die Klosterschulen von Tours, St. Gallen und Fulda, die Dom- und Kathedralschulen von Toledo, York, Metz und die Aachener Hofschule Karls d. Gr., die von dem Angelsachsen Alkuin († 804) geleitet wurde. Dass diese Schulen auch den Laien offen standen, als Bildungseinrichtungen von ihnen aktiv genutzt wurden und über sie literale Kompetenzen in die Gesellschaft drangen, ist kaum noch umstritten. Während ältere Untersuchungen eine Öffnung erst ab dem 11./12. Jh. konstatierten, hält die jüngere Forschung die literate Laienbildung schon für die karolingische Epoche für so entwickelt, dass sie den Verhältnissen in der römischen Spätantike nur wenig nachsteht. Diese Bildung schloss im fränkischen Adel (einschließlich der Frauen) Buchlektüre, Buchbesitz und Mäzenatentum ein.[48]

Starke Impulse für die Entwicklung der Schriftkultur gingen von den bildungspolitischen Maßnahmen Karls d. Gr. (768–814) aus. Ihre Intentionen und Ergebnisse werden auch als »karolingische Renaissance« bezeichnet, was jedoch nicht ganz unproblematisch ist.[49] Karl d. Gr. verstand sich in erster Linie als christlicher Kaiser, d. h., seine lenkenden Eingriffe im Bildungswesen sollten nicht der Erneuerung antiker Kultur, sondern der korrigierenden Vereinheitlichung der christlich fundierten Bildung dienen, die er in dem Erlass *Admonitio generalis* pointiert mit *errata corrigere, superflua abscindere, recta cohortare* zusammengefasst hatte.[50] Zu diesem Zweck wurden nicht nur Schule, theologische Ausbildung und Liturgie »renoviert«, sondern auch die lateinische Sprache, die schriftliche Überlieferung, die Buchschrift sowie das Bibliothekswesen. Ein Übriges tat gewiss der Kontakt zu Byzanz und Bagdad mit ihrer Erfahrung des hohen Wertes von Schriftkultur für die Ausübung universal ausgreifender Herrschaft sowie ihre glanzvolle Repräsentation. Gegenüber der dort erfolgten intensiven Hinwendung zum antikhellenistischen Geisteserbe nimmt sich die karolingische Renaissance jedoch bescheidener aus.

Festzuhalten bleibt zweierlei: Die von der Aachener Hofschule und Hofbibliothek angeregte Sammlung, kritische Sichtung und sprachliche Verbesserung (Emendation) der lateinischen (Kodex-)Überlieferung (Kirchenväter, biblisch-liturgische Texte, Heiligengeschichten u. a.) war die entscheidende Brücke, über die dieser Zweig der antiken Texte in die Neuzeit gelangte. Die Traditionsübertragung war eng verbunden mit einem Prozess der Umschrift, indem mit der *correctio* zugleich eine neue Schriftform, die sogenannte karolingische Minuskelschrift, reichsweit eingeführt wurde (Abb. 18). Diese Kleinbuchstabenschrift ist bis zum 12. Jh. die Hauptschrift des Mittelalters geworden und damit neben der lateinischen Sprache und dem Christentum das dritte gemeineuropäische Merkmal der frühmittelalterlichen Schriftkultur.

6. Frühmittelalterliche byzantinisch-islamisch-christliche Schriftkultur

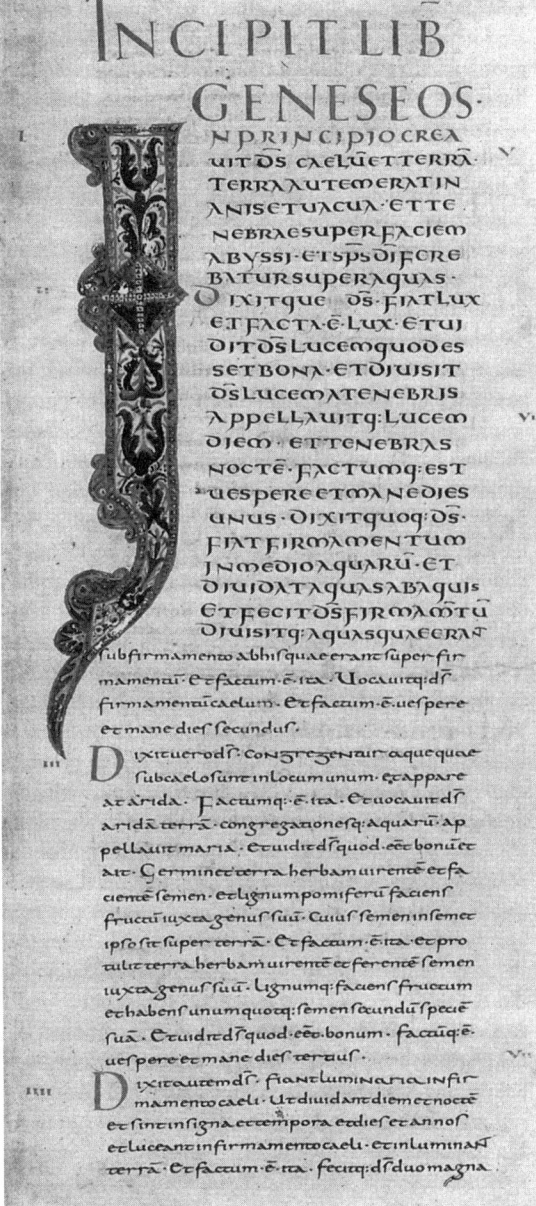

Abb. 18   Karolingische Minuskelschrift:
Alkuin-Bibel, um 825/30 (Ausschnitt).

Monastische Schriftkultur: »Im Weinberg des Textes«

Die gängige Vorstellung von literaler Bildung im frühen Mittelalter ist geprägt von Bildern monastischer Schriftkultur. Schreibende Mönche im Skriptorium, Schätze von verzierten Prachthandschriften, schöne Klosterbibliotheken voller Folianten, lautes Lesen und Vorlesen sind solche wiederkehrenden Bilder. Sie verdichten sich in der langen ikonographischen Tradition, die den hl. Hieronymus schreibend und lesend in seiner Zelle bzw. Studierstube zeigt (z. B. A. da Messina, J. van Eyck, D. Ghirlandaio, A. Dürer u. a.). Auch wenn diese Vorstellungen verdecken, dass es daneben eine den Alltag der Menschen viel direkter berührende, nicht-monastische Schriftkultur gegeben hat, die im Laufe des Mittelalters immer bedeutsamer wurde, bezeichnen sie doch eine Faszination, der man sich nur schwer entziehen kann. Ist der monastische Umgang mit dem Buch, in der Einheit von Herstellung, Verbreitung und Gebrauch, das Urbild einer Lebensweise mit Schrift und damit zum Ideal eines Zeitalters geworden, dessen »Grundmetapher«[51] lange Zeit das Buch war? Oder haben wir es mit einem Mythos des Medienzeitalters zu tun, der der Wirklichkeit klösterlichen Umgangs mit dem geschriebenen Wort nicht standzuhalten vermag?

Die christlich geprägte frühmittelalterliche Schriftkultur hatte neben den Bischofssitzen ihren zentralen Ort in Klöstern; sie war mönchisch, lateinisch und grenzüberschreitend (universal). In der irisch-angelsächsischen Peripherie wurden zuerst Klöster gegründet, die sich nach der Regel des irischen Abtes Columban († 615) richteten und in denen Missionierung und Bildungsarbeit eng miteinander verbunden waren. Bedeutende irische Klöster waren Durrow, Bangor, Kells und Armagh; von Irland und Rom aus wurden weitere Klöster in Schottland (z. B. Iona), England (z. B. Lindisfarne, Canterbury, Malmesbury, York) sowie vor allem auf dem Kontinent (z. B. Luxeuil, Corbie, St. Gallen, Bobbio) errichtet. Zum bedeutendsten Mönchsorden im Europa des 6. – 11. Jh. stieg jedoch der von Benedikt von Nursia († um 560) gegründete Benediktinerorden auf. Hervorragende Benediktiner-Klöster waren Cluny, Pomposa, Reichenau, St. Gallen, Admont, Weißenburg, Melk, Fulda, Lorsch, Auxerre u. a. Der angelsächsische Dichter Aldhelm von Malmesbury († 709), der angelsächsische Kirchenlehrer Beda Venerabilis († 735), der Norditaliener Paulus Diaconus († um 799), der fuldaische Gelehrte Hrabanus Maurus († 856), der Reichenauer Abt und Dichter Walahfrid Strabo († 849) u. a. waren Benediktiner.

Mit der Ausbreitung des Christentums verdichtete sich das Netz der Klöster, die durch staatliche und private Schenkungen zugleich auch wirtschaftlich prosperierten. Allein in Gallien gab es um 600 schon 200 Klöster; um 1200 dürfte es im deutschsprachigen Raum mehr als 700 Klöster und Ordenshäuser gegeben haben.[52] Deren interne Struktur veranschaulicht ein aus dem 9. Jh. stammender Kloster-Idealplan für St. Gallen: Umgeben von Ringmauern und vielfältigen Wirtschaftsgebäuden stand im Zentrum ein mit einem Kreuzgang verbundenes Geviert (*claustrum*), das Kirche, Sakristei, Bibliothek, Skriptorium, Kapitelsaal und Wohnräume umfasste. Die unmittelbare Nähe von Skriptorium/Bibliothek und Sakristei/Kirche ist Ausdruck einer Hochschätzung, die ihre Parallele darin hat, dass der Bibliothekar in der Rangfolge gleich nach dem Abt kam. Viel überliefert ist der Satz: *Claustrum sine armario quasi castrum sine armamentario.*[53] Gleichwohl darf diese Haltung nicht mit Bibliophilie verwechselt werden. Bücher waren etwas Nützliches, sowohl für den christlichen Glauben wie für die wirtschaftliche Subsistenz. Selbst die für die benediktinischen Klöster grundlegende Regula Benedicti ordnete das Lesen und Schreiben den monastischen Hauptgeboten der frommen Gemeinsamkeit, dem Gottesdienst und der Arbeit, unter.

Danach ist monastisches Lesen außerhalb der Liturgie vor allem ein Lesen(hören) in der Gemeinschaft zu Tisch (*praelectio*); daneben gibt es auch die einsame Lektüre in der Zelle. Die Tischlesung ist das Hören eines vorgelesenen Textes, deren Ablauf genau geregelt ist. Sie ist weder unterhaltend, noch bildend, sondern ein erbauliches »Lesen für das Seelenheil«[54] und insofern Fortsetzung des Gottesdienstes, d. h. *lectio divina* mit dem Ziel: »Gottes Wort zu meditieren und dadurch zu einem Leben aus Gottes Wort zu finden.«[55] Diese aural geprägte »Lese«-Praxis, in der die Stimmen des Buches (*voces paginarum*) erklingen, knüpfte eng an das antike Verständnis von Lesen an, das man auch beschreiben könnte »als ein zeitlich verzögertes Hinhören auf das, was einer gesagt hat«[56]. Sie traf allerdings für die andere Form des monastischen Lesens, die einsame Zellen-Lektüre, nur noch bedingt zu. Zwar galt auch hier das laute bzw. murmelnde Lesen (für sich), wo die Meditation über das heilige Wort das Ziel war. Doch setzte sich das in der Antike nur sporadisch geübte stumme Lesen (*legere sibi*), das dem gewöhnlichen Leser ähnlich schwer erschienen sein dürfte wie dem heutigen das stumme Lesen von Musiknoten, mehr und mehr dort durch, wo die gelehrte Exegese des Textes angestrebt wurde (vgl. Kap. 7).

Ein solcher durch Lesen auf verbessertes Textwissen ausgehender und darüber lehrender Umgang (*lectura*) war eine Konsequenz des benediktinischen Lesegebots, so wie im Lateinischen »legere« sowohl »lesen« als auch

»lehren« bezeichnet. Er führte dazu, das Lesen und Schreiben lehrend zu verbreiten, die dafür nötigen Bücher herzustellen, bereitzuhalten, aufzubewahren und durch Tausch zu vermehren. So kam es, dass sich die benediktinischen Klöster im Laufe des Frühmittelalters zu den bedeutendsten Pflegestätten schulischer Ausbildung, der Buchproduktion und der Buchkultur entwickelten. Doch muss auch die in den irischen Klöstern gepflegte Buchkunst genannt werden, die in ihrer kalligraphischen Perfektion einzigartig in Europa war, wie die Evangeliare *Book of Durrow* (um 675) und vor allem das *Book of Kells* (um 800) eindrucksvoll belegen. Auch im 1098 gegründeten benediktinischen Reformorden der Zisterzienser (z.B. bei Bernhard von Clairvaux) sowie in den der Augustinerregel folgenden Klöstern (z.B. bei Hugo von St.Victor) war die hohe Bedeutung von Lesen/ Lehren anerkannt.[57]

In den Skriptorien der Klöster wurden Handschriften nach Diktat geschrieben, wenn es um Mehrfachexemplare ging; auch bei Einzelkopien sprachen bzw. murmelten die Schreiber bis etwa zum 12./13. Jh. den Text mit.[58] Hergestellt wurde eine Vielfalt von Büchern, die von der Prachtbibel über theologische, wissenschaftliche, liturgische und kirchenrechtliche Bücher bis zu Unterrichtswerken reichte. Der Preis der in den eigenen Skriptorien geschriebenen bzw. durch Tauschhandel erworbenen Kodizes richtete sich vor allem nach dem Wert und der Menge des benötigten Pergaments. Eine großformatige Bibelhandschrift konnte es leicht auf über 500 Tierhäute bringen, ein kleinformatiger Kodex von 120 bis 150 Blättern verbrauchte dagegen bis zu 20 Häute. Prächtige Einbände unter Verwendung von Elfenbein, Edelmetall und -steinen sowie teuren Schmuckfarben erhöhten den Wert um ein Vielfaches.[59] Ein gewöhnlicher Kodex besaß in der Regel einen mit Leder überzogenen Deckel aus Holz oder bestand nur aus Leder bzw. Pergament.

---

1 Vgl. Bäuml, in: Schaefer (1993), S.254; Chaytor (1966), S.5ff.; Green (1994), S.3ff.; Schreiner (1997), S.2ff.
2 Fonkic (1980), S.14.
3 Vgl. Assmann (1994), S.8.
4 Vgl. Brandis (1992), S.31; Neddermeyer (1998), S.81ff.
5 Vgl. Fonkic (1980), S.16; Stammberger (2003), S.28.
6 Vgl. Gastgeber (2003), S.24ff.
7 Vgl. Hunger (1989), S.76ff.; Mazal (1997), S.148ff.

6. Frühmittelalterliche byzantinisch-islamisch-christliche Schriftkultur

8 Vgl. Johnson/Harris (1976), S. 78 ff.; Wilson (1980), S. 277 ff.; Hunger (1989), S. 134 ff.; Casson (2002), S. 181 ff.
9 Vgl. Belting (1990), S. 166; Vattimo/Welsch (1998), 39.
10 Zit. nach Belting (1990), S. 175.
11 Vgl. Mullett (1990), S. 166; Cameron, in: Bowman/Woolf (1994), S. 198 ff.
12 Vgl. Robin S. Cormack: Writing in Gold. Byzantine Society and its Icons. London 1985.
13 Belting (1990), S. 40.
14 Vgl. Hunger (1989), S. 51 ff.; Mullett (1990), S. 169 ff.; Mazal (1997), S. 161 ff.
15 Vom ersten »byzantinischen Humanismus« spricht P. Lemerle: Le premier humanisme byzantin. Notes et remarques sur enseignement et culture à Byzance des origins au Xe siècle. Paris 1971. Vgl. dagegen den kritischen Überblick bei Mullett (1990) sowie die Darstellung der mittelbyzantinischen Literatur bei Engels/Hofmann (1997), S. 643 ff.
16 Vgl. die Beiträge von Wilson, Irigoin, Mango, Beck und Weitzmann in: Byzantine Books and Bookman (1975). Kritisch dazu: Mullett (1990), S. 157 ff.
17 Vgl. Browning (1978), S. 46 ff.
18 Holmes (2002), S. 1, 19, 29.
19 Vgl. Johnson/Harris (1976), S. 83; Heldmann (2003), S. 97 ff.; Pöhlmann (2003), S. 156 ff.
20 G. W. F. Hegel: Vorlesungen über die Philosophie der Weltgeschichte. Bd. 4. Hg. von Georg Lasson (1919). Hamburg 1988, S. 770.
21 Vgl. Jensen (1969), S. 315 ff.; Grohmann (1971), S. 7 ff.; Haarmann (1990), S. 319 ff.
22 Vgl. Sure 68.1 und 96.3 − 5; Grohmannn (1971), S. 4 f.; Schimmel (1984), S. 79 f.
23 Vgl. Schimmel (1984), S. 35 ff.; HSK 10.1 (1994), S. 534 f.; S. al-Din al-Munajjid in: Atiyeh (1995), S. 141 ff.; Déroche/Gladiss (1999), S. 16 ff.
24 Vgl. Grohmann (1971), S. 4.
25 Vgl. Ernst Kühnel: Die Arabeske. Sinn und Wandlung eines Ornaments. Wiesbaden 1949, S. 5.
26 Vgl. Eche (1967); George Makdisi: Religion, Law and Learning in Classical Islam. Hampshire 1991, VIII, S. 1 − 56.
27 Vgl. Johnson/Harris (1976), S. 87; Battles (2003), S. 77.
28 Vgl. Schlieder (1966), S. 63 ff.; Grohmann (1967), S. 98 ff.; Sandermann (1997), S. 63 ff., 85 ff.
29 Vgl. Gutas (1998), S. 177.
30 Vgl. hierzu die grundlegende Untersuchung von Gutas (1998).
31 Vgl. Gutas (1998), S. 20 ff. Ein sehr viel skeptischeres Urteil fällt Mazal (1985), S. 284 ff.
32 Vgl. die unterschiedliche Einschätzung der Institution bei Eche (1967), S. 9 ff.; Gutas (1998), S. 53 ff.; Battles (2003), S. 73 ff.
33 Vgl. Gutas (1998), S. 8, 188.
34 Zit. nach Gutas (1998), S. 192.
35 Vgl. die ausführliche Darstellung von Norman Daniel: The Arabs and Medieval Europe. London, New York 1979^2.
36 Vgl. Lucie Varga: Das Schlagwort vom »finsteren« Mittelalter. Baden-Baden 1932.
37 Bäuml (1980), S. 237; Grubmüller (1989), S. 43. Vgl. auch die Forschungsüberblicke von Dennis H. Green: Orality and Reading: The State of Research in Medieval Studies. In: Speculum 65 (1990), S. 267 − 280; Charles F. Briggs: Literacy, reading, and writing in the medieval West. In: Journal of Medieval History 26 (2000, S. 398 − 420) sowie die Bibliographie in Mostert (1999), S. 193 − 297.
38 Vgl. dazu Keller (1992) sowie den Ansatz und die Arbeiten des Münsteraner Sonderforschungsbereichs 231 (Meier 2003), der sich allerdings auf die Zeit ab dem 12. Jh. spezialisiert hat. Vgl. auch Stock (1983), S. 12 ff.; Green (1994), S. 3 ff.; McKitterick (1989), S. 1 ff.

39 So bei Wendehorst (1986), S. 9 ff.
40 Schaefer (1992), S. 34; Schön (2001), S. 12.
41 Wenzel (1995), S. 341, 89 ff. Vgl. auch Zumthor (1988).
42 Grundmann (1958), S. 3.
43 Zur Kritik an Grundmann vgl. Parkes (1991), S. 275 f. (zuerst: 1973); Bäuml (1980); Scholz (1980), S. 228 ff.; Stock (1983), S. 26 f.; Bumke (1986), II, S. 607 ff.; Clanchy (1993), S. 226 ff.; Green (1994), S. 8 ff.
44 Keller (1992), S. 19. Vgl. auch Bäuml (1980), S. 243 ff.; Kock/Schlusemann (1997), S. 161 ff.; Neddermeyer (1998), S. 26 ff. – M. Parkes (1991, S. 275) schlug vor, drei Formen von literater Bildung/Lesefähigkeit zu unterscheiden: den professionellen Leser (Kleriker, Wissenschaftler), den kultivierten Leser von Literatur und den Leser von pragmatischen Texten.
45 Vgl. Buzas (1975), S. 2 ff.; Riché (1995), S. 21 ff., 147 ff., 297 ff.
46 Keller (1992), S. 15.
47 Keller (1992), S. 21. Vgl. auch Schieffer (1985), S. 84 ff.
48 Vgl. McKitterick (1989), S. 157 ff., 211 ff.
49 Vgl. Buzas (1975), S. 11 ff.; Angenendt, in: Ganz (1992), S. 117 f.
50 Vgl. LMA, II, S. 188; HSK 10.1 (1994), S. 540 ff.
51 Illich (1991), S. 9.
52 Vgl. Buzas (1975), S. 23; Graff (1987), S. 42; Neddermeyer (1998), S. 193.
53 Zit. nach Keller (1992), S. 16.
54 Parkes, in: Chartier/Cavallo (1999), S. 138.
55 Hauke (1997), S. 123.
56 Hauke (1997), S. 119.
57 Vgl. Buzas (1975, S. 18 f.) sowie die ausführliche Beschreibung der mittelalterlichen Orden mit ihren Klosterbibliotheken (S. 24 – 94).
58 Vgl. Chaytor (1966), S. 14 f.; Saenger (1997), S. 252 f.; Neddermeyer (1998), S. 196.
59 Vgl. Graff (1987), S. 35 ff.; McKitterick (1989), S. 135 ff. Vgl. auch Chartier/Martin (1989), S. 23 f.; Mazal (2003), I, S. 152, II, S. 239 ff.

7. Von der Handschrift zum Druck: Die Konstituierung der europäischen Schriftkultur bis zum späten Mittelalter

Von der Verschriftung zur Verschriftlichung und die stumme Lektüre

In der Literalitätsforschung mit ihrem Geflecht von geschichtswissenschaftlichen, kultur-, mentalitäts- und literaturgeschichtlichen Ansätzen ist man sich schon seit einigen Jahrzehnten einig, dass es ab dem 11./12. Jh. in Europa zu einer markanten Beschleunigung und Verbreiterung des Verschriftlichungsprozesses gekommen ist. Manche Beiträger zögern nicht, diese »Renaissance des 12. Jahrhunderts« (Haskins) nicht mehr nur als »Wandel« zu bezeichnen, sondern gehen von einer »Epochenschwelle« (Raible) bzw. sogar von einer »Verschriftlichungsrevolution« (Illich) aus. Je stärker jedoch der Unterschied zur frühmittelalterlichen Schriftkultur betont wird, desto mehr schwindet die Zäsur, die nach verbreiteter Auffassung den Buchdruck vom Mittelalter scheiden soll. Eine Vorverlagerung des Umbruchs würde darüber hinaus das Mittelalter halbieren bzw. es als eine Art Nach-Spätantike und Vor-Moderne geradezu unkenntlich machen. Von daher dürfte es zutreffender sein, die Zeit ab dem 11./12. Jh. nicht bloß als »Zwischen-« bzw. »literat-illiterate Mischkultur«[1], sondern als eine Phase von Verschriftlichungsschüben zu betrachten, in der bei Auslaufen frühmittelalterlicher Traditionen die Basis für die moderne europäische Schriftkultur gelegt wurde.

Die Feststellung gilt unbeschadet der Tatsache, dass der *take-off* dieser Entwicklung in den einzelnen (zentral)europäischen Ländern und Regionen mit einer Differenz von bis zu 200 Jahren stattfand. Sie gilt des Weiteren nicht nur für den engeren literarhistorischen Bereich (Einsetzen einer zusammenhängenden volkssprachlichen Literatur), sondern vor allem für den weiten Bereich der pragmatischen Schriftlichkeit.[2] Auf der Basis des erweiterten Textmaterials kam es zu einer genaueren Einschätzung des Verhältnisses von Mündlichkeit und Schriftlichkeit sowie von Hören und Lesen, das weder als ein gegensätzliches noch als Abfolge betrachtet werden darf. Die Dynamisierung des Verschriftlichungsprozesses konnte dabei vor allem an Veränderungen in der Einstellung zum geschriebenen Text und zum Lesen verdeutlicht werden. Solche mentalen Veränderungen dürften insgesamt wegbereitend gewesen sein, auch wenn unbestritten bleibt, dass die ökonomischen und sozialen Umbrüche wichtige Impulse gaben.

Wenn in einer Kultur dazu übergegangen wird, in immer größerem Umfang aufzuschreiben, was bis dahin mündlich geäußert wurde, muss dem ein Wandel in der Auffassung vom Charakter des Geschriebenen vorausgegangen sein. Solange das Aufgeschriebene – wie in der Antike und im Frühmittelalter – vor allem als »Verschriftung«, d. h. als lediglich graphische Umsetzung vom Oralen ins Literale betrachtet wurde, verdoppelte der geschriebene Text die gesprochene Rede und war deswegen oft nicht nötig. Zugleich konservierte er das Gesprochene für das Gedächtnis (*memoria*) und eröffnete außerdem die Möglichkeit, es über lautes Lesen wieder oral werden zu lassen. Schrift steht hier in dienender Funktion und ihre Zeichen gelten als Anweisungen für den Mund bzw. als »Partitur« für Stimme und Körper, durch die Texte zur »Aufführung« kommen.[3] Dabei ist strittig, ob das Geschriebene weiterhin in der subsidiären Funktion verharrt, lediglich Varianz zu ermöglichen und deswegen von Kategorien wie »Autor« und »Urtext« noch nicht die Rede sein kann. Zugleich ist auch zu fragen, ob es in der mittelalterlichen Literatur nicht doch auch schon zu Festschreibungen gekommen ist, mit denen sich der Text über die jeweiligen Aufführungssituationen hinaus eine Geltung verschaffte, die sich nur dem Schriftcharakter verdankt.

Wenn nämlich erkannt wird, dass die Schrift aus »lautlosen Zeichen [besteht], die auf stummem Weg (*sine voce*)« Mitteilungen macht, begründet sich das Geschriebene als »eine sichtbare Sprache, die durch das Auge unmittelbar den Geist anzusprechen vermag«.[4] Das Aufgeschriebene ist dann nicht mehr (nur mediale) Verschriftung, sondern wird in dem Maße zur »Verschriftlichung«, in dem der Text nach ihm eigenen Prinzipien strukturiert wird (»konzeptionelle Schriftlichkeit«).[5] Jetzt setzt die Schrift die Maßstäbe. Sie verdoppelt nicht mehr, sondern gewinnt ihrerseits prägenden Einfluss auf das gesprochene Wort (als gesteigerte »Vokalität«, »Mündlichkeit im Duktus der Schriftlichkeit«, »Wiedergebrauchsrede« usw.)[6] und beurkundet damit ein Eigenes.

Die Wahrnehmung dieses Eigencharakters der Schrift, die für den voralphabetischen Schriftgebrauch immer schon charakteristisch gewesen war, ist durchaus als eine stille Revolution vor dem Beginn der Verschriftlichungsschübe seit dem 11./12. Jh. in Europa zu verstehen. Still ist der Prozess deswegen zu nennen, weil er allmählich einsetzte und lange dauerte. Revolutionär war er gleichwohl, weil er eine Funktion der Alphabetschrift

7. Von der Handschrift zum Druck

zur Geltung brachte, die bis dahin noch gar nicht ausgeschöpft war und von nun an zum entscheidenden Motor des Verschriftlichungsprozesses in Europa werden sollte. Ein genauer Anfang ist nicht zu benennen. Es ist aber so, dass sich die verschiedenen einzelnen Veränderungen gegenseitig stimulierten und dadurch vorantrieben. Das Neue an ihnen war nicht nur das Technische im Schreiben und Lesen, sondern das Weitreichende und Anhaltende ihrer Auswirkungen. Zu nennen sind, ohne damit eine Abfolge zu konstatieren: neue Schreibgewohnheiten am Text, neue Ordnungsprinzipien bei der Kodexgestaltung, neue schriftgestützte Verwaltungspraktiken, erweiterte Wissens- und Kommunikationsnetze, neue Textgattungen und Anwendungsgebiete für Schrift, Verschriftlichung in der Volkssprache, scholastisches Lesen und Laienlektüre.

Weit zurück in die frühmittelalterliche Zeit reicht eine kleine Veränderung einer Schreibgewohnheit, von der sich sagen ließe, sie sei dem Flügelschlag eines Schmetterlings ähnlich gewesen, in dessen Folge sich schließlich die Großwetterlage umstellte. Ab dem späten 7. Jh. begannen irische Mönche erstmals damit, die seit der griechisch-römischen Antike praktizierte *scriptio continua* aufzugeben. Einfache Punktierungen kannten zwar auch die Römer bis zum 3. Jh. n. Chr. und danach gab es schon bei Hieronymus die Technik, Sinnzusammenhänge zeilenweise (*per cola et commata*) aufzuschreiben. Von solchen Gruppierungen ging man nun zu Formen der Worttrennung über.[7] Es war eine Suchbewegung nach der grammatisch-syntaktischen Struktur des zur Fremdsprache gewordenen Lateins, zugleich aber auch eine Maßnahme, die auf die Erleichterung der (Vor-)Lesbarkeit zielte. Mit M. Parkes kann man dieses Ziel als eine »Grammatik der Lesbarkeit«[8] bezeichnen. Diese Praxis, zunächst noch längere Zeit linguistisch inkorrekt durchgeführt, verfeinerte sich mehr und mehr zu einem zusammenhängenden System, wurde ab dem 10. Jh. auch auf dem Kontinent übernommen und war ab dem 12. Jh. allgemein verbreitet. Angetrieben wurde der Veränderungsprozess, der in Byzanz schon ab etwa dem 9. Jh. eingesetzt hatte, von dem zunehmenden Kulturaustausch mit der arabischen Schriftkultur und hier vor allem mit den rückübersetzten antiken Texten, die von den Übersetzern, wie ihre arabischen Vorlagen, nun mit Worttrennung geschrieben worden waren.[9]

Die neue Schreibweise zog weitere Veränderungen nach sich, wobei auch an (spät)antike Ansätze angeknüpft werden konnte.[10] Es wurden Text-, Seiten- und Kolumnenbeginn hervorgehoben (»Incipit« als Bezeichnung des Textbeginns, Initialen, *littera notabilior*), Abkürzungen für ganze Wörter (z. B. »&« für lat. *et*), Weglassungen von Wortteilen sowie nach Sinneinschnitten gegliederte Textblöcke eingeführt (Abb. 19). Farblich hervorgehobene

Felder (Rubriken) für Überschriften, Kapitelzahlen, Paragraphen, Subskriptionen (Explizit, Kolophon) usw. kamen später hinzu, ebenso Textunterscheidungen durch unterschiedliche Schriftgrößen und -arten. Das System der Interpunktion (*cola, comma, periodus*, Akzente) verschob sich von der rhetorischen zur morphologischen Begründung. Ab dem 12. Jh. verfeinerte sich die Textaufgliederung (*ordinatio*) durch Kapitel- und Kolumnentitel, Marginalien und Ansätze von Inhalts- und Sachregistern.[11] Parallel dazu entstanden neue Textsorten bzw. Buchgenres, die auf dem Prinzip der Worttrennung fußten: Zu den aus (vor)karolingischer Zeit bekannten Enzyklopädien, alphabetisch geordneten Wörterbüchern, Glossaren und Konkordanzen traten nun vielfältige Formen von sakralen, wissenschaftlichen und vor allem literarischen Bucharten sowie Textsorten aus dem verwaltungstechnischen, juristischen und kaufmännischen Bereich.

In solchen Verfeinerungen »zeigt sich die Schrift zu etwas fähig, das die gesprochene Sprache nicht kann: Das räumliche Nebeneinander schafft einen Doppeltext, der gleichzeitig auf zwei Spuren gelesen werden kann oder soll«[12]. Diese Art der Vertextung wurde zur Domäne der scholastischen Wissenschaft. Sie stellt damit eine neue »Form dar, die durch Ausnützen der Zweidimensionalität das Geschäft des Lesens ungemein erleichtert«[13], d. h. sowohl das lineare Lesen beschleunigt wie auch das diagonale, selektive Lesen begünstigt. Dieses Lesen konnte nur noch ein stummes Lesen sein bzw. begünstigte es. Zisterziensische Leselehren forderten daher bereits ausdrücklich diese Form des Lesens und verlangten vom Schreiber ihre Unterstützung durch entsprechende Schreibweisen.[14] Indem der Schreiber dies tat, gab er

> den Text aus seiner ›Gewalt‹ in die des Lesers. Der Text ist nun nicht mehr an einen individuell vom Schreiber für einen bestimmten Gebrauchskontext vorgesehenen Codex gebunden, sondern erhält ein eigenes Sein als festgehaltene Gedanken, als Gegenstand der Bearbeitung durch den Leser. Damit wird der geschriebene Text gleichzeitig aber auch aus dem symbolisch-sakralen Rang entlassen, den ihm das frühe Mittelalter zugewiesen hat.[15]

Man wird davon ausgehen können, dass auch die Mönche, die im Skriptorium Handschriften kopierten, mehr und mehr in der Lage waren, stumm zu lesen. Das Kopieren nach Diktat endete ebenso wie das Schreiben auf den Knien. Alle diese genannten Veränderungen zeugen von der zunehmenden Einsicht, dass der geschriebene Text neue Funktionen erhielt, wenn er sich als an das Auge gerichtete »sichtbare Sprache« von der gesprochenen Sprache emanzipierte. Das Auge, so formuliert J. Svenbro in paradoxer Präzision, »voit le son«[16]. Dem entsprach die zunehmende Tendenz,

7. Von der Handschrift zum Druck 163

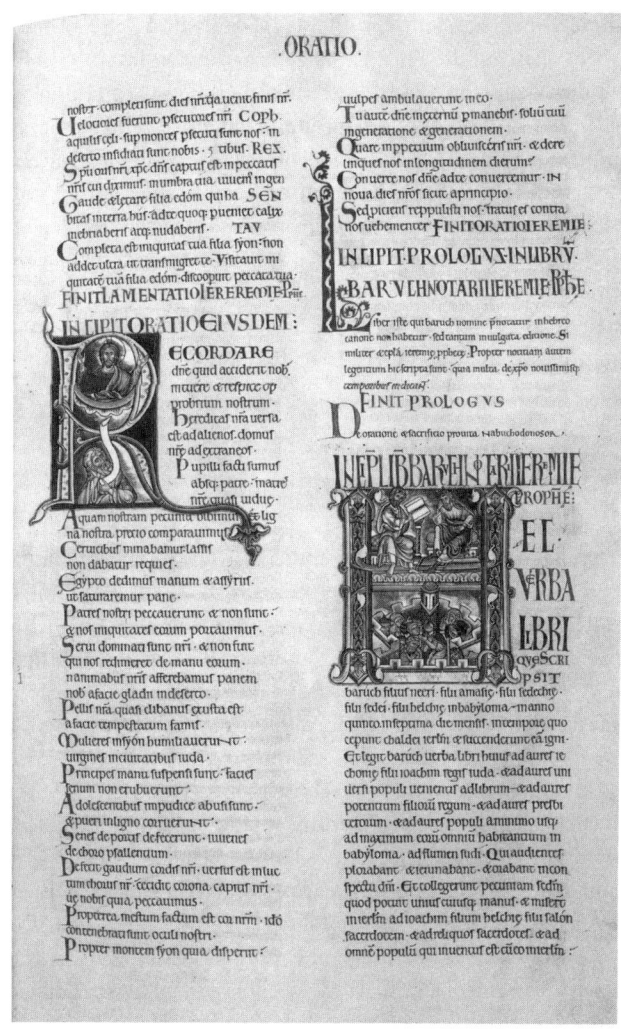

Abb. 19   Manuskriptseite aus der Winchester Bible, 1160–1175 (Ausschnitt).

die Texte zu illustrieren. Das war kein Zugeständnis an illiterate Benutzer, sondern ein schriftkulturelles Signal: Die »bildliche Ausstattung der Handschriften signalisiert seine Literarizität«[17].

Die Emanzipation vom Oralen (Schrift als Rede) war ein Abstraktionsvorgang, zugleich aber auch ein Vorgang, in dem Schrift eine bis dahin ungekannte visuell-sinnliche Qualität (Schrift als Bild und Symbol) erhielt, was M. McLuhan auf die Formel brachte: »ein Auge für ein Ohr«[18]. Damit erreichte die Manuskriptkultur eine auch in ästhetischer Hinsicht bedeutsame Stufe, die sie von der antik-frühmittelalterlichen Skriptographie abhebt und gewissermaßen reif machte für die Typographie. Anders formuliert: In diesem neuen Schreiben vollzog sich – lange vor Erfindung des Drucktechnik – eine »Verschiebung von der Aufzeichnung des Sprechens zur Aufzeichnung von Gedanken, von der Aufzeichnung von Weisheit zur Aufzeichnung von Wissen« bzw. eine Verschiebung »vom ›heiligen Buch‹ zur ›Buchführung‹«.[19] Was aufgeschrieben wurde, war immer weniger »Verschriftung« und immer mehr »Verschriftlichung«.

Verschriftlichungsschübe seit dem 11./12. Jahrhundert

Eng verknüpft mit der mentalen Fundierung der Verschriftlichungsschübe seit dem 11./12. Jh. waren Veränderungen in Wirtschaft und Gesellschaft. Letztere können hier nur stichwortartig erwähnt werden: Schwächung des Universalismus von Papst- und Kaisertum (Kreuzzüge, Schisma, Nationalstaaten), Herausbildung von reichsfürstlicher Landes-, adeliger Grund- und ministerialer Lehensherrschaft, Aufblühen von Städten, (Fern-)Handel und Gewerbe, zunehmende Entwicklung zur Markt- und Geldwirtschaft, soziale Umschichtungen in Adel (Rittertum), Klerus (Klosterreformen) sowie in Stadt- und Landbevölkerung (Stadtbürgertum, Leibeigenschaft), Katastrophen (Kriege, Hunger, Pest). Ökonomischer Aufschwung, politische Expansion und Bevölkerungsvermehrung führten zu einer markanten Verdichtung der Kommunikation (Mobilisierung des Güter- und Wissensaustausches) sowie zu einer beachtlichen Erhöhung des kulturellen Kapitals. In allen diesen Zusammenhängen wurde der schriftliche Informationsaustausch immer unabweisbarer. In vier Bereichen sind Verschriftlichungsschübe besonders auffällig gewesen.

An erster Stelle ist der Bereich der pragmatischen Schriftlichkeit zu nennen. Sie umfasst die zweckgerichtete Schriftproduktion von den päpstlichen Kanzleien bis zur Klosterverwaltung und von der staatlichen bis zur kommunalen Administration (Urkunden, Protokolle, Verträge, Briefe usw.). Dazu kommen der Schriftverkehr in der Rechtspflege sowie im Geschäftswesen (Notare, Kaufleute usw.) und schließlich die schriftlichen Produktionen aus dem Alltagsbereich (Geschäfts- und Privatkorrespondenz, Koch-, Arznei- und Haushaltbücher usw.). Die riesige Menge des Materials unter

7. Von der Handschrift zum Druck

dem Aspekt von Schriftkultur zu betrachten, stellt eine gewaltige Herausforderung für die Forschung dar und konnte bislang erst in national, regional und sektoral begrenzten Fallstudien behandelt werden. Dabei wurde deutlich, dass Staat und Kirche, Höfe und Städte mit ihrem Verwaltungshandeln Anstoß gebende Träger eines Verschriftlichungsschubes waren, dessen Auswirkungen weit in die Gesellschaft hineinreichten.

M. Clanchy konnte für das normannisch-angevinische England (1066–1397) am Beispiel des staatlichen Urkundenwesens ein quantitatives und qualitatives Anwachsen einer »literate mentality«[20] nachweisen. Ihm zufolge war es in erster Linie die Bürokratie, die aus Gründen der Herrschaftskontrolle, der Rechtssicherung und der politisch-ökonomischen Prävention die Gesellschaft literalisierte. Mit der Verschriftlichung des Verwaltungshandelns wurde sie, mehr als Kirche, Wissenschaft und Literatur, zur wichtigsten Förderin literater Fähigkeiten im Laientum. Das mag ein wenig zu apodiktisch sein, zumal Clanchy seine Ergebnisse auf den Rest Europas überträgt, wo die Verhältnisse doch recht unterschiedlich gewesen sind. Kanzleien deutscher Landesherren entstanden z. B. erst ab der Mitte des 12. Jh., kommunale Verwaltungen noch später. Doch belegen die Untersuchungen seither, dass die Prozesse der wachsenden Buchführung bis in die kommunal-alltagspraktischen Bereiche reichten. Es wird deswegen viel zu leicht unterschätzt, wie sehr ab dem 12. Jh. und außerhalb der Kirche der Umgang mit Schrift mehr und mehr zu einem »Instrument« zweckgerichteter Lebenspraxis«[21] wurde. So sind Geschäftsbücher von flandrischen Kaufleuten schon ab dem Ende des 11. Jh., für Oberitalien ab dem 12. Jh. und für den Hanseraum ab dem Ende des 13. Jh. überliefert. Ab der Mitte des 14. Jh. waren sie allgemein üblich.[22] Die wachsende Tendenz zur Verschriftlichung entsprang der Absicht, das Aufgeschriebene aufzubewahren.

Der zweite bemerkenswerte Verschriftlichungsschub fand im Bereich der christlichen Kirche des hohen Mittelalters statt. Zum einen nahm die Kirche aktiv an der Tendenz zur zeittypischen Verschriftlichung des Verwaltungshandelns teil, indem sie »zur Sicherung der geistlich-monastischen Lebensformen, zur zentralen Lenkung der Kirche bzw. Kirchen, zur Gesetzgebung, zur besseren Güterverwaltung, zur Intensivierung von Seelsorge und Predigt, zur Kommunikation und Kontrolle«[23] auf das geschriebene Wort zugriff. Da die römische Kirche eine weit verzweigte Institution war, hatten allein diese Aktivitäten einen nicht unerheblichen Effekt auf das weltliche Umfeld. Zum anderen waren die großen geistigen Bewegungen der Klosterreform (*vita religiosa*), der Frauenmystik und der Scholastik ohne den verstärkten Einsatz von Schrift nicht denkbar. Ab dem 11./12. Jh. traten insbesondere die Kartäuser, Zisterzienser und Prämonstratenser, ab dem

13. Jh. die Dominikaner als Mönchsorden hervor. Sie haben im Interesse einer strengeren Befolgung der immer genauer fixierten Klosterregeln (*regula, consuetudines*) »eine reiche Palette an pragmatischem Schrifttum hervorgebracht, das genuin der Erfüllung der religiösen Ziele und dem Zusammenhalt der spirituellen Gemeinschaft diente«[24]. Mit dem Aufschwung der Scholastik zwischen 1250 und 1350, die die intensive Lektüre und das Studium der Wissenschaften steigerte, verlagerte sich die christlich-mittelalterliche Theologie von den Klöstern zu den Universitäten und wurde zu einer auf *ratio* und *auctoritas* gegründeten Textwissenschaft. Ihre führenden Köpfe waren Albertus Magnus († 1280), Thomas von Aquin († 1274) und Johannes Duns Scotus († 1308).

Der Bereich des Wissens, in dem sich geistliche und profane Domänen nur schwer voneinander trennen lassen, war der dritte große Bereich, in dem es zu einem Verschriftlichungsschub kam. Die Herausbildung der Universitäten ab dem 12. Jh. und die Entstehung von nicht-klerikalen Schulen für den elementaren Lese- und Schreibunterricht ab dem 13. Jh. seien hier exemplarisch genannt. Die Universitäten, die man auch als »dritte Großmacht des Mittelalters« bezeichnet hat, entwickelten sich im christlichen Europa als *societas magistrorum et discipulorum* aus vorhandenen Hohen Schulen oder entstanden durch Neugründungen. Dabei gingen Initiative und inhaltliche Ausrichtung allmählich von der Kirche auf den Staat über. Den Anfang machten noch vor 1200 Salerno und Paris, im 13. Jh. folgten Salamanca, Bologna, Padua, Montpellier, Neapel, Oxford, Cambridge u.a.; ab dem 14. Jh. wurden im deutschen Sprachraum Prag (1347), Wien (1365), Erfurt (1379), Heidelberg (1385), Köln (1388), Leipzig (1409), Rostock (1419), Trier (1454) u.a. gegründet. Um 1500 existierten hier rund 15 Universitäten.[25] Im Bereich des unteren Schulwesens entstanden ab dem Ende des 12. Jh. Schulen, die nicht (mehr) von Bistümern oder Klöstern getragen wurden: zuerst Kaufmannsschulen für die Bedürfnisse der aufstrebenden Handelsstädte (z.B. in Oberitalien, Flandern, Burgund und im Hanseraum), ab der Mitte des 13. Jh. aber auch Grammatik- und Schreibschulen, die von Magistern und mehr oder weniger berufenen Schul- und Schreibmeistern betrieben wurden.

Vom expandierenden Universitäts- und Schulwesen, in dem der Laienstand zum direkten Adressaten wurde, gingen Impulse aus, die den klerikal bestimmten, frühmittelalterlichen Horizont überstiegen: Die monastische, auf *memoria*, *lectio* und *meditatio* gegründete Schriftkultur wandelte sich zu einer scholastischen, in der neben der Vorlesung (*lectio*) die *disputatio* regierte. Unverändert blieb die universale Ausrichtung (christliches Europa, gemeinsame Bildungsstandards und lateinische Schriftsprache), neu war jedoch der Charakter dieser Bildungsinstitution in ihrer »Kombination von wissenschaftlicher Lehre, korporativer Autonomie und anstaltlicher Institutionalisierung«[26]. Neu war vor allem ein daraus hervorgehender intellektueller Habitus, in dem rational fundierte Wissenskultur immer selbstbewusster der tradierten Glaubenskultur gegenübertrat. So heißt es bei Abälard († 1142), einem der Wegbereiter der Scholastik: »Ich greife meiner Gewohnheit nach beim Lehren nicht auf die Tradition zurück, sondern auf meine Geisteskraft.«[27] Starke Impulse gingen auch von der intensivierten Begegnung und Auseinandersetzung mit der arabisch-byzantinischen Geisteswelt (vgl. S. 137 ff.) aus. Sie erweiterten nicht nur den Wissenshorizont durch die Rezeption neuer, bisher unbekannter Texte, sondern produzierten eine vorher so noch nicht da gewesene Form der wissenschaftlichen Schriftlichkeit.

Die Ordnung (*ordinatio*) des scholastischen Denkens prägte auch die äußere Ordnung des wissenschaftlichen Buches, angefangen bei der Verfeinerung der Textpräsentation (Unterscheidung von Text, Kommentar, Zitat, Marginalie und Quellenangabe) über die Paginierung bis zur textuellen Verdeutlichung der inhaltlichen Argumentation (Aufzählung, Paragraphierung, Rubrizierung, Untergliederung u. Ä.). In dieser neuen Gestalt gewann das wissenschaftliche Buch des späten Mittelalters entschieden mehr Ähnlichkeit mit dem heutigen als mit seinem frühmittelalterlichen Vorläufer.[28] Hinzu kam, dass die Buchproduktion und der Buchvertrieb sich mehr und mehr in die Universitätsstädte verlagerten, weil die Verfügbarkeit von zeitgemäßen Büchern für die Unterrichtszwecke unabdingbar war. Während an den deutschen Universitäten die Lehre aus Diktieren und Mitschreiben eines Lehrtextes bestand, praktizierten die Universitäten in Paris, Bologna und Oxford ein moderneres System. Von Originalexemplaren wurden geprüfte Abschriften in Heften (*peciae*) hergestellt, die über lizensierte Buchverleiher (*stationarii*) bzw. -händler (*librarii*) vervielfältigt und bei Schreibwarenhändlern (*cartolai*) verkauft wurden.[29] Auf diese Weise entstand jenseits der Skriptorien und außerhalb des kirchlich-monastischen Vertriebsnetzes eine neue Distributionsform, in die sich später die Buchdrucker einklinken konnten.

Schließlich ist als vierter Bereich eines markanten Verschriftlichungsschubes seit dem 11./12. Jh. die Verwendung der Volkssprache (*sermo vulgaris*) in pragmatischen Texten (Rechtswesen, Geschichtsschreibung) sowie die Entwicklung volkssprachlicher Literaturen zu nennen. Sieht man von Irland und England ab, wo es schon ab dem 6. bzw. 8. Jh. zu einer kontinuierlichen volkssprachlichen Abfassung von Urkunden und literarischen Texten gekommen war, war volkssprachliche Schriftlichkeit bis zum 11. Jh.

gegenüber dem Latein die Ausnahme. Das änderte sich auf dem Kontinent ab dem 12. Jh., wobei die literarische Schriftlichkeit der pragmatischen vorausging. Eine zusammenhängende deutsche Literatur datiert von der Mitte des 11. Jh. in klerikaler, ab der Mitte des 12. Jh. in immer stärkerer profaner Prägung. Ab dem 12. Jh. begannen die französisch-normannische und die provenzalische, ab dem 13. Jh. die altnordische, die spanisch-kastilische und die italienische, ab dem 14. Jh. die (mittel)englische Literatur. Feststehen dürfte, dass mit der volkssprachlichen Literatur, die als eine Literatur am Hofe begann, eine – bei aller Differenz zur Moderne – neuartige Dimension von Fiktionalität, Autorschaft und Subjektivität eingebracht wurde, die mit der Amts-, Kirchen-, Wissenschafts- und Literatursprache Latein (wenigstens im Mittelalter) nicht erreicht werden konnte.[30]

Die Erweiterung der Schriftlichkeit in den volkssprachlichen Bereich hinein war eine Reaktion darauf, dass Laien literat zu werden begannen, und regte zugleich deren Nachfrage an. Die Hauptgründe für diese Öffnung waren das von der Klosterreform verstärkte Bemühen, die christliche Lehre nicht-lateinkundigen Laien mehr als bisher näher zu bringen, sowie das kulturpolitische Interesse der neuen National- und Territorialstaaten an einer auch sprachlich dokumentierten eigenen Identität (Kanzleisprache, höfische Literatur u. a.).[31] Diesen Interessen von oben kamen Bedürfnisse von unten entgegen, die auf Verschriftlichung bislang oral verbreiteter Literatur drängten. So betrachtet, kann mit D. Green festgestellt werden: »The spread of vernacular literacy results from a progressive breakdown of the barriers between a clerical Latin written culture and a lay vernacular oral culture.«[32] Damit wird sowohl gegen die These von zwei nebeneinander stehenden schriftsprachlichen Kulturen (Latein vs. Volkssprache) Stellung genommen wie auch bestritten, die Texte der volkssprachlichen Laien-Schriftkultur seien »Produkte der Kleriker-Kultur«[33] gewesen. Viel fruchtbarer ist es dagegen, von einer »kulturellen Symbiose zwischen Klerikalem und Laikalem, zwischen Lesekundigkeit und Analphabetentum« auszugehen; Letzteres wird in den mittelhochdeutschen Texten mit der Formel *hoeren unde lesen* ausgedrückt.[34]

Spätmittelalterliche Schriftkultur vor und nach Gutenberg

Die Überschrift mag erstaunen. Gab es eine spätmittelalterliche Schriftkultur nach Gutenberg? Die Frage muss bejaht werden, wenn mit dem Begriff »spätmittelalterlich« keine starre zeitliche Eingrenzung und unter »spätmittelalterlicher Schriftkultur« Manuskriptkultur verstanden wird. Die infrage kommende Epoche (etwa vom Ende des 13. bis zum Beginn des 16. Jh.) lässt sich in Europa sowohl als »Herbst des Mittelalters« (J. Huizinga) wie auch als Vorbereitungszeit der »Frühen Neuzeit« begreifen und kann dabei, je nach betrachteter Region, in ihren Rahmendaten sogar über- oder unterschritten werden.[35] Die Gründe dafür liegen im unterschiedlichen Grad der ökonomisch-sozialen Entwicklung, die z. B. den italienischen Handelsstädten einen Modernitätsvorsprung sicherte, während im nordöstlichen agrarischen Europa mittelalterliche Strukturen länger andauerten. Die Druckerpresse ist eine spätmittelalterliche Erfindung, doch ihre Produkte sind zugleich auch Wirtschaftsprodukte, die aufs Engste mit der frühneuzeitlichen Ökonomie verbunden waren. Die Drucktechnik verbreitete sich in deren Zentren, d. h. in den aufstrebenden Handelsstädten, und verstärkte deren Kraft, nicht jedoch ohne zuerst als perfektionierte Manuskripttechnik zu wirken. Insofern entspricht der sozioökonomischen Ungleichzeitigkeit eine, wenn auch temporäre, Gleichzeitigkeit von Manuskript- und typographischer Kultur. Diese besondere Konstellation wäre zu eng gefasst, betrachtete man sie lediglich als ein Nebeneinander von Nachgeschichte des älteren und Vorgeschichte des jüngeren Mediums.

Spätestens seit dem letzten Drittel des 14. Jh. hatte der Verschriftlichungsprozess in den Bereichen des pragmatischen, kirchlichen, wissenschaftlichen und volkssprachlichen Schriftumgangs eine Dimension angenommen, die sich markant von den vor 1200 existierenden Verhältnissen unterschied. P. v. Polenz spricht von einer »Schriftlichkeits-Explosion um 1400«[36] und U. Neddermeyer datiert den Beginn des »Manuskriptzeitalters« im engeren Sinne sogar schon ab 1370, weil die Handschriftenproduktion in den folgenden 100 Jahren von rund 29 000 auf 195 000 Bücher anstieg. Von den heute noch erhaltenen mittelalterlichen Handschriften stammen mehr als 70% aus dem 15. Jh.[37] Es wurde registriert, kodifiziert, dokumentiert und kopiert wie nie zuvor. Dementsprechend expandierte das Vervielfältigungswesen und verlagerte sich vom klösterlichen Skriptorium zu kommerziellen Schreib- und Kopierwerkstätten in den Städten. In Paris ist schon für das 13. Jh. Nicolas Lombard als erster Buchhändler belegt. »König der Buchhändler« war Vespasiano da Bisticci († 1498) in Florenz, der – spezialisiert auf Prachtkodizes – in der Lage war, mit 45 Schreibern in 22 Monaten 200 Handschriften kopieren zu lassen.[38] Der Genueser Bartolomeo Lupoto war Spezialist für Schultexte, während sich Diebold Lauber zwischen 1427 und 1467 in Hagenau auf die serielle Herstellung volkssprachlicher Manuskripte für Adel und Patrizier konzentrierte. Diese manufakturmäßige Handschriftenproduktion war sehr leistungsfähig, auch wenn ein einzelner Schreiber pro Tag im Durchschnitt nur drei bis vier Seiten Abschrift schaffte.

Starken Anteil an der »Explosion der Schriftlichkeit«[39] hatte das politische und juristische Verwaltungshandeln, das in den großen Territorien etabliert und bis hinunter zur kommunalen Ebene der Städte ausgeweitet war. Auch in Wirtschaft, Handel und Gewerbe waren Buchführung und briefliche Korrespondenz nicht mehr wegzudenken. Geschriebenes drang bis in den Alltag vor und begann, praktischer Lebensbewältigung zu dienen. Das illustriert ein Beispiel aus Italien, das sicherlich noch nicht repräsentativ für den mittleren europäischen Standard war, wohl aber die Richtung anzeigt und auch das Maß, das in fortgeschrittenen Regionen möglich war:

> 1410 starb in der toskanischen Stadt Prato der Kaufmann Francesco Datini und vermachte [...] den Armen sein Haus als fromme Stiftung unter kommunaler Aufsicht. Als man es vor gut hundert Jahren aufräumte, fand man über 150 000 Briefe (darunter 11 000 Privatbriefe, auch solche seiner Frau, der »Rest« Geschäftskorrespondenz), mehr als 500 Haupt- und Geschäftsbücher, etwa 300 Verträge, Wechsel und Frachtbriefe und dazu noch private Haushalts- und Notizbücher.[40]

Dieselbe »Veralltäglichung« der Schrift war im Bereich der Kirche, Klöster, Orden und religiösen Gruppierungen zu beobachten. Dass ein niederer Kleriker nicht schreiben und lesen konnte, kam ab der Mitte des 14. Jh. praktisch nicht mehr vor.[41] In der Glaubenslehre dominierte eine schriftbasierte systematische Theologie. Das Spektrum der christlichen Schriftproduktion reichte von der Textauslegung bis zur Offenbarung mystischer Erweckungen. »Schrift« und »Buch«, in der Ikonographie die längste Zeit als Verbildlichung für die christliche Botschaft verwendet, wurden in der religiösen Literatur zu zentralen Metaphern: »Der schreibende Gott, der schreibende Jesus und die schreibende Maria sind Indikatoren für die Werthaftigkeit von Schriftlichkeit.«[42] So war es nur folgerichtig, dass die Kirche jetzt auch von den Laien verlangte, ihre Frömmigkeit durch das Lesen von christlichen Texten zu steigern. Dementsprechend wuchs das Angebot an bzw. die Nachfrage nach Brevieren, Stundenbüchern, Psaltern, Legendaren und Armenbibeln, zunächst auf Latein, ab dem 15. Jh. auch in den Volkssprachen.

Umgekehrt verstärkten sich auf Seiten der Laien religiöse Bewegungen, deren frühe Formen ab dem 11. Jh. B. Stock schon als »textual communities« bezeichnet hatte, d. h. als »groups of people, whose social activities are centred around texts, or, more precisely, around a literate interpreter of them«.[43] Dazu gehörten z. B. die Sekten der Katharer (Albigenser) und Waldenser im 12./13. Jh. sowie der Hussiten im 15. Jh., aber auch neue Orden wie z. B. die Franziskaner ab dem 13. Jh., die Frauenkonvente oder die Bewegung der Mystik. Besonders hervorzuheben ist – neben den Kartäusern – die Bewegung der Devotio moderna, deren Hauptzweig die »Brüder vom gemeinsamen Leben« waren. Am Ende des 14. Jh. von Holland ausgehend, griff sie auf ganz Europa aus und verbreitete dabei ihre Lehre ausschließlich mit dem geschriebenen Wort. Ihr Hauptwerk ist das von Thomas a Kempis († 1471) redigierte Erbauungsbuch *De imitatio Christi* (1470), das damals als die nach der Bibel verbreitetste christliche Schrift galt. Die Devotio stützte sich auf eigene Schreibwerkstätten und buchhandelsartige Vertriebssysteme. U. Maas schreibt dieser Bewegung sogar eine »Schlüsselrolle bei der kulturellen Umwälzung«[44] zu, weil sie sozial durchlässig, größtenteils volkssprachig und auch für Frauen offen war.

Die Beteiligung der Frauen am Literalitätsprozess war bis zum 12. Jh. allein auf den geistlichen Bereich (Frauenklöster, Klosterschulen) und damit auf das Latein beschränkt, wuchs aber ab dem 13. Jh. darüber hinaus (städtische Mädchenschulen). Der Zugang zu den Universitäten war Frauen allerdings verwehrt. Das schloss jedoch eine höhere Bildung keineswegs aus, wie schon die Kanonisse Hrotsvit von Gandersheim († um 973) sowie besonders die religiöse Frauenbewegung (Beginen, Frauenmystik) in Gestalt von Hildegard von Bingen († 1179), Mechthild von Magdeburg († 1297/98) oder Gertrud d. Gr. († 1301/02) bewiesen. An den Fürstenhöfen waren es vor allem die adeligen Frauen, die alsbald auch in der Volkssprache literat waren und als Mäzeninnen, Adressatinnen und (Vor-)Leserinnen der höfischen Dichtung hervortraten.[45] Ab dem 15. Jh. kamen die Frauen aus dem städtischen Bürgertum hinzu. Frauen waren als gewichtiger Teil des spätmittelalterlichen Lesepublikums bedeutsam, ebenso sehr aber auch als treibende Kräfte in der häuslichen Selbstalphabetisierung, die charakteristisch für den Alphabetisierungsprozess seit dem Ausgang des Mittelalters war (vgl. Kap. 11).

Was den volkssprachlichen Bereich in Deutschland betrifft, war es so, dass spätestens im 15. Jh. »alle Lebens- und Wissensbereiche von deutscher Schriftlichkeit durchdrungen sind«[46]. Das traf sogar für die Teilbereiche in Kirche und Wissenschaft zu, in denen das dominierende Latein der Volkssprache Tribut zollen musste, wie z. B. in der Liturgie, bei Taufe, Eheschließung und Beichte sowie in der Predigt. In den Universitäten und in der Scholastik blieb Latein zwar die primäre Sprache, doch bezeugen die vielen Übersetzungen, wie z. B. die der *Summa Theologica* (nach 1270) des Thomas von Aquin oder im Bereich der Fachprosa (Recht, Medizin, Botanik, Geschichte u. a.), dass Theologie und Wissenschaft immer mehr in die Gesellschaft ausstrahlten. Im Bereich der Literatur hatte sich nicht nur das Spektrum der Textsorten erweitert (Prosaroman, didaktische Literatur,

Abb. 20 Stundenbuch: Lateinische Handschrift (Frankreich), um 1450.

Kleinepik, Schwank, Drama u. a.), sondern es war auch zur Niederschrift von bislang mündlich vorgetragener Liedlyrik in repräsentativen Sammelhandschriften, wie z. B. die *Manessische Handschrift* (1310/30), die *Weingartner* (um 1300) und die *Kleine Heidelberger Liederhandschrift* (vor 1300), gekommen. Ihr illuminativer Prunk setzte sich in vielen anderen spätmittelalterlichen Prachthandschriften, wie z. B. im berühmten Stundenbuch des Duc de Berry, *Les Très Riches Heures* (1410–16), im Turiner Stundenbuch (um 1440) oder in der Prager *Wenzels-Bibel* (vor 1400), fort (Abb. 20).[47]

Diese herausragenden Einzelleistungen waren eingebettet in einen Gebrauchszusammenhang, in dem das geschriebene Wort vom Traktat und Geschäftsbrief über das Blockbuch (z. B. Armenbibeln, Lehrbücher) bis zum wissenschaftlichen Werk höchste Geltungskraft erlangt hatte. Dem entsprach eine wachsende Differenzierung der Schriftformen. Die karolingische Minuskelschrift veränderte sich als Buch- und Urkundenschrift zu den »gotisch« inspirierten Varianten der Textura (vor allem nördlich der Alpen) bzw. der runderen Rotunda in Italien und Südfrankreich. Daneben existierten verschiedene Kursivschriften für den Verwaltungs-, Geschäfts- und Alltagsbereich sowie Mischformen (Bastarda) aus Buch- und Kursivschrift. In Anlehnung an die karolingische Minuskel entwickelte sich die sogenannte Humanistenschrift in Italien, aus der gegen Ende des 15. Jh. die Druckschrift Antiqua mit gerundeten Formen hervorging, der sich in Deutschland

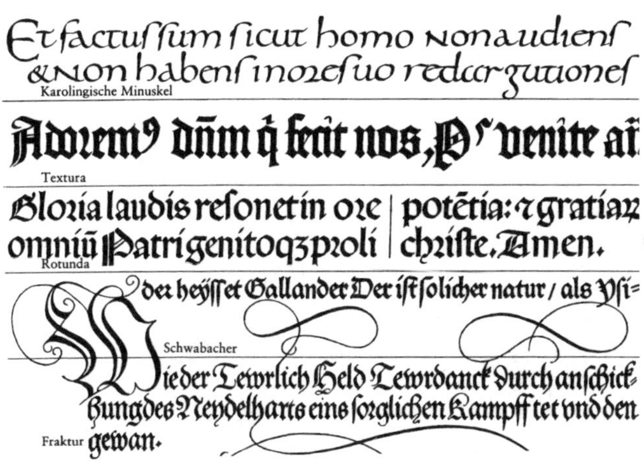

7. Von der Handschrift zum Druck

> Et factus sum sicut homo non audiens
> &non habens in ore suo redargutiones
> *Karolingische Minuskel*
>
> Adorem[us] d[omi]n[u]m q[ui] fecit nos, P[saltern] venite a[nte]
> *Textura*
>
> Gloria laudis resonet in ore | potetia: z gratiaz
> omniu Patri genitoq3 proli | christe. Amen.
> *Rotunda*
>
> der heyffet Gallander Der ift solicher natur / als Pfi=
> *Schwabacher*
>
> Jie der Tewrlich Held Tewrdanck durch anschick
> tungdes Neydelharts eins sorglichen Kampff tet und den
> *Fraktur* gewan.

Abb. 21 Mittelalterliche Schreibschriften.

alsbald die eckig gebrochenen Weiterentwicklungen der Schwabacher und der Fraktur als gebrochene Druckschrift entgegenstellten (Abb. 21). Letzteres begann mit den protestantischen Drucken. Seit Ende des 16. Jh. war es dann allgemein üblich, deutschsprachige Texte in Fraktur- und fremdsprachliche Texte in Antiqua-Schriften zu drucken.

An der Spitze spätmittelalterlicher Schriftkultur in Europa standen zweifelsohne die mittel- und oberitalienischen Stadtstaaten (Florenz, Venedig, Genua, Mailand u. a.). Auch Avignon, von 1309 bis 1377 als Sitz des Papstes »die prunkvollste Residenz des Abendlandes und die modernste«[48], sowie die Städte im nordfranzösisch-flandrisch-holländischen Raum und in England gehörten, wenn auch schon mit einigem Abstand, dazu. Erst dann folgten deutsche Städte wie z. B. Augsburg, Lübeck oder Nürnberg. In Florenz betrug die Alphabetisierungsrate, auch wenn sie ein problematischer Gradmesser ist, etwa 25 – 35 %; die Hälfte aller Sechs- bis Vierzehnjährigen ging zur Schule.[49] Es existierte ein florierender Buchhandel mit angeschlossenen Kopierwerkstätten (Abb. 22). Damit konnte die steigende Nachfrage einer adelig-großbürgerlichen Kundschaft bedient werden, die – schon früher, bei den humanistischen Gelehrten und Schriftstellern wie Dante Alighieri (1265 – 1321) oder Petrarca (1304 – 1374) einsetzend und bis zur Herrscherfamilie der Medici reichend – politisch-kulturelle Macht in der »Repräsentanz des Buches«[50] zur Erscheinung brachten. Wenn man sich vor

Abb. 22 Spätmittelalterliche Schreibstube.

Augen führt, dass die Stadt des Humanismus und der frühen Renaissance, Florenz, diese über Generationen gewachsene Schriftkultur schon vor der Erfindung der Drucktechnik zur Blüte gebracht hatte, mag die kühne These M. Clanchys plausibler werden, »that Western Europe had by that time achieved a more vigorous literate culture than any previous civilization in the world including China«[51].

In diesem Zusammenhang ist auch der Übergang vom antiken Neumen- zum modernen Liniensystem in der Musiknotation zu erwähnen, der auf Guido von Arezzo († um 1050) zurückgeht. Das neue System wurde bis zum 13. Jh. so verbessert, dass Tonschritte und Rhythmus präziser notiert werden konnten. Anders als z. B. noch bei den in linienlosen Neumen überlieferten *Carmina Burana* (um 1230) ließ sich eine Melodie von nun an so notieren und lesen, dass man nicht mehr auf eine oral-gedächtnismäßige Überlieferung angewiesen war. Musik kam, so lässt sich zusammenfassen, durch die Verschriftlichung zu sich selbst als eigenständige Kunst; das gelang aber erst, als der Prozess der Verschriftlichung in der Kultur eine bestimmte Höhe erreicht hatte.[52] P. Saenger bewertete diese Entwicklung als »logocentric approach« und sah sie, wie im Übrigen auch die Übernahme der arabischen Zahlzeichen ab dem 12. Jh., in enger Wechselwirkung mit dem Prozess der Worttrennung.[53] Schließlich sei am Rande vermerkt, dass eine der wichtigsten Instrumente der Lesekultur, die Brille, in dieser Epoche erfunden wurde: Nach anfänglichen, arabisch beeinflussten Versuchen mit sogenannten Lesesteinen, d. h. Beryll-Linsen, die man auf den Text legte, kam gegen Ende des 13. Jh. in Norditalien die Nietbrille zum Aufsetzen auf die Nase in Gebrauch. Deutsche Brillenmacher sind ab 1450 belegt. Als sofort in Europa verbreitete, wenn auch zunächst noch recht teure Sehhilfe für Altersweitsichtige hat die Brille mit dazu beigetragen, den mittelalterlichen Verschriftlichungsprozess zu vertiefen, da sie »die produktive Lebensphase des geistig und künstlerisch tätigen Menschen« beträchtlich verlängern konnte.[54]

Als in der zweiten Hälfte des 15. Jh., nach der Erfindung der Drucktechnik, gedruckte Texte auf den Markt kamen, war das Zeitalter der Manuskripte keinesfalls sogleich zu Ende. Handschriftliche Texte wurden noch bis ins 16. Jh. angefertigt (z. B. kostbar ausgestattete liturgische und literarische Kodizes, Gebetbücher, Skripten für den universitären Gebrauch, Spezialliteratur wie Fecht-, Jagd- und Kriegsbücher u. a.), wenn auch mit abnehmender Frequenz. Als Wendepunkt gilt die Zeit um 1480, da von da an die nachgefragtesten Bücher des späten Mittelalters im Druck vorlagen. Doch noch die Drucke bis 1500 lehnten sich in graphischer Gestaltung und Bildprogramm an Handschriften bzw. Blockbücher an und fanden ihre Käufer, weil angeboten wurde, was dem in der Manuskriptkultur sozialisierten Leser bekannt war. Umgekehrt wurden die skriptographischen Bücher – analog zu den gedruckten – zu einem »Wirtschaftsgut«[55], sei es als Prachthandschrift für ein aristokratisches, sei es als Gebrauchsbuch für ein stadtbürgerliches Lesepublikum. Die Parallelität von hand- und druckschriftlicher Buchproduktion war so lange kein Widerspruch, wie die Abnehmer keinen großen Unterschied zwischen geschriebenen und gedruckten Texten machten und es durchaus vorkam, dass ein Druckexemplar handschriftlich kopiert wurde.[56] Es war das Ziel der gedruckten Werke, genauso gut zu sein wie die Exemplare der Manuskriptkultur, um teilzuhaben an deren kulturellem Prestige. Das bezog sich nicht nur auf das äußere Erscheinungsbild (Schriftträger, Schrift, Ausstattung usw.), sondern auch auf die Inhalte. Mehr als drei Viertel der bis 1500 gedruckten Bücher waren auf Latein und in der Mehrzahl zunächst Texte von antiken Autoren.[57] »In doing so«, hebt M. Clanchy hervor, »they acknowledged the achievements of a millennium of writing.«[58] Man kann hinzufügen: Insofern blieben auch noch die ersten gedruckten Bücher Produkte der Manuskriptkultur – eine Beobachtung, die für die Einschätzung des Medienwechsels von der Skriptographie zur Typographie durchaus bedeutsam ist.

Nach dem Höhepunkt von 1470 ging die Produktion von Handschriften bis 1490 um ca. 70% zurück und betrug nach 1520 nur noch ca. 10–15% des Niveaus der 1460er Jahre.[59] Vom Beginn des 16. Jh. an war der Begriff

»Manuskript« nicht mehr die Bezeichnung für ein (handgeschriebenes) Buch, sondern nur noch für die Vorform eines gedruckten Buches. Damit war das Ende des Manuskript-Zeitalters erreicht: Die klösterlichen Skriptorien gingen ein bzw. wurden – durchaus auf der Höhe der Zeit (wie z. B. bei den Kartäusern und Benediktinern) – in Druckereien umgewandelt. Kopisten und Lohnschreiber mussten sich umstellen oder wurden arbeitslos. Viele handschriftliche Kodizes wurden schon bei der Drucklegung als nun überflüssig weggeworfen. Andere verschwanden, wenn sie Glück hatten, in die »Privatheit bibliophiler Liebhaberei«[60] oder gelangten in die Kloster- und Fürstenbibliotheken des 17./18. Jh., wo sie prunkvoll als Ensemble ausgestellt wurden (vgl. Kap. 9). Als Folge der Auflösung der Klöster im 16. Jh., des Dreißigjährigen Krieges im 17. Jh. und der Säkularisierung bzw. Mediatisierung um 1800 wurde ein kleinerer Teil der mittelalterlichen Handschriften in ganz Europa verstreut, die große Mehrzahl ging jedoch unwiederbringlich verloren.

Die Erfindung der Typographie: eine Medienrevolution?

Zwei Ansichten sind es, die die geniale erfinderische Leistung Johannes Gutenbergs (um 1400–1468) immer wieder unangemessen bewerten. Die erste lautet, er habe eine neue Maschine erfunden, mit der man zum ersten Mal drucken konnte; die zweite besagt, diese neue Technik habe die Schriftkultur revolutioniert und damit die Neuzeit vom Mittelalter geschieden. Richtig ist an beiden Ansichten jeweils nur ein Teil. Gutenberg erfand nicht ein neues Werkzeug, sondern ein »Werk«, d. h. den kompletten Arbeitsablauf des Druckens mit beweglichen Lettern einschließlich der dazugehörenden Hilfsmittel vom Gießinstrument über die Presse bis zur Druckerschwärze. Seine Erfindung war eine »Prozessinnovation«[61], deren Voraussetzungen und Teilelemente überwiegend bekannt waren, durch Gutenberg jedoch in einen produktiven Zusammenhang gebracht worden sind. Diese Innovation kann man als »Typographie« bezeichnen.[62] Typographie ist dabei nicht identisch mit »Drucken«, das es bereits lange vor Gutenberg gab. Typographie ist aber auch mehr als bloß eine Technik; eher könnte man sie als den technisch verbesserten Ausdruck einer schriftkulturellen Konstellation auffassen, die seit dem späten Mittelalter dem Geschriebenen einen eigenständigen und sogar höheren Rang einzuräumen begonnen hatte.

Die Neigung, die Erfindung und den Durchbruch der Typographie als eine Medienrevolution aufzufassen, hängt zweifelsohne eng mit den Gegenwartserfahrungen eines tief greifenden Medienwechsels zusammen.[63] Ob gerade diese Erfahrungen geeignet sind, den Umbruch besser zu verstehen, ist allerdings umstritten. Immerhin ist nicht von der Hand zu weisen, dass dem »Aufbruchspotenzial« der vom Druck geprägten Schriftkultur ein ebenso manifestes »Beharrungsbedürfnis«[64] der Handschriftenkultur entgegenstand. Auffällig ist, dass die Befürworter der Medienrevolutions-These von M. McLuhan bis M. Giesecke im technischen Charakter die revolutionierende Energie erkennen und damit eine spezifisch neuzeitliche Einsicht – einschließlich der ihr inhärenten Fortschrittskonzeption – rückwirkend auf die gesamte Mediengeschichte projizieren. Giesecke kommt auf diese Weise zu dem Ergebnis, den Buchdruck als Einführung einer »typographischen Datenverarbeitung« und somit als »dritte Medienrevolution« nach der Ausbildung der menschlichen Sprechsprache und der Einführung der Alphabetschrift aufzufassen, der die »vierte, elektronische Medienrevolution« heute folge.[65]

Revolutionsthesen sind spektakulär und geraten immer dann in Schwierigkeiten, wenn geklärt werden soll, ab wann das Vorher ein Nachher war und wann, wo, wie und warum der große Umschlagspunkt stattfand. Streitet man nicht um des Kaisers Bart, wenn sich aus der Revolutionsthese ohne große Schwierigkeit eine Evolutionsthese formen lässt? G. A. E. Bogeng hat in seiner klassischen Darstellung der Geschichte der Buchdruckerkunst auf die Frage: »Was ist das Erfinden?« Goethes Antwort zitiert: »Es ist der Abschluß des Gesuchten.«[66] Der Satz klingt nach Altersweisheit. Er lässt den Gedanken vermissen, dass ein gelungener Abschluss immer auch der Anfang eines Neuen ist. Aber er hält fest, dass das Ereignis des Neuen stets ein historisches Ereignis bleibt. Insofern trifft R. Hirsch die Dialektik am besten mit seinem Satz: »The road from manuscript to print was continuous *and* broken.«[67] Das trifft auch auf die problematische These zu, der Buchdruck habe die Neuzeit vom Mittelalter geschieden. In jedem Fall sollte man aber die These von der Medienrevolution nicht mit der These von der Epochenscheide vermengen, denn dadurch werden, wie K. Flasch mit Recht kritisiert hat, die »modernen« Züge des späten Mittelalters regelmäßig unterbewertet und die »mittelalterlichen« Seiten des frühen Buchdrucks übergangen.[68]

Gutenbergs erfinderische Leistung ist eingebettet in die Geschichte des Druckens. An deren Anfang steht der Druck mit Rollen oder Stempeln, der schon in der ersten Hälfte des 2. Jahrtausends v. Chr. in Mesopotamien bekannt war und namentlich als Stempeldruck auch in späteren Schriftkulturen praktiziert wurde. Seit etwa 100 n. Chr. erzeugte man in China Kopien durch Steinabreibungen und ähnliche Formen des Abklatsches. Zwischen

700 und 750 n. Chr. kam es in Korea, wenig später auch in China und Japan, zum Druck mit Holztafeln, in die ein Text spiegelverkehrt eingeschnitzt war (Xylographie). Mit einem solchen Druckstock (Patrize), der mehrere tausend Abzüge erlaubte, wurden nicht nur Einblattdrucke, sondern umfangreiche Buchrollen bzw. Leporello-Bücher hergestellt. Noch heute haben sich im koreanischen Haein-Kloster 81 258 Druckstöcke aus dem 13. Jh. erhalten.[69] Xylographische Drucke erschienen in Europa zu Beginn des 15. Jh. mit dem Aufkommen der Holzschnitttechnik für Abbildungen. Seit Mitte des 15. Jh. trat die Kupferstichtechnik hinzu. Text und Bild gingen in Form von xylographischen Einblattdrucken und Blockbüchern eine Verbindung ein, die bis zum 16. Jh. – vor und neben den frühen Drucktexten – für verschiedenste Textsorten (z. B. religiöse Bilder, Spielkarten, Traktate, Armen-Bibeln, Legenden, Lehrbücher, Kalender usw.) genutzt wurde. Ihre Gesamtzahl blieb allerdings gering. Musiknoten druckte man auf diese Weise sogar noch bis ins 17. Jh.[70]

Auch der Druck mit beweglichen Lettern hat seine Ursprünge im Fernen Osten. Um die Mitte des 11. Jh. wurde in China mit Lettern aus Ton und Holz, ab dem 12. Jh. in Korea auch aus Metall, die in einem speziellen Sandgussverfahren hergestellt wurden, experimentiert. Auf diese Weise gedruckte Bücher sind seit dem 13. Jh. belegt, waren aber in Europa nicht bekannt. Ob Gutenberg dennoch Kenntnis von dieser Technik hatte, lässt sich nicht erweisen. Auf jeden Fall war er im Abendland der Erste, der zwischen etwa 1438 und 1454 das Gussverfahren und die daran anschließenden Arbeitsgänge des Setzens und Druckens optimierte und zu einem »typographischen Kreislauf«[71] organisierte. Sehr wichtig dabei war, dass er schon zum Zeitpunkt des Experimentierens ganz sicher mit der Verfügbarkeit des neuen, für den Druck idealen Schriftträgers Papier rechnen konnte. Auf Papier hatte man bereits in China und Korea gedruckt. Über die arabisch-byzantinische Schriftkultur gelangte die Kenntnis der Papierherstellung ab dem 11. Jh. bis Andalusien und in der ersten Hälfte des 13. Jh. nach Italien (Fabriano, Bologna u. a.). Von dort aus breiteten sich die Papierexporte und -mühlen im christlichen Europa aus und erreichten Deutschland ab dem Ende des 14. Jh. (Nürnberg 1390, Ravensburg 1393/1407, Straßburg 1408, Lübeck 1420, Lüneburg vor 1431, Basel vor 1440, Augsburg 1445). Um 1450 existierten im deutschsprachigen Raum 10, um 1500 bereits rund 60 und am Ende des 16. Jh. 190 Orte mit Papiermühlen. Papierimporte gab es bereits seit dem 13. Jh.; um die Mitte des 14. Jh. war die Hälfte der Manuskriptproduktion auf Papier geschrieben. Grundstoff des Papiers waren Textillumpen (Hadern), die sowohl für Biegsamkeit als auch für lange Haltbarkeit sorgten. Gegenüber dem Pergament war das Papier um bis zu 80%

billiger und deswegen schon im Manuskriptzeitalter ein gefragter Schriftträger.[72]

Die entscheidenden Bedingungen für das Gelingen der Erfindung der Typographie waren: handwerkliche Präzision bei der Fabrikation der Werkzeuge (Gießinstrument, Patrizen, Lettern, Setzkasten, Winkelhaken, Setzerschiff, Druckform, Presse, Druckerballen), modernstes metallurgisch-chemisches Wissen bei der Herstellung der Legierung und der Druckerschwärze, Befähigung zu betriebswirtschaftlichem Management (Kostenkalkulation, Organisation der arbeitsteiligen Produktion vom Letternguss über den Satz bis zum Druck) und nicht zuletzt eine wirtschaftliche Bonität, die den unabdingbar großen Kapitalaufwand für Voraus-Investitionen sicherstellte. Gutenberg verfügte über diese Bedingungen, auch wenn er persönlich letztlich ökonomisch scheiterte. Wenn M. Giesecke die von Gutenberg entwickelte Typographie als »High-Tech des 15. Jahrhunderts«[73] bezeichnet, so hebt er zu einseitig auf die Vorform des Modernen ab, die im Rückblick vom Heute unverkennbar ist. Es ist jedoch ebenso unverkennbar, dass die Erfindung ein spätmittelalterliches Produkt ist – in ihrem Layout, ihrem technischen Know-how, ihrer Einbettung in Marktbedürfnisse sowie vor allem in ihrer Intention.

Gutenberg wollte nicht die schnelle, billige und standardisierte Vervielfältigung des Schreibens, obwohl sich errechnen lässt, dass 90 Kopisten rund ein Jahr hätten arbeiten müssen, um handschriftlich dieselbe Menge an Bibeln herzustellen, für die Gutenberg sechs Setzer und sechs Drucker benötigte.[74] Mit dem ehrgeizigen, aufwendigen und sehr frommen Vorhaben des Bibeldrucks sollte das für alle Ewigkeit beste Buch durch gedruckte *kunst* als das bessere Buch – letztlich vor Gott und in alle Ewigkeit – erwiesen werden. Deswegen setzte Gutenberg, wie die mittelalterlichen Schreiber und anders als die ihm nachfolgenden Drucker, nicht seinen Namen unter sein Werk. Deswegen legte er größten Wert auf die Schönheit der Schrift (Textura-Schrift), ihrer Typen, die Proportionen des Satzspiegels und die gleichmäßig intensive Schwärze des Drucks. Deswegen druckte er von den vermutlich 180 Bibel-Exemplaren nur etwa ein Sechstel auf Pergament, weil er zeigen konnte, dass auf dem vergänglichsten Schriftträger, Papier, durch einfache Wiederholung des Druckes (*per multiplicationem exemplariorum*) ewiger Erhalt gesichert war.[75] Das alles heißt im Fazit: Gutenberg hatte, mit den Worten von E. M. Forster, aber zugleich auch ganz im Geist des späten Mittelalters ausgedrückt, die fromme »Unsterblichkeitsmaschine«[76] erfunden. Einer, der auf neuzeitlich-moderne Weise mit der neuen Maschine schnell viel Gewinn machen wollte, hätte sich auf jene Texte beschränkt, mit denen die mühselig herzustellenden Block-

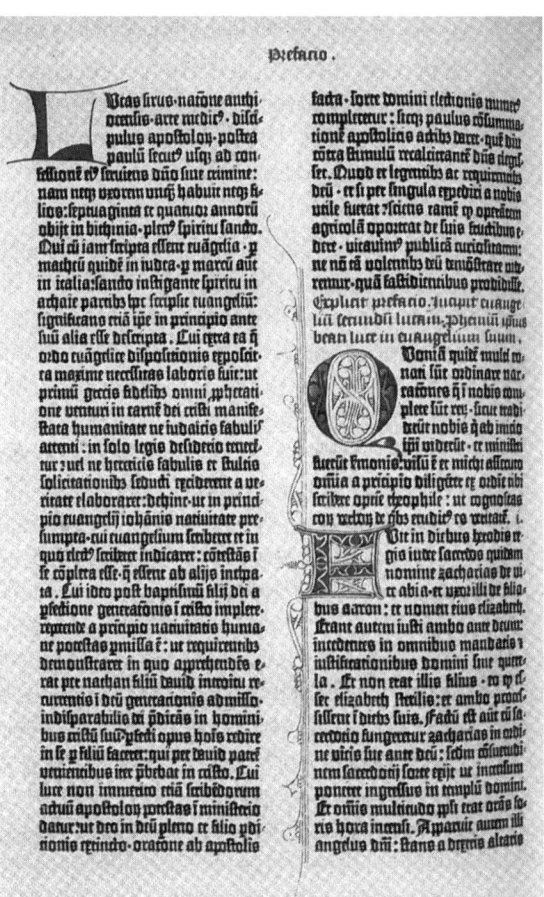

Abb. 23   Gutenberg-Bibel B 42: Beginn des Lukas-Evangeliums.

bücher Erfolg gehabt hatten. Für Gutenberg dagegen waren solche sicheren Geldbringer, wie z. B. Kalender, Schulgrammatiken (Donate) und Ablassbriefe, nur Vorübungen für den perfekten Druck.

Die Gutenberg-Bibel – nach ihrer Zeilenzahl B 42 genannt – war vermutlich schon 1454 in Mainz fertig gedruckt, zweispaltig und bestand aus zwei Bänden mit insgesamt 1282 bedruckten Seiten (Abb. 23). Wie bei einem mittelalterlichen Manuskript fehlten Titelblatt, Paginierung, Inhaltsverzeichnis, Buchschmuck und Einband. Die Herstellung war gleichwohl sehr kostenintensiv. Die gesamte zweijährige Produktion dürfte über 4000

7. Von der Handschrift zum Druck

Gulden gekostet haben, d.h., sie hatte einen »Wert von 40 mittelgroßen Bürgerhäusern«[77]. Der Verkauf hätte erheblich mehr einbringen können, doch ob Gutenberg sich den Gewinn mit seinem Geldgeber Johannes Fust teilen konnte oder ob er Letzterem zufiel, weil der Drucker die Kredite nicht zurückzuzahlen vermochte, ist umstritten. Ein nicht-illuminiertes, ungebundenes Papier-Exemplar dürfte etwa 34, ein Pergament-Exemplar etwa 42 (rheinische) Gulden, ein illuminiertes und gebundenes Papier-Exemplar dagegen etwa 40 und als Pergament-Exemplar etwa 90 Gulden – den Gegenwert von 13 Ochsen – gekostet haben. Erhalten haben sich bis heute noch 48 Exemplare, die z.T. allerdings unvollständig sind. Vollständige Bibeln befinden sich z.B. in Göttingen, Washington, Paris u.a. (Pergament) sowie in München, Frankfurt, Mainz u.a. (Papier). Der heutige Wert einer Gutenberg-Bibel liegt bei zwei bis drei Millionen Euro.[78] Ihre Kostbarkeit verschwindet hinter Panzerglas und abgedunkeltem Licht. Allerdings ist es heute jedem Internet-Benutzer möglich, unter *www.gutenbergdigital.de* oder über CD-ROM den gesamten Text auf den Bildschirm zu holen.

»Gutenberg blieb in der Tradition […].«[79] Wie leistungsstark und mit Grund beharrend auf seine in Jahrhunderten gewachsenen Praktiken im Umgang mit der Schrift das Spätmittelalter war, zeigen zwei Vorkommnisse, die auf den ersten Blick nichts miteinander zu tun zu haben scheinen. Die Gutenberg'sche Typographie, die Druckerpresse, war auf Anhieb so ausgereift, dass sie in Bauart und Arbeitsablauf bis zum Ende des 18. Jh. unverändert blieb – ähnlich wie spätgotische Bürgerhäuser nahezu unverändert das Stadtbild bis vor 200 Jahren prägten. Von dieser Presse und in diese Häuser gelangten jedoch seit Gutenberg Bücher und Texte, die das Weltbild des Mittelalters überwanden. Wie langwierig das war, zeigt das andere Vorkommnis. Noch 1487 wurden die 400 gedruckten Exemplare eines Freisinger Messbuches von fünf Mönchen je einzeln anhand der Druckvorlage auf Fehler durchgesehen: Noch immer musste der Augenschein beglaubigen, was dem Verstand nicht einleuchten wollte, dass nämlich der Druck identische Exemplare erzeugte. Die Schriftkultur des späten Mittelalters ging zwar nicht mehr, wie man mit Recht seitdem sagte, auf eine Kuhhaut (Pergament), aber in den Köpfen existierte sie noch lange Zeit als mentale Struktur.[80]

1 Vgl. Curschmann (1984), S. 221, 253; Frank (1994), S. 32.
2 Exemplarisch sei für den Bereich der deutschen Literatur genannt: Green (1994). Zur pragmatischen Schriftlichkeit vgl. Meier (2003) und Arlinghaus (2003).
3 Vgl. dazu den grundlegenden DFG-Symposions-Band von Müller (1996); zur Funktion der *memoria* in Antike und Mittelalter: Weinrich (2003), S. 38 ff.
4 Parkes, in: Chartier/Cavallo (1999), S. 141. Vgl. auch Parkes (1992), S. 2 ff.
5 Vgl. Oesterreicher (1993); Raible (1998), S. 174 ff.
6 Vgl. Stock (1983), S. 527; Schaefer (1992); Schlieben-Lange, zit. nach Oesterreicher (1993), S. 269; Strohschneider (1999), S. 22.
7 Vgl. neben Parkes auch Bischoff (1986), S. 46 ff., 224 ff.; Frank (1994), S. 36 ff.; Saenger (1997), S. 83 ff.; Manguel (1999), S. 64.
8 Parkes, in: Chartier/Cavallo (1999), S. 145; Parkes (1991), S. 2: »grammar of legibility«.
9 Vgl. Saenger (1997), S. 123 ff.
10 Vgl. Parkes (1991 und 1992), Saenger (1982 und 1997), Gumbert (1992), Frank (1994, S. 68 ff.) und Chartier/Cavallo (1999).
11 Vgl. Kiessling (1929), S. 10 ff.; Chartier/Martin (1989), S. 95 ff.; Parkes (1991), S. 19 ff.; Raible (1991), S. 10 f.
12 Gumbert (1992), S. 285.
13 Raible (1991), S. 10.
14 Vgl. Chartier/Martin (1989), S. 147 ff.; Saenger (1997), S. 52 ff.; Neddermeyer (1998), S. 21 ff.
15 Frank (1994), S. 94.
16 Zit. nach Koschorke (1999), S. 337.
17 Ott (1995), S. 50.
18 McLuhan (1968b), S. 91. Vgl. dazu näher die wegweisende Untersuchung von Wenzel (1995).
19 Illich (1991), S. 103; Keller (1992), S. 1.
20 Clanchy (1993), S. 2.
21 Keller, in: Keller/Grubmüller/Staubach (1992), S. 3. Vgl. auch Illich/Sanders (1988), S. 47.
22 Vgl. Engelsing (1973a), S. 3 f.; Wendehorst (1986), S. 28 f.
23 Keller (1992), S. 21.
24 Melville (1991), S. 392 f. Vgl. Gert Melville (Hg.): De ordine vitae. Zu Normvorstellungen, Organisationsformen und Schriftgebrauch im mittelalterlichen Ordenswesen. Münster 1996; Neddermeyer (1998), S. 200 ff.
25 Vgl. Polenz (2000), S. 126.
26 Miethke, in: Fried (1986), S. 285.
27 Zit. nach Liebertz-Grün (1988), S. 8.
28 Vgl. Kaestner (1984), 209 ff.; Parkes (1991), S. 66.
29 Vgl. Schmidt (1973), S. 313; Bischoff (1986), S. 294; Chartier/Martin (1989), S. 36 f.; Parkes (1991), S. 299 ff.
30 Vgl. Stock (1983), S. 3 ff.; Wenzel (1995), S. 193 ff.
31 Vgl. Haug (1983), S. 146 f.; Feldbusch (1986), S. 336 ff.
32 Green (1994), S. 293.
33 Vgl. Gumbrecht (1983, S. 170) und – leicht abgeschwächt – Frank (1994, S. 33 ff.).
34 Green (1990), S. 41. Vgl. Hajdu (1931), S. 46 ff.; Haug (1983), S. 145 ff.; vor allem Green (1994), S. 225 ff.
35 Vgl. Skalweit (1982), S. 3 ff.
36 Polenz (2000), S. 116. Vgl. auch Chartier/Martin (1989), S. 88 ff.
37 Vgl. Neddermeyer (1998), S. 220; Polenz (2000), S. 117.
38 Vgl. Bogeng (1973), S. 63.
39 Heinig, in: Heimann (1998), S. 49.
40 Keller (1992), S. 4.

41 Vgl. Wendehorst (1986), S. 25.
42 Schreiner (2002b), S. 131.
43 Stock (1983), S. 522.
44 Maas (1985), S. 63. Vgl. auch Hajdu (1931), S. 5 ff.; Kramm (1932), S. 16 ff.; Schmidt (1973), S. 323; Graff (1987), S. 92 ff.; Neddermeyer (1998), S. 248 ff. Kritisch dagegen: Kock/Schlusemann (1997), S. 199 ff.
45 Vgl. Scholz (1980), S. 205 ff.; Bumke (1986), II, S. 668 ff., 704 ff.; Neddermeyer (1998), S. 232 ff.
46 Haug (1983), S. 155.
47 Vgl. Bumke (1986), II, S. 775 ff.; Walther/Wolf (2001), S. 234 ff.
48 Schmidt (1973), S. 316.
49 Vgl. Cipolla (1969), S. 45 f.; Engelsing (1973a), S. 6; Graff (1987), S. 77.
50 Schmidt (1973), S. 318.
51 Clanchy (1983), S. 8. Vgl. auch Graff (1987), S. 109.
52 Vgl. Treitler (1981), S. 488 ff.; Kasper, in: Kasper/Schreiner (1997), S. 157 – 176.
53 Saenger (1997), S. 131 ff., 141. Vgl. auch Bischoff (1986), S. 229 ff., 232 ff.
54 LMA, II, S. 691. Vgl. auch Eis (1959), S. 278 ff.; Janzin/Güntner (1997), S. 97; Manguel (1999), S. 341 ff.
55 Lülfing (1981), S. 18.
56 Vgl. Hellinga/Härtel (1981), S. 179 ff.; Neddermeyer (1998), S. 310 ff., 333 ff.; Augustyn (2003), S. 17 ff.
57 Dagegen wurden von den ca. 5000 verfügbaren Titeln (Handschriften) mittelalterlicher deutscher Literatur lediglich etwa 10% gedruckt. Vgl. Koppitz (1980), S. 75.
58 Clanchy (1983), S. 20.
59 Vgl. Neddermeyer (1991), S. 315 f.
60 Ott (1995), S. 114.
61 Zinn, zit. nach: Neddermeyer (1998), S. 9.
62 Giesecke (1991, 86 ff.) benutzt für diesen Zusammenhang den Begriff »Typographeum«. Vgl. auch Bechtel (1992), S. 115 ff.
63 Die Revolutionierungsthese vertreten vor allem McLuhan (1962/68a), Eisenstein (1979/96), Ong (1982/87) und Giesecke (1991), S. 34; die These bestreiten Bechtel (1992), S. 559 ff.; Neddermeyer (1998), S. 3 ff., 377 ff., 452 ff.; Chartier/Cavallo (1999), S. 34 f.
64 Harms, in: Faber (1997), S. 61.
65 Vgl. Giesecke (1990), S. 76 ff. Vgl. auch die (selbst)kritische, medienökologische Fortsetzung der Argumentation in Giesecke (2002, S. 202 ff.).
66 Bogeng (1973), S. 1. Vgl. auch S. 75 ff.
67 Hirsch (1974), S. 2.
68 Flasch (2000), S. 441.
69 Vgl. Halbey (1992), S. 24 ff.
70 Vgl. Schottenloher (1968), I, S. 129 ff.; Bogeng (1973), S. 148 ff.; Giesecke (1991), S. 127 ff.; Neddermeyer (1998), S. 359 ff.; Augustyn (2003), S. 21 ff.
71 Boghardt, in: Raabe (1990), S. 24.
72 Vgl. Schlieder (1966), S. 74 ff., 91 ff.; Bogeng (1973), S. 23 ff.; Bechtel (1992), S. 57 ff.; Neddermeyer (1998), S. 256 ff.; Faulstich (1998), S. 252; Gutenberg (2000), S. 170.
73 Giesecke (1991), S. 67.
74 Vgl. Hoffmann (1993), S. 258, 317.
75 Vgl. Müller (1988), S. 208; Giesecke (1991), S. 152 f.; Hoffmann (1993, S. 296) schätzt dagegen das Verhältnis von Pergament- zu Papierbibeln auf 1:3. Vgl. die Übersicht bei Bechtel (1992), S. 438 ff.
76 Zit. nach McLuhan (1968a), S. 275. Vgl. zu den zeitgenössischen Reaktionen Müller (1988), S. 205 ff.; Giesecke (1992), S. 48 f.

77 Hoffmann (1993) S. 317. Vgl. auch Hirsch (1974, S. 32 ff.), Corsten (1983, S. 21 f.), Kapr (1986, S. 178 ff.), Hoffmann (1993, S. 291 ff.) und Füssel (1999, S. 15 f.) zu den Gesamtkosten bzw. zu den Investitionskosten anderer Drucker.
78 Vgl. Halbey (1992), S. 42; Hoffmann (1993), S. 300 ff.; Gutenberg (2000), S. 190 ff.
79 Schmidt (1973), S. 325. Vgl. auch Hellinga/Härtel (1981); Graff (1987), S. 108 ff.
80 Vgl. Widmann (1964), S. 23 f.

8. Buchdruck/Typographie:
Das neue Medium als Medium für das Neue

Die Erschließung neuer kommunikativer Räume: Typographie und Kapitalismus

Die Erfindung des Drucks mit beweglichen Lettern (Typographie)[1] war das Ergebnis einer spätmittelalterlichen Problemlage: Der Bedarf an geschriebenen Texten konnte auch mit den gesteigerten Mitteln der Manuskriptkultur, d.h. mit dem Einsatz arbeitsteiliger, kommerzieller und mit billigerem Papier arbeitender Produktionsmethoden nicht mehr befriedigt werden. Es gab das Lesebedürfnis eines über den klerikalen Bereich erweiterten, pragmatische Orientierung suchenden Publikums, es gab Publikationswünsche einer gelehrten Öffentlichkeit und es gab Kaufkraft. Die Typographie war in der Lage, diese Probleme in kurzer Zeit zu lösen. Dabei sollte sich zeigen, dass das neue Produktionsverfahren mehr konnte als nur die spätmittelalterlichen Engpässe zu überwinden. Es warf Gewinne ab, weil das Produkt zu einer Ware wurde, die sich lukrativ vermarkten ließ. Da die Befriedigung der Nachfrage nach den erwünschten alten Texten zur Nachfrage nach neuen Texten führte, fand auf diesem Wege, den das Buch von nun an Hand in Hand mit der frühkapitalistischen Warenproduktion ging, die eigentliche Expansion statt. Das neue Medium wurde zum Medium für das Neue (Abb. 24).[2]

An der Expansion der Druckwerkstätten (Offizinen), an den Produktionszahlen und an den Inhalten des Gedruckten lässt sich dieser Weg nachvollziehen. Von Mainz aus verbreitete sich die Kunst des Druckens nicht nur im deutschsprachigen Raum (Straßburg und Bamberg, 1459; Köln, 1464; Basel, 1467; Augsburg, 1468; Nürnberg, 1470 u.a.), sondern alsbald auch in Europa, wobei zunächst deutsche Drucker den Anstoß gaben. Schon 1470 existierten 16 europäische Druckorte (darunter Rom, Venedig, Neapel, Paris), zehn Jahre später waren es bereits 87 (davon 36 in Deutschland) und 1490 schon 105. Die Angaben für die Zahl der Druckorte in Europa an der Wende zum 16. Jh. variieren zwischen 265 (Janzin/Güntner) und 81 (Neddermeyer).[3] Die größte Dichte befand sich in Nord- und Mittelitalien (mit Venedig an der Spitze), Süd- und Westdeutschland sowie in Südostfrank-

Abb. 24   Darstellung einer Druckerwerkstatt, um 1600.

reich (Paris, Lyon). Es waren überwiegend Städte mit Anschluss an das große Fernhandelsnetz. Im Verlaufe des 16./17. Jh. schlossen sodann Flandern (Antwerpen), Niederlande (Amsterdam, Leiden) und England (London) auf. Seit 1556 wurde im portugiesisch-indischen Goa, seit 1550 im japanischen Kazuna gedruckt. In Nordamerika wurden die ersten Druckereien im 17. Jh. (Cambridge/Mass., 1638; Philadelphia, 1686; New York, 1693) und in Südamerika erst ab dem 18. Jh. (Santiago de Chile, 1748; Buenos Aires, 1780; Rio de Janeiro, 1806) gegründet.

Der Expansion der Druckorte und Offizinen entsprach die Expansion der Menge und des Inhalts des Gedruckten. Die Zahl der Inkunabeln, d. h. der vor 1500 gedruckten Texte, wird auf etwa 28 300 Titel und 17 Millionen Exemplare geschätzt, von denen sich bis heute etwa 520 000 Exemplare erhalten haben. Rund zwei Fünftel stammten aus deutschen Druckereien, mehr als drei Viertel der Titel waren auf Latein gedruckt.[4] Bis etwa 1490 konzentrierten sich die Drucker auf solche Texte, die zuvor schon und weiterhin handschriftlich produziert worden waren. In den folgenden 30 Jahren expandierte der Druck jedoch allmählich in neue Bereiche, die zuvor nicht oder nur wenig skriptographisch verfasst waren. Dieser Übergang war nicht einfach, da er von partieller Überproduktion und Schrumpfungsprozessen begleitet wurde. Ab etwa 1520 erfolgte dann der Durchbruch zum Medium für das Neue, als mit gedruckten Texten in die religiösen und politischen Auseinandersetzungen eingegriffen wurde und zugleich mit volkssprachlichen Texten, insbesondere mit Flugschriften und der Luther-Bibel, neue Leserschichten erreicht wurden. Dies gelang nicht zuletzt deswegen, weil der Preis für Papier und damit auch der für Gedrucktes bis 1550, dem Ende der Zeit des sogenannten Frühdrucks, stetig sank. Im Verlaufe dieser Entwicklung schlug nicht nur, wie oft festgestellt wurde, Quantität in neue Qualität um. Typographie wurde aufgrund ihrer Form und ihrer Inhalte mehr und mehr zu einem Element des Neuen.

Welche »Form« war das? Spätmittelalterliche Handschriftenproduktion hatte zwar schon zu kleinen Teilen einen kommerziellen Charakter angenommen (z. B. bei der wissenschaftlichen und religiösen Gebrauchsliteratur), blieb aber im Wesentlichen Auftragsproduktion. Für diesen kommerziellen Teil reichten Spezialisten wie die *stationarii* in den Universitätsstädten sowie Direktverkäufer wie z. B. Hausierer oder Verkäufer auf Jahrmärkten, sodass ein besonderer Zwischenhandel nicht nötig war. Dies änderte sich grundlegend beim Druck. Gerade weil erst die höhere Auflagenzahl die hohen Investitionskosten rentabel machte, musste für einen anonymen Markt produziert werden, auf dem die Drucke im Wettbewerb untereinander die Aufmerksamkeit und das Interesse von Käufern erlangen mussten (Abb. 25). Dieser Wettbewerb war riskant, war er doch keineswegs eingespielt. Drucker waren nämlich gezwungen, entweder zugleich auch Verleger zu sein, die das Investitionskapital »vorlegten«, oder sich mit Geldgebern geschäftlich zu verbinden. Sie mussten aber auch im Zwischenhandel als »Sortimenter« aktiv werden, um die Ware an den Mann zu bringen.

Den neuen Typ des Verleger-Druckers und Buchhändlers als Großunternehmer verkörperte vor allem der Nürnberger Anton Koberger († 1513), weil er mit bis zu 100 Gesellen an 24 Pressen nicht nur eine riesige Druckerei besaß, sondern auch ein ausgeklügeltes Vertriebsnetz mit Filialen in den europäischen Zentren unterhielt. Sein Hauptwerk war der Druck der reich mit Holzschnitten bebilderten Weltchronik *Liber chronicarum* (1493) von Hartmann Schedel, die mit ihren 1809 Holzschnitten und der hohen Auflage von 2000 Exemplaren nicht nur der ehrgeizigste Inkunabel-Druck ist, sondern zugleich als »Beginn des modernen Buchlayouts«[5] gilt. Ein weiterer großer Drucker-Verleger war der Venezianer Aldus Manutius († 1515), dessen Quart- bzw. Oktav-Ausgaben griechischer Autoren wegweisend wurden. Über diese modernen, ihrer Zeit weit vorauseilenden Unternehmer, die nicht ohne Abenteurergeist in ein (noch) nicht reguliertes Berufsfeld drangen, dürfen jedoch nicht die vielen kleinen Drucker-Verleger

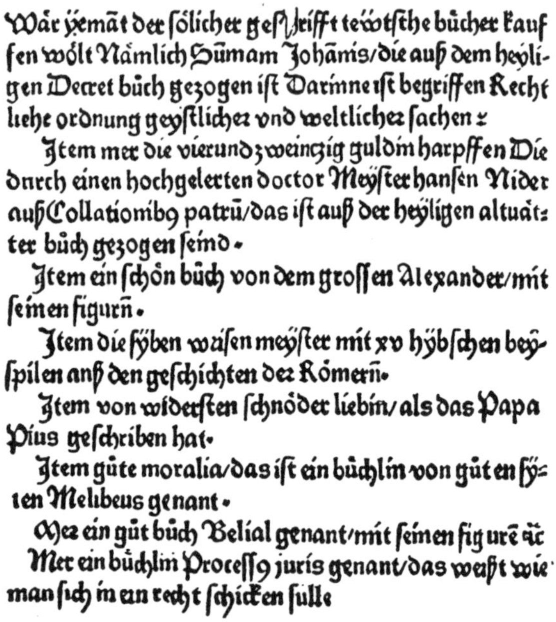

> Wär yemāt der sólicher geschrifft tewtsche bücher kauf
> fen wólt Námlich Sūmam Johānis/die auß dem heyli-
> gen Decret buch gezogen ist Darinne ist begriffen Recht
> liche ordnung geystlicher vnd weltlicher sachen ꝛ
>
> Item mer die vierundzweinczig guldin harpffen Die
> durch einen hochgelerten doctor Meyster hansen Nider
> auß Collationibꝯ patrū/das ist auß der heyligen altuät-
> ter buch gezogen seind·
>
> Item ein schön buch von dem grossen Alexander/mit
> seinen figurn·
>
> Item die syben waisen meyster mit xv hybschen bey-
> spilen anß den geschichten der Römern·
>
> Item von widersten schnöder liebin/ als das Papa
> Pius geschriben hat·
>
> Item gute moralia/das ist ein büchlin von gūten sy-
> ten Melibeus genant·
>
> Oder ein gūt buch Belial genant/mit seinen figurē ꝛc
> Met ein büchlin Processus iuris genant/das waist wie
> man sich in ein recht schicken sulle

Abb. 25   Johann Bämler: Bücheranzeige, 1473.

vergessen werden. Diese bewegten sich zwar ebenfalls schon außerhalb des Zunftgewerbes, blieben aber noch wie die Zunfthandwerker, allerdings mit viel größeren Risiken, auf einen überschaubaren regionalen Raum beschränkt. Hier war bis ins 16. Jh. die Differenz zur Handschriftenproduktion eher gering.

In anderer Hinsicht gab es allerdings einen sehr viel bedeutsameren Unterschied. Die drastische Verbilligung des Bücherpreises führte zu einer folgenreichen Öffnung des Angebots. Indem die Drucke auf den Markt gingen, boten sie sich im Prinzip jedem Käufer an. Sie waren somit »öffentlich« geworden und schufen damit eine neuartige Form von Öffentlichkeit, die über die bisher bekannten, allenfalls »halböffentlichen« Foren von Kirche, Hof, Orden, Universitäten, Schulen und Kontore hinausging. Dieses Angebot galt nicht nur materiell im Sinne der physischen Bereitstellung von Gedrucktem, sondern ebenso sehr im Sinne eines geistigen Verfügbar-Machens durch den Druck. Letzteres unterschied die Ware Buch in ihrem Doppelwesen von anderen Waren und gab dem Buchdruck und dem Buchhandel von Anfang an eine besondere soziale Auszeichnung (vgl. dazu Kap. 9).

Das Neue der Typographie ging also über den Charakter einer ökonomisch potenten Vervielfältigungsmaschine von Druckwerken hinaus. Die neue Technik der Reproduktion schuf, angetrieben von der Dynamik des Marktes, »neue Originale«[6]. Deren Originalität begann bei Äußerlichkeiten und führte bis in die innere Struktur. Äußerlich waren z. B. die Herausbildung eines geordneten Titelblatts mit festen Angaben zu Titel, Verfasser, Drucker und Jahreszahl. Äußerlich waren weitere Standardisierungen des Buchlayouts (Kustoden, Seitenzahlen, Drucktypen, Formate usw.).[7] Sie nahmen in der Vielfalt der Einblattdrucke, die als Werbemedien für den lokal-regionalen Raum eingesetzt wurden, sowie vor allem in der Innovation der Flugschriften, die neue Bedürfnisse nach rascherem Nachrichtenaustausch befriedigten, Gestalt an. Original waren des Weiteren jene Bücher, die ab dem 16. Jh. in neuen Wissensgebieten von zeitgenössischen Verfassern geschrieben wurden, weil es die Möglichkeit des Buchdrucks gab und weil sich die Überzeugung durchzusetzen begann, dass das bisher Ungeschriebene das eigentlich Wichtige sei. Solche neuen bzw. sich im Umfang markant vergrößernden Textsorten, die die »große Nachfrage nach intersubjektiv überprüfbaren Informationen«[8] befriedigten, entstanden vor allem im Bereich der beschreibenden Fachprosa als Ratgeber-, Reise-, Unterweisungs- und Nachschlageliteratur.

Der Kodex konnte sich in seiner materiellen Gestalt dem Neuen nur dadurch öffnen, dass er Ränder und Leerseiten frei ließ für Ergänzungen zum Vorhandenen (Marginalien), d. h., er »schrieb« sich handschriftlich fort. Das Buch als typographisches Produkt war dagegen nach dem Druck fertig und veraltete. Aber gerade dieser Umstand produzierte die Notwendigkeit, ein neues Buch mit dem neuesten Wissensstand herauszubringen und so fort. M. Giesecke hat die Maximen dieses typographischen Neuerungszwanges so formuliert:

> Vergewissere Dich, daß die Informationen, die Du verbreiten willst, tatsächlich neu sind. Neu sind solche Informationen, die bislang noch nicht gedruckt vorliegen – unabhängig davon, wie verbreitet sie ansonsten im professionellen Handeln und Alltagswissen auch sein mögen. Schließe mit Deinen neuen Informationen an die schon gespeicherten Informationen an. Verweise dabei möglichst genau auf die betreffenden Autoren und Werke.[9]

Der aus diesen Sätzen sprechende Geist ist der Geist der typographischen Schriftkultur. Er kulminiert in der Entdeckung des »Neuen« als Qualität *sui generis*, die in alle Lebensbereiche ausstrahlte. Er führte zu einem neuen Autortyp, der seine Autorschaft an die Stelle der alten Autoritäten zu setzen begann. Er führte zu einer neuen »Rhetorik der Wissenschaft«, deren klassischer Ausdruck die nun aufkommende Fußnote ist.[10] Er führte zur neuartigen Autorität der Druckfassung, die das Flottieren der verschiedenen Handschriftfassungen und Textredaktionen beendete. Er führte zu neuen Büchern, da neue Wissensinhalte formuliert wurden. Er führte zu neuen Darbietungsformen, weil der Text – prinzipiell so frei wie eine Ware auf dem Markt frei (verkäuflich) war – so geschrieben sein musste, dass er von anonymen Käufern/Lesern aus sich heraus verstanden werden konnte. Er führte schließlich auch zu neuem Lesen und neuen Lesern.

Doch die vielen Innovationen hatten auch ihre Kehrseite, die – wie die Kritik von Sebastian Brant in seinem *Narrenschiff* (1494) über William Shakespeares *Heinrich VI.* (1594) und Lope de Vegas Komödie *Fuenteovejuna* (1619) bis zu Jonathan Swifts Satire *Die Schlacht der Bücher* (1704) zeigt – nicht nur von konservativ eingestellten Zeitgenossen[11] beklagt wurde. Kritikpunkte waren: die an Marktbedürfnissen orientierte Produktion, die überflüssige Fülle des Gedruckten, die unsorgfältige Herstellung und Ausstattung, die zweifelhafte Selektion und der dadurch bedingte Traditionsverlust der handschriftlichen Literatur. Alles in allem erzeugte die Typographie aufgrund ihrer marktwirtschaftlichen Grundstruktur ein »Aufbrechen traditioneller Kommunikationssysteme«[12] und zugleich den Aufbau eines neuen Kommunikationsnetzes, das nach den Bedürfnissen der Warenproduktion organisiert war.

»Ohne Buchdruck keine Reformation«: Typographie und Protestantismus

»Die Reformation ist als geschichtliche Bewegung in einem eminenten Maß durch Bücher hervorgerufen und bestimmt worden, und sie bedeutet in der Geschichte des Buches eine Epoche.«[13] Dieser Satz ist nur dann richtig, wenn das Wort »Buch« in einem weit gefassten Sinn als »gedruckter Text« verstanden wird und somit das Flugblatt und die Flugschrift einschließt. Aber auch dann noch ist die Reduktion auf das Geschriebene problematisch, wenn nicht zugleich der enge Verbund mit dem gesprochenen und gesungenen Wort sowie mit der Illustration berücksichtigt bleibt. Das vorgelesene und vor allem das gepredigte Wort besaßen angesichts einer weithin illiteraten Bevölkerung auf dem Lande eine hohe Bedeutung. Insofern muss die viel diskutierte Frage, ob es ohne Buchdruck eine Reformation gegeben hätte, immer kontrovers und auch spekulativ bleiben.[14]

Schließlich ist unverkennbar, dass auch die Reformation kein einheitliches Geschehen war. So, wie der Buchdruck nicht auf Gutenberg reduziert werden kann, ist die Reformation nicht allein das Werk Luthers. Vielmehr ist es so, dass die »Prozessinnovation« Typographie auf eine Sukzession von protestantischen Konfessionen traf, die sich im Verlauf eines halben Jahrhunderts von der römischen Kirche ablösten und sich dabei mit unterschiedlichen Entwicklungsstadien des Buchmarkts verbanden. Hinzu kommt, dass beide Bewegungen in einen politisch-sozialen Kontext eingebunden waren, der in Deutschland geprägt war von der Kirchenreform, der Expansion des Städtewesens, den Bauernkriegen und nicht zuletzt von der Herausbildung moderner Landesherrschaft, in deren Machtkalkül die Religion eine bedeutende Rolle spielte.[15] Angesichts dieser Komplexität des Reformationsgeschehens ist eine monokausale Erklärung nicht ausreichend, mag es auch noch so verlockend sein, den rasanten, massenhaften Aufbruch und Erfolg der reformatorischen Bewegung dem Medium zuzuschreiben, das diese Massen zu erreichen in der Lage war.

Problematisch an diesem Ansatz ist des Weiteren die Annahme, es sei die technische Vervielfältigungsmaschine gewesen, die zum Garanten des protestantischen Erfolges geworden sei. Dem steht entgegen, dass das gedruckte Wort im Prinzip jeder an die Öffentlichkeit appellierenden Bewegung zur Verfügung stand. Anders ist es jedoch, wenn das gesamte System der Typographie (als Medium für das Neue) in Betracht gezogen wird. Hier gelang erst Luther der große Durchbruch, weil sein theologisch begründetes »Schriftprinzip« (die Bibel als *primum principium*) homolog wurde mit dem modernen »Öffentlichkeitsprinzip« der Typographie. Diese Koinzidenz von Reformation des Glaubens und »Reformation der Bücher« (B. Moeller) war das Entscheidende: Die neue Konfession des Protestantismus konstituierte sich über das Medium für das Neue und umgekehrt kam die Typographie zu ihrer eigenen neuen Art dadurch, dass sie zum genuinen Ausdruck der protestantischen Lehre wurde. »The medium itself«, so M. Edwards, »became entangled with its message.«[16]

Das protestantische Kernanliegen, das geschriebene heilige Wort der Bibel als höchste Autorität gegenüber Kirche und Papsttum zur Geltung zu bringen, knüpfte an eine mittelalterliche Tradition an, die von religiösen Laienbewegungen (z. B. den Katharern, den Waldensern, der Devotio moderna u. a.) bzw. Kirchenkritikern (z. B. John Wyclif, Johannes Hus, Girolamo Savonarola u. a.) bis zum Humanismus (z. B. Lorenzo Valla, Erasmus von Rotterdam u. a.) reichte. Religiose und Häretiker vermochten es jedoch nicht – und die vorreformatorischen Humanisten wollten es wohl auch nicht, solange sie im Rahmen der Manuskript- bzw. Inkunabelnkultur verblieben –, wirklich öffentlich zu werden, obwohl die Bewegung der Hussiten dem sehr nahe kam. Das von ihnen propagierte »Selbstlesen‹ christlicher Schriften«[17] wurde in dem Moment ein sich selbst verstärkender Prozess mit nie da gewesener Triebkraft, als die Typographie, gewissermaßen ohne den verfälschenden Umweg über die Kirche und die päpstlich-priesterliche Auslegungskompetenz, Gottes Wort direkt mit dem Gläubigen verband. Das hatte es zuvor noch nie gegeben.

Dieses Novum zog aber auch eine neuartige Frömmigkeitsverpflichtung nach sich. Wenn nämlich die protestantische Devise lautete: »Der Brunnen sprudelt von selbst, man muß nur noch trinken«[18], so ist das Entscheidende daran das Gebot, dieses nun für jedermann Erreichbare auch unbedingt tun zu müssen, wenn man sein Seelenheil nicht verspielen wollte. Es war Martin Luther (1483–1546), der die Botschaft des Evangeliums (*solus Christus*) als Grundlage des Glaubens (*sola fide*) gegenüber der Kirche mit der alleinigen Verbürgung durch die Heilige Schrift (*sola scriptura*) fest verband: »So das Euangelion und allerley kunst soll bleyben, mus es yhe ynn buecher und schrifft verfasset und angebunden seyn.«[19] Als protestantisches »Schriftprinzip« ist diese Auffassung abschließend formuliert in der sogenannten Konkordienformel von 1577. Das evangelische Beharren auf Buch und Schrift war »seinem Wesen nach auf Öffentlichkeit hin angelegt«[20] und besaß von daher eine grundsätzliche Affinität zur Typographie. Das gewaltige öffentliche Interesse dokumentiert die folgende Zahl: Über 70 % der Flugschriften zwischen 1520 und 1526 setzten sich mit dem Schriftprinzip auseinander.[21]

Die Medienmacht der Reformation drückte sich auch in der Tatsache aus, dass sowohl die leistungsstärksten Druckereien als auch die großen Papiermühlen in protestantischen Städten (z. B. Wittenberg, Nürnberg, Augsburg, Straßburg u. a.) lagen. Der Protestantismus hat diese Affinität seitdem stets beibehalten, während der gegenreformatorische Katholizismus – in der Folge des Trienter Konzils (1545–63) – sich zwar stärker der Typographie öffnete und in Köln eine Hochburg als Druck- und Buchhandelszentrum besaß, aber doch vorrangig das Ziel verfolgte, »at holding these new functions in check«[22]. Es lag in der Konsequenz des protestantischen Schriftprinzips, das Studium der Bibel zum obersten Gebot für den Christen zu erklären, dabei die Trennung von kirchlich autorisierter Exegese und Laien-Umgang mit der Bibel aufzuheben und deswegen allen Gläubigen den Zugang zur Schrift durch Lehre, Schulung, Übersetzung und Verbreitung zu ermöglichen. Hierin ging Luther als Prediger, vor allem aber als Autor, der die *viva vox evangelii* mit dem geschriebenen Wort propagierte, sowie als Reformer beispielgebend voran.

Der über gedruckte Texte erzielte Erfolg des Reformators gründete sich neben der neuen protestantischen Botschaft vor allem auf deren Propagie-

8. Buchdruck/Typographie 193

Abb. 26 Titelblatt der ersten Gesamtausgabe der Luther-Bibel, 1534.

rung durch die deutsche Sprache und die Übermittlung durch das neue handliche Medium der Flugschrift. Der beispiellose Erfolg begann, nachdem Luther am 31. Oktober 1517 das Grundmanifest des Protestantismus, seine 95 lateinischen Thesen gegen den Ablass, angeblich an das Portal der

Wittenberger Schlosskirche zum öffentlichen Aushang gebracht hatte. Die deutsche Kurzfassung der Wittenberger Thesen, die 1518 unter dem Titel *Ein Sermon von Ablaß und Gnade* erschien, war der Auftakt einer Reihe von reformatorischen Flug- und Kampfschriften, die in wenigen Jahren in vielen Ausgaben, Nachdrucken und Übersetzungen herauskamen. Starken Anteil daran hatte der Teil der Humanisten, der zur Reformation übertrat und sie mit deutsch geschriebenen Texten nachdrücklich unterstützte, an ihrer Spitze Ulrich von Hutten († 1523). Allein von Luther gab es bis 1520 32 gedruckte Schriften in mehr als 500 Ausgaben, die bis 1523 noch anstiegen und etwa ein Viertel der deutschen Jahresproduktion ausmachten.[23] Die Gesamtauflagenhöhe der Luther'schen Schriften bis 1546 (ohne die Bibel) wird auf 3,1 Millionen Exemplare geschätzt. Nimmt man die übrigen protestantischen und katholischen Schriften hinzu, entfielen auf zwei Einwohner im Deutschen Reich ein Exemplar.[24] Dieser markante Schub beflügelte den Druck volkssprachlicher Texte, deren Anteil im Reich gegenüber den lateinischen Drucken, nach Spitzenwerten von etwa 60% um 1525, bis zum Ende des 16. Jh. sich bei etwa 40% einpendelte.[25]

Zu diesem aktuellen Erfolg trat der noch größere und längerfristig wirkende Erfolg der Bibelübersetzung. Luthers Werk übertraf die seit der Mentelin-Bibel (1466) vor ihm herausgebrachten 18 Übertragungen ins Hoch- bzw. Niederdeutsche, weil er einerseits auf griechische und hebräische Fassungen zurückgriff und andererseits einen leserbezogenen Text mit Bildern, Kommentaren und volkstümlicher Sprache vorlegte. Diese sprachkritische und -schöpferische Leistung, deren herausragende Bedeutung für die Herausbildung der hochdeutschen Schriftsprache hier außer Betracht bleiben muss, war ein wichtiger Grund für die einzigartige Erfolgsgeschichte dieses Buches. Die eingedeutschte Bibel wurde, wie H. Karpp hervorhebt, »für viele evangelische Christen mehr oder weniger zu einem zweiten Original«[26]. Nachdem 1522 das Neue Testament mit den Holzschnitten von Lucas Cranach und ohne die Nennung von Luthers Namen gedruckt vorlag, folgte 1534 die ganze Bibel mit Namensnennung. Sie erschien unter dem Titel *Biblia das ist die gantze Heilige Schrifft Deudsch* und in zwei Bänden mit 124 Holzschnitten (Abb. 26). Beide Bücher wurden noch zu Lebzeiten Luthers »Bestseller« in Deutschland und als Übersetzung in die jeweiligen Landessprachen in ganz Nordeuropa verbreitet. Bis 1569 sollen 800 000 Bibeln verkauft worden sein – selbstverständlich ohne irgendein Honorar für den frommen Übersetzer.[27]

Die Entstehung, der Durchbruch und die Festigung des Protestantismus, der Prozess der Konfessionalisierung und – wenn auch in geringerem Maße – die Gegenreformation waren schriftgestützt und damit an die Leistungskraft von Druckerpresse und Typographie gebunden. Diese Verbindung erfuhr durch den engen Verbund mit oralen und illustrativen Kommunikationsformen eine Dynamisierung. Umgekehrt beförderte der Erfolg des gedruckten Wortes in den religiösen Auseinandersetzungen Entwicklungen, die zu einer extensiveren Nutzung im weltlichen Bereich führten. Das wird nirgendwo deutlicher als durch den Vergleich mit dem ottomanischen Reich. Hier galt bis zum 19. Jh. das strikte Verbot, islamische Religionstexte auf Arabisch zu drucken. Zwar durften in Konstantinopel und Saloniki, den beiden einzigen Druckorten des Reiches, bereits ab 1493 aus Spanien und Portugal vertriebene Juden hebräische Texte drucken, sodass hier neben Amsterdam und Venedig ein drittes Zentrum jüdischer (aschkenasischer wie sephardischer) Buchkultur entstand. Auch der Druck christlicher Texte war ab dem 17. Jh. im Libanon in geringem Umfang möglich. Ab 1729 erschienen nicht-religiöse Texte auf Türkisch in arabischen Lettern; ihre Zahl wuchs bis 1929, als in der Türkei das lateinische Alphabet eingeführt wurde, auf 439 Titel mit einer Gesamtauflage von weniger als 20 000 Exemplaren.[28] Aufgrund der Tatsache, dass das Druckwesen im Osmanischen Reich staatlich blieb, keinen großen Umfang erreichte und weder von den religiösen Autoritäten erwünscht noch von einer nur gering alphabetisierten Öffentlichkeit nachgefragt wurde, kam es zu keiner tief greifenden kulturellen Veränderung durch die Typographie.

Druckerpresse und die Entstehung des Pressewesens

Schrift und Schriftlichkeit waren schon im späten Mittelalter nicht mehr allein die Domänen von Kirche und Hof, Klerus und Wissenschaft gewesen. Sie wurden seit dem 16. Jh., verstärkt durch die Möglichkeiten der Typographie, endgültig Mittel der pragmatischen und intellektuellen Kommunikation. Das geschah insbesondere durch das Wirken einer städtischen Öffentlichkeit, für die es neben dem Bereich der Religion noch andere wichtige Bereiche des Informationsaustausches gab. Einer der bedeutendsten wurde das Nachrichten- und Pressewesen, das mit seinen Wurzeln zwar bis in die Antike zurückreichte, seine spezifische Dynamik jedoch erst mit den neuen Verbreitungsmöglichkeiten durch den Druck erhielt. Der Weg, der von dem für das Nachrichtenwesen des 16. Jh. typischen Kommunikationsmittel »Brief« über Flugblatt und Flugschrift schließlich zu Anfang des 17. Jh. zur »Zeitung« und damit zum Beginn des periodischen Pressewesens führte, verlief dabei keineswegs geradlinig.

Funktionierende Nachrichtenübermittlung hatte schon für die antiken Großreiche große Bedeutung. Die gängige Form hierfür war neben der Brieftaubenpost der Botendienst, der mündliche wie schriftliche Informationen transportierte. Auf kürzere Entfernungen kamen Signalsysteme mit optischen oder akustischen Zeichen zum Einsatz. Eine postähnliche Einrichtung war aber auch schon der *cursus publicus* im Römischen Reich, ein regelmäßig befahrenes Straßen- und Wegenetz im gesamten Staatsgebiet, das mit festen Stationen als Ruhe- und Auswechselort für Stafetten (*posita statio*) ausgebaut war. Alle diese Dienste blieben jedoch für den Nachrichtenverkehr von Staatsverwaltung und Militär reserviert. Einzig die von Cäsar eingeführten *acta diurna senatus et populi*, eine Art offizielles Nachrichtenbulletin (»Staatspost«) des römischen Senats und später des Kaisers, waren für eine politische Öffentlichkeit bestimmt.[29]

Das traf auch zunächst noch für das mittelalterliche Botenwesen zu, das ab etwa dem 12./13. Jh. in wachsendem Maße von der römischen Kurie, der kaiserlichen Kanzlei sowie ab dem 14. Jh. von den nationalen und territorialen Fürstenhöfen betrieben wurde. Zugleich gewann jedoch mit dem ökonomischen Aufschwung der Städte, der Entwicklung von Wirtschaftsverbünden (wie z. B. der Hanse) sowie vor allem mit dem Aufkommen des Fernhandels die Wirtschaftskommunikation an Bedeutung, sodass es im 16. Jh. zu einer immer größeren Ausdifferenzierung von nebeneinander existierenden Botenanstalten (sog. Ordinari-Post) und ihrer allmählichen Verflechtung kam. An ihrem Ende stand im habsburgischen Reich der Aufbau eines zentralen Postwesens, das 1595 in der Ernennung Leonhards von Taxis zum »Generaloberstenpostmeister im Reich« gipfelte.[30] Reichspost und Handels-Postlinien (wie z. B. die der Fugger und Welser) verbanden ab der Mitte des 16. Jh. die politischen und ökonomischen Zentren Hollands, Spaniens, Italiens und des Deutschen Reichs mit einem dichten Relais-Netz, das Tagesleistungen von bis zu 160 Kilometer ermöglichte. Nach dem Westfälischen Frieden (1648) kam es zur Gründung von Landesposten, z. B. in Brandenburg-Preußen, Kursachsen, Bayern und Württemberg.

Die in diesen Kommunikationsnetzen erprobten und ausdifferenzierten Formen des Briefes (z. B. Sendbrief, Fehdebrief, Informationsbrief u. a.) konnten unter dem Druck des wachsenden Nachrichtenbedarfs und unter Beibehaltung der tradierten Wege zu Textformen (z. B. offener Brief, Pamphlet, Dialog u. a.) entwickelt werden, die den Arkanbereich der politisch-wirtschaftlichen Korrespondenz zu verlassen begannen. Solche Nachrichten wurden seit dem 13. Jh. und bis ins 17. Jh. »Zeitung« genannt. Zuerst gab es, wie G. Steinhausen erkannte, »gelegentliche politische und Handelsnachrichten«, dann feste Rubriken, dann Beilagen, dann ganze Briefe mit sol-

8. Buchdruck/Typographie

chen Nachrichten (»Zeitungsbrief« bzw. »Newe/Neue Zeitung« und Relation), dann ein: »Zurücktreten der Briefform; regelmäßiger Zeitungsbrief nach Organisation des Postwesens: die Ordinari-Zeitung und die Kaufmannszeitung; [...] handschriftliche Wochenzeitung; gedruckte Wochenzeitung.«[31] Diese Textformen sind als systematische Folge zu verstehen. Tatsächlich existierten sie noch über längere Zeiträume und in einzelnen Regionen nebeneinander, handschriftlich und gedruckt ebenso wie volkssprachlich und lateinisch. Ihr Nebeneinander signalisierte, dass es – mit der kurzzeitigen Ausnahme der reformatorischen Kampfjahre 1520–26 – bis zum 17. Jh. noch überwiegend Teilöffentlichkeiten waren, die publizistisch bedient werden konnten.

Im Typus der »geschriebenen Zeitung« bzw. der »Neuen Zeitung«, die zwar noch nicht für die Öffentlichkeit bestimmt waren, vollzog sich die Emanzipation vom Brief. Am Beispiel der sogenannten *Fugger-Zeitungen*, einer Nachrichtensammlung des Augsburger Handelsunternehmens, die für die Jahre 1568–1605 mit ca. 35 000 Seiten erhalten ist, zeigten sich jedoch schon die zeitungstypischen Merkmale der Aktualität und Universalität (d. h. thematische Vielfalt der Nachrichtenauswahl). Die noch fehlende Publizität (d. h. öffentliche Zugänglichkeit) war im Kontext der Wirtschaftskommunikation eher ein Vorteil. Dagegen trat die *Newe Zeitung* mit dem Anspruch auf Publizität auf. Ab 1480 in geschriebener Form belegt, kam sie ab dem Anfang des 16. Jh. auch in gedruckter Form als Ableger des Flugblatts (Prosa-, Lied- und Spruchzeitung) heraus. Man geht davon aus, dass seitdem bis zu 10 000 Neue Zeitungen in einer Auflage von jeweils 1000 bis 1500 Exemplaren erschienen sind.[32]

Wichtig ist: Der Schritt in die Öffentlichkeit geschah in handschriftlicher Form, obwohl die Typographie schon existierte. Anfänglich beschränkten sich die gedruckten Neuen Zeitungen sogar nur darauf, handgeschriebene nachzudrucken. Auf diese Weise gingen die skriptographischen Berichtsformen in die typographischen über. Die Publikation konnte von den Empfängern der Nachrichten ausgehen oder aber auch von den Korrespondenten selbst. Sobald diese jedoch erkannten, dass ihr Wissen nicht nur als Neuigkeit (Aktualität) Wert hatte, sondern für eine weitere, letztlich anonyme Öffentlichkeit relevant war, d. h. einen Publizitäts-Wert besaß, der zugleich auch einen lukrativen Warenwert hatte, reichte die geschriebene Korrespondenzform nicht mehr aus. Auch wenn es handgeschriebene Korrespondenzen und Zeitungen, nicht zuletzt zwecks Umgehung der Zensur, bis ins 18. Jh. immer wieder gegeben hat, war doch klar, dass für die volle Ausnutzung des Publizitäts-Prinzips allein die Typographie infrage kam.

So betrachtet, entstand die Zeitung nicht einfach aus dem brieflichen Verkehr, wie Steinhausen argumentierte, sondern ebenso sehr durch die Typographie des gedruckten Blatts, wenngleich auch dieses sich zuerst skriptographisch konstituierte. Das Flugblatt ist als einseitig bedruckter, häufig auch illustrierter Text, überwiegend im Folioformat mit einem Umfang von einem halben bis ganzen Druckbogen, definiert. Erhalten haben sich bis heute etwa 2000 Blätter; die wirkliche Produktionszahl dürfte ein Mehrfaches davon betragen haben. Schon 1567 als »fliegende Zeitung«[33] bezeichnet, erfüllte das Flugblatt neben seinen Funktionen als Werbeträger und Mittel der aktuellen Politik, Religion und Kunst vor allem die Aufgabe eines öffentlich zugänglichen Nachrichtenmediums, das von Anfang an kommerzielle Ausrichtung und propagandistische Wirkungsabsicht miteinander verband. M. Schilling hat diese Rolle als »Bildpublizistik der frühen Neuzeit«[34] herausgestellt.

Davon zu unterscheiden ist die Flugschrift, die mit bis zu fünf Druckbögen ein nicht gebundenes, mehrseitiges Heft im Quartformat war, das keine oder nur wenige Illustrationen aufwies. Im Text anspruchsvoller, da detaillierter und argumentativer, stand die Flugschrift in Aktualitäts-, Universalitäts- und Publizitätsanspruch dem Flugblatt nicht nach, obwohl sie Lesefähigkeit voraussetzte. Die Autoren kamen aus allen Bevölkerungsschichten, darunter auch Frauen; es dominierten jedoch studierte Verfasser, d. h. vor allem Geistliche.[35] Anonym erschien die wichtigste Flugschrift der aufständischen Bauern (*Zwölf Artikel*, 1525). Berühmte Flugschrift-Autoren waren neben Martin Luther Sebastian Brant, Ulrich von Hutten, Andreas Karlstadt, Thomas Müntzer, Thomas Murner, Hans Sachs u. a.; sie produzierten nicht selten ganze Serien bzw. trugen längere Kontroversen aus. Flugblatt und Flugschrift arbeiteten als nicht-periodische Nachrichtenmedien dem Pressewesen des 17. Jh. vor, obwohl sie als selbstständige Textgattungen bis zum 20. Jh. nicht außer Gebrauch kamen. Dabei legten der Charakter als billige, leicht zu verbreitende Handelsware und die Produktionsform des (illustrierten) Druckes den Grund dafür, »daß die Informationsmöglichkeiten durch Flugblatt, Flugschrift und Zeitung dem Gemeinen Mann in der frühen Neuzeit eine völlig neuartige Erfahrung boten«[36], die Erfahrung nämlich, in einer Zeit zu leben, in der jeder vom Neuen mehr als vom Althergebrachten bestimmt war.

Mit dem Hinzutreten des Merkmals der Periodizität wurde diese Erfahrung noch gesteigert. Die Entscheidung, das Nachrichtenmedium in regelmäßigen Abständen erscheinen zu lassen, basierte auf der Überzeugung, dass immer wieder genügend Neues zu erwarten sei. Das war zugleich das Grundversprechen der Typographie. Je weniger das Periodikum rückbli-

Abb. 27   Titelblatt der Straßburger Relation, 1609.

ckend das vergangene Neue zusammenfasste, wie das zunächst noch in den ab 1583 jährlich, ab 1588 halbjährlich erscheinenden Messrelationen der Fall war, und je kürzer der Zeitraum der wiederkehrenden Publikation wurde, desto stärker trat die stetig fließende Aktualität von Gegenwart und Zukunft in den Blick. Das war die eigentliche Geburtsstunde der (periodischen) Presse. Wochen- und Tagespresse konnten erst dort entstehen, wo »Zeitung« nicht mehr als je einzelne Nachricht, sondern als Gesamtheit von Nachrichten verstanden wurde und wo mit einem »Blatt« in vielen Exemplaren verschiedene Nutzungsmöglichkeiten in Aussicht gestellt wurden, sodass vielen vieles geboten werden konnte.

Der Weg bis zu diesem Ziel war freilich noch lang. Die Messrelationen waren als »regelmäßig erscheinende Druckschrift mit universaler Berichterstattung, die öffentlich zum Kauf angeboten wurde«[37], der erste Schritt. Ausgehend von den großen Messestädten (Köln, Frankfurt, Magdeburg und Leipzig) erreichten sie um 1600 ihre größte Verbreitung; bis 1648 sind 107 Grundeinheiten in 604 Titeln nachgewiesen worden. Die letzte Messrelation datiert aus dem Jahr 1806.[38] Als erstes monatlich erscheinendes Presseorgan wird der Rorschacher *Annus Christi* von 1597 betrachtet, von denen aber nur zwölf Ausgaben erhalten sind.[39] Nur wenig später kamen die ersten deutschen Wochenzeitungen heraus. Nicht von 1609, wie lange Zeit überliefert wurde, sondern schon von 1605 dürfte die Straßburger *Relatio* stammen, gefolgt von dem Wolfenbütteler *Aviso* von 1609 (Abb. 27).[40] Sie begründeten die Zeitung als »neuartiges Medium«[41], indem sie erstmals und umfassend die Kriterien der Periodizität, Aktualität, Universalität und Publizität erfüllten. Es waren kleine, handliche Blätter im Quartformat mit einem Umfang von vier bis acht Seiten, bestückt mit verschiedenen Korrespondentenberichten aus Europa. Mit einer Druckerpresse ließen sich im 17. Jh. bis zu 600 Exemplare pro Tag herstellen; die durchschnittliche Auflage dürfte jedoch zwischen 250 bis 400 Stück gelegen haben.[42] Für die Jahre 1650–52 sowie 1660–64 sind in Leipzig bereits einige wenige täglich erscheinende Blätter (sog. Einkommende Zeitungen) belegt. Festzuhalten bleibt, dass die Presse innerhalb von knapp 70 Jahren durch einen »vehementen Akzelerationsprozess des Nachrichtenausstoßes […] einen Intervallrhythmus erreicht hat, der in den beiden darauf folgenden Jahrhunderten nicht wesentlich überboten werden konnte«[43].

Deutschland war das früheste und noch lange Zeit darüber hinaus das Land mit der größten Zeitungsdichte in Europa. Die Ursachen hierfür dürften die zentrale mitteleuropäische Lage, die religiöse Spaltung und vor allem der Dreißigjährige Krieg sowie die Vielzahl der selbstständigen Territorien gewesen sein. Sie sorgten zugleich für ein wechselvolles Auf und Ab in der quantitativen Entwicklung, die insgesamt gesehen dennoch steil nach oben führte. Für das ganze 17. Jh. lassen sich 199 Zeitungen für mehr oder weniger kurze Erscheinungszeiträume und oft nur noch als Titel nachweisen. Die wirkliche Zahl mag sehr viel größer gewesen sein. Die insgesamt für das 17. Jh. belegten 80 Druckorte verteilten sich über ganz Deutschland, mit allerdings größerer Dichte im süddeutschen Raum sowie in Hamburg. Im letzten Drittel des 17. Jh. gab es etwa 60 bis 70 parallel erscheinende Zeitungen, deren Gesamtauflage J. Wilke auf 20 000–30 000 Exemplare »pro Erscheinungsintervall« schätzt. Das entspräche einer Reichweite von »20 bis 25 Prozent in denjenigen Kreisen […], die für das politische, kirchliche, wirtschaftliche und kulturelle Leben in Deutschland maßgeblich waren«.[44] Das Pressewesen der anderen europäischen Länder kam gegenüber Deutschland später und nur in halb so großem Umfang in Gang: Schweiz 1610, Holland 1618, Spanische Niederlande 1620, England 1621/65, Frankreich 1631, Italien 1643, Schweden 1645, Spanien und Polen 1661, Dänemark 1672, Russland 1703.[45]

Die periodische Presse des 17. Jh. war aufgrund ihrer Konstitutionsbedingungen (Nachrichtenbeschaffung aus offiziösen Quellen, Beschränkung auf wohl situierte Abonnenten, Neutralitätszwang und Berichtsverbot über das lokal-regionale Herrschaftsgebiet) im Kern herrschaftsnah. Insofern war die Kollision mit dem Arkananspruch staatlicher Herrschaft im 16./17. Jh. noch kein Thema, weil die Informierung auf auswärtige Hauptereignisse (Fürstenpolitik, Krieg, Katastrophen usw.) beschränkt zu bleiben hatte und deswegen noch nicht bis zum Räsonnement vorstoßen konnte. Gleichwohl ist es die Leistung der frühen Presse, dass sie durch die schriftliche »Publizierung von Politischem grundsätzlich aus dem Legitimitäts- und Funktionsgefüge traditionaler Herrschaftssysteme herausragt« und damit »kommunikations- und mentalitätsgeschichtlich einen wichtigen Beitrag zur Säkularisierung in der Wahrnehmung des Politischen geleistet hat«.[46] Das zeigte die zwischen 1676 und 1726 stattfindende Diskussion über *Zeitungs Lust und Nutz*, so der Titel von Kaspar Stielers 1695 erschienenem Debattenbeitrag, sehr deutlich. Sie arbeitete damit der aufklärerischen Funktionsbestimmung von Literatur und dem ganz wesentlich schriftbasierten Projekt der Aufklärung im 18. Jh. vor, ohne schon selbst dazuzugehören.

Schrift, Typographie, Kommunikationskontrolle und Zensur

Der Begriff »Kommunikationskontrolle« bezeichnet, in einem umfassenderen Sinn als der der »Zensur«, »unterschiedliche interne und externe Einwirkungsmöglichkeiten auf ein Kommunikationssystem«[47]. Solche Einwirkungen werden entweder durch strukturelle Macht oder mittels (präventiver) Kontrolle bzw. Prüfung (*censura*) durch herrschende Machtgruppen ausgeübt. Letzteres wird zumeist Zensur genannt. Sie lediglich als ein reaktives Phänomen (z. B. als »Notwehr der Macht«[48]) zu betrachten, verkennt die konstitutive Einbindung von Sprache und Schrift in Herrschaft. Insofern hat es strukturelle Kommunikationskontrolle gegeben, solange es Äußerungen von Menschen in vergesellschafteten Zusammenhängen gibt, d. h. schon immer. Im Bereich des gesprochenen Wortes funktionierte sie auf den verschiedenen Ebenen vom Zwang zur sprachlichen Anpassung bis zum Tabu. Im Bereich des geschriebenen Wortes existierte dieses Problem so lange nicht oder kaum, wie der Schriftgebrauch in den frühen Hochkulturen ohnehin reserviert war für die Herrschaftseliten.

Erst als Schriftkompetenz immer mehr eine gesellschaftliche Notwendigkeit geworden war und sich – gestützt auf ein leichter erlernbares Schriftsystem, die Erschwinglichkeit von Schriftträgern und funktionierende Formen einer literalen Kommunikation – der Zugang dazu öffnete, wurde Kommunikationskontrolle komplizierter. Mit der Ausdehnung der Schriftlichkeit in die wichtigsten Lebens- und Wissensbereiche und bis in den Alltag musste sich der Konflikt darüber zuspitzen, ob und auf welche Weise divergierende Meinungen im Medium der Schrift geduldet werden durften. Mit der Typographie wurde dieser Konflikt auf eine neue Ebene gehoben, denn von da an handelte es sich nicht mehr nur um abweichende Meinungen jeweils in Einzelfällen, sondern es ging um den öffentlichen Streit von Instanzen der Legitimität, d. h. um das generelle Recht auf bevormundende Kontrolle bzw. mündige Kritik. Dieser Streit entfaltete sich im Verlauf der Neuzeit und erreichte mit der verfassungsmäßigen Kodifizierung des Rechts auf freie Meinungsäußerung in der *Bill of Rights* des Staates Virginia (1776) eine neue Stufe. Er kann hier nicht näher thematisiert werden. Festzuhalten bleibt jedoch, dass damit das geschriebene Wort – von der Flugschrift über die periodische Presse bis zur wissenschaftlichen und belletristischen Literatur – einen hohen Rang erhielt, sei es negativ in der Diskriminierung als gefährlicher, sei es positiv in der Emphatisierung als befreiender Text.

Halfen in einer oral dominierten Kultur Maßnahmen gegen die Person als Urheber missliebiger Meinungen (Bestrafung, Vertreibung, Hinrichtung), wie seit der griechisch-römischen Antike und dem prominenten Fall des Sokrates vielfach belegt, gestaltete sich die Verfolgung inkriminierter Meinungen in geschriebenen Texten wesentlich schwieriger. Das brachiale Mittel der Büchervernichtung (Verbrennung, »Buchhinrichtung«[49]) oder die mildere Form des Bücherverbotes (Sekretierung, Entfernung aus den Bibliotheken) brachten zumeist nur kurzfristige Abhilfe, wie gerade die römischen Maßnahmen zur Erhaltung der Staatsreligion (gegen Astrologie, orientalische Kulte und Christentum), zur Wahrung der Staatsautorität sowie zum Schutz vor Verspottung zeigten.[50] Dennoch behielten die gewalttätigen Akte der Bücherverbrennung, als staatlich angeordneter Scheiterhaufen bzw. als befohlenes Niederbrennen von Bibliotheken, eine traurige Kontinuität. Sie reichen von der totalen Bücherausrottung unter dem chinesischen Kaiser Shi Huang-ti (221–206 v. Chr.) über die spanische Inquisition bis zum Ersten Weltkrieg (Bibliothek von Löwen, 1914), zur nationalsozialistischen Bücherverbrennung 1933 und darüber hinaus.[51] Doch auch die Vernichtung von »Schriften als Symbole drückend empfundener Obrigkeit«[52], wie es bei sozialen Protesten immer wieder geschah, kam häufig genug vor.

Tiefgreifender als die physische Vernichtung ist der Versuch, die Entstehung bzw. Verbreitung missliebiger Schriften im Ursprung, d. h. durch eine vom Einzelfall losgelöste Vorzensur systematisch zu unterbinden. Der Vorschlag hierfür stammt von keinem Geringeren als Platon im 7. Buch seines staatsphilosophischen Dialogs *Nomoi* (817 b – d). Aber auch dort, wo tatsächlich von der nachträglichen Verfolgung zu gesetzlichen Präventivmaßnahmen übergegangen wurde, wie z. B. bei Kaiser Diokletians Christenverfolgung (ab 303), war nicht zu verhindern, dass Verbotenes weiterhin geschrieben, kopiert und verbreitet wurde. Die präventive Kommunikationskontrolle verschärfte sich erst mit den Buchreligionen. Schon die Herausbildung des Kanons heiliger Texte ist als ein tief greifender interner Zensurakt zu verstehen, der das Verbindliche ein- und konkurrierende Texte als *Apokryphen* ausgrenzte, um die schriftgestützte Rechtgläubigkeit gegen Häresie und Zweifel abzusichern.

Im Christentum war es vor allem die Institution der Amtskirche, die in Ausübung ihres apostolischen Lehramts mit ihren Entscheidungsinstanzen (Papst, Bischof und Konzil) beanspruchte, abweichende und heidnische Lehrmeinungen und deren Schriften zu verbieten bzw. sogar zu vernichten. Als heterodox verfolgt wurden z. B. Gnosis, Arianismus und der jüdische Talmud. Dementsprechend bildete sich schon bis zum 6. Jh. das *Decretum Gelasianum* heraus, das die von der römischen Kurie akzeptierte sowie ausdrücklich auch das abgelehnte, gebannte Schrifttum auflistete. Es ging in stetig vervollständigter Form im *Decretum Gratiani* (um 1140), dem ersten Teil des *Corpus iuris canonici*, auf und bildete damit die Vorform des späteren förmlichen Index der katholischen Kirche. Die griechisch-orthodoxe Kirche kannte – außer Sekretierungsanordnungen – solche kirchenamtlichen Listen nicht, während es im Judentum ab 1594/96 einen hebräischen *Index expurgatorius* gab.[53]

Die eigentliche Geschichte der präventiven Kommunikationskontrolle und Zensur begann jedoch, als die Druckerpresse zu arbeiten anfing. Indem der gedruckte Text als Medium für das Neue den überschaubaren privatlokalen Raum der Gesprächskommunikation sowie die Reichweite handgeschriebener Information überschritt und damit andere, neue Leserschichten erreichte, konstituierte er eine Instanz, die als »Öffentlichkeit« bezeichnet werden kann. Im Kampf um die Reformation war diese Öffentlichkeit eine Tatsache geworden, weil die umstrittene Glaubensinhalte diskutierenden Schriften dem gemeinen Mann zugänglich gemacht wurden und ganz wesentlich von der Absicht geprägt waren, als öffentlich zu verhandelnde Texte rezipiert zu werden. Auch wenn die große Resonanz der religiösen Meinungskämpfe wieder abnahm, blieb doch der durch sie konstituierte Anspruch auf Publizität erhalten. Dieser Anspruch musste, ausgetragen in einem langen Auseinandersetzungsprozess, zwangsläufig in Konflikt mit der Definitionsmacht von Kirche und Staat geraten. Denn das gedruckte Wort strebte danach, gemäß seinem Doppelcharakter als kommerzielle Ware und allgemein interessierendes Wissens-Gut, zum allgemein gültigen Ausdruck einer letztlich nur durch sich selbst beschränkbaren Vernunft zu werden. Der Name dafür ist »Preßfreiheit«, d. h. die Freiheit, ohne Beschränkung in die Druckerpresse geben zu dürfen, was als Ware verkaufbar ist und als geistiges Gut der Allgemeinheit dient. Entsprechend formulierte John Milton in seinem Traktat *Areopagitica* (1644): »Wer einen Menschen mordet, tötet ein vernunftbegabtes Geschöpf, das Ebenbild Gottes. Wer aber ein gutes Buch vernichtet, der tötet die Vernunft selbst.«[54]

Präventive Kommunikationskontrolle in Gestalt der Vorzensur für Gedrucktes war der Versuch, diese Entwicklung erst gar nicht in Gang kommen zu lassen. Sie entstand deswegen auch lange bevor der Gedanke einer Pressefreiheit ausformuliert werden konnte. Dementsprechend sind einzelne kirchliche Vorzensur-Maßnahmen für Köln (ab 1479) und Mainz (ab 1486) belegt. Es folgten ab 1501 weitere päpstliche Zensurerlasse, die ab 1515 eine generelle Vorzensur einschlossen. Im Kampf gegen den Protestantismus mit den Beschlüssen des Konzils von Trient (1545–63) verschärften sich diese Maßnahmen und gipfelten in den Jahren von 1564 bis 1587 in der Institutionalisierung des *Index librorum prohibitorum*. Diese ständig erneuerte Liste der für die gläubigen Katholiken verbotenen Bücher blieb bis 1966 gültig.[55] Die Praxis der Indizierung kommentierte der aufklärerische Schriftsteller Georg Christoph Lichtenberg ironisch: »Das Buch, das in der Welt am ersten verboten zu werden verdiente, wäre ein Katalog verbotener Bücher.«[56]

Neben der kirchlichen Zensur existierte eine kaiserliche bzw. territorialstaatliche Aufsicht über Buchdruck, Buchhandel und Presse, die sich ab dem 16. Jh. immer stärker differenzierte. Beginnend mit dem Verbot der Schriften des Humanisten Johannes Reuchlin (1512) sowie mit dem Wormser Edikt von 1521, das alle Schriften Luthers verbot und die Vorzensur einführte, wurde im Laufe des 16. Jh. das Hoheitsrecht der kaiserlichen Oberaufsicht (»Bücherregal«) konstituiert. Es erlegte den Landesherren die Vorzensur-Pflicht auf, belegte Zuwiderhandlungen mit Strafandrohung und erließ die Vorschrift, dass Druckereien nur noch in Reichs- und Residenzstädten betrieben werden durften. Ein Edikt Kaiser Karls VI. (1715) bekräftigte die Regelungen, indem es den Schutzbereich von der Religion auf das Reich ausweitete, zugleich aber auch die Niederlassungsfreiheit von Druckereien erlaubte.[57] Organe des kaiserlichen Bücherregals waren der Reichshofrat in Wien und die ab 1567 in Einzelfällen, ab 1597 ständig tätige Frankfurter Bücherkommission. Deren Tätigkeit kollidierte nicht selten mit den unterschiedlichen Kontrollmaßnahmen der Territorien, die vor allem im protestantischen Bereich die prokatholische kaiserliche Aufsicht an den Rand drängten. Ähnliche staatliche Vorzensur-Maßnahmen sind für andere europäische Länder wie z. B. Frankreich (ab 1521/51), England (ab 1526) und die Niederlande (ab 1544) belegt. Abgeschafft wurde die Vorzensur zuerst in England (1695). Am Ende des 18. Jh. gab es Pressefreiheit z. B. in den USA, den Niederlanden, Frankreich und Dänemark; in den meisten übrigen Ländern fiel die Vorzensur erst im 19. Jh.

Vorzensur, so lässt sich die Entwicklung bis zum 18. Jh. zusammenfassen, ist »aus dem Geist der Schrift entstanden«[58], d. h. ein Produkt der modernen Schriftkultur. Sie ist nicht nur autoritäre Reaktion auf missliebige oder missbräuchliche Schriftverwendung, sondern genuines Ergebnis eines Kulturprozesses, in dem Schriftlichkeit einen eigenständigen Wert erlangt hat. Dabei gehört es zur inneren Logik dieses Prozesses, dass die praktische Ausübung der Zensur lange Zeit bestallten Gelehrten, d. h. Experten der Schriftkultur, oblag. Diese wiederum waren als Angestellte ihrer jeweiligen Obrigkeiten gezwungen, jenseits von Wahrheitsansprüchen ein Bündel divergierender Interessen, wie z. B. Staatsräson, außenpolitische Rücksicht, Religionsfrieden und vor allem ökonomische Vor- und Nachteile beim Wirtschaftsfaktor Druckerei/Verlag, abzuwägen. Zensur war daher in der Praxis – wenigstens in Deutschland bis zum 18. Jh. – oft ein Arrangement zwischen isolierten Autoren ohne Rechte, Verlegern mit starken wirtschaftlichen Interessen und »zurückhaltenden Obrigkeiten«[59]: Im Extremfall konnte sie sogar erwünscht sein, wenn es galt, sich gegenüber Konkurrenten Vorteile zu verschaffen. Dennoch war die Zensur insgesamt nicht harmlos.

Indem Zensur dem als »schädlich« betrachteten Geschriebenen Fesseln anlegen will, setzt sie gegen ihre Absicht eine Aufwertung in Gang, durch die das geschriebene Wort erst recht mit Wirkungsmacht ausgestattet wird. Von dieser sozialen (und ästhetischen) Konstruktion der besonderen Wirkungsmacht der Literatur ist die moderne Schriftkultur seit dem 18. Jh. geprägt; sie übertrug sich im 20. Jh. auf die Wirkungsmacht der audiovisuellen Medien. So betrachtet, ist es sehr schwer, den »Schaden« von Zensur und Kommunikationskontrolle für die Entwicklung der Schriftkultur abzuschätzen, wenn man den indirekten »Nutzen« berücksichtigt. Das wechselseitige Aufrechnen der vielen Opfer der Zensur (unterdrückte Texte, verfolgte Autoren) gegen die vielen Siege über sie, weil letztlich doch alles gedruckt wurde, kann nicht befriedigen. Eher möchte man es dann mit U. Eisenhardts Fazit halten und glauben, dass das Versagen der Bücheraufsicht im 18. Jh. »das notwendige Maß an Freiheit geschaffen [hat], das die Veröffentlichung so mancher geistigen Leistung erst ermöglicht hat«[60].

1 Der in der Forschung weithin benutzte Begriff »Buchdruck« ist leider recht unscharf. Einerseits ist er ein Synonym für das Drucken mit beweglichen Lettern, d. h. für die Druck-technik, andererseits bezeichnet er das Produkt dieser Technik, d. h. den gedrukkten Text. Dieses Produkt mit dem Oberbegriff »Buch« zu umschreiben, bedeutet jedoch die Ausweitung einer Leitvorstellung des 18./19. Jh. auf die frühe Neuzeit, was in Anbetracht der sehr unterschiedlichen gedruckten Textformen seit dem 16. Jh. nicht angemessen ist. Der Begriff »Buchdruck« wird daher im Folgenden nur dann verwendet, wenn direkt oder indirekt zitiert oder wenn explizit der Druck von Büchern gemeint ist. Ansonsten werden die Begriffe »Drucktechnik«, »Typographie« oder »Druck« benutzt.
2 Ein Nachweis für diese Formulierung konnte nicht gefunden werden.
3 Vgl. Janzin/Güntner (1997), S. 119; Neddermeyer (1998), S. 149; weitere Angaben: vgl. Graff (1987), S. 114; Chartier/Martin (1989), S. 196 ff.; Raabe (1990), S. 53; Wittmann (1999), S. 27; HSK 10.1 (1994), S. 91; Gutenberg (2000), S. 238 ff.
4 Vgl. Dachs/Schmidt: Wieviel Inkunabelnausgaben gibt es wirklich? In: Bibliotheksforum Bayern 2 (1974), S. 83—95; Neddermeyer (1998), S. 121, 131; Wittmann (1999), S. 27; Füssel (1999), S. 76.
5 Vgl. Goff, in: Hellinga/Härtel (1981), S. 32; Janzin/Güntner (1997), S. 141.
6 Giesecke (1991), S. 319.
7 Vgl. Eisenstein (1980), S. 80 ff.; Giesecke (1991), S. 420 ff.; Corsten (1995), S. 169 f.
8 Giesecke (1991), S. 513.
9 Giesecke (1991), S. 427.
10 Vgl. Ukena (1977), S. 43 ff.; Cahn (1997), S. 96
11 Vgl. z. B. die Schrift des Sponheimer Abts Johannes Trithemius, De laude scriptorum (1494), der »noch einmal das Banner der alten Kunst gegen die heraufziehende neue Zeit erhebt« (Mummendey, 1984, S. 203). Der venezianische Dominikaner Filippo di Strata schrieb um 1500: »Est virgo hec penna, meretrix est stampificata« – Die Feder ist eine Jungfrau, die Druckerpresse eine Hure (zit. nach Ariès/Chartier, 1991, S. 127). Weitere Belege gibt Schreiner (1975), S. 204 ff.
12 Giesecke (1991), S. 362.
13 Moeller (1979), S. 30.
14 Vgl. dazu die kontroversen Beiträge von Moeller, der die Formel »Ohne Buchdruck keine Reformation« (S. 30) geprägt hat, sowie Scribner und Ozment, in: Mommsen (1979), S. 44 f, 46 ff.; Weyrauch (1981), S. 243 ff.; Köhler (1987), S. 339 ff.; Flachmann (1996), S. 174 ff.

8. Buchdruck/Typographie

15 Vgl. die nach wie vor einschlägige Einführung in die Geschichte der deutschen Reformation von Rainer Wohlfeil (München 1982) sowie: Bernd Moeller: Deutschland im Zeitalter der Reformation. München 1979.
16 Edwards (1994), S. 2.
17 Giesecke (1991), S. 161.
18 Giesecke (1991), S. 163.
19 WA 15, S. 14f., 49, zit. nach Flachmann (1996), S. 1.
20 Flachmann (1996), S. 328.
21 Vgl. Köhler (1986), S. 259.
22 Eisenstein (1980), S. 355.
23 Zu den unterschiedlich bezifferten Mengenangaben vgl. Holborn (1942), S. 129ff.; Engelsing (1973a), S. 28ff.; Köhler (1986), S. 249ff.; Edwards (1994), S. 17ff.; Faulstich (1998), S. 162ff.; Neddermeyer (1998), S. 518ff.
24 Vgl. Edwards (1994), S. 39. Köhler (1986, S. 249f.) beziffert die Gesamtzahl der Flugschriften (1501 – 1530) auf 10000 Ausgaben mit ca. 10 Millionen Exemplaren, sodass im Durchschnitt auf einen Einwohner ein Flugschriftenexemplar entfiel.
25 Vgl. Neddermeyer (1998), S. 525, 530.
26 Karpp (1992), S. 245.
27 Vgl. Neddermeyer (1998), S. 534; Füssel (1999), S. 120ff. Engelsing (1973a, S. 29) nennt kleinere Zahlen.
28 Vgl. Kreiser (2001), S. 9 – 16.
29 Vgl. Beyrer/Dallmeier (1994), S. 8f.
30 Vgl. Behringer (1990), S. 25ff.
31 Steinhausen (1928), S. 63.
32 Vgl. Lang (1987), S. 57; Wilke (2000), S. 21.
33 Vgl. Schilling (1990), S. 3; Schwitalla (1999), S. 2ff.
34 Vgl. Schilling (1990), S. 170ff.
35 Vgl. Köhler (1987), S. 318; Schwitalla (1999), S. 17ff.
36 Schilling (1990), S. 101.
37 Bender (1987), S. 61.
38 Vgl. Bender (1987), S. 62f.; Schröder (1995), S. 19ff.; Wilke (2000), S. 30ff.
39 Vgl. Lang (1987), S. 59; Schröder (1995), S. 22ff.
40 Vgl. Johannes Weber: »Unterthenige Supplication Johann Caroli / Buchtruckers.« Der Beginn gedruckter politischer Wochenzeitungen im Jahre 1605. In: AGB 38 (1992), S. 257 – 265; Schröder (1995, S. 26ff.) geht noch – wie die gesamte frühere Forschung – vom Gründungsjahr 1609 aus.
41 Schröder (1995), S. 28.
42 Vgl. Weber (1999), S. 23; Wilke (2000), S. 46.
43 Berns (1987), S. 185.
44 Vgl. Martin Welke: Rußland in der deutschen Publizistik des 17. Jahrhunderts. In: Forschungen zur europäischen Geschichte 23 (1976), S. 164; Weber (1997), S. 32f.
45 Vgl. Weber (1997), S. 29f.; Wilke (2000), S. 66f.
46 Weber (1999), S. 33, 44.
47 Fischer (1982), S. 5.
48 Vgl. Assmann (1987), S. 21.
49 Vgl. Rafetseder (1988), S. 174ff.
50 Vgl. Speyer (1981), S. 51ff.
51 Vgl. Haarmann (1990), S. 184; Manguel (1999), S. 328ff.; Battles (2003), S. 41, 179ff.
52 Rafetseder (1988), S. 23; Ariès/Chartier (1991), S. 126f.
53 Vgl. LMA, IX, S. 535f.

54 Zit. nach Raabe (1991), S. 3.
55 Vgl. Raabe (1991), 18 ff.; Füssel (1999), S. 74 f.
56 Zit. nach Kiesel/Münch (1977), S. 112.
57 Vgl. Eisenhardt (1970), S. 40 f.; Kiesel/Münch (1977), S. 112 f.
58 Assmann (1987), S. 19.
59 Stöber (2002), S. 160 ff.
60 Eisenhardt (1970), S. 154.

9. Typographische Schriftlichkeit, Buch und Buchhandel bis zum 18. Jahrhundert

Die »typographische Erfassung des Lebens« als Standardisierung: Hochsprache, Zentralperspektive, Mathematik

Dass die Typographie für die moderne Schriftkultur weit reichende Folgen gehabt hat, die über die Konstituierung eines marktorientierten Vertriebsnetzes, einer (reformatorischen) Öffentlichkeit und neuer Nachrichtenmedien (Flugblatt, periodische Presse) hinausgingen, ist seit langem bekannt. Schon F. Bacon († 1626) rechnete die Druckerpresse neben dem Schießpulver und dem Kompass zu den entscheidenden Kräften, die die neuzeitliche Zivilisation verändert haben sollen.[1] Dennoch muss man nicht so weit wie M. McLuhan gehen, der gleich die gesamte Substanz der Moderne, von der »Technik des Individualismus« über den Nationalismus bis zum Fließband auf den Buchdruck zurückführte und sogar vom »typographischen Menschen« sprach.[2] Auch M. Giesecke ist mit seiner »Typographiefolgenabschätzung« nicht gerade zurückhaltend, wenn er die folgenden Auswirkungen auflistet:

> Markt als Interaktionsmedium/Mechanisierung sozialer Vernetzung, Nationenbildung, demokratische Öffentlichkeit als politischer Macht- und Regulationsfaktor, monomediale Religion und Glaubensspaltung, Entwicklung der beschreibenden Wissenschaften, Entlastung der Individuen von sozialer Interaktion und damit Entwicklung neuer Formen des Individualismus und vieles andere mehr.[3]

Und vieles andere mehr – einmal mehr ist diesen globalen Argumentationen entgegenzuhalten, dass der Beitrag der Typographie zum Verschriftlichungsprozess auf Entwicklungen beruht, die weit ins Mittelalter zurückreichen. Typographische Schriftlichkeit ist keine »Urzeugung«, sondern »Erbe des Manuskripts«[4] und dabei eher als eine Radikalisierung zu verstehen, zu deren Ausformung es allerdings der drei Jahrhunderte der frühen Neuzeit (ca. 1450–1750) bedurfte.

Es reicht eben nicht aus, wie immer wieder geschehen, die Verwandlung der mittelalterlichen Manuskript- in die neuzeitliche typographische Schriftkultur allein aus der Vervielfältigungskraft (*multiplicatio*) der neuen Drucktechnik abzuleiten. Die rasche Ausbreitung der Druckereien, die stetige Volumenerweiterung des Gedruckten, die neuen Textsorten, Inhalte und Darbietungsformen und nicht zuletzt die neuen Vertriebswege zu einer neuen Leserschaft führten ab dem 16. Jh. zu einem neuartigen Verschriftlichungsschub. Diese »Verschriftlichung des Lebens«[5] kann man mit M. Giesecke präziser als »typographische Erfassung des Lebens« bezeichnen: Damit sind Transformationsprozesse gemeint, die sich aus der Reaktion auf die immer stärkere Präsenz des Gedruckten im Bereich der gesprochenen Sprache und der Schreibdialekte ergaben. Sie stehen des Weiteren in einem engen Zusammenhang mit grundlegenden Veränderungen z. B. der mathematischen, musikalischen, bildlichen und geographischen Notationsformen, die insgesamt als Standardisierung von Wahrnehmungs- und Darstellungsweisen verstanden werden können. Schließlich sind, wie weiter unten zu zeigen sein wird, die Auswirkungen der Typographie im Bereich des Handschriftlichen und der Lektüreformen zu erwähnen.

Ob die seit dem 15./16. Jh. gedruckten Texte, mehr und anders als die Handschriften der alten Manuskriptkultur, einen prägenden Einfluss auf die Herausbildung nationaler Standardsprachen gehabt haben, wie Medienhistoriker seit H. Innis und M. McLuhan immer wieder behaupten, ist umstritten.[6] In Bezug auf den deutschen Sprachraum hat die ältere Sprachwissenschaft diese Frage entweder nicht beachtet oder pauschal bejaht; die jüngere argumentiert dagegen differenzierter.[7] Danach war der Buchdruck mit seiner deutschsprachigen Produktion gegenüber der lateinischen – mit der kurzen Ausnahme des reformatorischen Jahrzehnts – bis ins 17. Jh. hinein unterrepräsentiert und zielte überwiegend auf den lokalen Markt. Er hat deswegen vorhandene sprachausgleichende Tendenzen zunächst eher eingedämmt und sogar unterbrochen, ehe er sie zu verstärken begann.[8] Gefördert hat er bei seinen Lesern – und das mehr aus kaufmännischen als aus sprachpolitischen Gründen – allenfalls eine Art Varietätentoleranz, die den anderen am Spracheinigungsprozess relevant beteiligten Kräften (Kanzleien, protestantische Schulen, Sprachgesellschaften u.a.) nützlich sein konnte. Erst als im 18. Jh. Pressewesen und Literatur zu einem machtvollen Faktor aufstiegen, begann die Typographie normierend zu wirken. A. Schirokauer kommt deswegen zu dem paradoxen Fazit, dass der Buchdruck »nicht eigentlich am Anfang der sprachlichen Einigung, sondern an ihrem Ende«[9] steht.

Die »Typographisierung« der Schriftkultur, d.h. die standardisierende »Zurichtung [der schriftlichen Kommunikation] auf die technischen Parameter«[10] der Typographie, muss also als ein längerer, sich intensivierender Prozess betrachtet werden. Dabei ging es nicht nur um die Durchsetzung von stilistischen (*bene*) und orthographischen (*recte*) Normierungen, sondern um die Verinnerlichung von standardisierter Schriftlichkeit als höchster Form der Sprache. Diese trat dabei gegenüber den vorhandenen Schriftdialekten durchaus als künstliche Form auf, zu deren Erlernung es einer Vielzahl von neuartigen Anleitungen (Wörterbücher, Grammatiken, Stilistiken usw.) bedurfte: »Nur die in den gedruckten Büchern nach Regeln verfaßte Sprache galt als ›geregelt‹, ›verfeinert‹ und als geeignet, ästhetische, politische und wissenschaftliche Informationen gleichermaßen auszudrükken.«[11] Die neue typographische Sprachform befestigte nach und nach das Prestige des Schriftlichen derart, dass bis zum 19. Jh. aus der ehemaligen Vorschrift »Schreib, wie du im Dialekt sprichst« die neue Regel »Sprich, wie man hochdeutsch schreibt« wurde.[12]

Typographie zielte auf Verallgemeinerung von Wissen und Fertigkeiten durch Standardisierung von Wahrnehmungsweisen, die in ihrem Reduktionismus durchaus als etwas Künstliches erschienen. Was die Typographie als »künstliches Schreiben« leistete, besaß im Bereich der bildlichen Darstellung mit der Einführung der Zentralperspektive ab Mitte des 15. Jh. eine markante Parallele. Zentralperspektivisches Sehen ist ja nichts anderes als ein »künstliches Sehen«, d. h. eine Geometrisierung der visuellen Beobachtung als berechenbares, einäugiges Sehen, das das menschliche Auge zur Camera obscura macht. Beide Formen stellten eine Intersubjektivität von Wahrnehmung sicher, die als Garant frühneuzeitlicher Wahrheitsfindung fungierte. Ob der Anstoß zu diesem Prinzip vom zentralperspektivischen Bild oder von der typographischen Schrift ausging, kann dabei offen bleiben. Fest steht, dass es »zum Leitprogramm für die Mehrzahl jener wurde, die Bücher im Druck veröffentlichen und gedruckte Bücher lesen wollten«[13].

Die »Typographisierung des Lebens« erfasste nicht nur den Bereich der geschriebenen und gesprochenen Sprache, sondern radikalisierte sich in der Verschriftlichung von formalen Sprachen, wie am Beispiel der neuzeitlichen Mathematik gezeigt werden kann. Im Übergang vom 16. zum 17. Jh. kam es in dieser seit der Antike betriebenen Disziplin, die als Arithmetik und Geometrie zu den mittelalterlichen Artes liberales gehörte, zu bahnbrechenden Neuerungen, die zusammenfassend als »Kalkülisierung«[14] zu bezeichnen sind. Damit ist eine folgenreiche »Transformation des Rechnens in ein syntaktisches Operieren mit interpretationsfreien Zeichen«[15] gemeint. Sie begann mit der Einführung des indisch-arabischen Ziffernsystems und der Null im 14./15. Jh., womit das antik-mittelalterliche

Rechnen – überwiegend ein Hantieren mit dem Rechenbrett (*abacus*) – durch das rein schriftliche Ziffernrechnen abgelöst wurde: 1518 erschien das wegweisende Lehrbuch des Rechenmeisters Adam Riese († 1559), *Rechnung auf der Linie*. Der Prozess der Kalkülisierung setzte sich fort mit der Einführung der Buchstabenalgebra durch F. Viète (1591) und gelangte über R. Descartes' *Analytische Geometrie* (1637) bis zu G. W. Leibniz' Infinitesimalrechnung gegen Ende des 17. Jh.: Während Descartes das Zeichnen geometrischer Figuren durch ein mathematisches Operieren mit Gleichungen ersetzte, sublimierte Leibniz »die mathematische Wahrnehmung zum Buchstabieren linearer Zeichenfolgen«[16].

Kann man im Hinblick auf diese Entwicklung mit M. McLuhan die These vertreten: »Ohne das neue Medium des Buchdrucks mit seiner Zerlegetechnik der gleichförmigen, linearen Wiederholbarkeit gibt es keine moderne Mathematik.«[17]? Es dürfte wohl, weniger spekulativ ausgedrückt, der Hinweis auf die Analogie reichen: So, wie die typographische Fachprosa dazu überging, den »Augenschein« des Darzustellenden mittels neuer sprachlicher Sequenzierungs- und Kodierungstechniken (»Syntax für die Augen«[18]) so zu versprachlichen, dass Schrift für sich allein zu sprechen vermag, so vollzog die moderne Mathematik den Schritt in die formale Sprache und löste sich damit von dem »für die literalen europäischen Kulturen konstitutiven Typus von Verschriftlichung«[19]. Diese mathematische Schrift ist, wie S. Krämer dargelegt hat, »ein skripturales System sui generis«[20]. Sie ist gewissermaßen ein Schreiben ohne Sprechen, d. h., sie repräsentiert nicht mehr wie die phonetische Schrift Rede bzw. Bedeutungen, sondern ist die regelgeleitete Prozedur (Kalkül), kognitive Objekte zu erzeugen. Damit geht sie, wenngleich aus dem bis zur Typographisierung führenden Prozess der Verschriftlichung der Kultur entstammend, zugleich schon über ihn hinaus, noch ehe dieser sich voll entfaltet hat.

Die neue technische Möglichkeit, praktisch jegliches Wissen durch den Druck verschriftlichen und verbreiten zu können, verband sich mit einem Bewusstwerdungsprozess in der Moderne, wonach das »Ganze der Erfahrbarkeit«[21] durch Schrift verfügbar und lesbar gemacht werden könne. Erst diese sich bis ins 18. Jh. erstreckende Modellierung der handschriftlich konstituierten Schriftkultur zu einer Kultur der gedruckten Texte schuf das Dispositiv, aus dem von da an die vollalphabetisierte Kommunikationskultur der jüngeren Moderne entstand. Zu diesem Dispositiv gehört der Buchhandel als immer effektiver werdendes Produktionssystem von Schriftlichkeit.

Die epochale Rolle des Buchs: ein Mythos der Buchkultur?

Kaum eine buchhistorische Darstellung unterlässt es, die bedeutende Rolle von Buch und Buchhandel in der Zeit von etwa 1500 bis zum Beginn des 19. Jh. mit dem markant wachsenden Produktionsvolumen zu begründen. Danach waren schon in dem knappen halben Jahrhundert bis 1500 etwa 28 000 Inkunabeln in 17 Millionen Exemplaren gedruckt. Davon dürften auf den deutschsprachigen Raum etwa 40 %, d. h. rund 11 200 Titel in etwa 6,8 Millionen Exemplaren, entfallen sein. Von da an kletterte die Gesamtproduktion in Deutschland von etwa 150 000 Titeln (70–90 Millionen Exemplare) im 16. Jh. über etwa 265 000 noch erhaltene Titel im 17. Jh. auf Mengen, die am Ende des 18. Jh. einen jährlichen Titelausstoß von über 4000 Novitäten und eine Gesamtproduktion von 500 000 Titeln erreichten. Die durchschnittliche Auflage stieg von rund 500 Exemplaren zu Beginn des 16. Jh. bis zum Ende des 17. Jh. auf ca. 2000 an.[22] Anderen Berechnungen zufolge belief sich die deutsche Gesamtproduktion im 17. Jh. auf etwa 85 000 Titel und im 18. Jh. auf 175 000 Titel.[23] Die teilweise beträchtlich voneinander differierenden Titelzahlen zeigen an, dass es sich um Schätzungen handelt, die mit erheblichen Unbekannten (z. B. Zahl der Offizine, Produktionskapazität, fehlende zuverlässige Quellen über die tatsächliche Titelproduktion) operieren müssen.[24] Darüber hinaus ist es fraglich, ob jedes Produkt des Buchdrucks als »Buch« gezählt werden darf oder zunächst einmal nur als »Druck«, der in die Textformen Brief, Flugblatt, Flugschrift, Zeitung, Kalender, Katechismus, Ratgeber, lokale Kleinschriften »und auch das Buch«[25] zu differenzieren ist.

Und auch das Buch? Es gibt in der modernen Medien- und Kommunikationswissenschaft die Tendenz, die verbreitete bildungsbürgerliche Glorifizierung des Buchzeitalters von Gutenberg bis zum 19./20. Jh. stark zu relativieren. Die Kritik gibt sich nüchtern-empirisch, indem sie für das gebundene Buch (mit einem Umfang von über 64 Seiten) bis zum 18. Jh. eher unbedeutende Mengen auszählt. Sie gibt sich aber auch ideologiekritisch, indem im Namen einer künftigen »Informationsgesellschaft« die »Mythen der Buchkultur« (Giesecke) als »ambivalente Leistungen« und »Stolpersteine« destruiert werden.[26] So zutreffend im Einzelnen die Kritik an der sozialen Prämierung des (guten) Buches sein mag, so bezweifelbar ist die Tendenz. Die Herausbildung der neuzeitlichen Buchkultur ist weder als Vorbild noch als Hypothek begreifbar. Dagegen ist festzuhalten: Das »Buch«

Neueingerichter und vielverbesserter
Abentheurlicher
SIMPLICISSIMUS
Das ist:

Beschreibung deß Lebens eines selt-
zamen Vaganten/genant Melchior Stern-
fels von Fuchshaim / wie / wo und welcher gestalt Er nemlich in diese Welt kommen / was
er darin gesehen / gelernet / erfahren und auß-
gestanden / auch warum er solche wieder
freywillig quittiret hat.

Uberauß lustig/und männiglich
nützlich zulesen.
An Tag geben
Von
GERMAN SCHLEIFHEIM
von Sulsfort.

Mompelgart/
Gedruckt bey Johann Fillion,
Im Jahr M DC LXIX.

Abb. 28 Titelblatt des *Simplicissimus*, 1669.

war von Anfang an mehr als bloß das gedruckte und gebundene Exemplar mit irgendeiner Mindestzahl von Seiten. Es hob sich aufgrund seiner Ausstattung, seines materiellen Werts und nicht zuletzt seines Inhalts, mit dem sich der Anspruch auf allgemeinen Nutzen (*utilitas librorum*) und Allgemeingültigkeit (*utilitas publica*) verband, von dem für den alsbaldigen Verbrauch bestimmten Tagesschrifttum ab. Deswegen wurde es nach Kräften bewahrt und deswegen hat es dauerhaft kulturprägend wirken können. Zugleich ist aber auch zu betonen: Die von diesem typographischen Buch geprägte »Buchkultur« ist nicht der singuläre Triumph eines Einzel- bzw. Leitmediums, sondern der Ausgangspunkt einer immer multimedialer werdenden gesellschaftlichen Kommunikation bis heute. Insofern bleibt es nach wie vor wichtig, den Entwicklungsschritten von Buch und Buchhandel seit dem 16. Jh. nachzuspüren.

Das für die frühneuzeitliche Buchkultur charakteristische Erscheinungsbild des Buches als Produkt der Typographie entwickelte sich ab dem Ende des 15. Jh. auf mehreren Ebenen. Zusammengefasst kann man sagen: Das Buch wurde im Format handlicher, im Druckbild leserfreundlicher, in der Aufmachung für den Messekäufer informativer und insgesamt in seiner Form einheitlicher, sodass ein Typus »Buch« entstand, den es so zuvor noch nicht gegeben hatte. Vom handschriftlichen Kodex mit dem dominierenden Folioformat unterschied sich das typographische Buch mehr und mehr durch die kleineren Quart- (41%) und Oktavformate (48%).[27] Das Druckbild wurde gleichmäßiger, weil die Zeichenmenge der verschiedenen Drucktypen vereinheitlicht und auch reduziert sowie auf Ligaturen und Abkürzungen verzichtet wurde. Im gelehrten Schrifttum trat die klar abgetrennte Fußnote an die Stelle der Marginalie, die im Kodex am Seitenrand angebracht war. Sie eröffnete ein mehrspuriges Schreiben, das auf der »Abstraktion von der *unmittelbaren* Verbindung der Anmerkung mit der Textstelle«[28] basierte. Immer größere Bedeutung gewann auch die Letternform selbst. Außerhalb Deutschlands dominierten die Varianten der Antiqua-Schrift (Baskerville in England, Bodoni in Italien, Didot in Frankreich). Im deutschsprachigen Raum setzten sich dagegen, ausgehend von den protestantischen Druckern, die Fraktur-Schriften durch. Ab Ende des 16. Jh. war es dann allgemein üblich, deutsche Texte in Fraktur und fremdsprachliche Texte in Antiqua zu drucken. Verlegerische Versuche (z. B. Göschens Wieland-Ausgabe ab 1794), diese Zweischriftigkeit zu Lasten der »Mönchsschrift« Fraktur zu beseitigen, scheiterten um 1800 am ökonomischen Argument, Bücher in Frakturschrift seien der Leserschaft gewohnt und würden daher besser verkauft.

Der besondere Eigencharakter des typographischen Buches wird jedoch an der Herausbildung und Veränderung des Titelblatts deutlich. Von den antiken Papyrusrollen bis zu den spätmittelalterlichen Kodizes war es üblich, die Hauptsachinformation an das Ende des geschriebenen Textes als Schlussschrift (Kolophon) zu setzen, dem beim Kodex nicht selten noch eine *subscriptio* mit Wünschen und Bitten für Schreiber und Empfänger zugefügt war. Gängig war des Weiteren, den Textanfang mit der Incipit-Formel (»Hie fanget an ...«) sowie ggf. einer kurzen Inhaltsangabe und den Schluss mit der Explicit-Formel (»Hie endet sich ...«) zu bezeichnen.[29] Ab etwa den 1480er Jahren rückten die Schlussangaben auf die erste Seite, die alsbald allein für die Angaben zum Titel, Verfasser und zur Erscheinung (Drucker/Verleger, Ort, Jahr) reserviert blieb. Damit war das Titelblatt erfunden und das Buch hatte einen »Namen«. Treibende Kraft und Gestalter der Form waren dabei allein die Drucker/Verleger.[30]

Charakteristisch für die frühen Titelblattformen ist, dass der Titel zunächst noch unfest und eher schlagwortartig war, bis sich allmählich der längere Sachtitel, bald auch mit längeren Untertiteln, herausbildete. Dabei entfernte sich die Gestaltung des Titelblatts von der Form des um Aufmerksamkeit werbenden Einblattdruckes bzw. der Buchhändleranzeige (große Schrift, Gruppierung der Titelelemente nach ästhetischen Gesichtspunkten, anpreisende Inhaltsaufzählung usw.), wie sie sich noch in der »exklusiven Titelsprache«[31] der Barockzeit findet (Abb. 28). Bis spätestens zur ersten Hälfte des 18. Jh. setzte sich in Deutschland – verzögert gegenüber Westeuropa – immer mehr eine neue, »buchgemäße« Gestaltung durch. Sie war geprägt von nüchterner Klarheit, indem unter sparsamerer Verwendung von Ornament und Bevorzugung einheitlicher Schrifttypen nur noch die Hauptdaten des Titelblatts in typographisch geordneter Folge aufgeführt wurden.[32] Lessing befand dazu schon 1767/69 bündig: »Ein Titel muß kein Küchenzettel sein.«[33] Parallel dazu nahm der Einfluss der Autoren auf die Titelbenennung immer mehr zu. H. Volkmann erkannte in Jörg Wickrams Roman *Der Goldtfaden* (1557) die erste von einem Autor vorgenommene Titelgebung.[34] Für Autoren und Rezensenten war der kurze Titel wichtig, da er sich als Buchname für die immer wichtiger werdende Literaturkritik und Zeitungswerbung besser eignete.

Buchproduktion und -distribution bis zum 18. Jahrhundert

Die Veränderung des Produktes »Buch« ging einher mit einer Ausdifferenzierung in den Bereichen von Buchproduktion und -distribution. Darauf verweist allein schon die Tatsache, dass die Bezeichnungen »Buchhändler« und »Buchhandlung« erst ab der zweiten Hälfte des 16. bzw. dem frühen 17. Jh. gebräuchlich wurden. Auch wenn es in der griechisch-römischen Antike und im späten Mittelalter durchaus schon gewerbsmäßigen Handel mit Manuskripten – auch gebrauchten – gegeben hat, blieb der Vertrieb

9. Typographische Schriftlichkeit, Buch und -handel bis zum 18. Jh.   217

Abb. 29   Kolporteur, 1588.

doch in der Hauptsache eine Art von Vermittlung zwischen Auftraggebern und Herstellern (Schreiber, Kopisten). Erst wo es, wie beim Druck, zur Vorratsproduktion kam, die auf einem zu bewerbenden Markt verkauft werden musste, gewann der distributive Sektor gegenüber der Druckherstellung eine eigenständige Bedeutung. Das ist ablesbar am Aufstieg der Buchmessen, die bis zum 18. Jh. der Hauptumschlagplatz für Druckwaren waren. An der Spitze stand der schon seit 1240 belegte Messeplatz Frankfurt am Main, der ab 1480 zweimal jährlich Buchmessen veranstaltete, zu denen ab 1564 zunächst ein privater, von 1598–1750 ein amtlicher Messekatalog erschien. Die Mainstadt (»Teutsch Athen«) war vor allem das Zentrum für lateinische wissenschaftliche und theologische Literatur aus ganz Europa. Weitere wichtige europäische Messeplätze waren Paris, Lyon und Venedig. Ab der Mitte des 17. Jh. errang jedoch Leipzig gegenüber Frankfurt den Vorrang, weil günstigere Rahmenbedingungen (geographische Lage, liberalere Zensur, protestantisches Umfeld) und die Konzentration auf deutschsprachige Texte den Aufstieg förderten. Von 1764 an blieben die sächsischen Buchhändler der Frankfurter Buchmesse fern.

Der wachsenden Bedeutung des Distributionsbereiches entsprechend entstanden neben der von Anfang an bestehenden engen Verbindung von Drucker und Verleger (d. h. dem Geld vorstreckenden Unternehmer) neue Typen von Buchmarktteilnehmern. Zum einen bildeten sich die Drucker sowie die Buchbinder heraus, die sich auf die technische Vervielfältigung bzw. Ausstattung spezialisierten. Zum anderen entwickelte sich das Gewerbe der Verlegersortimenter, die die Buchproduktion in Auftrag gaben und vertrieben. Während die Sortimenter im Wesentlichen im Großhandel über ihr Verlagshaus und auf Messen aktiv waren, besorgten sogenannte Buchführer den Platzhandel auf kleineren Messen und Jahrmärkten sowie sogenannte Kolporteure den umfangreichen Reisehandel (Abb. 29). Letztere handelten allerdings überwiegend mit populären Lesestoffen (»Neue Zeitungen«, Gebet- und Erbauungsbücher, Kalender, Ratgeber, Volksbücher, Lieder, meteorologische und astrologische Prognostiken usw.). Auf diese Weise entstand ab der Mitte des 16. Jh. ein vielfach verknüpftes Netz aus Druckern, Druckerverlegern, Verlegersortimentern, Buchhändlern und Buchbindern, das zwar durch die schweren Rückschläge im Dreißigjährigen Krieg (1618–1648) nicht zerstört werden konnte, jedoch die Expansion des Buchmarkts um mehr als 100 Jahre zurückwarf.

Geschäftsprinzip auf den Messen war der Tauschhandel. Er dominierte bis zur Mitte des 18. Jh. und ist eine hauptsächlich für Deutschland charakteristische Handelsform für Bücher gewesen. Es mag zunächst durchaus merkwürdig anmuten, dass die mit modernster Technik hergestellten Druckwaren, die zugleich ein Medium für das Neue in Wissenschaft, Alltagswissen und Unterhaltung waren, in dieser antiquierten Form gehandelt wurden. Doch gab es auch gute Gründe, warum man so verfuhr. Die in schweren, aber leicht zu rollenden Fässern verpackten Druckwaren wurden nach Bogenzahl bzw. Ballen (5000 Bogen) getauscht, wobei Tauschzwang herrschte und lediglich Überhänge mit Barzahlung ausgeglichen werden durften. Unterschiedliche Werte wurden durch abgestufte Tauschrelationen verrechnet. Dieses Prinzip führte dazu, dass sich »das Absatzrisiko wie die Gewinnchance mit einem Buch auf mehrere Verleger-Sortimenter«[35] verteilte, eine breite Streuung der Produktion gleichsam garantiert und kein hohes Betriebskapital erforderlich waren. Der bargeldlose Handel war zudem in einem territorial und währungspolitisch zersplitterten Land wie Deutschland sowie im europaweiten Handel mit lateinischen Drucken ein weiterer großer Vorteil, der zudem der kameralistischen Maxime entsprach, liquides Kapital weder im Lande anzuhäufen noch außerhalb des Landes auszugeben.[36]

Gleichwohl musste der Tauschhandel letztlich zu einem Anachronismus werden. Der sich immer mehr differenzierende und national begrenzende

Buchmarkt verabschiedete aus Gründen, die mit der wachsenden Kapitalisierung des modernen Wirtschaftssystems zusammenhingen, das althergebrachte Prinzip des Buchhandels, dass der alles produzierende Verleger mit »tendenziell[em] Universalsortiment«[37] ein homogenes Publikum mit gleich bleibenden Interessen zu versorgen in der Lage war. Die Realität war, dass eine nachfrageorientierte Spezialisierung behindert war, viele Händler auf unverkäuflichem Ramsch sitzen blieben und der Kapitalmangel der Verleger Autoren in ihren erwachenden Honorarwünschen zurückwies. Die wachsende Kritik am überkommenen Buchhandel und der faktische Niedergang des Tauschhandelsprinzips, der mit der zunehmenden Dominanz des Messeplatzes Leipzig eingeleitet wurde, führten im 18. Jh. zu einer tief greifenden Veränderung des Verhältnisses von Verlegern, Buchhändlern, Autoren und Lesern.

Für die Zeit um 1700 kann im deutschen Buchmarkt von den folgenden Zahlen ausgegangen werden: In rund 330 deutschen Druckorten dürfte es über 3000 Drucker und Druckerverleger gegeben haben, darunter viele Kleinst-Offizinen. Am Buchhandel via Messe nahmen allerdings nur wenige Dutzend teil. Die Zahl der Verlegersortimenter, die zu den großen Messen zugelassen waren, stieg von 138 Verlagen aus 52 Orten (1650) auf 187 Verlage aus 69 Orten (1740). Daneben dürfte es noch einmal so viele Verlegersortimenter gegeben haben, die nur über Mittelmänner am Messehandel teilnehmen konnten. Die Zahl der Buchhändler beziffert R. Wittmann auf etwa 500, sodass auf 96 000 Einwohner des Deutschen Reiches eine Buchhandelsfirma kam, wobei sich diese Zahl auf 31 000 Einwohner reduziert, wenn auch die messefähigen Drucker berücksichtigt werden. Schließlich ist noch von etwa 1500 Buchbindern auszugehen, die das Recht besaßen, gebundene Bücher zu verkaufen. Die Zahl derer, die vom Kaufmann bis zum Hausierer, nebenbei und nicht immer autorisiert, Gedrucktes vertrieben, ist nicht mehr bezifferbar. Alle diese Bücherverkäufe waren Käufe en gros (via Messe), vom Lager oder ambulant. Stationäre Verkaufsläden (*bibliopola*) sind zwar in Abbildungen ab dem 11. Jh. für China und dem 14. Jh. für Europa (England, Italien, Holland) belegt, häufen sich jedoch erst ab dem Ende des 17. Jh. und zeigen hier städtische Geschäfte. Um 1750 gab es in Deutschland etwa 120 Verlagsbuchhandlungen. Ob die erste reine Sortimentsbuchhandlung das 1796 in Hamburg eröffnete Geschäft von Friedrich Perthes war, gilt inzwischen als fraglich.[38]

Veränderungen des Buchmarkts und Pressewesens im 18. Jahrhundert

Das 18. Jh. ist in vielen Darstellungen der Buchhandelsgeschichte sehr einseitig als Umbruch zur Moderne betrachtet worden. Zutreffend daran ist, dass der Vergleich des Buchmarkts um 1700 mit dem um 1800 in allen Bereichen von der Titelproduktion bis zur Buchdistribution quantitative und qualitative Veränderungen aufwies, wie sie in keinem Jahrhundert zuvor so aufgetreten sind. Zugleich muss aber auch betont werden, dass sich dieser Progress erst ab etwa 1760 beschleunigte und dann im 19. Jh. kontinuierlich fortsetzte, während die ersten beiden Drittel des 18. Jh. noch deutlich der Tradition des vorherigen verhaftet blieben. Das gilt für die Praxis des Tauschhandels, die Bipolarität der Messezentren Frankfurt und Leipzig sowie die hergebrachten Formen der Distribution. Schließlich ist nicht zu vergessen, dass die Praxis des Druckens mit der eisernen Presse und ihren technischen Weiterentwicklungen erst ab 1800 begann und das handschriftliche Schreiben mit der Gänsefeder noch bis zur Mitte des 19. Jh. anhielt.

Dennoch bleiben die genannten Zahlen und Daten der Buchproduktion und -distribution eindrucksvoll, besonders im Blick auf die vorhandenen Rahmenbedingungen im 18. Jh. So ist bemerkenswert, dass – bei einem insgesamt niedrigen Alphabetisierungsgrad – die deutschen Drucke die Zahl der lateinischen erstmals zwar erst 1681 und ab 1692 dauerhaft übertrafen, dann aber bis 1714 schon doppelt und 1735 dreimal so viele deutsche wie lateinische Titel erschienen. 1800 betrug der Anteil der auf Latein geschriebenen Bücher nur noch 4%.[39] Die Zahl der jährlichen Neuerscheinungen stieg von etwa 1000 (1700) auf rund 4000 (1800). Noch aufschlussreicher ist die Verschiebung in den Anteilen der einzelnen Sparten an der Titelproduktion im Verlaufe des 18. Jh.: Während die Umfänge der traditionellen Fachdisziplinen von der Jurisprudenz bis zur Medizin in etwa gleich blieben, stürzte die Theologie von 40% (zwischen 1625 und 1735) bis 1800 auf 13,5% ab. Dagegen erreichten im selben Zeitraum die neu hervortretenden Wissenschaften (wie z. B. Philosophie, Philologie, Pädagogik, Naturwissenschaften und Ökonomie) 40%, und auch die Belletristik stieg in markanter Weise von 2,8% (1700) auf 21,5% (1800) an.[40]

Schließlich muss noch die enorme Ausweitung des Zeitschriften- und Zeitungswesens im 18. Jh. erwähnt werden. Die Zahl der Zeitschriften stieg von 70 Titeln mit einer Gesamtauflage von 8500–10 000 Stück (1700) über etwa 350 (1750) auf über 1000 Titel mit einer Gesamtauflage von

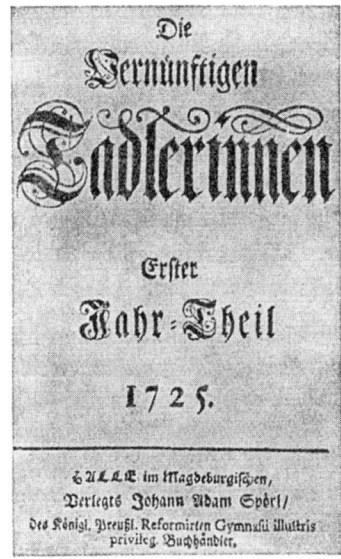 

Abb. 30   Titelblätter von Moralischen Wochenschriften, 18. Jh.

33 000 – 38 000 Stück in den 1780er Jahren. Allein zwischen 1766 und 1790 kam es zu über 2000 neuen Zeitschriftengründungen, wovon die meisten freilich bei kleiner Auflage nur von kurzer Dauer waren. Die Auflagenhöhe schwankte zwischen wenigen hundert und bis zu 2000 Exemplaren und lag im Durchschnitt bei 500 – 700 Exemplaren.[41] Zugleich diversifizierte sich ihr Inhalt auf alle einschlägigen Wissensgebiete (Fachzeitschriften), Kunst, Literatur und Mode sowie vielfältige belehrende Unterhaltung. Letzteres war die Spezialität der so genannten Moralischen Wochenschriften, deren beispielgebende Vertreter zuerst in England erschienen: *The Tatler* (1709 – 11), *The Spectator* (1711 – 14) und *The Guardian* (1713). In Deutschland zielten ab 1713 Zeitschriften wie z. B. *Der Vernünftler* (1713/14), *Die Vernünftigen Tadlerinnen* (1725/26) *Der Patriot* (1724/26), *Der Mensch* (1751 – 56) und *Die Meinungen der Babet* (1774 ff.) mit angewandter Aufklärung auf bürgerliche Leser und Leserinnen (Abb. 30).

Zusammenfassend lässt sich sagen: Der Übergang vom Buch zur Zeitschrift war im 18. Jh. sehr fließend, weil in beiden Medien Autoren und Themen oft identisch waren und es gerade der aufklärerischen Überzeugung entsprach, dass »alle Sachen in forma derer Journale vorgetragen werden«[42]. Insofern gilt trotz aller quantitativer Expansion, dass die Produktionsweise und die Erscheinungsform von Zeitschriften im 18. Jh. immer noch eng verbunden waren mit dem Bild, das sie im 17. Jh. dargeboten hatten. Hier brachte, wenigstens in Deutschland, erst das 19. Jh. den größeren Wechsel.

Ähnliches gilt für den Bereich der Zeitung (politische Zeitung, Intelligenzblatt, volksaufklärerische Zeitung). Ihre Zahl und Dichte vergrößerten sich markant. So vervierfachte sich die Zahl der politischen Blätter von 1700 bis 1800 auf mehr als 200 Titel, wobei der größte Schub im letzten Jahrhundertdrittel erfolgte und zu großer regionaler Streuung führte. Die 50 auflagenstärksten Zeitungen kamen in diesem Zeitraum auf durchschnittlich 4000 Exemplare; die bedeutendste deutsche politische Zeitung des 18. Jh., der *Hamburgische unpartheyische Correspondent*, brachte es nach 1789 sogar auf bis zu 30 000 Exemplare. Insgesamt erschienen im deutschsprachigen Raum pro Woche etwa 300 000 Zeitungsexemplare, was einer Reichweite von drei Millionen Lesern und einer Verzehnfachung in 100 Jahren entsprach.[43]

Daneben bildete sich ab 1722 der neue Zeitungstyp des Intelligenzblatts heraus, der als reines Anzeigenblatt begann, sich aber sukzessive um redaktionelle Sparten erweiterte. Diese Mischung aus Werbung und Information war sehr alltagsnah und daher populär. Die Zahl der Intelligenzblätter wuchs bis zum Ende des Jahrhunderts auf rund 170 an. Sie waren, bei einer geschätzten Gesamtauflage von etwa 50 000 Exemplaren, in allen wichtigen Städten verbreitet. Herausragende volksaufklärerische Zeitungen, die sich an ein ländliches Publikum wandten, waren die *Zeitung für Städte, Flecken und Dörfer, insonderheit für die lieben Landleute* (ab 1786) und der *Bote aus Thüringen* (ab 1788). Genaue Auflagen- und Verbreitungszahlen sind nicht bekannt. Feststehen dürfte jedoch, dass die Ratgeber- und Orientierungsfunktion von Intelligenz- und Bauernzeitungen gegenüber der Informationsfunktion der politischen Presse in ihrer Bedeutung für die soziale Diffusion von Schriftlichkeit im 18. Jh. nicht unterschätzt werden darf.[44]

Das »Projekt der Aufklärung« und die Kommerzialisierung des Buchmarkts

Angesichts solcher weit reichenden Veränderungen kann es nicht verwundern, dass mit großem Optimismus in eine vom gedruckten Wort geprägte Zukunft geblickt wurde. Während die Humanisten vor allem den Buchdruck als das machtvolle Instrument gepriesen hatten, um Wissen als geistiges Monument dauerhaft speichern und damit die menschliche Gelehrsamkeit erhöhen zu können, hoben die aufklärerischen Autoren im 18. Jh., längst an die Typographie gewöhnt, besonders auf die wissensverbreitende Leistung des Buchhandels (und der Bibliotheken) ab. Es ging ihnen nicht mehr um die Überlegenheit der typographischen gegenüber der skriptographischen Technik, sondern um die Überlegenheit des Gedruckten als Medium des mündig machenden Selbstlernens gegenüber dem Nicht-Gedruckten, d.h. der mündlichen Übermittlung. Mit anderen Worten: Der Nutzen der Bücher lag, so die Argumentation, in der Ermöglichung eines »autodidaktischen Bildungserwerbs: jetzt sei der Zugang zu den Schätzen des Geistes auch den weniger Bemittelten möglich«[45]. Als Garant dieser Chancen für den Prozess der Aufklärung erschien der neue Buchhandel, d.h. das Ensemble von gewinnorientierter Buchproduktion und -distribution, dessen wirksame Erfolge die Zeitgenossen staunend miterleben konnten.

Das aufgeklärte Selbstwertgefühl des Buchhandels drückt sich beispielhaft in einem Titelblatt einer Geschichte der Buchhändler aus, in der die Dignität des Gewerbes bereits durch die lange historische Herleitung verbürgt wird. Die Titelvignette bekräftigt das, indem Pallas Athene, die Göttin der Weisheit, am Verkaufstisch der mit stattlichen Bänden bestückten Buchhandlung sitzt. Ihr zur Seite steht die Eule, ihr gegenüber ein Globus, der die weltumspannende Gültigkeit symbolisiert, während am äußersten rechten Bildrand der Hahn die Wachsamkeit über das Geschäft bezeichnet. Das Ganze wird zusammengefasst in der Devise, die für die schadensfreie gesellschaftliche Nützlichkeit des Buchhandels gern in Anspruch genommen wurde: *Prodest sine detrimento*. Bis zum Jahrhundertende und noch weit darüber hinaus wird die bildende Aufgabe des Buchhändlers betont: »Veradlung des Verstandes und Herzens in dem engern Wirkungskreise des Buchhändlers, sollte das Hauptmotiv aller seiner Handlungen sein.«[46]

Man kann diese Nobilitierung des Buchhandels und hohe Wertschätzung des (guten) Buches als eine Mystifizierung betrachten, mit der sich »die große Erzählung von der Buchkultur«[47] konstituierte. Diese Kritik lässt allerdings außer Acht, dass die zeitgenössisch miterlebte Dynamisierung der Schriftkultur immer auch als Kraftbeweis eines nach Emanzipation strebenden, Waren produzierenden Bürgertums verstanden wurde, das in der durch typographische Schriftlichkeit verbürgten Rationalität (Wahrheit, Wissen, Vernunft) ebenso wie in deren Universalisierung zum geistigen Warenverkehr Leistungen sah, die adeligen Müßiggang und dessen Gesprächskultur übertrafen. Es ging also »bei der Behauptung der Überlegenheit des Buches als des modernen zeitgemäßen Mediums [...] zugleich um den Führungsanspruch der Aufklärer, die über die Konstituierung von öffentlicher Meinung und ihrer Beeinflussung nach politischem Einfluß strebten«[48]. Dieser Führungsanspruch konnte jedoch nur erhoben werden, weil das Buch zu einem markanten ökonomischen Faktor im bürgerlich-kapitalistischen Warenverkehr geworden war.

Ihren deutlichsten Ausdruck fand diese Veränderung, die nach den Worten J. Goldfriedrichs »die neuzeitliche Litteratur, den neuzeitlichen Buchhandel; den neuzeitlichen Schriftsteller, den neuzeitlichen Buchhändler; das neuzeitliche Publikum«[49] hervorbrachte, in der Aufkündigung des Tauschhandels (nebst seiner Variante des Konditionshandels[50]) und der Einführung des sogenannten Nettohandels durch den Geschäftsführer des Leipziger Großverlags Weidmann, Philipp Erasmus Reich. Reich und mit ihm die ortsansässige Verlegerschaft, die Leipzig im Laufe der ersten Hälfte des 18. Jh. an die Spitze der deutschen Verlagsorte geführt hatten, konnten sich ab 1764 damit durchsetzen, ihre Bücher nur noch gegen Barzahlung, ohne Rückgaberecht und größeren Rabatt an die Sortimenter zu liefern. Standortvorteil am Hauptumschlagplatz, günstige Verrechnungswährung, höhere Kapitaldecke und unbestrittene Marktführerschaft mit den Möglichkeiten des Preisdiktats und umfangreicherer Lizenzerwerbungen sicherten die Leipziger bzw. die nordostdeutsche Dominanz (Halle, Berlin, Hamburg u. a.) gegenüber dem ehemals führenden Südwesten Deutschlands (Frankfurt, Augsburg u. a.).

Der Kapitalisierungsprozess hatte jedoch höchst widersprüchliche Folgen für Buchhandel, Autoren und Leser. Was den auf Barzahlung bestehenden Norden stärkte und somit gut war für eine potente Verlagsproduktion mit Aussicht auf lukrative Honorare für die Autoren, war schlecht für die Käufer, da sich der Buchpreis stark erhöhte. Zugleich wurde der am Tauschhandel festhaltende Reichsbuchhandel im Süden stark geschwächt, weil Absatzmärkte und Sortiment sich drastisch verkleinerten. Dessen Reaktion, der rücksichtslose Raub- oder Nachdruck erfolgreicher norddeutscher Verlagsprodukte, schmälerte dagegen mehr und mehr den Profit der Netto-Verleger, sorgte aber im süddeutsch-österreichisch-schweizerischen Raum für Verbilligung und größere Verbreitung. Diese Aussicht wiederum war zwar für die Autoren, die eine breite öffentliche Wirkung erzielen wollten, sehr verlockend, doch zugleich musste es sie abschrecken, wie der Nachdruck zumeist recht unsorgfältig bzw. unkorrekt mit ihren Texten umging. Insofern blieb für sie, deren berufliche Existenz von guten und festen Honoraren abzuhängen begann, aus ökonomischen Gründen die Option für die kapitalistischen Verleger essenziell.

Sorgfalt und Qualität konnten die mit dem Nettoprinzip arbeitenden Verleger zwar besser garantieren, vor allem wenn sich der Gewinn einstellte. Aber auf der anderen Seite verschärfte sich auch die Konkurrenz für Autoren, weil nur diejenigen Aussichten hatten, gedruckt und honoriert zu werden, die dem Verleger Gewinn versprachen. Ebendiesen Gewinn strebten aber auch die von ihren Territorialherren aus merkantilistischen Gründen geförderten und geschützten Nachdrucker, wie z. B. Johann Thomas von Trattner (Wien), Christian Gottlieb Schmieder (Karlsruhe) oder Johann Brandmüller (Schweiz), an. Mit Druckkapazitäten bis zu 15 Pressen (wie z. B. bei Trattner) und fabrikmäßiger Produktion wurden sie in ihren Absatzgebieten zu Monopolisten, die im guten Buch immer auch das gut verkäufliche Buch sahen.[51] Die Nachdrucker können ebenso wenig als antikapitalistische Förderer der Buchkultur wie die kapitalistischen Verleger als reine Ausbeuter, die das Buch nur als verkäufliche Ware betrachteten, dargestellt werden.

Aufklärung als ein auf (Druck-)Schriftlichkeit gestütztes Projekt der Emanzipation bedurfte einer öffentlichen Wirksamkeit, die vor allem durch den (kapitalistischen) Buch- und Pressemarkt hergestellt wurde. Die Interessen einer aufklärerischen Öffentlichkeit koexistierten mit den Interessen der auf dem Markt Handelnden, sodass es nicht von vornherein abwegig war, im kapitalistischen Verleger den fortschrittsbewussten Förderer von Aufklärung und Buchkultur zu sehen. Allerdings galt diese Union nur für eine begrenzte Phase bzw. immer nur partiell. Derselbe Markt, dessen Funktionsweise den Schriftsteller aus den feudalen Abhängigkeiten freisetzte und die materielle Basis für konkurrierende literarische Kommunikation bildete, war es auch, der mit seinem Profitstreben neue Abhängigkeiten und Fremdbestimmungen erzeugte. Insofern förderte die stärkere Kommerzialisierung des Buchhandels ab dem letzten Drittel des 18. Jh. den Zweifel daran, ob der Verleger/Buchhändler wirklich als wohltätiger Kaufmann im Dienste der Aufklärung tätig war oder ob es nicht gerade der wachsende Markt der populären Lesestoffe war, der das »Projekt der Aufklärung« zunehmend gefährdete.[52] Dieser Prozess sollte sich allerdings noch bis weit ins 19. Jh. hinein erstrecken.

Typographie und handschriftliches Schreiben

Im Bereich des Handschriftlichen (*scriptura*) sind zwei Formen zu unterscheiden und beide erfuhren im Zuge der Typographisierung (*impressura*) markante Veränderungen. Da ist zunächst die klassische Handschrift, d. h. ein handgeschriebenes Textstück oder Manuskript (Rolle, Blatt, Kodex, »Buch«), das bis zur Mitte des 15. Jh. die alleinige schriftliche Publikationsform war. Diesen Status verlor die Handschrift, weil sie schon um 1500 quantitativ vom Drucktext überholt und alsbald verdrängt wurde bzw. zur bloßen Vorstufe für die Druckfassung herabsank. Dies gilt, obwohl die handschriftliche Textproduktion ihrerseits an Menge und Umfang, wie z. B. im Briefverkehr, durchaus zunahm. Eine Vermehrung gab es auch im Bereich der musikalischen Notation (z.T. bis ins 18. Jh.), wenngleich seit 1501, ausgehend von Venedig, der Notendruck mit beweglichen Typen erfolgreich praktiziert wurde.[53] Handschriftlichkeit existierte des Weiteren im Bereich der pragmatischen Schriftlichkeit der staatlichen und institutionellen Verwaltung (Urkunden, Protokolle, Zinsbücher u. a.), der Wirtschaftskommunikation (Verträge, Geschäftsbriefe und -bücher, Listen u. a.), der Wissenschaft (Einführungen, Kommentare, Exzerpte, Kompilationen u. a.), der Kirche (liturgische Bücher), des praktischen Berufslebens sowie vor allem der privaten Kommunikation, kurz überall dort, wo der Druck (noch) zu teuer, unzweckmäßig, unerwünscht bzw. unrentabel war.

So gab es z. B. noch bis ins 16. Jh. hinein einen Handel mit Manuskripten und brieflichen Korrespondenzen, bis zum Ende des 18. Jh. wurden in kleinen Landstädten handgeschriebene Zeitungen vertrieben und bis ins 19. Jh. in Landgemeinden handgeschriebene amtliche Aushänge bzw. Laufzettel. Überliefert sind des Weiteren vielfältige Zeugnisse ländlichen und städtischen Schreibens (z. B. sog. Anschreibebücher, Hausbücher, Chroniken usw.), die nie die Stufe des Gedrucktwerdens erreichten. Immer noch viel zu wenig beachtet ist die Schriftproduktion der kleinen Leute, die in zunehmendem Maß in ihrem Alltag gezwungen waren, sich mit Bitten und Eingaben an Behörden ihrer Not zu erwehren. Unverkennbar an allen diesen Texten, die auch als eigenkulturelle Produkte der wachsenden Alphabetisiertheit zu verstehen sind, ist jedoch, dass sie inhaltlich und formal vom Vorbild und durch die Auseinandersetzung mit der druckschriftlichen Kultur geprägt waren.[54] Es handelte sich also um private Texte auf dem Weg in die Öffentlichkeit, die nicht mehr identisch mit den Handschriften der Manuskriptkultur, aber auch noch nicht identisch mit Drucktexten waren.

Innerhalb des Korrespondenzwesens hat der Privatbrief die größte Aufmerksamkeit gefunden. Die Zunahme dieser handschriftlichen Kommunikation ab dem 18. Jh. signalisierte eine immer breiter werdende Schriftorientierung im privaten Bereich. Mit R. Baasner lässt sich der Brief geradezu als »Initiationsmedium zur neuzeitlichen Schriftkultur« auffassen, weil »durch ihn Schreib- und Lesekompetenz durchgesetzt und auf immer weiter gefaßte soziale und kulturelle Bereiche ausgedehnt«[55] wurden. Eine Vielzahl von »Briefstellern«, d. h. Anleitungen zum Verfassen formgerechter Briefe, boten für vielfältige Anlässe im Alltag Hilfen an. So empfahl sich noch im späten 19. Jh. ein Lehrbuch mit 230 Briefmustern zu Freundschafts-, Erinnerungs-, Bitt-, Empfehlungs-, Glückwunsch- und Beileidsschreiben, wie auch Liebesbriefe, Auftrags-, Bestellungs-, und Handlungsbriefe, nebst 100 Formularen zu Eingaben, Gesuchen, und Klageschriften an Behörden, Kauf-, Mieth-, Pacht-, Bau-, Lehrcontracten, Vollmachten und Wechseln.[56]

Diese Hilfen waren auch äußerst nötig, weil die Einhaltung stilistischer Konventionen von der Anrede bis zur Schlussformel unabdingbar war. Doch auch die familiär-freundschaftliche Korrespondenz, die im Zeichen der Empfindsamkeit immer größere Bedeutung erlangte, kam nicht ohne Stilisierungen aus. Gellerts Ratschlag, dass man Briefe nicht schreiben soll »wie man spricht, sondern als ob man spräche«[57], rekurriert zwar auf die Intimität des Mündlichen – dem das Handschriftliche als das Nicht-Typographische entspricht –, formt aber das »als ob« nach dem Vorbild des Schriftlichen. Der richtige »Ton«, der »gute Geschmack«, die »Natürlichkeit« der mitgeteilten Empfindung entstammten nämlich einem Stilideal, das genuin literarisch war. Empfindsames privates Briefeschreiben orientierte sich an entsprechender Literatur, strebte ihr nach und wurde von den Adressaten wie Literatur rezipiert. Von daher war es nur folgerichtig, dass Schriftsteller die wahren »Briefsteller« waren, ihre Korrespondenzen als Literatur galten und die Briefform in Roman und Abhandlung zu einem herausragenden Gattungsmerkmal der europäischen Literaturgeschichte nach 1740 wurde. Bis 1800 sind etwa 700 Briefromane erschienen.[58] Nicht zuletzt im Blick auf diese literarische Nobilitierung hat man das 18. Jh. als das »klassische Jahrhundert des Briefs« (G. Steinhausen) bezeichnet. Man sollte dabei jedoch nicht übersehen, dass »für das Gros der Bevölkerung […] die briefliche Kommunikation bis weit ins 19. Jahrhundert hinein gar keine Rolle«[59] spielte.

Handschrift erfuhr nach Gutenberg noch eine andere bedeutende Veränderung. Indem das Drucken als »künstliches Schreiben« (*ars artificialiter scribendi*) betrachtet wurde, erlangte die seit der Ingebrauchnahme von Schrift praktizierte Handschrift den Charakter eines »natürlichen Schreibens«. Diese Zuordnung geschah, obwohl die (Hand-)Schrift zuvor ihrerseits als »Stimme ohne Körper« gegenüber der Rede als künstlich gegolten hatte und obwohl die Gutenberg'sche Presse noch bis zum 19. Jh. mit der Hand betrieben wurde. Moderne Handschrift, so lässt sich demnach zugespitzt formulieren, war nichts Autonomes, sondern erhielt ihre Identität als »andere« Schrift erst durch die Druckschrift, was nicht ohne eine gewisse Ambivalenz vonstatten ging. Auf der einen Seite wurde sie nämlich nach dem Vorbild der Druckschrift typographisiert, d. h. von Schreibmeistern und durch Kanzleivorschriften zu standardisierten Schreibschriften, wie z. B.

Current, Canzley oder Fraktur, normiert. Auch die schulische Schreib-Erziehung zielte auf eine vereinheitlichte Kurrentschrift ab.

Auf der anderen Seite entwickelte sich gegenüber der uniformen Starre der aus beweglichen Lettern gesetzten Druckschrift immer mehr eine individuelle, von beweglicher Hand geschriebene Schreibschrift, die zum Persönlichkeitsausdruck des neuzeitlichen Subjekts wurde und deren Charakteristika ab dem 19. Jh. eine graphologische Wissenschaft auszudeuten begann. Schrift als Hand-Werk konnte die Aura von Körpernähe, wenn auch letztlich nur als eine Art »Ersatzsinnlichkeit«[60], auch dann noch behaupten, als in der ersten Hälfte des 19. Jh. die Stahlfeder die »natürliche« Gänsefeder zu verdrängen und ab dem Ende des 19. Jh. die mechanische Schreibmaschine selbst die Handschrift zu typographisieren begann.

1 Novum Organon: Aph. 129.
2 Vgl. McLuhan (1968a), S. 172f., 270f., 216, 293.
3 Giesecke (2002), S. 254.
4 Chartier/Cavallo (1999), S. 34.
5 Giesecke (1992), S. 112.
6 Vgl. McLuhan (1968a), S. 293. Ähnlich zuvor schon: Lucien Febvre/Henri-Jean Martin: L'apparition du livre. Paris 1950, S. 477ff., und noch Giesecke (1992), S. 52ff., 302ff.
7 Vgl. Schirokauer (1951), S. 323ff.; Widmann (1964), S. 13ff.; Stopp (1978), S. 244ff.; HSK 2.2 (1985), S. 1425ff.; Halbey (1986), S. 89ff.; Polenz (2000), S. 126f.
8 Vgl. Schirokauer (1951), S. 330; Halbey (1986), S. 95f.
9 Schirokauer (1951), S. 350. Vgl. auch Stopp (1978), S. 257f.
10 Giesecke (1991), S. 489.
11 Giesecke (1991), S. 495. Vgl. auch Giesecke (1992), S. 326f.
12 Vgl. Grubmüller (1989), S. 54.
13 Giesecke (1994), S. 26; vgl. auch Giesecke (1991), S. 602ff.; Wenzel (1994), S. 77ff.
14 Vgl. Krämer (1991), S. 88ff.
15 Krämer (1991), S. 97.
16 Krämer (1991), S. 378.
17 McLuhan (1968b), S. 129.
18 Giesecke (1992), S. 288.
19 Krämer (1991), S. 382.
20 Krämer (1998), S. 29.
21 Blumenberg (1993), S. 9.
22 Vgl. Wittmann (1999), S. 27; HSK 15.1 (1999), S. 469.
23 Vgl. Engelsing (1973a), S. 53ff.; Corsten/Schmitz (1987), S. 103; Wittmann (1999), S. 76, 83, 122; Weyrauch (1995), S. 2ff.; Faulstich (1998), S. 281ff. (mit Auflistung der abweichenden Zahlenangaben).

24 Vgl. dazu die präzise Quellenkritik bei Meyer (1987), S. 205 ff.
25 So die These von Faulstich (1998), S. 250.
26 Vgl. Faulstich (1998), S. 271 ff.; Giesecke (2002), S. 202 ff.
27 Vgl. Weyrauch (1989), S. 694.
28 Vgl. Kaestner (1984), S. 209.
29 Vgl. Kiessling (1929), S. 9 ff.; Volkmann (1967), S. 1086 und passim; Chartier/Martin (1989), S. 228 ff.; Corsten (1995), S. 192.
30 Vgl. Schmitt (1983), S. 12: »Das Titelblatt ist eine Erfindung der Drucker und Verleger.«
31 Volkmann (1967), S. 1123, 1160 ff.
32 Vgl. Barker (1981), S. 132 ff.; Schmitt (1983), S. 12 ff.; Ong (1987), S. 120 f.; Weyrauch (1989), S. 694 f.; Chartier/Martin (1989), S. 230 ff., 583 ff.
33 Zit. nach Volkmann (1967), S. 1162.
34 Vgl. Volkmann (1967), S. 1107 ff.
35 Kiesel/Münch (1977), S. 126.
36 Vgl. Wittmann (1999), S. 98 ff.
37 Wittmann (1999), S. 100.
38 Vgl. Taubert (1966), I, S. 9 ff.; II, 16 ff.; Raabe (1981), S. 275, 288; Wittmann (1999), S. 140.
39 Vgl. Wittmann (1999), S. 84; Jäger (2001), S. 17. In Frankreich überholten die französischen die lateinischen Drucke bereits ab den 1560er Jahren, vgl. Chartier/Martin (1989), S. 547.
40 Vgl. Rarisch (1976), S. 12 ff.; Martino (1990), S. 4; Wittmann (1999), S. 123; Schön (2001), S. 28 ff.
41 Vgl. Kirchner (1958), S. 323; Wilke (2000), S. 95 ff.
42 Zit. nach Wilke (2000), S. 94.
43 Wilke (2000), S. 93.
44 Vgl. Welke (1977), S. 83 ff. Vgl. zur Presse in anderen Ländern: Wilke (2000), S. 142 ff.
45 Bödeker (1997), S. 95.
46 Fleischer (1792), zit. nach Taubert (1966), II, S. 90.
47 Giesecke (2002), S. 223.
48 Bödeker (1997), S. 97 f.
49 Goldfriedrich (1970), S. 2.
50 Beim Konditionshandel wurden Neuerscheinungen auch außerhalb der Messen unter den Sortimentern zugeschickt mit der Bedingung, diese bei Nichtverkauf remittieren zu dürfen bzw. erst bei Verkauf abrechnen zu müssen (»unbares Bedingtgeschäft«, HSK 15.1, S. 199, 462). Diese Praxis hielt sich vor allem im sogenannten Reichsbuchhandel in Süddeutschland.
51 Vgl. Goldfriedrich (1970), S. 6 f.
52 Vgl. Raabe (1981), S. 271 ff.
53 Vgl. Staehelin (2003), S. 229 ff.
54 Vgl. dazu näher: Giesecke (1992), S. 73 ff.; Ott (1995), S. 111; Messerli/Chartier (2000); S. 35 ff., 87 ff.
55 Baasner (2004), S. 353.
56 Zit. nach Baasner (2004), S. 357.
57 Zit. nach Grosse u.a. (1989), S. 90.
58 Vgl. Schmidt (1989), S. 393.
59 Grosse u.a. (1989), S. 90.
60 Kittler (1986), S. 25.

10. Das Universum der Bibliotheken: Büchersammlungen und Büchersammler

»Das Universum
(das andere die Bibliothek nennen)«

Alles, was man Schrift und Schriftlichkeit, Buch und Buchkultur als größten Wert und Glanz zuschreiben kann, kulminiert in der Erscheinung der Bibliothek. Ihre Existenz, ihr Wachsen und Blühen sind bis heute als höchste Ausweise von Kultur, ihr Untergang durch Brand, Plünderung und Vernachlässigung als Kulturschock und Schande begriffen worden. Hervorgegangen aus dem Archiv, das in den frühen Hochkulturen die geschriebenen Dokumente verwahrte, wurde die Bibliothek schon in der Antike zu einem hervorgehobenen, in der Regel herrschaftsnahen Ort. Dabei war sie in Form von Schränken bzw. Bücherkästen zunächst nur die Aufbewahrungsstätte (*bibliotheke, armarium*), in der die Bücher physisch gesammelt wurden, bald auch insgesamt der Raum der Aufbewahrung. Typische Räume waren bis zum Ende des Mittelalters der Tempel, das *museion*, die Akademie, die Sakristei oder die Schatzkammer. In der frühen Neuzeit kam es jedoch zu einer besonderen Aura, als sich der Bibliotheksraum – nicht zuletzt unter dem Druck der anschwellenden Bücherflut – als eigene Aufbewahrungsstätte für Bücher von anderen Formen der Schatzkammer (z. B. Kunstkammer, Raritätenkammer, Naturalien- oder Münzkabinett) abzugrenzen begann. »Bibliothek« wurde nun auch zum Namen für die Gesamtheit von Büchern und dementsprechend definierte der Philologe Justus Lipsius († 1606): »Bibliotheca tria significat, locum, armarium, libros.«[1]

In dieser Trinität wurde die Bibliothek als ein Kollektivum bzw. letztlich als das Universum des verschriftlichten Wissens schlechthin, d. h. als das monumentale Gedächtnis der Menschheit, verstanden. Diese Auffassung korrespondiert durchaus mit der ältesten und seitdem immer wieder zitierten Bibliotheksinschrift, die aus der Zeit des ägyptischen Pharaos Ramses II. († 1225 v. Chr.) stammt und in griechischer Überlieferung *psyches iatreion* lautet: Die Bibliothek als »Sanatorium des Geistes« bzw. als »Apotheke der Seele«[2] heilt die Krankheit der Unwissenheit. Die neuzeitliche Auffassung steigerte den Gedanken jedoch zu einem der mächtigsten Mythen der Buchkultur, setzte sie doch dem philosophischen Grundgedanken der »Lesbarkeit der Welt« (H. Blumenberg) den weiteren zur Seite, das Lesbare in Gestalt von in Büchern aufgeschriebenem Wissen als Totalität, physisch wie geistig, versammeln zu können. Die Ambivalenz dieses stolzen Anspruchs – die Bibliothek als Universum, das Universum als Bibliothek – hat der argentinische Schriftsteller und Bibliothekar Jorge L. Borges († 1986) in seinem hintersinnigen Gedankenspiel *Die Bibliothek von Babel* zum Ausdruck gebracht. Darin hat er die Bibliothek als ein (Bau-)Werk beschrieben, das die im Aussterben begriffene Menschheit funktionslos überdauern wird: »erleuchtet, einsam, unendlich, vollkommen unbeweglich, gewappnet mit kostbaren Bänden, überflüssig, unverweslich, geheim.«[3] Danach scheitert nicht der universale Bau wie in Babel, sondern es sind seine Erbauer, die seiner Ewigkeit nicht gewachsen sind.

Von der mittelalterlichen Klosterbibliothek zur barocken Fürstenbibliothek

Der im frühen und hohen Mittelalter vorherrschende Bibliothekstyp war die Kloster- und Kirchenbibliothek. Als früheste Gründung gilt die Bibliothek des Klosters Vivarium (um 540) in Unteritalien. Bis zum 8. Jh. stieg die Zahl der Klosterbibliotheken im karolingischen Reich auf 71.[4] Der durchschnittliche Bestand an Kodizes wuchs, je nach Größe des Klosters, von wenigen Dutzend ab dem 8. Jh. auf mehrere hundert Exemplare bis zum Hoch- bzw. Spätmittelalter (z. B. Bobbio, St. Gallen, Reichenau, Lorsch), in besonders günstigen Fällen sogar auf mehr als bzw. mehrere tausend Exemplare (z. B. Canterbury, Fulda, Tegernsee, Sponheim).[5] Die Auswahl war naturgemäß stark theologisch geprägt, umfasste jedoch auch ausgewählte antike Texte. Der schon im 15. Jh. zu beobachtende Niedergang der Tausenden von Klosterbibliotheken, von den Humanisten erbittert angeprangert, beschleunigte sich, als im Zuge der Reformation viele Klöster aufgehoben bzw. umgewandelt und ihre Bibliotheksbestände verkauft, verschleudert oder vernichtet wurden.[6]

Heute gibt es nur noch wenige originale bzw. rekonstruierte (spät-)mittelalterliche/frühneuzeitliche Klosterbibliotheken wie z. B. die gotischen Studienbibliotheken in Isny (St. Nikolaus, um 1465) und Mondsee (um 1470, ohne Bücher), die Pultbibliotheken von Lincoln (Chapter Library, 1420/30) und Zutphen (St. Walburgskerk, 1561/64) oder die Kettenbibliotheken von Cesena (Biblioteca Malatestiana, 1447/52), Hereford (Cathedral Library, 1590) und Oels (Olesnica, 1594). Erhalten sind dagegen eine stattliche Reihe klösterlicher Prunkbibliotheken, die im 18. Jh. von reichen Abteien neu er-

10. Das Universum der Bibliotheken

Abb. 31   Saalbibliothek des ehemaligen Prämonstratenserklosters Schussenried, 1754–61.

baut worden sind. In diesen zumeist als Saalbibliotheken errichteten Räumen entstand ein festliches Ensemble von Architektur, bildender Kunst, Holzschnitz- und Bucheinband-Handwerk (Abb. 31). Unter den etwa 60 erhaltenen Klosterbibliothekssälen im deutschsprachigen Raum dieser Zeit sind als herausragende Zeugnisse zu nennen: Ottobeuren (1711/33), Schlierbach (1712), Kremsmünster (1715/16), Metten (1718/20), Waldsassen (1724), Melk (1726/30), Einsiedeln (1738), Wiblingen (1740/50), St. Florian (1745/50), St. Gallen (1758/67), Schussenried (1754/61), Admont (1776).[7]

Noch vor Entstehung und Ausbreitung von Buchdruck und Reformation entwickelte sich ein städtisches Bibliothekswesen, das im späten Mittelalter in ebendem Maße an Bedeutung gewann, in dem die Pflege der kirchlich-klösterlichen Bibliotheken verfiel und zugleich kommunale Bedürfnisse nach einer nicht-klerikalen literalen Bildung wuchsen. Diese Bibliotheken sind auch Ausdruck der großen politisch-kulturellen Bedeutung, die die (spät)mittelalterliche Stadt gegenüber dem Bildungsmonopol von Kirche und Universität zu beanspruchen begann. Gleichwohl ist mit B. Moeller das »die spätmittelalterliche Stadt kennzeichnende Ineinandergreifen und Zusammenfallen von Kirchengemeinde und Bürgergemeinde«[8] zu beachten, aus dem sich fließende Übergänge von städtischen Kirchen- oder Pfarrbibliotheken und kommunalen Büchereien ergaben. In der Regel handelte es sich daher um Ratsbibliotheken, die als kleine *libereyn* mit einer für den Gebrauch der Ratsherren, Stadtschreiber und Honoratioren bestimmten

Ausstattung anfingen. Sie entstanden und wuchsen weniger durch gezielte Planung, sondern vor allem durch Schenkungen reicher Bürger. Früheste Belege für erste Anfänge von deutschen Ratsbibliotheken existieren für Nürnberg (1370), Regensburg (1396), Lüneburg (1400/42), Braunschweig (1412), Hannover (1440), Leipzig (1454), Lübeck (1464), Hamburg (1469), Frankfurt (1483).[9] Im Zuge der Reformation kam es, nicht zuletzt ermuntert durch Luthers Sendbrief *An die Burgermeister und Radherrn allerley stedte ynn Deutschen landen* (1524), zu einer verstärkten (Neu-)Gründung von Rats- bzw. Stadtbibliotheken (z. B. Magdeburg, 1525; Augsburg, 1537; Esslingen, 1555; Lübeck, 1616/22). Kommunale Bibliotheken entstanden ebenfalls in Italien, Holland, Frankreich, England und Nordamerika. Die Bestände dieser Bibliotheken waren von ihrem Ursprung her stark theologisch und juristisch geprägt, doch erweiterte sich dieser Horizont rasch durch den Zuwachs aufgrund von Schenkungen. Eigene Erwerbungen entwickelten sich nach Maßgabe bürgerlich-kommunaler Gemeinnutzen- und Bildungsvorstellungen ab dem 18. Jh. Öffentlich zugänglich für jedermann waren diese Büchereien – trotz früher prinzipieller Forderung danach und einiger Einzelfälle – bis zum 19. Jh. noch nicht.[10]

Fürstliche Büchersammlungen hat es seit den frühen Hochkulturen immer wieder gegeben. Nur Herrscher, Landesherren und geistliche Oberhäupter hatten die materiellen Mittel und die Macht, umfangreiche Bibliotheken zu pflegen. Zugleich waren sie es, die neben dem Nutzen auch den Glanz ihrer Höfe und die Reputation im Blick hatten, die eine blühende Bibliothek ihrem Förderer und Mäzen verschaffte. Zwischen 1680 und 1790 sind allein im deutschen Kulturraum etwa 120 spezielle Bibliothekssäle neu erbaut worden, darunter 80 mit besonderer künstlerischer Ausstattung.[11] Es kann daher nicht verwundern, dass der Typus Fürstenbibliothek in der frühen Neuzeit, in der der nationale und territoriale Fürstenstaat als neues Machtzentrum hervortrat, gewissermaßen als Pendant absolutistischer Herrschaft zu großer Bedeutung aufstieg – im Übrigen ein gemeineuropäisches Phänomen mit Zeugnissen von Madrid bis St. Petersburg. Es kam geradezu dahin, dass die Fürstenbibliothek als das Idealbild einer Bibliothek schlechthin erschien, wie an einem ihrer glänzendsten Beispiele, der aus der Privatbibliothek des Herzogs August d. J. von Braunschweig und Lüneburg (1579–1666) entstandenen Bibliotheca Augusta (ab 1644 mit über 100 000 Bänden in Wolfenbüttel), schon von den Zeitgenossen hervorgehoben wurde. Als Ideal galten:

1. Gründung und Aufbau unter aktiver Teilnahme eines Fürsten;
2. Errichtung innerhalb eines Menschenlebens […];

3. Intensive Sammeltätigkeit in ganz Europa;
4. Größe der Bibliothek;
5. Wert des Bestandes;
6. Ordnung und
7. Bau eines Bibliothekssaales.[12]

Die Anfänge der Fürstenbibliothek sind in der Regel königlich-fürstliche Privatsammlungen, die im normannischen Unteritalien bereits im frühen 13. Jh., in Frankreich ab dem Ende des 13. Jh., in Oberitalien im 14. Jh., in Ungarn im 15. Jh. und im Deutschen Reich und den größeren Territorien (Pfalz, Bayern, Deutscher Orden, Preußen u. a.) ab dem 16. Jh. existierten. Daraus wurden allmählich zentrale Institutionen mit dem Auftrag, über das bibliophile Sammeln hinaus die Schätze des nationalen/territorialen Schrifttums zu vereinen. Beispielhaft ist hier die Bibliothèque du Roi zu nennen, die der französische König Franz I., nach Anfängen in Blois, 1544 in Fontainebleau einrichtete und sogar mit einem Pflichtexemplar-Abgaberecht (*dépôt legal*) ausstattete und die 1792 in die Bibliothèque Nationale umgewandelt wurde. Weitere große Fürstenbibliotheken sind die spanische Hofbibliothek im Escorial (1563–1584), die Medicea Laurenziana in Florenz (1571), die Biblioteca Apostolica Vaticana in Rom (1587/88, gegr. 1446), die Biblioteca Ambrosiana in Mailand (1609), die preußische Hofbibliothek in Berlin (1658/61), die Kongelige Bibliotek in Kopenhagen (1661), die kaiserliche Hofbibliothek in Wien (1726, gegr. 1493) sowie weitere Hofbibliotheken in Dresden (Japanischer Palais, 1786, gegr. 1556), München, Prag, Budapest, Stockholm. Die Umfänge entwickelten sich von etwa 10000 (um 1600) bis zu mehreren hunderttausend Bänden (um 1800). An der Spitze stand die Bibliothèque Nationale mit mehr als 300000 Büchern; im Heiligen Deutschen Reich führte die kaiserliche Hofbibliothek in Wien mit über 200000 Bänden.[13]

So, wie die konkurrierenden Fürstenstaaten einander mit Krieg überzogen, von Ländern und Städten Besitz ergriffen oder sie ausraubten, waren die Fürstenbibliotheken, ihrerseits als Teil dynastischer Kulturpolitik oft schon ein Produkt von Raub, Kauf und Schenkung, immer zugleich ein Werk der Bereicherung wie ein Opfer von Ausplünderung und Zerstörung. Die Liste der untergegangenen, vereinnahmten und zerstreuten Bibliotheken ist lang, besonders in Deutschland mit seinen vielen kleinen Landesherrschaften, territorialen Veränderungen und Kriegen. In Frankreich griffen königlich-absolutistische Zentralgewalt ebenso wie jakobinischer Rigorismus in die Regale gewachsener Bibliotheken. Ähnliches gilt für das gegenreformatorische Spanien seit Philipp II. (1556–1598) und der Inquisition, die Menschen und Bücher verbrannte: Über dem großen Lesesaal der Bibliothek im Escorial befand sich ein ebenso geräumiger zweiter, der die verbotenen und beschlagnahmten Bücher enthielt. Der protestantische schwedische König Gustav II. Adolf (1611–1632) eignete sich im Dreißigjährigen Krieg so manchen katholischen Bibliotheksschatz an, darunter den kostbaren *Codex Argenteum* (die gotische Bibelübersetzung des Bischofs Wulfila aus dem 4. Jh.), den er von Prag in die Universitätsbibliothek Uppsala schickte. Natürlich ist auch Napoleon zu nennen, der auf seinem Siegeszug durch Europa und Ägypten große Kunst- und Bücherschätze erbeutete; allein auf linksrheinischem Gebiet sollen über 10 000 Inkunabeln nach Paris verbracht worden sein.[14] Schließlich müssen die gewaltigen, politisch erzwungenen Bücherverschiebungen und -vernichtungen in den Jahrzehnten um 1800 erwähnt werden: die Auflösung des Jesuitenordens und seiner 100 allein im deutschen Sprachgebiet vorhandenen Bibliotheken (1773), der sogenannte josephinische Büchersturm ab 1782 (in dessen Verlauf über 1300 Klosterbibliotheken konfisziert wurden) sowie die Säkularisierung und Mediatisierung von Hunderten von Stiften, Klöstern, weltlichen Kleinstterritorien aufgrund des Reichsdeputations-Hauptschlusses ab 1803.

Dieser gewalttätig-barbarische Untergrund der eindrucksvollen Kulturleistung, die die großen zentralen Bibliotheken darstellen, wird zumeist verdrängt bzw. erscheint »geheilt« durch den Nutzen ihrer Zusammenführung. Die immer wieder berichtete Odyssee der »Mutter aller Bibliotheken in Teutschland«[15], der Heidelberger Hof- und Universitätsbibliothek (Bibliotheca Palatina) der protestantischen Kurfürsten der Pfalz, ist hier, wegen ihres relativ guten Ausgangs, eher ein harmloses Beispiel. Die Bibliothek mit ihren überaus wertvollen 3500 Handschriften und 7000 Drucken wurde 1623 vom katholischen Kriegsgegner Maximilian von Bayern konfisziert und der vatikanischen Bibliothek in Rom, verladen in 184 Kisten auf 50 schwer bepackten Wagen, übergeben. Dort fiel ein kleiner Teil 1797 Napoleon zur Beute, der sie nach Paris verbrachte. 1816 wurden dieser Teil aus Paris und über 800 deutschsprachige Palatina-Handschriften aus Rom wieder nach Heidelberg zurückgegeben.[16]

Von der Universitäts- zur Universalbibliothek

Von eigentlichen Bibliotheken kann man bei den meisten mittelalterlichen Universitäten zunächst noch nicht sprechen, auch wenn sich vor allem durch Stiftungen bei den Fakultäten allmählich Büchersammlungen einstellten. Insofern dürfte es bis zum 14. Jh. an bedeutenden Universitäten,

10. Das Universum der Bibliotheken

Abb. 32 Universitätsbibliothek Leiden, 1610.

wie Salerno, Paris, Bologna, Oxford u. a., zu Präsenzbibliotheken gekommen sein, die vor allem (zumeist an Ketten befestigte) Nachschlagewerke enthielten.[17] Mit 1017 Handschriften im Jahr 1290, die an 28 Pulten gelesen werden konnten, sowie 1722 Kodizes im Jahr 1338 war die Pariser Sorbonne die größte Universitätsbibliothek des Mittelalters.[18] Ähnlich gute Ausstattungen hatten die englischen College-Bibliotheken, an der Spitze Oxford, doch waren die Bestände bis zum 17. Jh. beschränkt auf die Bedürfnisse ihrer für den Kirchen- und Staatsdienst bestimmten Absolventen.[19] Dagegen besaß die Prager Universität 1367 nur 114 und die Artistenfakultät in Köln im Jahr 1474 gerade einmal 342 Kodizes – ein Mengenbereich, der für die um 1500 existierenden 75 Universitäten in Europa charakteristisch gewesen sein dürfte. Die größte und älteste College-Bibliothek in Nordamerika war Harvard (1636/38), gefolgt von Yale (1700) und dem College von New Jersey (um 1750). Die Bibliothek von Harvard war bis zu ihrem Brand 1764 auf rund 5000 Bände angewachsen; zu diesem Zeitpunkt besaß allerdings die Göttinger Universität bereits mehr als das Zehnfache.[20]

Ab dem 15. Jh. sind in Deutschland Regelungen des Bucherwerbs, der Benutzung, der Aufstellung und Katalogisierung für Bibliotheken der Universitäten Wien, Heidelberg, Köln, Erfurt, Leipzig u. a. belegt, doch das hier vorherrschende Prinzip der Mitschrift von Vorlesungen förderte weder das

Studieren mit Büchern noch die Notwendigkeit, Bücher für diesen Zweck zu sammeln. Vom Zwischenspiel der Reformations- und Gegenreformationszeit abgesehen, wo neue Universitäten (z. B. Marburg, Jena, Königsberg, Würzburg u. a.) aus Gründen der Glaubensspaltung landesherrliche Unterstützung für ihre Bibliotheken erhielten, stagnierte die Bedeutung von Universitätsbibliotheken bis zum Anfang des 18. Jh. Die Klagen über ihren schlechten Zustand sind verbreitet. Wenn es dennoch einige noch heute erhaltene Beispiele repräsentativer Bibliotheksbauten dieser Epoche gibt, wie z. B. die Bodleiana Library in Oxford (1602/34), die Bibliotheken in Cambridge (Trinity College, 1686/95) und Dublin (Trinity College, 1712/32) sowie die Universitätsbibliotheken von Coimbra (1729) und Prag (1722/77), so verdanken sich deren ungewöhnliche Pracht und Größe mehr der Gönnerschaft reicher Mäzene als eigener Leistung.[21] Nicht erhalten, aber durchaus repräsentativ für eine frühneuzeitliche Universitätsbibliothek dürfte die in Abbildung 32 dargestellte Pultbibliothek der Universität von Leiden (1610) sein, auch wenn ihre Aufstellungweise (Ketten, Buchrücken nach innen) eigentlich schon anachronistisch war.

Die wichtigen wissenschaftlichen Diskurse liefen bis zum 18. Jh. eher über Gelehrte und ihre Privatbibliotheken, vor allem aber über neu gegründete Gesellschaften (Sozietäten) und Akademien (z. B. Florenz, 1582; Rom, 1603; Paris, 1635; London, 1660; Berlin, 1700; St. Petersburg, 1725; Kopenhagen, 1742; Göttingen, 1751; Erfurt, 1754; München, 1759; Stockholm, 1786) sowie über wissenschaftliche Zeitschriften (z. B. das Pariser *Journal des Savants* und die Londoner *Philosophical Transactions* ab 1665, die italienischen *Giornale de Letterati* ab 1668, die *Acta Eruditorum* aus Leipzig ab 1682).[22] Die in den Aktivitäten dieser Gelehrtenrepublik zum Ausdruck kommende neue Wissenschaftsbewegung, die ab dem 17. Jh. vor allem von Frankreich und England ausging, besaß in Deutschland mit Gottfried Wilhelm Leibniz († 1716) ihren überragenden Repräsentanten. Sie war charakterisiert durch ihr empirisch begründetes, systematisch entfaltetes und universal ausgerichtetes Erkenntnisinteresse, für das es »prinzipiell nichts Nicht-Wissenswertes«[23] gab. Aus ihren Diskursen entstanden, durchaus in Anknüpfung an das antike Vorbild von Alexandria, die Idee und das Ideal der modernen Universalbibliothek als Ort des kollektiven Gedächtnisses. Die dafür nötigen Vorbedingungen wurden, wenn auch letztlich auf nationalstaatlicher und nicht universaler Basis, bis zum 18. Jh. geschaffen. In verschiedenen europäischen Staaten kam es zu Gesetzen, die die Pflichtabgabe von Neuerscheinungen an ausgewählte Bibliotheken vorschrieben: Frankreich, 1537; Habsburg-Österreich, 1608; Schweden, 1661; England, 1662; Bayern, 1663; Dänemark, 1697; Preußen, 1699; Spanien, 1712. Strikt durchgeführt wurden diese Bestimmungen jedoch erst sehr viel später, in der Regel ab dem 18./19. Jh. im Zusammenhang mit der Einrichtung von Nationalbibliotheken. Die größten Zentralbibliotheken mit umfassendem staatlich getragenem Sammelauftrag waren neben der kaiserlichen Hofbibliothek in Wien die Biblioteca Nacional in Madrid (1712), die Bibliothek des British Museum (1759) in London und die aus der Bibliothèque du Roi hervorgegangene Bibliothèque Nationale in Paris (1792).[24]

Ein weiterer wichtiger Baustein für die Universalbibliothek war die Effektivierung und Standardisierung der bibliographischen Erfassung der unaufhörlich wachsenden Bücher- und Wissensmengen mittels Katalog, Signatur, Standortnachweis und enzyklopädischer Systematik. Als bibliographische Pionierleistung gelten Conrad Gesners *Bibliotheca Universalis* (1545–1555) und Gabriel Naudés *Advis pour dresser une bibliothèque* (1627). Anwendung fanden die modernen wissenschaftlichen und bibliothekarischen Prinzipien bei der Gründung der hannoverschen Landesuniversität Göttingen (1737). Diese stieg »wie ein Komet am Bibliothekshimmel«[25] auf, da sie mit ihrer wegweisenden Verbindung von Universität und Bibliothek erstmals ein universales Konzept verwirklichte, das vor allem auf Wissenschaft und Forschung gegründet war.[26] Es wurde zum Vorbild für die Bibliothek des British Museum sowie für amerikanische College-Bibliotheken. Dieses Konzept schloss die öffentliche Zugänglichkeit, die seit der Antike in den Bibliotheken von Alexandria, Rom, Bagdad, Córdoba u. a. immer wieder gegeben war, ein. Wenigstens halböffentlichen Zugang mit Präsenzbenutzung hatten zeitweise auch die Bibliotheken von Florenz (San Marco) und Venedig (Marciana) im 15. Jh., von Mailand (Ambrosiana) und Florenz (Laurenziana) im 16. Jh., ebenso von Oxford (Bodleiana), Paris (Bibliothèque Mazarine) und Wolfenbüttel (Bibliotheca Augusta), doch gerade die Hofbibliotheken waren insgesamt »mehr Büchermuseen als Benützungsbibliotheken«[27]. Typisch hierfür war die bis zum Ende des 16. Jh. verbreitete Praxis, die Bücher mit dem Schnitt nach vorn aufzustellen, weil sie mit Schließspangen versehen waren bzw. um sie vor dem Licht (und der Benutzung?) zu schützen, wenn sie nicht gleich in Holzschränken weggeschlossen waren.[28]

Die Bibliotheksgeschichte der frühen Neuzeit zeigt den noch ungebrochenen Glauben an die Verwirklichung der Idee einer universalen Bibliothek, getragen von der durch den Buchdruck beförderten Expansion des Gedruckten und der Hoffnung, im Verbund von systematischem Katalog und ihm entsprechender, symmetrisch-harmonischer Aufstellung alle besten, nützlichsten und schönsten Bücher versammeln zu können. Ihr idealer Bibliothekar ist der Polyhistor von der Art eines Gottfried Wilhelm

Leibniz, der die Hofbibliotheken in Hannover und Wolfenbüttel leitete, bzw. der umfassend gebildete Schriftsteller, wie es Lessing in der Wolfenbütteler Augusta und Goethe in der Weimarer Anna-Amalia-Bibliothek waren. Doch schon im 18. Jh. zeichneten sich zwei Typen von Universalbibliothek als Parallelwelten ab: die Landes- bzw. Nationalbibliothek, die auf eine territorial begrenzte Kumulierung per Pflichtexemplar und retrospektive Erweiterung setzte, und die universitäre Forschungsbibliothek, deren Universum durch die sich immer mehr spezialisierende Wissenschaft bestimmt ist. Dem unvermeidlichen Auseinanderdriften dieser Galaxien, das spätestens zu Beginn des 20. Jh. als »Abschied von der Universalbibliothek«[29] vor Augen trat, steht heutzutage die Vernetzung aller Kataloge zum virtuellen Gesamtkatalog der »Großen Digitalen Weltbibliothek« gegenüber.[30] In ihr ist jedes Buch lokalisierbar und möglicherweise künftig auch elektronisch lesbar, und doch ist es zugleich ungreifbarer denn je geworden: Ob der digitale Bücherort in seiner stabilen Fluidität die einzig verwirklichbare Universalbibliothek sein wird und sich damit von Borges' Vision der Bibliothek von Babel unterscheidet oder nicht, bleibt abzuwarten.

Buchbesitz und privates Büchersammeln

Wenn es so einfach wäre: Privater Buchbesitz in der frühen Neuzeit beginnt zwar bei einem Buch, doch gipfelt er in der Privatbibliothek. Und: »Wer keine Bücher hat, zählt nicht; wer Bücher hat und liest, ist ein Gelehrter; wer Bücher hat, aber nicht liest, ist entweder biblioman oder bibliophil.«[31] Solche Sätze reduzieren die komplexe Realität der frühneuzeitlichen Buchkultur im Namen eines Ideals, das die Kultur des Buches an die wertvollen Werke, die gelehrten Verfasser und Benutzer, die bedeutenden Bibliotheken und bibliophilen Sammler bindet. Sie fixiert damit eine »Buchkultur ohne Volk«, der konsequenterweise dann ein »Volk ohne Buch[kultur]« (R. Schenda) gegenübersteht. Dem ist mit O. Brunner entgegenzuhalten, dass diejenigen, die Bücher erwarben, besaßen und aufbewahrten, dieses nicht taten, »um eine Büchersammlung anzulegen, sondern um daraus im praktischen Leben Nutzen zu ziehen«[32]. Buchbesitz dieser Art muss nicht gleich als Bibliothek verstanden werden, konnte es aber, wenn eine bestimmte Menge bzw. ein bestimmter Wert erreicht war. Auf jeden Fall ist privater Buchbesitz für den Alltag, d. h. Buchbestände, die nicht von Personen in und für Institutionen erworben bzw. als repräsentative Sammlungen angelegt wurden, ein Phänomen der neuen Druckkultur und damit ein bedeutsamer Indikator für die soziale Vertiefung der modernen Schriftkultur.

Mit dieser Feststellung ist jedoch die weitere verbunden, dass über den privaten Buchbesitz keine umfassenden Kenntnisse existieren. Das liegt zum einen am hohen Verbrauchscharakter dieser Bücher (z. B. Verschleiß, Ersatz durch Neueres, kein bibliophiles Interesse usw.), zum anderen an der lange Zeit dominierenden Fixierung der Buchwissenschaft auf die illustren Privatbibliotheken als »Urform der Bibliothek«[33]. Wenn überhaupt, kam Buchbesitz als Teil von Buchverbreitung oder als Indikator für Alphabetisiertheit (vgl. dazu unten S. 269 ff.) in den Blick. Immerhin haben diese Untersuchungen – gestützt auf das Quellenmaterial von Testamenten, notariellen Nachlassverzeichnissen, Legaten, Buchhändlerrechnungen, Visitationsberichten von Pfarrern, Verlags-, Auktions- und privaten Bibliothekskatalogen – detaillierte, wenn auch nur punktuelle Aufschlüsse über den Buchbesitz in bestimmten Städten (z. B. Amiens, Grenoble, Paris, Tübingen, Basel, Dresden u. a.), sozialen Schichten (z. B. ländlicher Adel, Stadtbürger u. a.) und Regionen vermitteln können.[34] Sie zu verallgemeinern ist nicht unproblematisch, weil diese Quellen immer unvollständig bleiben werden und es niemals zu erweisen sein wird, ob Buchbesitz die Lektüre einschloss (eher wohl nicht) und ob Nicht-Besitz von Büchern literaler Unkenntnis gleichkam (ebenfalls wohl nicht).[35]

Als durchaus erstaunliches Ergebnis dieser Untersuchungen kann festgehalten werden: Es gibt zwar eine markante ungleiche Verteilung des Buchbesitzes zwischen adlig-großbürgerlichen Schichten und dem einfachen Volk, ebenso zwischen Stadt und Land und dann noch einmal im Quervergleich vom 16. und 18. Jh. Dennoch gilt schon für das 16. Jh., dass »die unteren Volksschichten [...] durchaus mit dem Buch vertraut«[36] waren. In der ersten Hälfte des 18. Jh. ist am Beispiel westfranzösischer Städte durch Nachlassverzeichnisse belegt, dass in rund einem Drittel der Fälle Bücher erwähnt werden; in der sozialen Verteilung dominierten Schriftsteller, Bibliothekare, Lehrende, Juristen, Klerus, Beamte und Adlige am Hof, während Händler, Handwerker, Gesellen und Dienstboten unter 15 % Anteil an der Gesamtmenge hatten. Ähnliche Daten liegen für Canterbury vor. Die Bestandsmengen stiegen im gebildeten Bürgertum im Laufe des 18. Jh. von 1 bis 20 Bänden auf 20 bis 100 Bände.[37]

Dass der Buchbesitz in den unteren Volksschichten geringer war, muss nicht eigens betont werden. Hervorzuheben ist allerdings, *dass* es ihn gab, und dies ist nicht zuletzt durch die Anstrengungen von Verlegern in ganz Europa belegt, über eine auf diese (städtische) Leserschaft zugeschnittene redaktionelle Praxis (Illustrierung, Billigausstattung, Textbearbeitung und -formatierung) den einfachen Lesern »ein Repertoire von Texten zugänglich [zu machen], das vielfältige Verwendung finden konnte. Man war damit in der Lage, die Arbeit oder ein Fest zu begleiten, das Lesen zu erlernen oder einfach die Zeit totzuschlagen.«[38] Entsprechend war der Grundbestand an Büchern bei Händlern und Handwerkern durch den praktischen Gebrauch bestimmt, d. h., er stammte aus den Bereichen Religion (Bibeln, Gebets- und Stundenbücher, Breviere u. a.), Beruf und Ausbildung sowie in zunehmender Form aus dem Unterhaltungsbereich (Volksbücher, Heftchen u. a.). Insofern ist das Negativurteil des schwäbischen Schriftstellers Christian F. D. Schubart († 1791) durchaus anzuzweifeln: »Ein Hauspostill, ein Gesangbuch und ein Calendar; und alle drey offt bärmlich eingerichtet, das ist die ganze Leserey unserer meisten Bürger.«[39] Zieht man in Betracht, dass in der weitgehend nichtalphabetisierten Gesellschaft bis zum 18. Jh. vielfältige Arten der kollektiven Buchrezeption praktiziert wurden, ist eine »typographische Akkulturation« der städtischen Bevölkerung nicht von der Hand zu weisen, auch wenn richtig bleibt, dass deren »Beziehung zum Geschriebenen tatsächlich nicht eine Beziehung zu Büchern, oder zumindest nicht zu den Büchern [war], die wertvoll genug sind, um ein ganzes Leben aufbewahrt und als Erbe gewürdigt zu werden.«[40]

Wo es jedoch diese besondere Beziehung zu Büchern gab, entstanden Privatbibliotheken – manchmal einfach so im Laufe der Zeit, manchmal gezielt durch die Aktivitäten von bibliophilen Sammlern. Ein gutes Beispiel für den erstgenannten Fall sind Adelsbibliotheken, die zu Gebrauchszwecken eingerichtet wurden, als Teil des Familienbesitzes wuchsen, mit der Zeit Wert erlangten und in nicht wenigen glücklichen Fällen erhalten blieben. O. Brunner hat ihre Entwicklung am Beispiel österreichischer Adelsbibliotheken vom 15. bis zum 18. Jh. nachgezeichnet. Er fand in ihrer typischen Bestandsentwicklung die »Einheitlichkeit der alteuropäischen Grundstruktur« adeliger Kultur repräsentiert, in der sich »die maßgebenden geistigen Strömungen der Zeit widerspiegeln«.[41] Exemplarisch genannt sei die bis heute erhaltene Bibliothek der Grafen von Nostitz und Rhieneck in Prag. Eine eindrucksvolle Auflistung adeliger Privatbibliotheken, die in der Regel in größere staatliche Sammlungen aufgingen, findet sich bei L. Buzas.[42]

Ein weiteres Beispiel für die aus Gebrauchszusammenhängen erwachsende Privatbibliothek sind die Gelehrtenbibliotheken, die es schon in der Antike gab und die mit dem Aufschwung des Universitäts- und Wissenschaftswesens seit dem Mittelalter immer häufiger wurden. Insbesondere in der Gestalt der Humanistenbibliotheken, von denen sich bis heute vollständig nur die 2000 Bände umfassende Sammlung des Beatus Rhenanus († 1547) in Schlettstadt erhalten hat, ist die enge Verbindung von wissenschaftlichem Gebrauch, gelehrt-öffentlichem Nutzen und Bibliophilie

Abb. 33 Der Büchernarr. Sebastian Brant: *Das Narrenschiff*, 1497.

evident. Bedeutende Sammlungen hatten Nicolaus Cusanus († 1464), Hartmann Schedel († 1514), Johannes Reuchlin († 1522), Willibald Pirckheimer († 1530). Als Sammler aufgelöster Humanistenbibliotheken brachte es der Augsburger Patrizier Jakob Fugger († 1575) auf eine Bibliothek von 11 000 Drucken und 1500 Handschriften. Die größte Privatbibliothek in Europa besaß Fernand Colomb († 1539) mit 15 370 Bänden.[43] Diese Dimension wurde erst im 18. Jh. von gelehrten Sammlern, wie z.B. dem Hamburger Philologen Johann Albert Fabricius († 1738) oder dem sächsischen Kriegsrat Johann von Besser († 1729), übertroffen.

In dem Maße, wie die Buchkultur sich erweiterte, die Zahl und Verfügbarkeit von Handschriften und Büchern wuchs und der Kreis der privaten Büchersammler sich bis ins gebildete Bürgertum ausdehnte, trat bibliophil geprägte Spezialisierung an die Stelle universaler Geschlossenheit. Angaben über die Gesamtzahl dieser Privatbibliotheken schwanken, weil deren Lebensdauer oft nur kurz war. Folgt man L. Buzas, der die gängigen Bezifferungen referiert, so dürfte es im 16. Jh. etwa 300 bis 350, im 17. Jh. etwa 450 bis 550 und im 18. Jh. bis zu maximal 1800 bedeutende Privatbibliotheken gegeben haben. Ihre Bestandsgrößen wuchsen bis zum 18. Jh. auf mehrere zehntausend Bände (z. B. die Bibliotheken des Hamburger Philologen Johann Albert Fabricius, des Stuttgarter Geheimen Rats Friedrich Wilhelm Frommann oder des Nürnberger Arztes Christoph Jakob Trew).[44] Nutznießer dieser Sammlungen waren nicht selten Universitäts- und Stadtbibliotheken, indem sie durch Erbschaft, Stiftung oder Ankauf in den Besitz der Bestände gelangten. Der große Bücherreichtum der englischen und amerikanischen College- und Universitätsbibliotheken gründet sich fast ausschließlich auf solche Erbschaften und Stiftungen.

Von der Leidenschaft des Büchersammelns: Bibliophilie und Bibliomanie

Das private Sammeln von Büchern ging jedoch niemals allein in solchen gemeinnützigen Zwecksetzungen auf, auch wenn es sich damit von Anfang an rechtfertigte.[45] Die keine Kosten scheuende, oftmals das ganze Tun und Trachten der Sammler bestimmende Anhäufung war immer auch Ausdruck einer Bücherliebe, die sich bis zu extrem leidenschaftlichen Formen steigern konnte. Der Name dafür lautet seit etwa dem 17. Jh. »Bibliophilie« – und nicht »Philobiblie«, wie es korrekter heißen müsste und wie schon einer der ersten großen Bibliophilen neben Petrarca, Richard de Bury († 1345), sein Buch über das Büchersammeln mit *Philobiblion* betitelte.[46] Weitere bedeutende Handschriftensammler des Mittelalters waren Giovanni Boccaccio († 1375) und Coluccio Salutati († 1406) in Florenz, der französische Herzog Jean de Berry († 1416) sowie der byzantinische Kardinal Basileos Bessarion († 1472) in Venedig. Die Bücherliebe des Manuskriptzeitalters war insofern jedoch noch eingeschränkt, als es dort weniger um das Original gehen konnte, sondern vielmehr um die verlässlichste Abschrift – und sei es eine textkritisch geprüfte, moderne Fassung. So sammelten noch die frühhumanistischen »Handschriftenjäger«, indem sie ihre Fundstücke abschreibend verbesserten und dann wegwarfen. Die Bücherliebhaber in der Frühzeit der Druckkultur, für die exemplarisch der französische Vicomte Jean Grolier († 1565) steht, verwandelten die eigentlich identischen Drucke einer Auflage in neue Originale, indem sie Vorzugsausstattungen veranlassten, sie individuell einbinden ließen und auf diese Weise über die mit der Renaissance aufblühende Einbandkunst das schöne Buch (mit wichtigem Inhalt) kreierten. Dem folgte in dem Maße, in dem die Büchermenge anschwoll, die bibliophile Spezialisierung auf typographische Originalität (z. B. Erstausgaben, unbeschnittene Ausgaben, Luxusausgaben, Privatdrucke, Miniaturbücher, Exlibris u. Ä.), die Antiquität, die Kuriosität sowie vor allem die Rarität (mit den Stufen: vergriffen, selten, Unikat, Introuvable).[47] Der Name für solche bibliophilen Kleinodien lautet »Zimelie«.

Was Büchersammler in dieser Hinsicht an Sammelleistung und Sammelwut fertig brachten, ist kaum zu fassen und hat dazu verführt, die Bibliophilie (und mehr noch die Bibliomanie) als »eine fortlaufende Kette anekdotischer Geschichten«[48] zu beschreiben. Ihr entspricht eine Vielzahl bildlicher Darstellungen, die alle Varianten dessen zeigen, wie Menschen, die gerne Bücher besitzen, von diesen auch besessen werden. Die entbehrungsreiche, gnadenlose und nicht selten skurrile Jagd nach Büchern, die Leiden und Freuden dieser merkwürdigen Liebhaber und die schmähliche Ignoranz ihrer Witwen und Kinder beim Verschleudern des Büchererbes sind in der Tat buchenswerte Heldenstücke und Tragödien zugleich. Exemplarisch seien hier die Namen herausragender Bibliophiler genannt: Jacques-Auguste de Thou († 1617), Antonio Magliabecchi († 1714), Robert Harley († 1724), John Ratcliffe († 1776), Richard Heber u. a.[49] Doch jenseits der einzelnen anekdotischen Geschichten lässt sich auch eine systematische Entwicklung feststellen, in der die Leidenschaft der Sammler mit der Logik des schriftkulturellen Prozesses konvergiert.

Privates Büchersammeln galt am Ende des Mittelalters, sofern es sich nicht als Dienst am Glauben und den Mitmenschen rechtfertigen ließ, als eigensüchtig und daher kritikwürdig. Die Bezeichnung hierfür war »Narretei«: Narr war, wer – wie es im 52. Psalm heißt – in seinem Herzen nicht an Gott glaubt und sich stattdessen mit eitlen, unnützen Dingen beschäftigt. Der Büchernarr ist, wie es ein Holzschnitt in Sebastian Brants satirischer Narren-Schelte *Das Narrenschiff* (1494) zeigt, ein Hohlkopf, der die Bücher trotz gelehrter Brille nicht lesend benutzt und ihnen deswegen allenfalls mit dem Staubwedel nahe kommt (Abb. 33). Der höchst belesene Straßburger Prediger Geiler von Kaisersberg († 1510) legte Brants Satire aus und kam auf sieben Arten von Büchernarren.[50] Trotz des Abklingens des theologisch begründeten Vorbehalts blieben Staub, Brille und Bücherchaos Hauptbestandteile einer Metapher, die im (vermeintlich) Gelehrten den Büchermenschen bzw. den Menschen aus Büchern, wie in Giuseppe Arcimboldos Gemälde *Der Bibliothekar* (ca. 1566) dargestellt, als lebensfern und -untauglich karikierte. Insgesamt wurde jedoch zum 18. Jh. hin das Bild des

Bücherliebhabers immer positiver, indem seine Kennerschaft, seine Hingabe und seine Verdienste um die Bewahrung der Buchkunst wachsende Anerkennung fanden. Dass man mehr Bücher sammeln darf als man im Leben lesen kann – rein rechnerisch wären das etwa 25 000 Bände, faktisch wohl ein bis zwei Fünftel davon[51] –, war jetzt nicht mehr kritikwürdig. Der Bibliophile, nun nicht mehr beschränkt auf den Gelehrten oder *poeta doctus*, war aufgestiegen zum Edelmann der Buchkultur.[52]

Dieser Aufstieg gelang jedoch nur aufgrund einer Spaltung. So, wie sich das Edle der Buchkultur im Bibliophilen sammelt, kommt ihre Kehrseite im Bibliomanen hervor. Bibliomanie gilt als das kranke Übermaß gesunder Bibliophilie und somit als das Irrewerden des Sinnhaften, für das die Bücherwelt einsteht. Als Wort folgerichtig geprägt von einem französischen Irrenarzt (J.-E. Esquirol)[53], ist die Bibliomanie, wie der Wahnsinn in der heraufziehenden bürgerlich-aufgeklärten Gesellschaft, eine Störung der Ordnung, aber noch als solche deren Produkt. Wenn der Bibliomane Bücher beschafft, bloß um sie zu *haben*, wenn er dabei jegliche Rücksicht vergisst, wenn er betrügt, fälscht, stiehlt und sogar mordet – wie der Spanier Don Vicente († 1836, 15 Morde) oder der deutsche Pfarrer Johann Georg Tinius († 1846, 2 Morde) –, dann kommt aus dem Inneren der Buchkultur eine neue Barbarei: Der Bücherverrückte zeigt nämlich mit seiner Gier, die im je einzelnen Fall ihr Pathologisches haben mag, dass noch die erlesenste Geisteswelt eine Warenwelt ist, in deren Verdinglichung Menschen zu Objekten werden, die man wie Bücher besitzen, verkaufen und sogar verbrennen kann.

Bibliomanen waren aber nicht nur Täter, sondern auch Opfer ihrer Leidenschaft, die sie mit Verzweiflung, finanziellem Ruin und Tod zu bezahlen hatten. Schon das Nachlassen der Sehkraft und erst recht die Erblindung waren schwere Schicksalsschläge, die so manchen Sammler in den Selbstmord trieben. Brände, Wasserschäden, Diebstähle, Geldverluste und Zwangsverkäufe waren weitere verzweiflungsvolle Anlässe, in den Tod zu gehen. Mit den Bücherliebhabern jeglicher Art und den Bibliothekaren teilten die Bibliomanen das Schicksal des unfreiwilligen Todes, nämlich den Sturz von der Bibliotheksleiter bzw. das Erschlagenwerden durch herabstürzende Folianten, wie es z. B. dem deutschen Mathematiker J. Stoeffler, dem Dresdener Bibliothekar F. A. Ebert und dem spanischen Bibliophilen Marquis de Morante geschah. Ein anderer Tod war die Blamage, d. h. die Bloßstellung der Manie auf ihrem ureigensten Gebiet, wenn die Bücherjäger Fälschungen von Raritäten oder gar Erfindungen nicht existierender Bücher aufsaßen.[54] Mit dem Tod des Sammlers war zumeist das Ende der Sammlung besiegelt. Das oftmals Einzige, was den

Sammler überlebte, war die eingeklebte Besitzermarke, das sogenannte Exlibris, das im späten Mittelalter aufkam, in vielen ästhetisch anspruchsvollen Gestaltungen sich bis heute ausdifferenzierte und nicht zuletzt deswegen ebenfalls zum Objekt bibliophilen Sammeleifers geworden ist. Diese Exlibris sind jedoch nicht nur Überbleibsel von verschwundenen, sondern ebenso Ausdruck von imaginären Bibliotheken.

Orbis Tertius:
Die imaginäre Bibliothek

Das, was Bibliotheken für die Schriftkultur bedeuten, ist mit dem, was Menschen real in Gestalt von Büchersammlungen und Bibliotheksgebäuden errichtet haben, allein nicht zu erfassen. Die reale Bibliothek wird, besonders ab Beginn der Neuzeit, überwölbt von einer imaginären Bibliothek und ist insofern immer mehr und noch etwas anderes gewesen als das Gebilde, als das sie erschien. Es kann sich dabei um die nachträgliche Vorstellung von verschwundenen Bibliotheken, die es in der Vergangenheit einmal gegeben hat, oder um den Entwurf einer künftig zu verwirklichenden Bibliothek handeln. Gemeint sind aber auch utopische bzw. imaginierte Bücherorte jenseits bibliothekarischer Realutopien, d. h. literarische Fiktionen von Autoren, die den Ort und die Gestalt der Bibliothek zur Metapher eines *orbis tertius* machten, in dem die Bücherwelt die Lebenswelt transzendiert. Dass solche Bibliotheksfiktionen keineswegs immer nur bibliophile Fortschrittsträume waren, sondern sich bis zu rabiaten Phantasien von Bibliotheksvernichtung erstreckten, zeigt einmal mehr die ambivalente Dimension des Imaginären.

Verschwundene Bibliotheken übten von jeher einen großen Reiz auf die Vorstellungskraft von Bücherliebhabern aus, vor allem dann, wenn sie mit jenen Attributen ausgestattet waren, die die Institution der Bibliothek zu einem Mythos werden lassen: Größe, Dauer und Einzigartigkeit des Bestandes. Ihr Inbegriff ist die Bibliothek von Alexandria.[55] Der Reiz dieser Bibliothek ist so stark, dass ihr Untergang gleich in mehreren Varianten bzw. als eine mehrmals stattgefundene Katastrophe überliefert wurde, obwohl er höchstwahrscheinlich der ganz normale war, nämlich: schleichender Verfall und ruhmloses Ende. Die Imagination vom Ende der Bibliothek im barbarischen Feuer verklärte ihr Bild und wurde zugleich als Menetekel verstanden, das allem Streben eingeschrieben ist, das unvergängliche Bücherschätze anzuhäufen unternimmt. Die bestürzende Erinnerung an die Verstörung, die eine brennende Bibliothek auslöst, flackert bei jedem späteren Bib-

Abb. 34 Die Herzogin Anna Amalia Bibliothek in Weimar
vor und nach dem Brand, 2004.

liotheksbrand (z. B. Löwen 1914/40, Leningrad 1988, Weimar 2004) wieder auf (Abb. 34). Doch zugleich verstärkt sie den Ewigkeitsmythos, der zu noch größeren und schöneren Neubauten ermuntert, in denen Alexandria – wie im Neubau von 2002 – wiedererrsteht oder sogar übertroffen werden soll.

Diese Zuversicht steht übrigens in einem bemerkenswerten Gegensatz zur verbreiteten Gleichgültigkeit gegenüber der Tatsache, dass die seit der Mitte des 19. Jh. auf säurehaltigem Holzschliffpapier gedruckte Schriftkultur auf lautlose, aber von jedem beobachtbare Weise physisch zu zerfallen beginnt und verschwindet. Zwischen 70 und 90% der Bestände deutscher wissenschaftlicher Bibliotheken sind auf saurem Papier gedruckt, dessen Haltbarkeit im allergünstigsten Fall bei bis zu 200 Jahren, in der Regel erheblich darunter liegt.[56] Auch wenn es inzwischen wirksame Konservierungsmethoden, wie z. B. die Verfahren der Laminierung oder der Papierspaltung gibt, so ist doch der kostenträchtige Wettlauf gegen die Verfallszeit nicht mehr zu gewinnen. Man kann nur staunen darüber, wie dieser kaum beachtete Verlust einhergeht mit der sehr erfolgreichen Anwendung neuer Techniken der Wiederherstellung von fragmentierten und verbrannten Texten aus den ältesten Zeiten der Schriftkultur.

Insofern lässt sich in einem ersten Fazit festhalten: Verschwundene Bibliotheken sind zwar nicht mehr da, aber sie sind – anders als die vielen aufgelösten, verkauften und verstreuten Sammlungen – als große Erzählung weiterhin existent und damit für die Idee der Bibliothek durchaus real. Man kann aber noch weiter gehen und formulieren: Am Ende sind alle existierenden Bibliotheken eigentlich imaginär, da letztlich nur von temporärer Dauer. So, wie seit langem untergegangene Klosterbibliotheken nur noch in ihren Katalogen da sind und sich darin nur wenig von imaginierten Bibliotheken mit ausgedachten Titeln und Beständen unterscheiden, werden auch die anderen dereinst verschwinden. Es ist ein ewiges Untergehen und das, was bleibt, ist Abschrift, Kopie und Abgespeichertes in anderer Form.

In den Epochen, in denen die Schriftreligionen dominierten, kam eine andere Ansicht von imaginären Bibliotheken auf. Wenn alles Wissen letztlich in einem einzigen Buch, der Heiligen Schrift, enthalten ist, wird dieses Buch zum »Buch der Bücher«, das in seinem sichtbaren Text einen größeren unsichtbaren Text enthält: Gottes Wort. Im extremen Fall werden dann keine weiteren Bücher gebraucht oder geduldet, sondern sogar vernichtet, wie es seit der Antike immer wieder praktiziert wurde. Es kann aber auch sein, dass der heilige Text als imaginäre Bibliothek verstanden wird und sich aus ihm und um ihn Bücher entwickeln, die ihn erläutern, ausmalen und verbreiten. Immer aber hat diese Bibliothek der anderen Bücher dem einen Buch Gottes zu dienen. Sie darf kein Ort eines weiter gefassten Wissens sein, auch und gerade dann nicht, wenn das Buch Gottes als Buch der Natur neu gelesen werden soll. Letzteres tat die frühneuzeitliche Naturwissenschaft. Mit ihrem Anspruch, die ganze natürliche Erscheinungswelt mithilfe experimenteller Methoden und *more geometrico* fehlerfrei lesen zu können, verwarf sie nicht nur jegliche hermeneutische Sinnproduktion durch die Bibliothek unabschließbarer Textauslegungen. Sie stellte sich auch in Gegensatz zum Konzept einer utopischen Bibliothek, das ab dem Ende des Mittelalters die Bibliotheksfiktion vom Buch der Bücher ablöste.[57]

Der Buchdruck und der Prozess der Typographisierung der Schriftkultur seit dem 16. Jh. führten zu einer neuen Wissenswelt, in der die Bücher, ihre bibliographische Erfassung und vollständige Sammlung in einer Bibliothek höchste Bedeutung erlangten. Bibliothekarische Ordnungsentwürfe waren jedoch nicht nur pragmatische Verbesserungsvorschläge, um für die realen

Bibliotheken eine angemessene Repräsentation und Benutzbarkeit zu ermöglichen. Konzepte einer utopischen Bibliothek entstanden in einer Reihe mit Staats-, Gesellschafts- und Erziehungsutopien, d. h. als rationalistische Zukunftsentwürfe für »die beste aller möglichen Welten« (Leibniz). Dementsprechend trat hier die Bibliothek als Musterform einer rigide durchgeplanten und systematisierten Ordnungswelt mit dem Anspruch auf Totalität auf.

In dem Maße jedoch, in dem das zeitgenössische Streben nach Verwirklichung einer Universalbibliothek Gestalt annahm und doch zugleich vor der Bücherflut kapitulieren musste, konzentrierten sich die Konzepte einer aufklärerisch-utopischen Bibliothek auf die Konstruktion einer kompakten Auswahlbibliothek der besten Bücher. Am logischen Ende dieses Gedankens stand die Idee einer total verdichteten »Bibliothek«, die in einem einzigen Buch der Weisheit das gesamte Wissen zusammenfassen sollte. Dieses *eine* Buch war aber nicht mehr das religiös begründete Buch der Bücher, auch nicht die Vielzahl der besten Bücher, sondern das »Buch statt der Bücher«[58]. Das ist eine Idee des 18. Jh., in der bereits die Dialektik der Aufklärung angelegt ist. Man kann nämlich durchaus darüber nachdenken, ob dieser Schritt die Vollendung von Bibliotheksutopie bezeichnet oder nicht schon ihren Umschlag in die Negation anzeigt, denn schließlich verzichtet dieses letzte Buch auf alle vorherigen. Im Blick auf die Reihe imaginierter Bibliotheken von Thomas Morus († 1535) über François Rabelais († 1553) und Tommaso Campanella († 1629) bis zu Louis-Sébastien Mercier († 1814)[59] könnte man auch formulieren: Mit diesem letzten einen Buch werden alle vorherigen vernichtet, sodass am Ende nicht nur eine leere, sondern überhaupt keine Bibliothek mehr übrig ist.

An einem solchen Punkt schlägt der ins Imaginäre gesteigerte Bibliotheksstolz in die Verachtung von Büchermassen um. Es wird eine einschüchternde »Arroganz der Bücher durch ihre bloße Quantität«[60] imaginiert, die Bücherwelt als Surrogat verworfen oder durch eine Kosten-Nutzen-Rechnung weggespart. Die poststrukturalistische Vermutung, dass alle Bücher letztlich in der Bibliothek verschwinden und damit an ihr Ende kommen müssen, rationalisiert dabei als höheren Schwund, was faktisch abgeschafft wird. Diese moderne verschwundene Bibliothek beflügelt allerdings, anders als das antike Vorbild von Alexandria, keine Fantasie mehr, sondern treibt mit den Büchern das durch sie in die Welt gekommene abweichende Wissen aus. Doch damit sind wir schon fast in der jüngeren Moderne angekommen.

10. Das Universum der Bibliotheken   251

1 Zit. nach Buzas (1976), S. 112. Vgl. auch Mummendey (1986), S. 171 ff.
2 Vgl. Duft (1977), S. 119; Canfora (2002), S. 17 f.
3 Jorge Luis Borges: Ausgewählte Werke. Hg. von Fritz Rudolf Fries. Bd. 1: Berlin 1987, S. 142, 151.
4 Vgl. Neddermeyer (1998), S. 542.
5 Vgl. Kramm (1932), S. 208; Schottenloher (1968), I, S. 46 ff., 145 ff.; Buzas (1975), S. 24 ff.; Johnson/Harris (1976), S. 105 f., 109; Bischoff (1986), S. 50 f., 270; Jochum (1993), S. 69.
6 Allein in England gab es rund 800 aufgelöste Klöster mit einem Gesamtbestand von 300 000 Bänden, von denen sich allenfalls 2% erhalten haben; vgl. Johnson/Harris (1976), S. 110. Neddermeyer (1998, S. 542) geht von 1355 Bibliotheken im deutschprachigen Raum des 15. Jh. aus.
7 Vgl. Buzas (1976), S. 52 ff.; Baur-Heinhold (2000), S. 31 ff., 160 ff.
8 Moeller (1983), S. 139.
9 Vgl. Buzas (1975, S. 111 ff.) sowie Kaegbein (1950), S. 9 – 40.
10 Vgl. zum besonderen Wesen der Öffentlichkeit im Spätmittelalter und in der frühen Neuzeit: Kramm (1932), S. 238 ff.; Schreiner (1975), S. 236 f., 242 ff.; Johnson/Harris (1976), S. 161 ff.; Moeller (1983), S. 149 f.
11 Vgl. Lemmerich (1977, S. 317) sowie 334 ff. mit einer chronologischen Auflistung.
12 Vgl. Arnold/Dittrich/Zeller (1987), S. 399. Das Gegenbeispiel zur »Bibliotheca Augusta« stellt die als »förmliches Weltwunder« (Schottenloher, 1968, I, S. 96) bestaunte »Corvina« dar, die Bibliothek des ungarischen Königs Matthias Corvinus (1443 – 1490) in Ofen, die aus dem Nichts mit mehreren tausend Handschriften zur zweitgrößten Bibliothek nach der »Vaticana« aufstieg und schon bald darauf in den Türkenkriegen bis auf wenig mehr als zweihundert heute erhaltene Exemplare (»Corvinen«) unterging. Vgl. Mummendey (1976), S. 215 f.
13 Vgl. Buzas (1976), S. 16 ff.
14 Vgl. Buzas (1976), S. 11.
15 Vgl. Mummendey (1976), S. 211 f.; Buzas (1976), S. 20.
16 Vgl. Schottenloher (1968), II, S. 296 ff., 383 ff.; Elmar Mittler (Hg.): Bibliotheca Palatina. Katalog zur Ausstellung. 2 Bde. Heidelberg 1986.
17 Vgl. Mummendey (1976), S. 204 ff.; Chartier/Cavallo (1999), S. 202.
18 Vgl. Johnson/Harris (1976), S. 118; Bosl (2000), S. 16 f.; leicht abweichende Zahlen bei Chartier/Martin (1989), S. 170.
19 Vgl. Battles (2003), S. 102 ff.
20 Vgl. Jochum (1993), S. 73; Johnson/Harris (1976), S. 189 ff.; Battles (2003), S. 97 ff.
21 Vgl. Johnson/Harris (1976), S. 152 ff.; Baur-Heinhold (2000), S. 55 ff., 91; Laubier/Bosser (2003), S. 136 ff.
22 Vgl. Fabian (1977), S. 212; HSK 15.1 (1999), S. 487 f.
23 Fabian (1977), S. 212.
24 Vgl. Schottenloher (1968), II, S. 296 ff.; Johnson/Harris (1976), S. 141 ff.; Willms (1978), S. 138 ff.; Janzin/Güntner (1997), S. 230 ff., 280 ff.
25 Fabian (1988), S. 5.
26 Vgl. Fabian (1977), S. 211 ff.
27 Schottenloher (1968), II, S. 368.
28 Vgl. Lemmerich (1977), S. 319.
29 Jochum (1993), S. 130 ff. Vgl. auch Jochum (1991), S. 11 ff., 24 ff.
30 Vgl. dazu Chartier/Cavallo (1999), S. 47 f.
31 Jochum (1991), S. 46.
32 Brunner (1956), S. 155.
33 Fabian (1997), S. 23.

34 Vgl. Brunner (1956), S. 156 f.; Gronemeyer (1987), S. 470 ff.; Chartier/Martin (1989), S. 699 ff.; Chartier (1990), S. 56 ff.; Adam (1990), S. 126 ff.; Chartier/Cavallo (1999), S. 399 ff.
35 Vgl. Jäger (1987), S. 492 f.; Chartier (1990), S. 25 ff.; Bickenbach (1999), S. 2 ff.
36 Chartier/Cavallo (1999), S. 400.
37 Vgl. Chartier (1990), S. 92 ff.; Ariès/Chartier (1991), S. 132.
38 Chartier/Cavallo (1999), S. 404.
39 Deutsche Chronik (1774), zit. nach Nagl (1988), S. 25.
40 Chartier (1990), S. 69 f.
41 Brunner (1956), S. 161. Typische Bücher sind bis zum 17. Jh.: »eine Bibel und ein deutscher Psalter, ein deutsches Evangelien- und Epistelbuch, etliche deutsche Predigtsammlungen, erbauliche Traktate, Gebetbücher, Liederbücher, Gedichte der Hof- und Volkspoesie, Landrecht- und Lehnrechtsbücher, ein Haus- und Arzneibuch, ein Roß- und Jagdbuch« (S. 158); ab dem 17. Jh.: italienisch-, französisch- und spanischsprachige Dichtung, Ciceros *De officiis*, humanistische Werke (S. 159 f.).
42 Vgl. Buzas (1976), S. 97 ff.
43 Vgl. Kramm (1932), S. 208; Buzas (1976), S. 86 ff.; Adam (1990), S. 148 ff.; Jackson (2001), 339 ff.
44 Vgl. Buzas (1976), S. 86, 92 ff.
45 So fügten viele Sammler, z.T. nach dem Vorbild Jean Groliers, ihrem Besitzvermerk den Hinweis »et amicorum« bzw. »sibi et amicis« zu, um gut humanistisch den sozialen Charakter hervorzuheben; vgl. Bogeng (1984), S. 12.
46 Vgl. Bogeng (1984), S. 3.
47 Vgl. Mummendey (1976), S. 320; Bogeng (1984), S. 89 ff.; Wegmann (2000), S. 172 ff.; Jackson (2001), 480 ff.
48 Fabian (1997), S. 24. Vgl. dazu insgesamt die monumentale Darstellung von Jackson (2001).
49 Vgl. G. A. E. Bogeng: Die großen Bibliophilen. 3 Bde. Leipzig 1922; Willms (1978), S. 96 ff.; Hanebutt-Benz (1985), S. 168 ff. Bedeutende Bibliophilinnen waren: Luise von Savoyen († 1532), Margarethe von Angoulême († 1549), Katharina von Medici († 1589), Charitas Pirckheimer u. a.; vgl. Kramm (1938), S. 6 f.
50 Vgl. Schreiner (1975), S. 208 ff.; Manguel (1999), S. 345 ff.
51 Vgl. Engelsing (1973b), S. 150; Bogeng (1984), S. 13.
52 Vgl. Wegmann (2000), S. 158 ff.
53 Vgl. Bogeng (1984), S. 4.
54 Vgl. Maassen (1966), S. 93 ff.
55 Vgl. Stocker (1997), S. 88 ff.
56 Vgl. Zimmer (2000), S. 169.
57 Vgl. Rieger (2002), S. 56 ff.
58 Rieger (2002), S. 116.
59 Vgl. Trousson (1979), S. 101 ff.; Rieger (2002), S. 101 ff.
60 Blumenberg (1986), 17.

11. Die Neue Welt des Lesens: Typographische Schriftkultur als Lesekultur

Geschichte(n) des Lesens: ein neues Paradigma

An Darstellungen zur Geschichte der Schrift, der Schreibwerkzeuge und Schriftträger, der Bibliotheken und des Buchhandels, der Literatur und der Autoren herrscht wahrlich kein Mangel. Dasselbe ließ sich bis vor kurzem vom Lesen und der Lektüre nicht sagen. Man musste den Eindruck gewinnen, als ob das Lesen eine zeitlose Fähigkeit war, die lediglich in den verschiedenen Epochen bei unterschiedlichen Lesern in unterschiedlicher Häufigkeit vorkam. Mit Recht hat daher M. Bickenbach festgestellt: »Bisherige Geschichten des Lesens sind Geschichten des Lesers.«[1] Behandelte man bis vor wenigen Jahren allenfalls noch »Perioden der Lesergeschichte« (R. Engelsing, 1973) bzw. »Verwandlungen des Lesers« (E. Schön, 1987), so mehren sich jetzt Darstellungen, die die »Materialgeschichte« (A. Assmann, 1994) bzw. die »Sozialgeschichte des Lesens« (J. Schneider, 2004) oder die »›innere‹ Geschichte des Lesens« (M. Bickenbach, 1999) bzw. ganz allgemein die »Welt des Lesens« (R. Chartier/G. Cavallo, 1999) oder schlicht »Eine Geschichte des Lesens« (A. Manguel, 1999) zum Gegenstand haben. Auch wenn eine gewisse Konjunktur beim Thema Lesekultur unverkennbar ist, sollte doch anerkannt bleiben: Diese Bücher versuchen, der Erkenntnis Rechnung zu tragen, dass Lesen nicht nur ein individueller, sondern vor allem ein historischer Lernprozess ist, der weder nur *ein* Ziel kennt noch eine universalisierbare Kompetenz darstellt. Insofern gibt es nicht *die* Geschichte, sondern Geschichten des Lesens.[2]

Die Pluralität des Lesens ist das eine, die Priorität das andere. Lesen ist, so paradox die These zunächst auch erscheint, eine menschliche Tätigkeit, die der Schrift vorausging. Sie ist sozusagen genetisch älter, denn schon lange bevor vor über 5000 Jahren die Schrift in Gebrauch genommen wurde, hatten sich im Zuge der phylogenetischen Entwicklung des Gehirns dort spezifische Regionen gebildet, die für Sprache zuständig sind und auf deren Tätigkeit sich die Kompetenz für Lesen und Schreiben aufbaut. Lesen gilt deswegen als die ältere Kompetenz, weil sie sich neurobiologisch aus der Fähigkeit des Spurenlesens entwickelte, die schon den Homo habilis und Homo erectus in den Stand versetzten, sein Überleben zu sichern.[3] Priorität hatte das Lesen des Weiteren im Verlaufe der Kulturgeschichte der Literalität, weil es bis ins 19. Jh. vor dem Schreiben gelernt wurde, was zu dem Ergebnis führte, dass viele Menschen besser lesen als schreiben oder nur lesen konnten. Anders ausgedrückt: Die Teilkompetenz Lesen, vom mühsamen Buchstabierenkönnen über das Mitlesen bis zum lauten bzw. stummen Lesen, eröffnete eine Vielfalt von Partizipationsmöglichkeiten an der Schriftkultur, die von der Fähigkeit, schreiben zu können, unabhängig waren.

Schriftkultur ist daher immer auch als Schrift-Lesekultur zu verstehen und dieser Aspekt hat seit den frühen Anfängen des Umgangs mit Schrift zu sehr verschiedenen Formen des (Schrift-)Lesens geführt. So, wie im Laufe der kulturellen Evolution die Menschen lernten, Schrift zu entwickeln und ihre Kultur durch Schriftlichkeit zu fundieren, mussten sie zugleich auch Konzepte und Techniken entwerfen, wie und zu welchem Zweck das Aufgeschriebene durch Lektüre (wieder) angeeignet werden sollte. Schreiben und Lesen, Schrift und Lektüre stehen seitdem in einem geschichtlich geprägten Wechselverhältnis. Beide Fähigkeiten und Formen sind produktiv, keine besitzt Vorrang und keine determiniert die andere. Das leuchtet mit Blick auf Schreiben und Schrift unmittelbar ein. Beim Lesen jedoch ist man leicht geneigt, Lektüre als bloßen Vollzug des Geschriebenen zu betrachten, d. h. als eine Technik des »Ablesens« und Wiedergebens von Texten. Diese Auffassung liegt besonders dann nahe, wenn das Geschriebene lediglich als Verschriftung von Gesprochenem begriffen wird, das im lauten Lesen wieder zu Gehör gebracht wird. Das ist aber ein sehr reduziertes und zudem hierarchisiertes Verständnis vom Verhältnis von Sprache und Schrift.

Die historische Wurzel dieser Auffassung dürfte in der Ingebrauchnahme von Schrift zu Zwecken des wirtschaftenden Rechnens und der Buchführung zu suchen sein, die auf noch ältere Kerbungspraktiken verweist (vgl. Kap. 2). Die mythogrammatische und religiöse Fundierung von Schrift, die ebenso alte, wenn nicht sogar noch ältere Wurzeln hat, fasste jedoch den Text immer schon als etwas auf, das erst lesend auszudeuten war. In den Schriftreligionen gewann diese Praxis in der Exegese, in den philologischen Wissenschaften als Hermeneutik, d. h. als Lehre vom Verstehen des Textsinns, einen zentralen Platz (vgl. Kap. 5). Die Ermittlung des Schriftsinns schuf, im weiten Spannungsfeld von wörtlicher Bedeutung (»Buchstabe«) und übertragenem Sinn (»Geist«), die Grundlage der mittelalterlichen Schrift- und Lesekultur. Eng damit verbunden war die Umorientierung des (lauten) Lesens vom Hören zu einem (stummen) Lesen, das sich – gestützt auf die sich mittels Worttrennung differenzierende Textorganisation des Kodex – am Visuellen der Schrift orientiert (vgl. Kap. 7). Im scholastischen Lesen hat dieser Wandel seinen Abschluss gefunden und durchaus folgenreich auf das moderne gelehrte Lesen gewirkt.

Dennoch erfuhr die Geschichte des Lesens in den Jahrhunderten ab der Einführung des Buchdrucks weitere Veränderungen, die bisher nur wenig beachtet worden sind.[4] Die Tatsache, dass binnen weniger Generationen Schriftliches nur noch in gedruckter Form dargeboten wurde, typographisierte – wenn man das so formulieren darf – sowohl den Leseakt wie auch die Lektüre. Lesen war nicht mehr das unmittelbare Entziffern einer Handschrift, die in der Regel und selbst dort noch, wo sie als Kopie vorlag, ein Unikat war. Lesen wurde vielmehr umgeprägt zu einer allgemein verfügbaren Disposition für Gedrucktes, d. h. zum »Korrelat der medialen Gegebenheit des Textes als gedrucktes Buch«[5], womit sowohl seine äußere, typographische Form wie auch sein neuartiger Inhalt gemeint ist. In dieser Disposition (»acculturation typographique«[6]) waren die Leser des neuen Mediums einander mehr oder weniger gleich: Alle, die lesen konnten, lasen jetzt zügiger und mehr. Da das Auge nämlich den zu lesenden Text, wie neurobiologische Messungen präzise untersucht haben, in abwechselnden Vor- und Rücksprüngen (Saccaden) fixierend abtastet, erleichtert eine standardisierte Typographie nicht nur den Leseprozess, sondern vermag ihn auch zu beschleunigen.[7] Demgegenüber geriet dann allerdings das Lesen von handschriftlichen Texten, das als »Geschriebenlesen« zunächst extra eingeübt und bis zum 18. Jh. separat zensiert wurde, zu einer neuen, höheren Kompetenz mit der Folge einer weiteren kulturellen Differenzierung.[8] Eine weitere Dynamisierung des Lesens ergab sich später ab dem 19. Jh. (vgl. Kap. 12).

Doch geht es nicht allein um eine durch den Druck ausgelöste »neue Lesbarkeit« (R. Chartier), die man wenig glücklich als »invisible typography« bezeichnet hat.[9] Das viel bedeutsamere Ergebnis ist folgende Veränderung: Das Medium der typographischen Schrift erschließt der kognitiven Informationsverarbeitung neue innere Räume. Lesen wird zu einem aktiven Rezeptionsvorgang, der es notwendigerweise mit sich bringt, dass »dieselben Texte unterschiedlich wahrgenommen, gehandhabt und verstanden werden«[10]. Ihren äußeren Ausdruck fand diese Gegebenheit darin, dass das eigene Leseexemplar immer wichtiger wurde, weil es für die verschiedenen Lesesituationen verfügbar sein musste und mit Merkzeichen und Notizen die eigene Rezeption kennzeichnete. Der Leser wurde zum Mit-Autor – und von dort war es nur noch ein Schritt zur Aussage Jean Pauls, dem seine Exzerptenbücher mit Lesefrüchten wichtiger waren als eine große Bibliothek.[11]

Es versteht sich zudem, dass die Wahrnehmung dieser Differenz und die Anerkennung ihrer Legitimität den mittelalterlichen, vom monastischen und scholastischen Lesen geprägten Rahmen sprengen musste. Das von der Typographie induzierte Lesen blieb zwar als Entzifferungsprozess gekoppelt an den Text; als gleichzeitiger Verstehensprozess setzte es jedoch subjektgebundene Lektüren frei, die die schon von den mittelalterlichen Wörterbüchern behauptete Identität von *liber* (Buch) und *libertate* (Freiheit) übertrafen.[12] Es eröffneten sich damit »neue Lesewelten« (R. Chartier), in denen sich etwas ereignete, für das es vor der frühen Neuzeit kaum Lizenzen gab: »Neue Leser schaffen neue Texte, und ihre neuen Bedeutungen sind eine Funktion ihrer neuen Formen.«[13] Diese Neue Welt des Lesens, an deren Anfang die von M. de Cervantes († 1616) geschaffene Gestalt des Romanlesers Don Quijote wie auch sein gleichnamiger, viel interpretierter Roman (1605/15) stehen, ist ein besonderes Charakteristikum der modernen Schriftkultur.

Gelehrtes Lesen, bildendes Lesen

Wenn das laute Lesen als die älteste Leseweise zu gelten hat, dürfte das stumme Lesen zuerst von jenen Menschen praktiziert worden sein, die professionell mit Texten zu tun hatten. Zeugnisse dafür liegen seit der griechischen Antike vor und reichen bis ins frühe Mittelalter, teilweise noch weit darüber hinaus. Dennoch war das stumme Lesen bis dahin weder eine verbreitete Praxis noch stellte es bei denen, die es beherrschten, die einzige Leseweise dar. Es war, so kann man sagen, eine Spezialität, die den unterschiedlichen Anforderungen ihrer Profession angepasst war und die überdies in unterschiedlicher Gestalt (situationsabhängig, subvokalisiert, mitlesend usw.) auftreten konnte. Professionelle Leser waren bestimmte Verwaltungsbeamte, Schriftgelehrte und Theologen, Bibliothekare und – ab dem hohen Mittelalter in zunehmendem Maße – Universitätslehrer in den sich ausbildenden Wissenschaftsdisziplinen. Der scholastischen Schulgelehrsamkeit traten ab dem 14. Jh. Vertreter einer neuen Bildungsbewegung entgegen, die sich mit ihren Maßstäben an antiken Vorbildern orientierten und damit zu einer tief greifenden Wiederbelebung (Renaissance) der griechisch-römischen Antike beitrugen. Diese Gelehrten wurden als »Humanisten« bezeichnet. Der von ihnen vertretene Humanismus breitete sich bis zum 16. Jh. von Italien aus über die Artistenfakultäten in der gesamten europäischen Universitätslandschaft aus. Die Emanzipation humanistischer Wissenschaft von der christlich-scholastischen Gelehrsamkeit war dabei aufs Engste mit Veränderungen im Verhältnis zur Schrift, zum geschriebenen und gedruckten Text, zur Lektüre und zur Art und Weise des Lesens verbunden.

Die humanistischen Gelehrten waren Spezialisten, die ihr Wissen und Ansehen aus Büchern schöpften und – spätestens mit dem Buchdruck – mehr und mehr auch schriftlich verbreiteten. Es lag mehr als nahe, dass diese Experten Lesekonzepte favorisierten, die ihrer eigenen Praxis entstammten und die in der Folgezeit eine hohe Prämierung erfuhren, weil (bzw. solange) ihre Vertreter hohe soziale Geltung innehatten. Das Interessante an den humanistischen Lesekonzepten ist, dass sie zur Zeit der Erfindung des Buchdrucks aufkamen und insofern auch als eine Reaktion auf ihn zu verstehen sind. Die älteren Auffassungen vom gelehrten Lesen korrelierten dabei noch stärker mit den scholastischen Leselehren, die sich in dem klassischen, wohl auf Plinius d. Ä. († 79 n. Chr.) zurückgehenden Satz »multum legendum esse, non multa« zusammenfassen lassen.[14] Die Notwendigkeit der Selektion stellte sich also schon im Manuskriptzeitalter, war hier aber noch fest verbunden mit der Orientierung auf den Kanon bzw. die Autorität kanonisierter Lehrmeinungen. Das gelehrte Lesen der Humanisten verschob nun in einem längeren Prozess diese Orientierung nicht nur vom »Richtigen« (*praeceptum*) zum »besten Beispiel« (*exemplum*), sondern hob dabei auch die Bedeutung der bildsamen Aneignung im Leseakt hervor, »die nicht mit dem Memorieren und Auswendiglernen beendet ist, sondern erst in der Verarbeitung zu eigenen Produkten ihren Abschluß findet«[15]. Letzteres war freilich eine Entwicklung, die sich bis zum Neuhumanismus im 19. Jh. erstreckte.

Damit zeichnete sich eine Differenz im gelehrten Lesen ab, die im Zeichen des Buchdrucks und der Typographisierung der schriftlichen Kommunikation noch deutlicher werden sollte. Auf der einen Seite erschien gelehrtes Lesen als eine Kompetenz, trotz der durch die Bücherflut gesteigerten Wissensmenge den Überblick behalten zu können. Lesen war hier »sammelnde Lektüre« des Verwertbaren bzw. ein »universelles Wiederverwertungssystem diskursiver Elemente. Anstatt sich an ihren Texten zu *bilden*, zerlegt diese Lektüre ihre Texte in ihre Bestandteile.«[16] Dazu passt die Buchform der Universal-Enzyklopädie, die zunächst als Summa aller Teile des vorhandenen Wissens auftrat und dann im 18. Jh. zum »Symbol der Aufklärung«[17] wurde. Am Anfang stehen *Le grand dictionnaire historique* (1674ff.) von L. Moréri und der *Dictionnaire historique et critique* (1695ff.) von P. Bayle. Zu nennen sind auch H. Zedlers *Großes, vollständiges Universal-Lexikon Aller Wissenschaften und Künste* (1731ff., 68 Bde.), J. G. Krünitz' *Öconomisch-technologische Encyclopädie* (1773ff., 242 Bde.) sowie natürlich das überragende

Hauptwerk, die *Encyclopédie ou dictionnaire raisonné des sciences, des arts et des métiers* von D. Diderot und J.-B. d'Alembert (1751 – 72, 28 Bde.).

Auch wenn der grundlegende enzyklopädische Anspruch immer mehr an Grenzen stieß, blieb die Erwartung, dass »jeder Gelehrte das Neueste in seinem Fach lieset«[18] und damit mehr oder weniger große Fachgebiete mittels eigener Lektüre (*studium*) zu überschauen in der Lage sei, unabdingbar für diesen Beruf. Dieses Gelehrtentum fand seinen plastischen Ausdruck in der Konstruktion des Bücher- bzw. Leserades, einem rotierenden Lesepult, erfunden von dem italienischen Ingenieur Agostino Ramelli (1588), das die bequeme gleichzeitige Benutzung verschiedener schwerer Folianten erlaubte (Abb. 35). Dem entsprach im positiven Sinn der Gelehrtentyp des Universalgelehrten von Leibniz bis Alexander von Humboldt, im negativen Sinn der des Büchernarren und weltfremden Alleslesers, der vom Wissen der Bücher nichts mehr verstand. Dazu passte ein schulischer Lektüreunterricht, in dem Regelkenntnis und Wissensvermittlung an erster Stelle standen. Lesen war hier ein bis zum Einpauken gehendes Nachsprechen der »unmittelbaren Sagkraft« (H.-G. Gadamer) exemplarisch ausgewählter klassischer Texte.

Auf der anderen Seite entstand ein gelehrtes Lesen, das auf Selbstbildung und Weisheit zielte und diese nicht nur in der Beschränkung auf festes Wissen aus besten Büchern erstrebte, sondern die Aneignung ihrer Bildungskraft durch wiederholtes, konzentriertes Lesen suchte. Hier transformiert sich gelehrtes Lesen in einen humanistischen Bildungsprozess, den Erasmus von Rotterdam in die prägnante Formel »lectio transit in mores« gebracht hat. Dieses sorgfältige, innehaltende, wiederholende und dadurch vertiefte Lesen (*cum cura*) wurde zum Ideal frühneuzeitlicher, humanistischer (Geistes-)Wissenschaft, auch wenn in der Realität von Universität und Schule die »Kluft zwischen idealer Bildungssemantik und tatsächlicher Erziehungs-praxis«[19] groß blieb. Die Praxis dieses bildenden Lesens verschob sich im Laufe des 18. Jh. immer mehr von der Wissenschaft auf die Literatur, und zwar in dem Maße, in dem sich das Ziel der Belesenheit von Wissen und Verstandesbildung (*eruditio*) zu Geschmack und Gefühlsbildung verlagerte. Diese Veränderung trug entscheidend zum Aufstieg der schönen Literatur im 18. Jh. bei.

Mit dieser Verschiebung war jedoch auch eine neue Veränderung des (gelehrten) Lesens verbunden. Die bis zum 18. Jh. favorisierte Art des sich versenkenden Lesens konnte weder als Vorbild für das mit der Verbreitung der Lesefähigkeit anwachsende unterhaltende Lesen taugen noch den Anforderungen zeitgemäßen Gelehrtentums genügen. Analog zur aufklärerischen Favorisierung des konzentrierten Essays – etwa nach dem Motto:

11. Die Neue Welt des Lesens

Abb. 35   Leserad, 1588.

»Ein großes Buch ist ein großes Übel« (Kallimachos)[20] – erhielten von nun an wissenschaftliches und schulisches Lesen Begründungen, in denen als moderne Kompetenz die Fähigkeit hervorgehoben wurde, sowohl beschleunigt (kursorisch) als auch verlangsamt (statarisch) lesen zu können. Erst die Beherrschung dieser »doppelten Lesekompetenz«[21] und in ihrem Gefolge die Rechtfertigung des schnelleren Lesens, so die auf den Pädagogen Johann Matthias Gesner († 1761) zurückgehende Argumentation, schaffen jenen Freiraum für die Rezeptionsaktivität des Lesers, wodurch er die Menge des Neuen erfassen und verarbeiten kann. Wie noch zu sehen sein wird, sollte sich die pädagogische Lizenz für ein schnelleres Lesen alsbald ein neues Problem einhandeln, das um 1800 unter dem Thema »Lesesucht« und im 19. Jh. als schädliches Viellesen von Kolportageliteratur heftig debattiert wurde.

Muße und Geselligkeit:
Die Intensivierung des Lesens in der frühen Neuzeit

Ab dem 16./17. Jh. wurde Lesen in den westeuropäischen Bildungseliten in zunehmendem Maße eine Beschäftigung, die ganz wesentlich zur privaten Lebenssphäre gehörte und diese sogar prägte. Es war ein Lesen von volkssprachlichen Texten, das neben dem professionellen (gelehrten) Lesen lateinischer Texte existierte und mehr und mehr einen Charakter annahm, der zwischen bildendem und unterhaltendem Lesen changierte. Es war zugleich ein Lesen im Übergangsbereich von Muße und Geselligkeit wie auch ein Lesen, das die verschiedenen Formen des lauten und stummen Lesens ausdifferenzierte und dabei neben der Wiederholungslektüre (intensives Lesen) zunehmend nach neuen Lesestoffen (extensives Lesen) verlangte. Alle diese Prozesse spielten sich in einem gesellschaftlichen Kontext ab, in dem Schriftlichkeit immer bedeutsamer, die Fähigkeit, flüssig lesen und schreiben zu können, jedoch nur von einer Minderheit der Bevölkerung beherrscht wurde. Doch bedeutete diese Tatsache nicht, dass die große Mehrheit analphabetisch war. Es gab vielmehr vielfältige Übergangsformen, die dem alphabetisierten Betrachter von heute kaum noch geläufig sein dürften.

Die Praxis des lauten (Vor-)Lesens bzw. auswendig gelernten Vortragens war schon immer das probate Mittel, Geschriebenes denen kundzutun, die nicht selbst lesen konnten. Das Vorlesen/Lesenhören war darüber hinaus eine gesellige Praktik, die als häusliche Lektüre am abendlichen Herd oder in der Spinnstube, auf der bäuerlichen Diele oder im festlichen Salon, im freundschaftlichen Kreis oder in öffentlichen Versammlungen (Saal, Kirche, Platz usw.) geübt wurde. Sie hatte sich durch die Einführung der Drucktechnik zunächst nicht verändert. Auch gedruckte Texte (z. B. Schwänke, Traktate, Flugblätter, Zeitungen, Lesedramen, Briefromane usw.) wurden im Blick auf diese Darbietungs- und Rezeptionsform verfasst.[22] »Im lauten Lesen treffen also«, so fasst R. Chartier bündig zusammen, »mehrere Geschichten aufeinander: die Geschichte der Werke und der Gattungen, der Verbreitungsarten des Geschriebenen, der Formen der Geselligkeit und Privatheit.«[23] Diese Komplexität verbietet es, das laute Lesen in der frühen Neuzeit als Anachronismus aufzufassen. Ebenso wäre es völlig einseitig, diese Leseweise mit dem intensiven Lesen gleichzusetzen.

Intensives Lesen bezeichnet nach R. Engelsing eine Lektürepraxis, in der »eine kleine Auswahl von Büchern oder ein einziges Buch«[24] immer wieder gelesen wurde. Diese auch »Wiederholungslektüre« oder »exemplarisches Lesen« (E. Schön) genannte Praxis war vor allem als religiöse Erbauungslektüre, d. h. »als Reproduktion eines im Gedächtnis bereits vorgegebenen Inhalts, im rückversichernden und verstärkenden Nachvollzug vertrauter Orientierungsmuster zur Bewältigung weltlicher und geistlicher Probleme«[25], verbreitet. Ihre Gegenstände waren Texte wie die Bibel, der Katechismus, Traktate, Gesangs- und Andachtsbücher. Daneben und allmählich auch an ihrer Stelle wurden je nach Leserschicht antike Klassiker, Standesbücher, Kalender, Ratgeber und zunehmend unterhaltende Texte, soweit sie verfügbar und erschwinglich waren, immer wieder gelesen. Überliefert sind lebenslange Bibellektüren, in denen es über 100 Wiederholungen gab.[26] Engelsing hat die Gründe für die bis zum 18. Jh. geübte Wiederholungslektüre in »der einheitlichen Gebundenheit der geistigen Verfassung, in der Einförmigkeit der Sitte [...] und in der Beschränktheit der wirtschaftlichen Mittel und des Verkehrs«[27] gesehen. Das mag in vielem durchaus zutreffend sein, kann aber nicht erklären, warum es diese Lektüreform auch dann noch gab, als sich die genannten Rahmenbedingungen änderten. Neuzeitliches Lesen ist daher besser insgesamt als ein intensives Lesen zu verstehen, das nicht nur als Wiederholungslektüre, sondern vor allem als eine Intensivierung des Leseaktes zum Ausdruck kommt, sei es durch vertiefende Wiederholung derselben Texte, sei es durch Viellesen immer neuer Texte oder sei es durch immer stärkere Verinnerlichung im individuellen Lesen.

Individuelles Lesen, mit der Tendenz zum stummen und einsamen Lesen, hat Wurzeln, die sich zum einen aus dem gelehrten und zum anderen aus dem monastischen Lesen und hier insbesondere aus Leseweisen herleiteten, die z. B. in der Mystik dominierten und bis zum Pietismus im 18. Jh. und darüber hinaus Geltung behielten. Als ein »Lesen für sich« konnte diese Praxis mehreres umfassen: das Lesen im eigenen Exemplar, das Selber-Lesen mit leiser Stimme, das von anderen abgeschiedene Lesen und schließlich das für andere unhörbare stumme Lesen. Neu in der Entwicklung bis zum 18. Jh. ist dabei zweierlei: Das Lesen für sich löste sich von der Bindung an die Bereiche des Wissens und des Glaubens und es wandelte sich zugleich vom intensiven, wiederholenden zum extensiven Lesen. Beide Wandlungsprozesse brauchten ihre Zeit und verbreiteten sich in der sozialen Pyramide von oben nach unten sowie von der Stadt aufs Land.

Wenn extensives Lesen ein Lesen bezeichnet, in dem ein Text nach dem anderen gelesen und im Zuwachs bzw. in der Erfahrung des Neuen, das dem bereits Gelesenen überlegen ist, der bildende oder unterhaltende Wert gesehen wird, dann ist es ein Lesen, das gerade für das typographische Zeitalter charakteristisch ist. Die Typographie war das Medium für das Neue und ihr Anspruch war es, neue Texte für neue Leser zum Druck zu bringen. In der Gestalt der periodischen Presse verwirklichte sie diesen Anspruch erstmals und modellierte damit eine Lektürereform, die das Gewohnheitsmäßige der Wiederholungslektüre an eine Vervielfältigung des Lesestoffes band, die letztlich unabschließbar war. Dasselbe Prinzip galt für die mehr oder weniger periodisch erscheinende populäre Literatur, die in Gestalt von Bilderbögen, Flugblättern, Gelegenheitsdrucken, Heftchen und billigen Volksbüchlein (*pliegos sueltos* in Spanien, *livrets bleus* in Frankreich, *chapbooks* in England, *libretti popolari* in Italien) mit ihrer seriellen Machart den eher ungeübten Lesern die Lektüre nicht nur erleichterten, sondern sie zugleich daran gewöhnten, immer neue Fortsetzungen zu verlangen.[28] Extensives Lesen war, so betrachtet, längst schon als Praktik vorhanden, als es ab der Mitte des 18. Jh. wachsend und ab Mitte des 19. Jh. zu einer schubartigen Vergrößerung des Literaturmarkts kam.

Leserevolution und »Vielleserey«?
Wandlungen der Lesepraktiken ab 1750

In der Vergangenheit wurden viele der oben dargestellten Veränderungen des neuzeitlichen Lesens allein dem 18. Jh. und hier besonders seiner zweiten Hälfte zugeschrieben. R. Engelsing ging sogar so weit, von einer »Leserevolution«[29] zu sprechen, indem er diesen Wandel als deutsche Antwort auf die politische Revolution in Frankreich betrachtete. Doch sowohl der Begriff wie die inhaltliche Zuschreibung sind recht ungeeignet, die Wandlungen der Lesepraktiken im 18. Jh. angemessen zu erfassen: Es gab weder einen spektakulären Umbruch noch war Deutschland führend an einem solchen beteiligt. Die Intensivierung des Lesens war vielmehr ein Prozess, der schon viel früher einsetzte und sich bis weit ins 19. Jh. erstreckte. Was allerdings charakteristisch für die Zeit ab etwa 1750 ist, ist die zunehmende Beschleunigung des Wandels. Diese ging einher mit einer markanten Steigerung der Buch- und Presseproduktion und -distribution (vgl. Kap. 9) sowie einer Zunahme und sozialen Diffusion der Lesefähigkeit in den Städten. Über den genauen Umfang dieser Ausweitung gibt es nur Schätzungen, die in dem Maße differieren, wie die Lesefähigkeit definiert und für welches Gebiet ein Durchschnittswert gebildet wird. Entscheidend für die Einschätzung des Wandels ist (noch) nicht die Menge von ca. 250 000 Lesern und Leserinnen plus x (um 1800 in Deutschland), sondern die Tatsache, dass diese Zahl sich allein im Laufe von ein bis zwei Generationen verdoppelte, wobei die Zuwachsrate in den städtischen Ober- und Mittelschichten noch höher lag. Die Erfahrung der Beschleunigung teilte sich schon den Zeitgenossen mit und machte ihnen geradezu schlagartig bewusst, dass das Lesen nicht weiterhin ein soziales Privileg war, sondern ein Potenzial in sich barg, das neben gefährdenden auch förderliche neue Kräfte freisetzen konnte. Tempo- und Ambivalenzerfahrung waren so neu, dass sie als etwas Außerordentliches erlebt wurden. Zugleich erfuhren die Zeitgenossen das Ausmaß der Veränderung darin, dass überkommene Leseweisen wie das laute Lesen, das langsame Lesen, das »exemplarische« und das »wilde« Lesen (d. h. eine »zögernde, zerstückelte Leseweise«[30], »naiv, vorreflexiv und undomestiziert«[31]) rasch verpönt waren oder – wie z. B. das Vorlesen in lesekundigen Gruppen und beim Deklamieren – eine veränderte Funktion im Rahmen literarischer Geselligkeit erhielten.

Mit der Verpönung nicht mehr erwünschter Leseweisen ging die Propagierung erwünschter Leseweisen einher, die immer aber auch Versuche der Leserlenkung des erweiterten Lesepublikums waren. Oberste Priorität hatte die lesepädagogische Forderung nach Nützlichkeit von Lesestoff und Lektüre. Hier konvergierten religiös begründete Wünsche nach Erbaulichkeit mit bürgerlichen Tugendlehren, die auf moralische Vervollkommnung und Verbesserung der Sitten zielten. Nützlichkeit hatte auch die auf die Landbevölkerung gerichtete volksaufklärerische Pädagogik im Sinn, die mittels geeigneter Lektüre »gute Christen, gehorsame Untertanen und tüchtige Landwirte«[32] hervorbringen wollte. Ein für die Letzteren geschriebenes, überaus erfolgreiches Buch war das *Noth- und Hülfsbüchlein für Bauersleute* (1788) von Rudolf Zacharias Becker. Neben den Bauern waren vor allem Frauen, Kinder und Dienstboten Adressaten, deren naturwüchsiges Lesen misstrauische Aufmerksamkeit hervorrief und durch rigide Ausrichtung auf Nützlichkeit gelenkt und gerechtfertigt werden sollte (Abb. 36). Im Dienst dieser pragmatischen Lesepädagogik standen nicht nur die neu entwickelten Gattungen der Frauen-, Gesinde-, Kinder- und Jugendliteratur, sondern auch Propädeutiken, die vorzuschreiben versuchten, was und wie gelesen werden sollte. Beispielhaft seien die Vorschläge für »Frauenzimmerbibliotheken«, »Sittenbüchlein für das Gesinde« (Lavater) und eigene Kinderzeitschriften, wie z. B. *Der Kinderfreund* (ab 1775), genannt.[33] Sie alle ver-

Abb. 36 Karikatur: Das leselustige Kindsmädchen, 1863.

folgten den einzigen Zweck, Lesen als harte Arbeit an der eigenen Bildung, geprägt von männlichen Wunschvorstellungen, zu propagieren – ein Topos, den der Literaturunterricht seitdem unermüdlich durchdekliniert hat.

Dem nützlichen Lesen benachbart war die Form eines informationssuchenden, »verständigen« Lesens, dessen Zielsetzung sich nicht mehr in gelehrter Belesenheit erschöpfte, sondern auf Einsicht in neue Wissenszusammenhänge aus war, die sich auf der Höhe der Zeit befinden sollten. Dieses Lesen beförderte auch ein »neues, innerweltlich argumentierendes Gruppenselbstverständnis des Bürgertums, das sich vom doktrinären religiösen und rechtlichen Diskurs der feudalen und altständischen Strukturen emanzipierte«[34]. Es war insofern zugleich ein räsonierendes Lesen mit politischer Qualität, d. h. weder – wie von J. Habermas behauptet – als »Vorform« auf das Literarische beschränkt noch eine ideale herrschaftsfreie Kommunikation.[35] Zu diesem räsonierenden Lesen gehörte der Streit um Lesarten, der Kampf um intellektuelle Hegemonie und – was vielfach übersehen wird – der zensierende Ausschluss des »Störenden«, sei es bloß das genießende Lesen von Belletristik oder sei es die Diskurs-Zulassung von Frauen, Studenten oder Personen ohne mindestens bildungsbürgerlichen Status.

Seinen institutionellen Ausdruck fand dieses Lesen in der Einrichtung von Lesegesellschaften. Das waren vereinsähnliche, nicht-kommerzielle Zusammenschlüsse von Privatpersonen, die im Prinzip unabhängig von ihrer sozialen Herkunft und ihrem Geschlecht Mitglied werden konnten. Faktisch dominierten jedoch gebildete Männer (Hof- und Beamtenadel, Akademiker, Kaufleute). Das Ziel war die gemeinschaftliche Erwerbung und Nutzung von Büchern und Presseabonnements im Umlaufverfahren (Lesezirkel) bzw. in einer eigenen Bibliothek (Lesebibliothek) ohne oder mit angeschlossenen Klubräumen (Lesekabinett). Die frühesten Lesezirkel, zumeist auf Presselektüre spezialisierte »Vorlesegesellschaften« (Welke), datierten aus dem 17. Jh., eine markante Verbreitung als Lesegesellschaft mit festen Statuten erfolgte jedoch erst ab der zweiten Hälfte des 18. Jh. M. Prüsener zufolge gab es in Deutschland bis 1770 13 Gründungen, im folgenden Jahrzehnt 50 weitere und bis 1800 rund 370 neue Gründungen von Lesegesellschaften. Da sich die Lesebibliotheken mit Klubräumen zugleich zu Versammlungsorten und Orten politischer Diskussion entwickelten, wurden nicht wenige dieser Klubs als politisch verdächtige Institution verboten. Nach 1800 begann das Gesellig-Unterhaltende gegenüber dem Moment der politischen Bildung zu überwiegen; dementsprechend wuchs der Anteil der Frauen und der belletristische Bestand. Die durchschnittliche Mitgliederzahl der deutschen Gesellschaften betrug 100 Personen, was etwa 2–7% des Lesepublikums entsprochen haben dürfte. Lesegesellschaften dieser Art gab es in West- und Mitteleuropa, in Osteuropa jedoch erst ab dem 19. Jh.[36]

Eine Leseweise, die sich immer mehr ausbreitete, passte den Lesepropädeutiken an der Wende zum 19. Jh. ganz und gar nicht: das Lesen zum müßigen Zeitvertreib und zur Unterhaltung. J. A. Bergk bezeichnete es 1799 als »Hochverrath an der Menschheit«[37], Goethe ließ solches Lesen nur gelten, wenn es »genießend urteilt und urteilend genießt«[38]. Doch solche Maßstäbe ließen sich einem wachsenden Publikum nicht mehr aufzwingen, weder durch ein volksaufklärerisches oder lesepädagogisches noch durch ein ästhetisches Diktat, wie es zur selben Zeit die Weimarer Klassiker versuchten. Die autobiographischen Quellen sind voll von Zeugnissen, die – abseits aller Vorschriften – »autonome Bildungsprozesse«[39] bzw. die Freuden und lehrreichen Entdeckungen der anderen Art in der Neuen Welt des Lesens bekundeten. Dieses Lesen war passioniert und suchte auf vielfältige Weise Intensivierung des Leseerlebnisses. Lautes, empfindsames Lesen zu zweit oder in der Gruppe, dasselbe in der Natur und in Abkehr von der Gesellschaft, stilles Lesen allein im Zimmer, bei künstlichem Licht in der Nacht, im Bett, Lesen von Briefen, Gedichten, Romanen, inniges Austauschen über Lektüren – es gibt unzählige Belege dafür, dass Lesen zu einem die eigene Wirklichkeit übersteigenden Genuss von Fiktionalität wurde. Dem entsprach, wie E. Schön gezeigt hat, die selbstvergessene Stillstellung des Körpers beim Lesen, »damit der Geist frei wird für die Erfahrung von Ideenparadiesen«. Dieses zugleich mit einem »Dominanzgewinn des Kognitiven«[40] verbundene Lesen, mehr und mehr identisch mit dem stummen, ausschließlich über die Augentätigkeit ablaufenden Lesen, ist zum modernen Lesen schlechthin geworden. Es war da, noch ehe der Schulunterricht im 19. Jh. die Lesefähigkeit für jedermann anzustreben begann.

Dem intensiviert-passionierten Lesebedürfnis wurde auf verschiedenste Weise Rechnung getragen. Das Für und Wider erhellt zum Beispiel die bildende Kunst des 18. Jh. mit einer Fülle von Bildbelegen zu »Leitvorstellungen der Epoche [...] über das, was Lektüre ist, sein oder nicht sein sollte«[41]. Die »Einbürgerung« drückt sich aber auch recht plastisch in der Ingebrauchnahme von Lesemöbeln und -utensilien aus. So wurden z.B. Tische gebaut, die sich mit wenigen Handgriffen für jeweils verschiedene Zwecke umwandeln ließen (z.B. für Essen, Frisieren, Schreiben, Lesen). Es gab andere Tische, die zugleich ausklappbare Bibliotheksleitern besaßen, und vergrößerte Tische mit Schubladen und Schrankaufbau, aus dem sich der moderne Schreibtisch entwickelte. Aus England kamen Lesestühle, auf denen man rittlings saß, ebenso Leseliegen und -sessel sowie verschiedene Pulte, deren vielfältige Formen über einschlägige Zeitschriften, wie z.B. das *Journal des Luxus und der Moden* (ab 1786), verbreitet und kopiert wurden. Dazu konnte die Dame ein passendes Kleid (*liseuse*) tragen.[42] Es versteht sich, dass zu dieser bequemen Ausstattung auch die Verkleinerung der Buchformate auf Kleinoktav, Duodez und sogar Sedez (= 32 Seiten pro Bogen) gehörte. Diese Möblierung der Lesekultur zeigt an, dass das Lesen im Bereich des privaten adelig-bürgerlichen Wohnens angekommen und akzeptiert war. Sie ist einerseits in ihrer Ausrichtung auf Zweckmäßigkeit noch dem Nützlichkeitsgebot verpflichtet, andererseits mit der unverkennbaren Tendenz, Bequemlichkeit zu verschaffen, zugleich ein Zeichen dafür, dass Lesen erlaubte Muße und vergnügliche Unterhaltung, mehr und mehr auch für Frauen, sein durfte.

Dem intensivierten Lesen kam des Weiteren eine Literaturproduktion entgegen, die den Wunsch nach Genuss von Fiktionen zu bedienen vermochte: die schöne Literatur (Belletristik). Hier gab es eine sich stetig erweiternde Bandbreite, die vom empfindsam-hohen Ton, wie z.B. Klopstocks *Messias* (ab 1749) über Goethes *Die Leiden des jungen Werthers* (1774) bis zu den Serien von rührselig-trivialen Ritter- und Räuber-, Liebes- und Familienromanen eines Christian August Vulpius († 1827) oder August

11. Die Neue Welt des Lesens   267

Abb. 37   Buchhandlung und Leihbibliothek, um 1777.

Lafontaine († 1831) reichte. Angeboten wurde diese Belletristik nach englischem Vorbild in Leihbibliotheken, die sich ab dem ersten Drittel des 18. Jh. (Schweiz, 1717; England, 1725; Boston, 1731; Frankreich, 1759; Deutschland, 1750) aus dem buchhändlerischen Nebenerwerb des Bücherverleihens entwickelte (Abb. 37).[43] Diese Leihbibliotheken unterschieden sich in ihrer kommerziellen Zielsetzung, im Bestand und im Adressatenkreis immer deutlicher von den Lesegesellschaften und übertrafen diese ab etwa 1800 auch zahlenmäßig: »Um 1800 hatte fast jede Stadt eine oder mehrere Leihbibliotheken.«[44] Benutzt von Lesern und vor allem Leserinnen aus allen sozialen Schichten, wurden sie die Hauptabnehmer der belletristischen Buchproduktion und zugleich deren Hauptdistribuent (vgl. Kap. 12).

Die einen machten die Kommerzialisierung der Literaturproduktion und die als »Giftbuden« verrufenen Leihbibliotheken für diese Entwicklung verantwortlich, die anderen die Verführbarkeit der neuen Lesergruppen (Frauen, Dienstboten, Jugendliche) und sprachen daher von »Lesewut«, »Lesesucht« und »Vielleserey«.[45] Es war eine – im Übrigen letztlich kurze – Diskussion, in der sich alte religiöse, kulturkonservative, sozialhygienische, lesepädagogische und literaturkritische Argumente überlagerten und ihre jeweiligen Rückzugsgefechte austrugen. Langfristig wirkte sich allerdings die Diffamierung der Praktik des unterhaltenden Lesens und die massive Repression der Institution Leihbibliothek durch Zensur im 19. Jh. negativ aus.[46] Mit Recht kritisiert R. Schenda:

> Diese plötzliche Denunziation der Lesesucht, Folge der allgemeinen Revolutions-Angst, gehörte zum Programm einer »beschränkten Aufklärung«, das von unabhängigen vernünftigen Zeitgenossen keineswegs kritiklos akzeptiert wurde.[47]

Die ganze Aufregung musste, wie in den vergleichbaren Debatten über Zeitungs-, Theater-, Kino-, Comic-, Fernseh-, Video- und Computersucht bis heute immer wieder geschehen, vor den Fakten kapitulieren: Das Kritisierte war gar nicht mehr abzuwehren, weil es infolge der allgemeinen Literalitätsentwicklung längst da war und sein Potenzial entfaltet hatte, ohne in »gut« und »böse« aufgeteilt werden zu können. Insofern ist die von E. Schön vertretene These vom Mentalitätswandel im 18. Jh., der u. a. gerade durch den gewandelten Umgang mit Lesen und Literatur zum Ausdruck kommen soll, ähnlich überzogen wie Engelsings Annahme einer Leserevolution.[48] Die gesamte Entwicklung der Schrift- und Lesekultur ist ein steter Prozess von mentalen Veränderungen. Dass unsere heutigen Umgangsformen mit Literalität mit denen aus dem 18. Jh. in Verbindung stehen (und möglicherweise bald nicht mehr), beweist keinesfalls, dass damals ein epochaler Wandel stattgefunden hat. Es ist eben noch ein wenig komplexer geworden.

Probleme der westeuropäischen Massenalphabetisierung: Demokratisierung des Lesens ab dem 19. Jahrhundert?

In der Geschichte der Schrift- und Lesekultur stellt die Durchalphabetisierung von Bevölkerungen, gestützt auf die Durchsetzung des Schulzwangs, das herausragende Ereignis im 19. Jh. dar. Nachdem es jahrtausendelang ausgereicht hatte, dass nur eine kleine Minderheit literat war und ihr Prozentsatz bis 1800 nur mäßig angestiegen war, wurde die Massenalphabetisierung im Verlauf von knapp drei Generationen umgesetzt. Dieser Prozess war in Westeuropa am Ende des 19. Jh., in Süd- und Osteuropa im 20. Jh. abgeschlossen. Er war jedoch kaum zu Ende, da begann bereits der Aufstieg jener modernen technischen Kommunikationsmedien, die immer erfolgreicher mit der Schriftkultur zu konkurrieren anfingen und spätestens am Ende des 20. Jh., als die weltweite Massenalphabetisierung noch längst nicht zu einem Abschluss gekommen war, diese sogar dominierten. Zu fragen ist nach den Ursachen und Folgen dieses eigenartigen Verlaufs, wobei zugleich zu erörtern ist, ob er – alles in allem – als ein Aufstiegsprozess zu bewerten ist, in dem eine privilegierte Kulturtechnik zu einer Errungenschaft für alle wurde.

Zunächst einmal ist festzustellen, dass es in den verschiedenen Epochen der Schriftkultur zuvor niemals das Ziel gewesen war noch sich gleichsam von allein eine Entwicklung ergeben hatte, jedes Gesellschaftsmitglied zwingend zu alphabetisieren. Nicht die Erfindung der Alphabetschrift, die doch das Schreiben so ungemein erleichtert, nicht die Typographie, die den gedruckten Text jedermann zugänglich gemacht hat, noch der Protestantismus des 16. Jh. (trotz Luther) oder die Aufklärung des 18. Jh. (trotz der Volkspädagogik) haben die allgemeine Alphabetisiertheit gewollt oder erreicht, obwohl gerade die Letzteren ausdrücklich den »gemeinen Mann« adressierten. Ihnen genügte zumeist das Lesenkönnen. Stattdessen hat es, jenseits der professionellen Ausbildung für literate Funktionseliten ständig und ab dem hohen Mittelalter in zunehmendem Maße, Prozesse der Selbstalphabetisierung gegeben, deren Qualität durchaus beachtlich und deren Erfolg eine immer breiter werdende Partizipation an der schriftkulturellen Kommunikation ermöglichte.

Diese Selbstalphabetisierung ist leider allzu oft unterschätzt worden, weil sie gemessen wurde an dem, was seit knapp 200 Jahren ein schulischer Schreib- und Leseunterricht als größeres Ziel vorgibt, nämlich schreiben, lesen und rechnen zu können. Dagegen muss jedoch betont werden: Alphabetisiertheit (*literacy*) ist keine unveränderliche Leistungsnorm, sondern stets abhängig vom Stand der jeweiligen Schriftkultur. Sie drückt somit ein literales Partizipationsvermögen aus, das in den verschiedenen Epochen, Ländern, Regionen, Schichten sowie geschlechtsspezifisch nach den jeweiligen Anforderungen unterschiedlich ausgebildet war. Literate Kompetenz dieser Art, die nur unzutreffend mit »Halbalphabetismus« (Wittmann) bezeichnet ist, besaß eine große Bandbreite, die viele abgestufte und zugleich durchlässige Formen der Teilnahme kannte. Das Spektrum reichte vom professionellen Lesen- und Schreibenkönnen über mehr oder weniger gekonnte, bild- und kontextgestützte Teilfähigkeiten bis zum Lesen- und Vortragenhören. Die Folge war: »[...] ausgeschlossen von der typographischen und skriptographischen Kommunikation war in der frühen Neuzeit fast niemand mehr [...] und man konnte sich ihr auch immer weniger entziehen.«[49] Unter Zugrundelegung dieser Kriterien gab es in Westeuropa bis zum 18. Jh. einen Alphabetisierungsgrad, der für die adeligen und bürgerlichen Oberschichten, städtischen Händler und Gewerbetreibende sowie für besondere Regionen (z. B. Schweden, Island, nordöstliches Frankreich, Schottland, norddeutsche Küstenmarsch, amerikanischer Osten u. a.) zwischen 70 und 100%, in den städtischen Unterschichten und bestimmten bäuerlichen Regionen bis zu 60%, ansonsten in der mitteleuropäischen Landbevölkerung zwischen 5 und 50% betragen haben könnte.[50]

Es war diese über Eigenunterricht, familiale Unterweisung, kommunale Selbsthilfe, Privat-, Sonntags- und Bauernschulen organisierte, sehr gemischte und zugleich von differenzierten Marktangeboten ermunterte Alphabetisiertheit, die sich vor allem als Lesenkönnen quasi wildwüchsig ausbreitete. Was da von unten an Bildungsenergie hochkam, half sich zuerst selbst und fragte dann nach schulischer Hilfe. Oder anders ausgedrückt: »Das Bedürfnis nach zunehmender Ausbildung wurde nicht durch die Schule geweckt, sondern von ihr – in regional sehr unterschiedlicher Form – befriedigt.«[51] Dabei kam es dem protestantischen Glaubenseifer vornehmlich auf Leseunterricht an, während aus wirtschaftlichen Interessen vor allem Schreib- und Rechenunterricht im Vordergrund standen. Zu dieser partikularen Motivation passt, dass die frühen Ansätze, eine Schulpflicht einzuführen (z. B. Weimar, 1619/42; Württemberg, 1649; Preußen und Sachsen, 1717; Bayern, 1802), zu keiner wirklichen Durchsetzung führten. Das Mischsystem aus Selbstalphabetisierung und Angeboten von Kirche, Wirtschaft und Kommunen machte bis zum Ende des 18. Jh. eine Massenalphabetisierung noch nicht erforderlich. Es reichte aus, dass die Zahl derer, die professionell und regelmäßig mit Schrift (lesend, schreibend und rechnend) umgingen, sich vom 16. bis zum 18. Jh. von etwa 2% auf Werte bis zu 10% der erwachsenen Bevölkerung gesteigert hatte.[52]

Grundlage der im 19. Jh. durchgeführten Massenalphabetisierung war dann jedoch die immer rigoroser durchgesetzte Schulpflicht. Mit ihr war das Signal gegeben, dass die Sorge für die kindliche Bildung und Erziehung nicht mehr allein freie elterliche Selbstbestimmung war, sondern eine dem Staat zu erbringende Pflichtleistung wurde wie die Pflicht zur Steuerzahlung, zur Arbeit und später zum Wehrdienst und zu Sozialabgaben. Ob der (Obrigkeits-)Staat bei seinem bemerkenswerten Einsatz für die Massenalphabetisierung bereits von zivilgesellschaftlicher Verantwortung geleitet war, ist stark zu bezweifeln. Immerhin handelte es sich in Europa um mehr oder weniger politisch autoritäre Staaten auf dem Weg in die Industrialisierung, der mit tief greifenden Umwälzungen im Wirtschaften und Leben verbunden war. Der Ausbau des Bildungssystems war notwendig und bei der Realisierung ging das 19. Jh. über die Reflexionen des »pädagogischen« 18. Jh. hinaus, wobei die Steigerung der Alphabetisiertheit eine wichtige Rolle spielen sollte. Die Hauptfunktion war dabei aber weniger die Vermittlung von beruflichen Schlüsselqualifikationen, so als ob es schon damals notwendig gewesen wäre, dass jeder Mann (und jede Frau!) elementar literat zu sein hatte. Die schulische Massenalphabetisierung war vor allem eingebettet in ein System politisch-ökonomischer »Sozialdisziplinierung« (R. Koselleck): Schreib- und Leseerziehung dienten mit ihrer Akzentuierung des Kognitiven (sauberes, korrektes Abschreiben, stummes Lesen, Stillsitzen, Auswendiglernen usw.) der Einübung in Verhaltensweisen, die in Verbindung mit ausgewählten Lehrstoffen erwünschte Gesinnungen und Verhaltensweisen loyaler Untertanen gewährleisten sollten.[53]

Die Effizienz der staatlichen Bildungsleistung stieg in dem Maße, in dem Folgendes immer mehr gelang: Unterbindung von Schulversäumnissen, Verbesserung der Lehrerausbildung, der Erziehungsmethoden, der Schulaufsicht und schulischen Ausstattung, Fortfall des Schulgeldes, verbesserte Unterrichtsmaterialien und Schreibgeräte. Gestützt auf diese Faktoren stieg in Mittel- und Westeuropa die durchschnittliche Alphabetenquote von 1830 an pro Dekade um 10%.[54] Um 1850 hatten Länder wie z. B. die skandinavischen Staaten, Deutschland, Schottland, Holland, die USA und die Schweiz sogar weniger als 30% und Länder wie z. B. Frankreich, Österreich und England zwischen 30 und 50% Analphabeten, während in den südeuropäischen Ländern die Rate bei 75% und in Russland bei 90% gelegen haben dürfte.[55] Die Steigerung der Alphabetenquote ist umso eindrucksvoller, wenn man in Rechnung stellt, dass sich zwischen 1740 und 1840 die Bevölkerung in Europa um 80 bis 120% vermehrte. Zu bedenken ist jedoch, dass diese Angaben größtenteils auf Schätzungen bzw. Hochrechnungen beruhen und als Durchschnittsangaben die höchst divergierenden

Realitäten eines Landes, einer Epoche oder einer Population unkenntlich machen. Die detaillierten Analysen gut belegter Einzelregionen zeigen dagegen immer wieder nur, dass vom flächendeckenden Analphabetismus bis zu stark verbreiteter Alphabetisiertheit alles möglich war.

Die Massenalphabetisierung des 19. Jh. ist nicht als eine gesteigerte Fortsetzung des jahrhundertealten (Selbst-)Alphabetisierungsprozesses zu betrachten, sondern ein massiver Umbruch gewesen. Sie war keine fällige bzw. stark erwünschte Wohltat für eine bildungswillige Bevölkerung, sondern eine mit erheblichen Zwangsmaßnahmen von oben durchgesetzte staatliche Veranstaltung. Sie reduzierte das gemischte, breite Spektrum der »alten« Alphabetisiertheit auf die starre Dichotomie derer, die elementar schreiben, lesen und rechnen gelernt (und unter Umständen wieder verlernt) hatten, und derjenigen, die es nicht konnten. Erst die Massenalphabetisierung schuf das Negativbild und den Begriff des »Analphabeten«, erst sie erhob zur Norm, dass ohne die Garantie staatlicher bzw. staatlich anerkannter Schulbildung Alphabetisiertheit nicht anerkennbar war. Sie qualifizierte die Bevölkerung auf einem neuen Niveau literaler Kulturtechnik, das es in diesem quantitativen Ausmaß zuvor noch nie gegeben hatte. Dabei wurde billigend in Kauf genommen, dass dieser Fortschritt – den man auch als eine Form innerstaatlicher Kolonisierung der Unterschichten bezeichnen kann – bei mehr als der Hälfte der Betroffenen mit materiell und psychisch konfliktreichen Belastungen (pädagogischer Drill, hochsprachliche Sozialisation, Disqualifizierung mündlich geprägter Kulturmuster usw.) bezahlt werden musste.[56]

Abschließend gilt es, zwei verbreitete und zumeist miteinander verknüpfte Argumentationen kritisch zu beleuchten. Danach wird die Massenalphabetisierung des 19. Jh. als notwendige Folge der ökonomischen Umwandlung Westeuropas in eine Industriegesellschaft betrachtet und diese Korrelation als Garant dafür angesehen, das Ziel der Demokratisierung verwirklicht zu haben. Formelhaft ausgedrückt heißt das: Alphabetisierung folgt Industrialisierung und Demokratisierung folgt Alphabetisierung. Doch hier ist bereits die erste Prämisse problematisch. Bis 1850 waren die am frühesten und weitesten industrialisierten Länder (z. B. England oder Frankreich) nicht so weit alphabetisiert wie weniger industrialisierte bzw. agrarische Länder (z. B. Deutschland oder Schweden). Ähnlich verhielt es sich später in Russland und Italien.[57] Zwar haben sich spätestens ab dem Ende des 19. Jh. die Raten einander angeglichen, sodass am Ende der Alphabetisierungsgrad dem Industrialisierungsgrad entsprach (Abb. 38). Doch damit ist – wie die Entwicklung zum sogenannten sekundären Analphabetismus im 20. Jh. zeigen sollte – noch längst nicht bewiesen, dass beides ursächlich zusammengehört. Es deutet vieles darauf hin, dass weder eine entwickelte

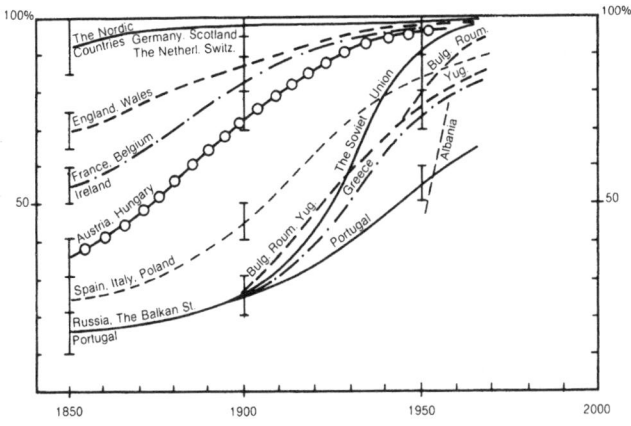

Abb. 38   Alphabetisiertheitsraten in Europa, 1850–1970.

Schriftkultur noch ein entwickelter Industriestaat zwingend Massenalphabetisiertheit voraussetzen, auch wenn unverkennbar ist, dass der Letztere insgesamt ein größeres Potenzial an Alphabeten als Reservearmee benötigt. Ebenso muss bezweifelt werden, ob aus der Zwangsalphabetisierung demokratisierende Impulse entstanden. Der in der Forschung gern herangezogene Begriff der »Demokratisierung des Lesens«[58] ist höchst missverständlich, denn er bedeutet sowohl Demokratisierung *durch* Verbreitung der Lesefähigkeit als auch die massenhafte Produktion und das Zugänglichmachen *von* Lesestoffen, wodurch die Grundlage für eine mündig machende Partizipation an der Schriftkultur gelegt worden sein soll. Dieses Potenzial wurde aber schon immer der Schrift schlechthin, sodann der Alphabetschrift, dann dem Buchdruck und schließlich der Massenalphabetisierung zugeschrieben – und immer kam bei genauerer Nachprüfung das Ergebnis heraus, dass es im Prinzip zwar so auch war, aber niemals sofort und nicht immerzu und vor allem nicht allein deswegen. Es lässt sich einfach nicht erweisen, dass »eine wirkliche Notwendigkeit zum Lesen« jene Breitenwirkung erzeugt, die zu nachhaltigen »Demokratisierungsimpulsen«[59] führt. Mit derselben Einseitigkeit lässt sich das Gegenteil als Haupteffekt der Massenalphabetisiertheit der Völker behaupten: »Ihre Emanzipation war zugleich eine Entmündigung.«[60]

Es gab beide Wirkungen, wobei zweierlei betont werden muss. Zum einen dürfte gelten: »Die erweiterte Alphabetisierung ließ neue Sozialitäten entstehen und beflügelte die Entfaltung des modernen Staates, der Rechtsprechung und gesellschaftliche Reglementierungen unmißverständlich auf die Schrift stützte.«[61] Zum anderen stimmt aber auch der Befund, dass sich durch die Massenalphabetisierung eine neue Unmündigkeit entwickelte, »die nur durch die allgemeine Alphabetisiertheit verbreitet und verallgemeinert werden konnte«[62]. Es erscheint daher sinnvoller, statt von »Demokratisierung« mit U. Maas von »Demotisierung« zu sprechen und unter Letzterer den noch heute unabgeschlossenen Prozess zu verstehen, »in dem den Menschen die schriftlichen Möglichkeiten zur Bearbeitung ihrer widersprüchlichen Erfahrungen an die Hand gegeben wird«.[63] Insofern muss daher das Fazit wohl lauten:

> Es trifft zu, daß Elementarbildung, die Fähigkeit, daß alle lesen und schreiben können, eine der Bedingungen der Möglichkeit von Demokratie ist. Sie ist aber nur eine notwendige, keine hinreichende Bedingung dieser Möglichkeit.[64]

Der dialektische Zusammenhang dieser beiden Folgen der Massenalphabetisierung hat sich seit dem Ende des 19. Jh. noch vertieft und bestimmt in seiner Widersprüchlichkeit die moderne Schrift- und Lesekultur bis heute.

---

1 Bickenbach (1999), S. 2.
2 Vgl. Chartier (1985), S. 251 ff.
3 Vgl. Grüsser (1994), S. 170 ff.
4 Vgl. Cahn (1994), S. 64 f.; Bohn (1999), S. 154 ff.
5 Cahn (1994), S. 67. Vgl. auch Chartier (1990), S. 50.
6 Chartier (1985), S. 264.
7 Vgl. Grüsser (1994), S. 192 ff.; Gross (1994), S. 7 ff.
8 Vgl. Messerli (2000), S. 236 ff.; Schön (2001), S. 27.
9 Chartier (1990), S. 13; vgl. Hellinga (2001), S. 24.
10 Chartier (1990), S. 11.
11 Zit. nach Engelsing (1973b), S. 138.
12 Vgl. Grubmüller (1989), S. 42.
13 McKenzie, zit. nach Chartier (1990), S. 9.
14 Vgl. Bickenbach (1999), S. 94 ff.
15 Bickenbach (1999), S. 99; vgl. Cahn (1994), S. 68 ff.; Bohn (1999), S. 154 f.
16 Cahn (1994), S. 76.
17 Fabian (1988), S. 2.
18 So der Göttinger Philologe Christian Gottlob Heyne 1810, zit. nach Engelsing (1973b), S. 119.

19 Kopp/Wegmann (1988), S. 47; dort auch das Gadamer-Zitat (S. 49). Vgl. auch Bickenbach (1999), S. 147 ff.
20 Vgl. Fabian (1988), S. 7.
21 Kopp/Wegmann (1988), S. 52.
22 Vgl. Ukena (1977), S. 40 ff.
23 Chartier (1990), S. 168.
24 Engelsing (1973b), S. 122.
25 Wittmann (1999), S. 187.
26 Vgl. Engelsing (1973b), S. 127 ff.
27 Engelsing (1973b), S. 122.
28 Vgl. Schenda (1977), S. 300 ff.; Chartier (1990), S. 88 ff.; Chartier/Cavallo (1999), S. 411 ff.
29 Engelsing (1973b), S. 139.
30 Chartier (1990), S. 15.
31 Chartier/Cavallo (1999), S. 428.
32 von Rochow, 1776, zit. nach Wittmann (1982), S. 14.
33 Vgl. Kiesel/Münch (1977), S. 166 ff.; Wittmann (1999), S. 196 f.
34 Chartier/Cavallo (1999), S. 432.
35 Vgl. dazu näher: Stein (1996), S. 62 ff.
36 Vgl. Prüsener (1973), S. 412; Dann (1981), S. 9 ff., 45, 123 ff.; Schön (1987), S. 305.
37 J. A. Bergk: Die Kunst, Bücher zu lesen. Jena 1799, S. 59 (Reprint 1971).
38 Brief an Rochlitz, 13.6.1819, zit. nach Schön (1987), S. 209.
39 Vgl. Rutschky (1980), S. 78 ff.
40 Schön (1987), S. 97, 113.
41 Nies (1994), S. 151. Vgl. auch Chartier (1985), S. 260 f.
42 Vgl. Hanebutt-Benz (1985), S. 109 ff.; Chartier (1985), S. 262; Schön (1987), S. 73 ff.
43 Vgl. Martino (1990), S. 61 ff.
44 Martino (1990), S. 92.
45 Vgl. Martino (1990), S. 10.
46 Vgl. Jäger/Schönert (1980), S. 255 ff.; Martino (1990), S. 30 ff.
47 Schenda (1977), S. 62. Vgl. auch Nagl (1988), S. 38 ff.
48 Vgl. Schön (1987), S. 28 ff.; 252 ff.
49 Messerli/Chartier (2000), S. 20.
50 Vgl. Schenda (1982), S. 6; Graff (1987), S. 183 ff., 192 ff., 223 ff., 248 ff.; Hinrichs (1988), S. 84 f.; Nagl (1988), S. 31; Schön (2000), S. 27.
51 Hinrichs (1988), S. 86.
52 Vgl. Wittmann (1999), S. 195; Schön (2000), S. 27.
53 Vgl. Glück (1987), S. 174 ff.; Knoop (1994), S. 869 f.
54 Vgl. Engelsing (1973a), S. 101 ff.; Schenda (1977), S. 444 f.; Schenda (1982), S. 6.
55 Vgl Cipolla (1969), S. 113 f.; Engelsing (1973a), S. 96 ff.; Graff (1987), S. 265 – 372. Kritisch dazu: Glück (1987), S. 174 f.
56 Vgl. Glück (1987), S. 180 f.; Nagl (1988), S. 34 ff.
57 Vgl. Engelsing (1973a), S. 105 f.
58 Vgl. Langenbucher (1975), S. 12 f.
59 Langenbucher (1975), S. 27 f. Vgl. auch Schenda (1982), S. 13 f.; Martino (1990), S. 43 ff.; Wittmann (1999), S. 216.
60 Enzensberger (1985), S. 65.
61 Roger Chartier: Die Praktiken des Schreibens. In: Ariès/Chartier (1991), S. 121.
62 Glück (1987), S. 201.
63 Maas (1985), S. 57.
64 Glück (1987), S. 201.

12. Schriftkultur als Massenkultur: Autor – Markt – Publikum seit dem 19. Jahrhundert

Das 19. Jahrhundert als Epoche der Schrift- und Lesekultur

Es ist nicht leicht, für das 19. Jh. als Epoche der Schriftkultur eine Überschrift zu finden, die die Charakteristika dieses vielgestaltigen Zeitabschnitts zum Ausdruck brächte. Das hängt nicht zuletzt damit zusammen, dass Literaturgeschichtsschreibung und -soziologie zumeist bereits dem 18. Jh. jene Grundlegung der bis heute gültigen Mechanismen des literarischen Lebens zugeschrieben haben, die sich dann im 19. Jh. breit entfalteten. Danach hatte sich schon in der zweiten Hälfte des 18. Jh. das »Sozialsystem Literatur« mit seinen tragenden Handlungsrollen des Literaturproduzenten (der freie Schriftsteller), des Literaturvermittlers (der kapitalistische Buchmarkt), des Literaturrezipienten (der moderne Leser) und des Literaturverarbeiters (die Literaturkritik) ausdifferenziert.[1] Diese Archäologie der Moderne ist jedoch nur dort einleuchtend, wo sie sich auf das engere Feld von Dichtung und Belletristik bezieht. Versteht man aber Schriftkultur als das viel größere Ensemble von menschlicher Lebenspraxis und Schriftgebrauch, wird dieses Jahrhundert zu Recht als »key century for literacy«[2] bezeichnet. So betrachtet, verhalten sich Umfang und Dimension der Schriftkultur des 18. und 19. Jh. zueinander wie Postkutsche zu Eisenbahn. Dabei liegen Welten zwischen dem beginnenden 18. und dem endenden 19. Jh., während der Zeitraum von etwa den 1770/80er bis zu den 1830/40er Jahren in sich homogener erscheint.

Es reicht daher keinesfalls aus, die Schriftkultur des 19. Jh. lediglich als eine quantitative Steigerung von Qualitäten zu betrachten, die im 18. Jh. von einer schmalen Schicht von Gebildeten geschaffen worden sind. Die gewaltige Ausweitung der Produktion, Distribution und Rezeption von Schriftlichem ist nämlich ihrerseits eine neue Qualität, war sie doch mit weit reichenden technischen, organisatorischen und inhaltlichen Veränderungen hergebrachter Arbeits- und Umgangsformen im schriftkulturellen Feld verbunden. Diese fügten sich ein in den größeren sozioökonomischen und politisch-sozialen Umgestaltungsprozess, der im Laufe des 19. Jh. als Revolution der agrarischen und industriellen Produktion, als bahnbrechende Entdeckungen und Erfindungen in Wissenschaft und Technik, als rasante Beschleunigung von Handel und Verkehr durch Ausbau des Wege- und Kommunikationsnetzes, als Verdoppelung von Bevölkerungszahlen und Verdichtung städtischer Wohnformen sowie als politische Konzentration auf nationale Identität und imperialistische Expansion auftrat. Diesen Umbrüchen stellten sich beharrende Kräfte entgegen, deren Gegensätzlichkeit zu heftigen sozialen und politischen Auseinandersetzungen führte. Kultur und öffentliche Kommunikation blieben von deren Auswirkungen, die sich vor allem als Politisierung und Kommerzialisierung kultureller Praktiken zeigten, nicht unberührt. Schreiben und Schriftlichkeit, Druckmedien und Typographie, Lesen und Lektüre erlangten dabei einen Stellenwert wie nie zuvor. Schrift wurde zu einem Massenmedium in der Kultur.

Den historisch neuen Status eines Massenmediums erhielt die Schrift nicht nur durch innovative Technisierung der Produktion, fortgeschrittene Kommerzialisierung der Distribution und weit reichende Alphabetisierung. Diese in die Breite führenden Prozesse waren zugleich neuartige Rationalisierungen von sinnlichen Erfahrungen und Beschleunigungen von intellektuellen Wahrnehmungen. Druckmaschinen wie die dampfgetriebene Rotationspresse sind keine bloße Vervielfachung der hölzernen Druckerpresse, Stahlfeder und Kolbenfüller sind im Vergleich zur Gänsefeder künstliche Apparate, Bücher aus drahtgeklammertem Holzschliffpapier sind etwas sinnlich anderes als handgebundene Bücher aus Bütten- oder Velinpapier und schließlich ist das einsame Augenlesen bei ruhendem Körper ein anderer intellektueller Akt als laute Lektüre oder Lesenhören in Gesellschaft. Der »Verlust der Sinnlichkeit« (E. Schön) in der technisierten und tendenziell demotisierten Schriftkultur der Moderne ist aber nicht nur als Verlust und Preis ihres Fortschritts zu sehen, sondern auch als Ausgangspunkt einer neuen Weiterentwicklung. Genau dafür bildete das 19. Jh. die Grundlagen aus.

Die vielfältige Ausdehnung von Schriftlichkeit und Schriftorientierung, wie sie sich ab dem 19. Jh. vollzog, war ein dialektischer Prozess. Sie war Verbreiterung und Überdehnung zugleich. So, wie die Massenalphabetisierung immer auch Einübung in eine sich stetig normierende Hochsprache war, stellte die zunehmende Bedeutung der Schrift immer auch eine Entfremdung von Lebensfunktionen dar, die nicht vom »Sinnzugang durch Schrift und Buch«[3] gekennzeichnet waren. In einer immer noch agrarisch geprägten Gesellschaft, in der die Mehrheit ihrer Mitglieder oral sozialisiert war, musste die Expansion des Schriftlichen zwiespältig wirken. Doch diese Dialektik war unausweichlich und trieb eine Entwicklung voran, in der die Verdichtung der öffentlichen Kommunikation auf Schrift und Schriftlichkeit mit Korrektiven beantwortet werden musste, die eine (Re-)Integration zurückgedrängter anderer kommunikativer Bedürfnisse versprachen. Diese Integration gewann ihre Kraft durch die Erfindung, Entwicklung und den wachsenden Verbund neuer technischer Medien (Stahlstich, Holzstich, Stereotypie, Bilderbogen, Panorama, Fotografie, Kinematographie usw.), die zur Vorform der »elektronischen Schrift« des 20. Jh. wurden. Mithin war es die Schriftkultur selbst, die aus sich heraus eine über die tradierte Schriftkommunikation hinausgehende Medienkultur hervorbrachte. Dieser Prozess begann im 19. Jh. mit der Einübung in die Erfahrungen von beschleunigter Produktion und Rezeption von handgeschriebenen und gedruckten Texten. Er ging über den sich ausdehnenden Umgang mit visuellen Medien hinaus, der schließlich zu der neuen Kommunikationssituation der »Plurimedialität«[4] von Massenmedien führte.

Die Beschleunigung des handschriftlichen Schreibens

Rationelles handschriftliches Schreiben gab es schon zu Zeiten der Manuskriptkultur überall dort, wo für alltägliche Zwecke größere Mengen an Text geschrieben werden mussten. Kursive Schriftvarianten von Keilschrift, Hieroglyphen und Alphabetschriften erfüllten diesen Zweck generell. Innerhalb der Letzteren kam es zu Formen des abkürzenden Schreibens (Tachygraphie), bei denen es nicht mehr nur um Platz-, sondern vor allem um Zeitersparnis sowie mehr und mehr auch darum ging, Gesprochenes mitschreiben zu können. Bekannt sind aus der Antike neben griechischen Tachygraphie-Formen die von Ciceros Sekretär M. Tullius Tiro entwickelten »Tironischen Noten«, die zu einem Abkürzungssystem ausgearbeitet wurden, das noch in der frühmittelalterlichen Klosterkultur Anwendung fand. Insgesamt blieb aber für das Mittelalter vorrangig, Platz und Zeit beim Schreiben zu sparen und nicht schon die rasche Transkription des Gesprochenen bzw. die unmittelbare Niederschrift von Gedachtem anzustreben. Letzteres aber war das vorrangige Ziel der neuzeitlichen Stenographie. Der Name Stenographie kam 1602 in England auf. Stenographisches Schreiben entwickelte sich dort in Verbindung mit dem Parlamentswesen und verbreitete sich von da aus allmählich auch auf dem Kontinent. Die verschiedenen Systeme wurden ab dem 19. Jh. als »Redezeichenkunst« bzw. »Kurzschrift« (F. X. Gabelsberger) verfeinert, von stenographischen Vereinen (ab 1840) und auf Internationalen Kongressen (ab 1887) propagiert sowie in Deutschland schließlich ab 1924 als »Einheits-Kurzschrift« vereinheitlicht.

Ab 1911 gab es mit der amerikanischen Stenotype serientaugliche Stenographiermaschinen.

Neben dem abkürzenden Schreiben konnten auch neue Kopier- und Vervielfältigungstechniken dazu beitragen, den Vorgang der Schriftproduktion zu beschleunigen. Handschriftliches Schreiben in den Büros war ja zu einem großen Teil ein Abschreiben, das auch durch die Drucktechnik nicht vollständig ersetzbar war. Eine einfache Kopie ließ sich zwar schon mit einer doppelten Schreibfeder bewerkstelligen, die senkrecht an den Enden eines waagerecht zu haltenden Griffels angebracht war, doch blieb das Verfahren mühselig und wenig effektiv. Eine indirekte Beschleunigung des Abschreibens konnte vor allem mit Kopier- und Vervielfältigungsverfahren erzielt werden, die durch Farbstofftransfer ein gleichzeitiges oder nachträgliches Ab- bzw. Durchpausen ermöglichten. Kopien vom Original waren seit den 1770er Jahren durch Verwendung spezieller Kopiertinten bzw. -stifte und seit etwa 1880 durch untergelegtes Kohlepapier erzeugbar. Dabei ließen sich, je nach Farbstoffauftrag und Druck, etwa drei bis zehn Abzüge herstellen. Die von James Watt 1780 entwickelte Kopierpresse mechanisierte den Vorgang und kam in ihren verbesserten Ausführungen auf über zehn Abzüge. In den Büros der Verwaltung und den kaufmännischen Kontoren wurde dieser Apparat zu einem unverzichtbaren Hilfsmittel des Schriftverkehrs. Im letzten Drittel des 19. Jh. konnten die Pausverfahren durch Verwendung von Anilin als Farbstoff noch verfeinert werden. Hektographische Vervielfältigungen, d. h. Kopien von einer eigens hergestellten, mit Gelatine oder Leim präparierten Druckvorlage, kamen in unterschiedlichen Formen (Hektograph, Autograph, Kollograph u. a.) am Ende des 19. Jh. auf und ermöglichten bis zu 100 Abzüge.[5]

Den eigentlichen Durchbruch bei der Beschleunigung des Schreibens brachte jedoch die Technisierung der herkömmlichen Schreibgeräte. Vorbei waren nun die Zeiten, wo Goethes Faust den Teufel zwecks Unterschreibung des Paktes noch fragen konnte: »Soll ich mit Griffel, Meißel, Feder schreiben?« (Faust I, V. 1731). Die jahrhundertealten Schreibtechniken mit bleiernem Stift und Vogelfeder waren plötzlich zu langsam geworden. Das betraf den aus einer Mischung von Blei und Zinn hergestellten »Bleistift«, den es bereits seit dem Mittelalter gab und der ab der Mitte des 16. Jh. auch als reiner, nicht mehr schmierender und radierbarer Grafitbleistift kaum genügen konnte. So wurde er ab 1795 durch den Zusatz von Ton zu einem vielseitig verwendbaren und auch billigen Schreibstift mit unterschiedlichen Härtegraden. Seine Grundform war bis zur zweiten Hälfte des 19. Jh. ausgereift und hat sich seitdem nicht mehr verändert. Erst der nach einer hundertjährigen Experimentierphase in den 1960er Jahren entwickelte Fein- bzw. Druckminenstift stellte eine technologische Wende dar, weil er die Holzummantelung und den Verlust von bis zu 60% der Mine ersparte.[6]

Geradezu revolutionär war der Umbruch bei der Schreibfeder. Seit dem 5. Jh. vereinzelt und seit dem 10. Jh. parallel mit der Rohrfeder in Gebrauch, war die Vogelfeder etwa seit Beginn der Neuzeit zum dominierenden Schreibgerät geworden. Hauptlieferant waren die Hausgänse, wobei eine Gans bis zu 12 Federkiele liefern konnte, aus denen sich jeweils bis zu acht Schreibfedern schneiden ließen. In Deutschland wurden noch 1833 über 50 Millionen Gänsefedern benötigt, auf deren Produktion sich die Landwirtschaft vor allem in Holland, im östlichen Deutschland, dem Gebiet des heutigen Polen, Ungarn und Russland spezialisierte. Zu Martini (11. November) begann traditionell die Zeit des Gänse-Schlachtens und damit der Nachschub von Schreibfedern – und doch wurden die Engpässe immer größer. Wenn um 1820 allein schon die Bank of England jährlich bis zu anderthalb Millionen Gänsekiele verbrauchte, wird deutlich, dass die Nachfrage kaum noch zu befriedigen war. Bis zum Beginn des 19. Jh. blieben Ersatzlösungen mit handgefertigten Federn aus Metall untauglich, doch ab 1830 gelang in Birmingham die industrielle Fertigung von Stahlfedern. Bis 1850 stieg dort die jährliche Produktion auf 150 Millionen Federn. Die deutsche Fabrikation begann 1856 in Bonn und Leipzig. Bis zum Ende des Jahrhunderts gab es ein reichhaltiges Sortiment von über 10 000 Feder-Fabrikaten für alle erdenklichen Zwecke.[7]

Doch schon stand die nächste Innovation vor der Tür: der Füllfederhalter. Bis zum letzten Drittel des 19. Jh. gab es viele Tüftlerlösungen für den Wunsch, ohne Tintenfass und ständiges Eintauchen der Feder klecksfrei schreiben zu können. Erst der von dem Amerikaner Lewis E. Waterman nach dem Kapillarprinzip entwickelte und 1884 zum Patent angemeldete Tintenfüller führte zum Durchbruch, weil er das schwierige Problem des Tintenflusses in den Griff bekam. Bis 1900 stieg die Jahresproduktion der Waterman-Füller auf etwa 300 000 Stück. Weitere wichtige Produzenten waren die US-Firmen Parker, Sheaffer, Conklin und Wahl, die 1905 bereits 1,5 Millionen und bis 1929 etwa 20 Millionen Füller verkaufen konnten.[8] Allerdings bedurfte es bis 1940 noch weiterer technischer Verbesserungen beim Tintenfluss, beim Schutz vor dem Auslaufen der Tinte sowie beim Nachfüllen, ehe der Füller etwa ab den 1920er Jahren praktisch und als Statussymbol das Schreiben mit dem Federhalter verdrängen konnte.

Typisch für den Prozess der Technisierung der Schreibgeräte seit dem 19. Jh. ist, dass jeweils in dem Moment, in dem eine innovative Lösung technisch ausgereift war, schon die nächste Innovation begann. Als die

Stahlfeder die Gänsefeder überholt hatte, kam der Füllfederhalter auf. Als dieser den Federhalter überholte, kam der Kugelschreiber auf (mit ersten Patenten zwischen 1888 und 1910). Als dieser nach 1945 den Füller zu verdrängen begann, kamen ab den 1960er Jahren die aus Fernost stammenden Filzstifte, ab den 1970er Jahren der Rollerball und ab den 1990er Jahren die Inkies und Fineliner auf. Handschriftliches Schreiben wurde insgesamt immer bequemer, zugleich aber auch immer stärker an technische Instrumente gebunden, sodass ein fließender Übergang zum maschinellen Schreiben entstand. Doch auch hier fand ein permanenter Innovationsprozess statt. Er begann mit der Erfindung der Schreibmaschine sowie den verschiedenen Formen des telegraphischen Schreibens und dauert bis zur digitalen Schriftproduktion in der Gegenwart an.

Maschinelles Schreiben lässt sich weder ganz der Handschrift noch ganz dem Druck zuordnen. Als ein gegenüber der Handschrift bis zu fünfmal schnelleres Schreiben ist es zugleich ein nur minder beschleunigter Druck. Als »Tippen« ist es noch von Hand, doch zugleich entkörperlichte und entfremdete Skriptographie. Dass in der Maschinenschrift alle Menschen gleich aussehen, hatte schon Martin Heidegger erkannt.[9] Die Entfremdung besteht darin, dass das Auge sich nicht mehr auf das zu Schreibende, sondern auf den richtigen Typenanschlag konzentrieren muss: »Blindes« Schreiben wurde zu einer professionellen Fertigkeit. Zugleich aber war das maschinelle Schnellschreiben historisch verspätete Typographie. Der Anachronismus bestand darin, dass die Schreibmaschine in ihrer Handwerklichkeit gegenüber der zeitgenössischen Drucktechnik weit hinterherhinkte – hier hat erst der moderne Personal Computer mit der Typographie gleichgezogen. Dazu passt, dass die Urformen der Schreibmaschine für ganz andere Zwecke als die Beschleunigung des Schreibens erfunden worden waren und die gegenwärtigen Formen nur noch wenige Gemeinsamkeiten mit den Schreibapparaten des 19. Jh. besitzen. So betrachtet, ist die Schreibmaschine in ihrer Gleichzeitigkeit von Tempo und Temporarität ein charakteristischer Ausdruck der modernen Schreibwerkzeugkultur, die keinen Stillstand duldet.

Prototypen von Typendruckapparaten wurden seit dem 18. Jh. entwickelt, doch war bis weit ins 19. Jh. die Schreibgeschwindigkeit zu gering. Einige Modelle hatten als vorrangiges Ziel, Blinden das Schreiben zu ermöglichen. Ab 1867 begann in Kopenhagen die erste Produktion der von Malling Hansen entwickelten Schreibmaschinen in Serie, 1874 kamen – unter Führung des amerikanischen Waffenherstellers Remington – die 1868 von Christopher Sholes konstruierte Schnellschreibmaschine auf den Markt. Diese schrieb zunächst nur mit Großbuchstaben und verdecktem

Abb. 39 Das Wunder der ersten Schreibmaschine im Kontor.

Anschlag, ab 1879 auch mit Kleinbuchstaben und Glockensignal, ab 1888 mit der bis heute gebräuchlichen Buchstabenbelegung der Tastatur und ab 1890 mit sichtbarem Anschlag. Um 1900 war die mechanische Schreibmaschine bereits technisch ausgereift und drang in die Büros vor, wo in der Folge Frauen bevorzugt als »Dactylos« bzw. »Typistinnen« eingestellt wurden (Abb. 39). Die Produktion in den USA war von 146 (bis 1879) auf 73 000 Stück (1891) gestiegen; die deutsche Herstellung mit so markanten Marken wie die Adler (ab 1899), Ideal (ab 1900), Continental (ab 1904), Mercedes (ab 1907) und Triumph (ab 1909) lief etwas später an. Ab 1920 gab es immer tauglicher werdende Klein- bzw. Reiseschreibmaschinen, darunter die beliebte schweizerische Hermes-Baby (ab 1935/50). Ab 1930 erfolgte der Durchbruch bei den Elektro-Schreibmaschinen und ab 1962 erschien die IBM-Kugelkopf-Schreibmaschine, mit der die schnellste Tippgeschwindigkeit (8–12 Anschläge pro Sekunde) zu erreichen war.[10] Ab Anfang der 1980er Jahre läuteten dann die ersten elektronischen Speicher-Schreibmaschinen das Ende der überlieferten Schreibmaschine ein.

Die Technisierung der typographischen Schriftkultur und ihre Folgen für den Medienverbund

Man kann die Art und Weise, in der sich die Produktionsformen der Druckmedien im 19. Jh. technisch veränderten, sowohl als Verspätung wie auch als Verfrühung begreifen. So gut wie alle Veränderungen, die beim Drucken, Gießen, Setzen, Binden und in der Papierherstellung vorgenommen wurden, lösten Verfahren ab, die im Prinzip seit Gutenbergs Zeiten unverändert praktiziert worden waren. Was seinerzeit gegenüber mittelalterlichen Techniken modern gewesen war, war um 1800, als in Europa der Prozess der Industrialisierung eingesetzt hatte, zu etwas Rückständigem geworden, das im Zeitalter der Dampfmaschinen den Anforderungen der expandierenden Schriftkultur nicht mehr gewachsen war. Auf der anderen Seite stellten die ab Beginn des 19. Jh. erfolgten technischen Innovationen bei den Druckmedien einen Industrialisierungsschub dar, der – zumindest in Deutschland – einen durchaus bemerkenswerten Vorsprung gegenüber dem *take-off* der allgemeinen industriellen Produktivitätssteigerung besaß.[11] Vom Potenzial dieser Kapazitäten profitierte die Massenproduktion der Schriftkultur bis weit ins 20. Jh. Ihr Charakteristikum ist die Beschleunigung.

Ausgangspunkt der technischen Innovationen war die Beschleunigung des Druckens. Nachdem um 1800 die halbeiserne Stanhope-Presse das Drucken eines Blattes mit einem einzigen Zug des Press-Armes (Bengel) ermöglicht hatte, brachte die Inbetriebnahme der von Friedrich Koenig erfundenen Zylinder-Druckmaschine (ab 1814) den Durchbruch der Schnellpressen, an die sich ab 1865 die noch leistungsstärkeren Rollenrotationsmaschinen anschlossen (Abb. 40). Ließen sich auf der Gutenberg-Presse etwa 250–300 Bogen pro Stunde herstellen, schaffte Koenigs Schnellpresse in derselben Zeit ohne Dampfkraft bereits 1000 Bogen, mit Dampfkraft sogar mehr als das Doppelte. Am Ende des Jahrhunderts hatten die Rotationsmaschinen eine Stundenleistung von bis zu 12000 Drucken.[12] Zur Beschleunigung des gesamten Druckvorganges gehören aber auch die Verbesserungen in der Herstellung der Typen, im Setzen und schließlich im Binden.

So wurde durch stete Maschinisierung des alten Handgusses, der pro Stunde etwa 200 Typen bewältigte, im letzten Viertel des Jahrhunderts mit einer Komplettgießmaschine eine durchschnittliche Stundenleistung von über 5000 Lettern erreicht. In der Setz- und Falztechnik kam die Beschleunigung etwas später. Bis in die 1880er Jahre war der Handsatz schneller als die bis dahin gebauten Prototypen von Setzmaschinen. Erst Ottmar

Abb. 40 Rotationspresse, 1846.

Mergenthalers 1884 konstruierte Zeilengieß- und Setzmaschine (*Linotype*) sowie die von Tolbert Lanston 1889 entwickelte Einzelbuchstabengieß- und -setzmaschine (*Monotype*) schafften mit bis zu 6000 Buchstaben pro Stunde die dreifache Menge gegenüber dem Handsatz. Mit dieser Technik, die man nur noch in Einzelheiten verbesserte, wurde das Druckaufkommen der nächsten 90 Jahre bewältigt. Erst 1976 endete die Produktion der Bleisatzmaschinen. Mit dem Einsatz des Stereotypie-Drucks, d. h. der Verwendung von Abformungen abgelegter Druckplatten bei späterem Neudruck (ab 1805 aus Gips, ab 1829 aus Pappmaché, ab ca. 1844 als Galvanoplastik), wurde weitere Zeit für erneutes Setzen eingespart. Maschinelle Techniken für die Falzung und Fadenheftung wurden in Deutschland ab den 1880er Jahren eingesetzt.[13]

Auch in der Herstellung des Papiers, dem dominierenden Schriftträger des Gutenberg-Zeitalters, leistete das 19. Jh. den entscheidenden Übergang von der manuellen zur maschinellen Produktion. Ausgehend von der 1798 patentierten, noch handangetriebenen Langsiebpapiermaschine, die Papierbahnen von bis zu 15 Metern Länge herstellen konnte, wurden in den folgenden Jahrzehnten alle Arbeitsgänge vom Zerkleinern, Abkochen, Leimen, Entwässern, Pressen und Glätten bis zum Aufrollen mechanisiert. Schaffte eine Papiermaschine um 1830 etwa fünf bis acht Meter pro Minute, lag der Ausstoß 1880 schon bei 60 und um 1900 bei 120 Metern pro Minute. Die neuen schnellen Maschinen erforderten zwingend ein neues, jederzeit verfügbares und vor allem billigeres Papier als das aus den immer knapper werdenden Stofflumpen aufbereitete Hadernpapier. Nach Experimenten mit verschiedenen Füllstoffen erwies sich der Ersatz mit fein abgeschliffenem Holz als beste Lösung. Allerdings waren säurehaltige chemische Zusatzstoffe erforderlich, um zu 100% Holzschliff- bzw. Zellstoffpapier gilbungsfrei herzustellen. Das gelang ab 1843 bzw. 1854/66. Dieses Papier bildete bis heute die Basis der expandierenden Druckkultur, wobei Ausstoß und Verbrauch steil anstiegen. Lag der jährliche Papierverbrauch in Deutschland um 1800 bei 8,5 kg pro Kopf, wuchs er – bei sich verdoppelnden Bevölkerungszahlen – auf 32 kg (1900).[14]

Die Technisierung der schriftkulturellen Produktion hatte Kehrseiten, die zumeist erst gegen Ende des 20. Jh. ins Bewusstsein rückten. Damit sind nicht allein die mentalen Einstellungsveränderungen zur massenhaft vorhandenen Schriftlichkeit gemeint, sondern die materiellen Folgen. Die Papier gewordene Welt ist »papieren« geworden, das heißt: problematisch und vergänglich. Das ist ganz wörtlich zu nehmen, denn die Folgen der industriellen Papierherstellung sind Holzverschwendung, Umweltverschmutzung und Selbstzerstörung des Papiers durch Säurefraß. Letzterer ist zu einem gravierenden Problem geworden, weil gerade jene Drucktexte, die massenhaft auf dem neuen, chemisch behandelten Papier gedruckt worden waren (z. B. Zeitungen, Zeitschriften, Popularliteratur, Akten, Alltagstexte usw.), in einem Umfang von bis zu 70% vom Zerfall bedroht sind.[15] Auch bei den Einbänden gibt es wachsende Verluste durch chemisch verursachte Brüchigkeit. Nimmt man hinzu, dass in Deutschland im 19. Jh. der Großteil der Drucktexte in Frakturschriften gesetzt war, die im 21. Jh. zu lesen immer mehr Menschen Schwierigkeiten bereiten, so zeigt sich eine noch viel problematischere Kehrseite der technisierten Schriftkultur. Ihre massenhafte Ausbreitung verbraucht sich letztlich selbst und droht damit das aufzuheben, was den ursprünglichen Wert von Schriftlichkeit ausmachte: dauerhafte Bewahrung durch textliche Fixierung. Daher dürfte die stolze Hoffnung der frühneuzeitlichen Drucker vorbei sein, die Vergänglichkeit des Papiers durch immer neue Drucke überwinden zu können. Das gelang allenfalls bis zum letzten Drittel des 20. Jh., als sich aus materiellen, ökologischen und nicht zuletzt finanziellen Gründen das Ende dieser Verewigungspraxis abzeichnete.

Zur Technisierung der Schriftkultur seit dem 19. Jh. gehört die paradoxe Erkenntnis, dass sich Schriftlichkeit nur erhalten kann, wenn sie sich medial übersetzen lässt bzw. übersetzt. Diese medialen Umformungen und Verbünde, d. h. die Adaption und Integration schriftkultureller Produktionen in neue technische Medien, sind neben der Beschleunigung ihr zweites Charakteristikum. Ob in diesem Prozess die Schriftkultur in moderne Medienkultur übergeht und inwieweit sie dabei den Charakter eines Leitmediums einbüßt, wird abschließend für das 20. Jh. noch zu erörtern sein. Feststehen dürfte, dass die Maschinisierung des Schreibens und Druckens sowie die über neue Techniken hergestellte Integration von Sprechen und Schreiben, von Bild und Text bisher verschlossene Dimensionen einer Kommunikationskultur eröffneten, in denen sich die überlieferten Formen von Schriftlichkeit erweiterten bzw. auflösten. Dies wird deutlich, wenn man den Veränderungsprozess näher betrachtet, den die bis zum 18. Jh. entwickelten Kategorien von »Autorschaft«, »Buch- und Pressemarkt« und »Lesepublikum« erfuhren.

Wandlungen der Autorschaft bis zum 19. Jahrhundert

Dass zu einer Kultur, in der schriftliche Texte das Hauptmedium sind, ganz wesentlich Autorschaft gehört, erscheint selbstverständlich. Natürlich wissen wir, dass Autorschaft nicht identisch sein muss mit individueller Verfasserschaft und dass die längste Zeit sehr verschiedene Formen von anonymer bzw. kollektiver Autorschaft vorherrschend waren. Aber: Wo Texte sind, müssen Instanzen sein, die sie hervorgebracht haben. Ob diesen Instanzen jedoch in jedem Falle Priorität gebührt, ob sie überhaupt als eine ursächliche und personale Einheit verstanden werden können und ob von ihrem Rang die Qualität einer Schriftkultur abhängt, ist in historischer Hinsicht durchaus umstritten. Unverkennbar ist jedoch zweierlei: Zum einen war es die neuzeitliche typographische Schriftkultur, die in ihrer strukturellen Angewiesenheit auf den Markt immer wieder »neue Originale«[16] hervorbringen musste, deren höchste Inkarnation schließlich der individuelle Autor als »Originalgenie« wurde. Zum anderen droht aber gerade die moderne, von Technik und massenmedialer Vernetzung geprägte Schriftkultur seit dem 19. Jh. diese individuelle Autorschaft zum Verschwinden zu bringen, indem sie sie als »Aufschreibesysteme« (F. A. Kittler) bzw. als textuelle »Autorfunktion« (M. Foucault) begreift. Diese Dialektik treibt auf vorerst noch unbekannte Enden zu, wie z. B., dass alle Schreibenden zu Autoren werden (»Schreiben kann jeder«, so wie jeder sprechen kann), dass jeder Lesende zum Autor (»wreader«) wird, dass Maschinen das schreiben, was kein einzelner Autor schaffen könnte, oder dass nichts mehr geschrieben und gedruckt wird, was nur von einem einzelnen Autor hervorgebracht worden ist.

Auch wenn solches Verschwinden noch nicht recht vorstellbar ist, so zeigt doch der Blick in die Geschichte, dass es verschiedene Modelle und Abfolgen von Autorschaft gegeben hat. Der Autor als eigenständiger Urheber ist dabei eine der jüngsten und zugleich wirkungsmächtigsten Formen. Zwar kannte schon die Antike den *poietes* als Hervorbringer von Texten, doch war diese Urheberschaft kaum an die materielle Werkgestalt gebunden, sofern es nicht das Originalmanuskript war. Vor dem Schaffensakt stand oft ein Auftrag, eine Amtspflicht oder eine andere Art der Berufung. Handelte es sich um eine nicht beauftragte Schöpfung, bedurfte das Werk eines fördernden Schutzes durch Gönner, der per Dedikation erbeten wurde. Der Autor erfand kraft Inspiration als orphischer Sänger bzw. *poeta vates* oder kraft Kompetenz als *poeta doctus*, trug vor und konnte, wenn das Werk gefiel, darauf hoffen, dass es auf- bzw. abgeschrieben wurde. Dieses Aufschreiben selbst war Spezialistenarbeit und letztlich nachrangig.[17] Hier gab es verschiedene Berufsrollen, angefangen beim Berufschreiber (Logograph) über den Mitschreiber in Sekretärsfunktion (Tachygraph) bis zum Buch- und Schönschreiber (Kalligraph) für repräsentative Zwecke. Noch im Mittelalter war der *auctor* als Verfasser eines eigenen Textes, den er eigenhändig niederschrieb, eher die Ausnahme, wenn auch ab dem 12. Jh. bei Gelehrten mehr und mehr üblich. Mittelalterliche Verfasserschaft außerhalb der reinen Kopierarbeit mit ihren Spezialisten für Schrift, Illumination und Illustration umfasste vor allem die Tätigkeiten des Kompilierens und Kommentierens bzw. des Redigierens und Adaptierens tradierter Themen und Stoffe.

Die Figur des selbstverantwortlichen, eigenschöpferischen Autors nahm erst ab der frühen Neuzeit und dann vor allem seit dem Buchdruck festere Konturen an. In Analogie zur neuzeitlichen Subjektbildung trat der Autor als humanistisch gebildeter *poeta doctus* bzw. als Gelegenheitsdichter über sein Werk mit Namen, Biographie und Autoritätsanspruch immer stärker hervor. Letzterer blieb, in Deutschland länger als in England und Frankreich, freilich noch bis zum 18. Jh. eingeschränkt durch ökonomische, soziale und ideologische Abhängigkeiten, die die Arbeitsverhältnisse des ständischen Schriftstellers (als beamteter Hofpoet, als Autor im Nebenberuf usw.) sowie des Gelehrten in einer feudalabsolutistischen Welt prägten.[18] Die Befreiung aus diesen historischen Fesseln wurde konzipiert als Emanzipation von jeglicher Heteronomie. Durch sie konstituierte sich das neue bürgerliche Autor-Leitbild des »freien Schriftstellers«, dessen Autonomie – ökonomisch abgesichert durch die Vergütung des geistigen Eigentums – sowohl eine künstlerische als auch eine politische sein sollte: Als Künstler hatte der freie Schriftsteller nur seinem Genie und der Kunst zu gehorchen, als Intellektueller und öffentlicher Sprecher stand er allein im Dienst der Vernunft.

Auch wenn dieses Ideal in seinem emphatischen Universalanspruch letztlich eine »heroische Illusion« war und seitdem bei seiner Verwirklichung immer wieder an Grenzen stieß, trug es zu einem »Strukturwandel schriftstellerischer Arbeit«[19] bei, dessen Auswirkungen über den engeren Bereich von Dichtung und Wissenschaft hinausgingen: Der freie Schriftsteller stellt sich im Kern bis heute »als ein universaler Typus dar, der in sich das Amt des Dichters mit den Funktionen des Tagesschriftstellers, Redakteurs, Herausgebers, Kritikers, Literaturwissenschaftlers und Dramaturgen verband«[20]. Seine exemplarische Verkörperung fand dieser Typus in der überragenden Gestalt Goethes, dessen Name zum Kürzel für die durch »Dichtung und Wahrheit« gebildete Persönlichkeit, für das Werk (»Weltliteratur«), für die Epoche (»Goethezeit«) und sogar für die Nation (»Volk der Dichter und Denker«) werden konnte. Autorschaft dieser Art ist im 19. Jh. zum (bildungsbürgerlichen) Maß jeglicher schriftstellerischen Produktion geworden, sei es im Positiven (z. B. kanonische Nationalliteratur, Klassik-Vorbild, Dichterverehrung usw.), sei es im Negativen (z. B. Abwertung von Unterhaltungsliteratur und journalistischem Schreiben, Nachrangigkeit von Übersetzerarbeit usw.). Noch im Leiden am Epigonentum im 19. Jh., am »malheur d'être poète« (F. Grillparzer) bzw. am Schicksal des *poète maudit*, ist der lange Schatten individueller Autorschaft erkennbar. Ihr Prestige begründete bis ins 20. Jh. soziale Bevorzugungen (z. B. Dichterdenkmäler, Dichtermuseen, Autorenförderung, literarische Gesellschaften, Literaturhäuser usw.) und liegt selbst dort noch zugrunde, wo ihre Exklusivität mit literaturpolitischen und -pädagogischen Programmen durchbrochen werden sollte (z. B. »Greif zur Feder, Kumpel«; »Schreib das auf, Frau«; Kreatives Schreiben usw.).

Die Professionalisierung des Autorberufs seit dem 19. Jahrhundert

Die eigentliche Entwicklung, die das Konzept individueller Autorschaft stark machte und zugleich außer Kraft zu setzen begann, war der Wandel des Autoramts von der Berufung zum Beruf, in dessen Verlauf der freie Schriftsteller zum lohnabhängigen »Wortproduzenten«[21] wurde. Er begann ab dem 19. Jh. als Prozess der Professionalisierung schriftstellerischer Arbeit durchaus verheißungsvoll. Grundlage hierfür war die juristische Anerkennung, dass der Autor als Urheber seiner Werke ein genuines Eigentumsrecht besitzt, das er finanziell verwerten darf. Diese für die schriftstellerische Berufsausübung fundamentale Auslegung setzte sich gegenüber älteren Rechtsvorstellungen durch, die in Geisteswerken ein kostenloses Allgemeingut sahen bzw. allenfalls den Verlegern ein »ewiges« Verlagsrecht einräumten. Während in England bereits zwischen 1710 und 1774 und in Frankreich zwischen 1791 und 1793 ein Urheberrecht entwickelt wurde, das den

Autoren befristete Verfügungs- und Nutzungsrechte zugestand, kam es in Deutschland dazu erst im 19. Jh., wobei bis 1835 das Verbot des Nachdrucks im Vordergrund stand. Dauerhafte Gesetze zum Schutz des geistigen Eigentums erließen Preußen erst 1837 und der Deutsche Bund 1845 (mit einer Schutzfrist von 30 Jahren, die 1934 im Deutschen Reich auf 50 Jahre und in der Bundesrepublik Deutschland 1965 auf 70 Jahre erweitert wurde).[22] Die über den jeweiligen Verlagsvertrag hinausgehenden Nutzungsrechte (Bibliothekstantieme, Schulbuch- und Fotokopierrechte usw.) werden in Deutschland seit 1958/65 von der Verwertungsgesellschaft Wort treuhänderisch für Autoren und Verleger wahrgenommen.

Weitere Schutzgesetze für die anderen Medien (Kunst, Tonträger, Film, Foto und Computer), das verbesserte Urheber- und Verlagsgesetz von 1901 sowie internationale Vereinbarungen (z. B. Berner Übereinkunft 1886, Welturheberrechtsabkommen 1952/71, Abkommen über *Trade-Related Aspects of Intellectual Property* 1993 u. a.) erweiterten die Bestimmungen, wobei sie das Grundprinzip – den Schutz der individuellen Autorschaft – beibehielten. Geschützt war und ist allein ein selbstständiges, individuelles und eigenschöpferisch hergestelltes geistiges Produkt. Diese Festschreibung ist heute mehr und mehr umstritten, doch ist nicht zu übersehen, dass die rechtlich-ökonomische Absicherung der Honoraransprüche den Autorberuf im 19. Jh. konsolidierten. Zwar hatte schon der florierende Buchmarkt der zweiten Hälfte des 18. Jh. – zumeist im Vorschussverfahren auf die erwarteten Verkaufserfolge – die durchschnittlichen Autorenhonorare bereits versechsfacht.[23] Doch erst das 19. Jh. brachte eine bedeutsame Steigerung, bedingt vor allem durch die Expansion des Zeitungs- und Zeitschriftenwesens, wo erhöhte Honorare flossen, sowie durch die markante Erhöhung der Titelproduktion und Auflage im Buchmarkt. In der zweiten Hälfte des 19. Jh. sank allerdings das Realhonorar – nimmt man die Spitzeneinkünfte marktgängiger Erfolgsautoren einmal aus – wegen der wachsenden Schriftstellerkonkurrenz, Lohndumpings-Praktiken und Kommerzialisierung der Literaturproduktion. Entsprechend niedrig war die zeitgenössische Einschätzung des Ansehens von »Literaten«: »eine Bande von Menschen, unfähig zum Elementarschullehrer, zu arbeitsscheu zum Postsecretär«.[24]

Aus der Honorierung wurde eine Entlohnung der schriftstellerischen Leistung. Der Verlag zahlte in der Regel nicht mehr – auf der Grundlage von Bogenhonoraren – im Voraus, sondern koppelte die Vergütung (5–10% vom Ladenpreis) an den Absatz: Der vom mäzenatischen Verleger urheberrechtlich emanzipierte Autor wurde somit zum risikobelasteten Marktteilnehmer. Die daraus folgenden Chancen und Gefahren führten zu erheblichen Einkommensunterschieden, starker Abhängigkeit von ökonomischen

Interessen und krisenhafter Schriftstellerexistenz, d. h. einer »in beständiger Bewegung befindliche[n] Hierarchie von Freiheiten und Abhängigkeiten, von Funktionen und sozialen Verhältnissen, die von selbstständigen literarischen Wortproduzenten bis zum ›literarischen Proletarier‹ reichen«[25]. Für weibliche Autoren waren das kaum überwindliche Hürden, um professionelle Schriftstellerin zu werden. Ihr numerischer Anteil an der Gesamtzahl der in der Reichsstatistik von 1882 erfassten Schriftsteller im Hauptberuf betrug daher nur knapp 2%.[26]

Aus dem freien Schriftstellertum war bis zum 20. Jh. eine freiberufliche Autorschaft geworden, die sich in die Gruppen der haupt-, neben- und teilberuflich freien Autoren und Autorinnen gliederte. Die »Schriftsteller« des 18. Jh., die als Dichter, Gelehrte oder Journalisten Verfasser von Wortbeiträgen gewesen waren, wandelten sich bis zum letzten Drittel des 20. Jh. zu multimedial tätigen Autoren und Autorinnen, deren Arbeit folgendermaßen definiert wird:

> Sie verfassen bildende und unterhaltende literarische Werke für Bühne, Film, Rundfunk und Fernsehen oder für eine Veröffentlichung im Druck; arbeiten Abhandlungen über wissenschaftliche, technische und praktische Themen zur Veröffentlichung aus; rezensieren Schrift- oder Kunstwerke; liefern Bild- oder Textberichte über aktuelle Ereignisse, Länder und Wissensgebiete zur Unterrichtung der Öffentlichkeit [...][27]

Ihre Zahl stieg in Deutschland von etwa 3000 (um 1770) auf über 10 000 (um 1800), belief sich zum Ende des 19. Jh. auf etwa 20 000 und wurde für 1970 auf maximal 50 000 mehr oder weniger freiberufliche Autoren und Autorinnen geschätzt.[28] Schon diese große Menge widersprach allein von der abhängigen Art ihrer Tätigkeit und Entlohnung her dem ursprünglichen Selbstbild des autonomen Schriftstellers. Es war daher nur konsequent, dass der Professionalisierung des Autorberufs ab dem 19. Jh. auch eine verbandspolitische Organisierung der beruflichen Interessen folgte, die der wachsenden Ambivalenz der modernen Schriftstellerexistenz zwischen Freiberuflichkeit und Lohnabhängigkeit Rechnung zu tragen versuchte.

Als erste schriftstellerische Berufsorganisation gilt der 1842 gegründete Leipziger Literaturverein, der sich 1846 in »Leipziger Schriftstellerverein« umbenannte. Ab 1878 kam es in kurzen Abständen zu weiteren, zumeist kurzlebigen Verbandsgründungen, von denen der 1901 gegründete Allgemeine Schriftstellerverein (bis 1933) und der 1909 gegründete Schutzverband deutscher Schriftsteller am längsten existierten. Letzterem folgten nach 1945 Neugründungen, die sich 1952 zur Vereinigung der deutschen Schriftstellerverbände zusammenschlossen, sich jedoch 1969 als Verband deutscher Schriftsteller (VS) und 1973 als Freier Deutscher Autorenverband (FDA) wieder trennten. Der VS trat 1973 nach längeren Debatten der Industriegewerkschaft Druck und Papier bei und war damit erstmals seit 1910 wieder mit der Berufsgruppe der Journalisten vereinigt.[29] 1985 fusionierte die IG Druck und Papier mit der Einzelgewerkschaft Kunst zur IG Medien. Dieser bei den Autoren nicht unumstrittene Entwicklungsgang demonstriert gleichwohl den Wandel der Autorschaft »vom Selbstverständnis eines autonomen Schriftstellers zum Selbstverständnis eines in wirtschaftlicher Abhängigkeit arbeitenden Schriftstellers«[30].

Über die »große« Autorschaft, wie sie in der modernen Schriftkultur vor allem durch die singuläre Gruppe der Buchautoren repräsentiert ist, sollte man jedoch nicht die »kleine« Autorschaft, d. h. die private Schriftlichkeit jener Vielzahl von Menschen übersehen, die in ihrem Alltag schriftliche Texte in einem Ausmaß wie nie zuvor hervorbrachten. Zu bedenken ist, »daß nach einer eintausendeinhundertjährigen Geschichte deutschsprachiger Texte erst in der zweiten Hälfte des 19. Jahrhunderts die gesamte Sprechgemeinschaft in der Lage ist, an der deutschen Schriftsprache aktiv und passiv als Schreiber und Leser teilzunehmen«[31]. Diese Teilnahme führte zu einer Vielzahl schriftlicher Praktiken, die an eigene Autorschaft gekoppelt bzw. von der Fiktion eigener Autorschaft geprägt war. Das begann im Bereich privater Aufzeichnungen (z. B. Haushaltsbuch, Tagebuch, Familienchronik, Autobiographien) und setzte sich in der zwischenmenschlichen Kommunikation fort (z. B. Stammbuch, Poesiealbum, Gelegenheitstexte zu familiär-geselligen Anlässen, Brief). Die Briefkommunikation verbreitete sich im 19. Jh. immer mehr: 1892 beförderte die Deutsche Reichspost 1,1 Milliarden Briefe. Hinzu kam die Einführung der Postkarte 1870/72, die die seit Beginn des Jahrhunderts üblich gewordene Glückwunschkarte rasch übertraf und zum Ende des Jahrhunderts auf über 900 Millionen Sendungen kam.[32] Des Weiteren eröffneten vor allem die expandierenden Druckmedien (Zeitschriften, Lokalpresse, Magazine, Almanache, Heftchen usw.) ein weites Feld für Betätigungen – von der gelegentlichen freien Mitarbeit bis zur Existenzfristung als namenloser »Tintenklave«. Die »Masse der schriftstellernden Deutschen« wird auf bis zu 200 000 »Autoren« geschätzt.[33]

»Kleine« Autorschaft, so lässt sich resümieren, ist nicht nur von derselben Ambivalenz gekennzeichnet wie die »große«, sondern zeigt diese auch deutlicher. Das schöpferische Potenzial mag oft unterschätzt worden sein, die Fremdbestimmtheit nicht: Die Schriftproduktion gerade der kleinen Leute war im Wesentlichen erzwungen durch die wachsende Bürokratisierung, die statt mündlicher Vorsprache auf den Ämtern jetzt eigenverfertigte Anträge, Bewerbungen, Bittschriften, Meldungen und Beschwerden erforderte. Solche Texte hinsichtlich Titulierung, Aufbau, Inhalt und Stil so zu schreiben, »wie es sich gehört«, gelang nur durch geliehene Autorschaft, die sich in Gestalt von Ratgeberliteratur oder anderen vorfindlichen Mustern anbot. Auch wenn es möglich war, dass selbst in den vorgestanzten Texten und mehr noch in den privaten Briefen individuelle Autorschaft zum Ausdruck kam, wenn Not, Sorge oder Freude Emotionen freisetzten, blieb das schreibende Ich eines, dem – anders als Goethe es seinem Dichter Tasso attestierte – kein Gott es gab, »zu sagen, wie ich leide«[34].

Letztlich ist die Dimension dieser alltäglichen Autorschaft nur schwer zu bestimmen, da sie insgesamt zu wenig dokumentiert und erforscht ist. Ihre Zeugnisse fanden als Dokumente einer »Kultur von unten« und Ausdruck eines (sub)literarischen »Volksvermögens« (P. Rühmkorf) überwiegend volkskundliches Interesse. Ins Blickfeld der Literaturgeschichtsschreibung gerieten sie nur dann, wenn eine »authentische« literarisch-narrative Qualität herauslesbar war. Diese wurde vor allem dort gesucht und gefunden, wo von bürgerlicher Autorschaft zunächst ausgeschlossene Subjekte (Arbeiter, Frauen, Jugendliche, Wahnsinnige, Verbrecher, »Wilde« usw.) über sich schrieben. Ob im 20. Jh., da von der Massenpresse über den Rundfunk bis zum Internet technische Möglichkeiten und kommunikative Anforderungen bzw. Wünsche fast jedem, der es möchte, das Schreiben und Publizieren erlauben, diese allgemeine Autorschaft als »Demokratisierung des Schreibens« neue Aufmerksamkeit verdient, dürfte noch nicht sicher sein.

Die »Industrialisirung der Literatur«: Neue Dimensionen des Buch- und Pressemarkts

Im Verlaufe des 19. Jh. expandierte das Buch- und Pressewesen in Deutschland in zwei großen Wellen, wie exemplarisch an der Titelproduktion im Buchhandel und an der Zahl der Zeitschriften und Tageszeitungen ablesbar ist. Die erste Welle dauerte im Buchhandel von 1821 bis 1847 und die zweite von 1879 bis über 1900 hinaus. Das Pressewesen konnte sich, bedingt durch Zensur und zensurähnliche Restriktionen in der Zeit zwischen 1819 und 1874, bis 1848 nur mäßig, dafür aber in der zweiten Hälfte des 19. Jh. und über 1900 hinaus umso stärker entfalten. In Zahlen ausgedrückt bedeutete diese Expansion im Zeitraum von knapp 100 Jahren: Die Buchtitelproduktion stieg von 4181 Neuerscheinungen (1805) über 14 039 (1843) auf 24 792 (1900) und erreichte 1913 den Höchststand von 34 871 Novitäten. Damit stand Deutschland an der Spitze der internationalen Buchproduktion (vor Russland, den USA und Frankreich). Bei den Zeitschriften steigerte sich die Gesamtzahl von ca. 800 –1000 (um 1800) auf 5632 im Jahr 1902, wobei der eigentliche Schub im letzten Drittel des Jahrhunderts erfolgte. Die Zahl der politischen Zeitungen vermehrte sich in der ersten Hälfte des 19. Jh. von weniger als 200 (um 1800) auf geschätzte 1012 (1847); in der zweiten Hälfte des 19. Jh. erfolgte dann ein rasanter Anstieg von 1300 (1862) über 2437 (1881) auf 3405 (1897) und erreichte mit 4221 Zeitungen 1914 den Höchststand.[35]

Es versteht sich, dass in dieser Quantitätssteigerung der Buch- und Zeitungstitel weitere Expansionen in Umfang und Auflagenhöhe enthalten waren. Zugleich ist der Zuwachs an Titeln nur als Spitze einer dazugehörigen literarischen Industrie (Papierfabriken, Verlage, Druckereien, lithographische Anstalten, Buchbindereien, Buchhandlungen, Leihbibliotheken, Antiquariate, Nachrichtenbüros, Annoncenexpeditionen usw.) zu sehen, deren Betrieb immerzu in Bewegung bleiben musste. Die Zeitgenossen nahmen diesen komplexen Expansionsprozess als »Industrialisirung der Literatur«[36] wahr. Mit diesem Ausdruck lässt sich recht gut ein Bündel von Veränderungen beschreiben, die von der Herstellungsweise des Gedruckten bis zur ästhetischen Qualität massenhaft produzierter Texte reichen. Ihr enger Zusammenhang wurde dabei immer unverkennbarer: Die technisch beschleunigte und vermehrte Produktion musste sich qualitativ in dem Maße verändern, in dem es gelang, wie bereits der Zeitgenosse Karl Gutzkow († 1878) erkannte, »neue Käufer zu gewinnen und die Waare selbst von Außen in eine andere Gestalt zu bringen«[37]. Die Industrialisierung der Literaturproduktion führte also notwendig zu industrialisierter Literatur, wobei »Literatur« tendenziell jegliche Arten von Drucktexten in ihrer Warenform bezeichnet. Obwohl Vorformen (»Fabrikliteratur«) bereits am Ende des 18. Jh. existierten, handelt es sich um ein neuartiges Gebilde der Schriftkultur mit Herausforderungen, Angeboten und Risiken für Autoren, Verleger, Buchhändler und Leser. Der Streit darüber, ob die Schriftkultur in dieser kulturindustriell-kapitalistischen Wende letztlich verkommen muss oder ob sie dadurch erst die Chance erhält, dass alle an ihr partizipieren können, hält bis heute an.

Die Kritiker der Industrialisierung der Literatur machten für den Ungeist sehr schnell das marktorientierte Verhalten von Autoren und vor allem von Verlegern verantwortlich. Streng nach dem Motto »Was dem Publikum behagt, davor bekreuzigt sich die Aesthetik«[38] wurde sowohl eine Vielzahl der Autoren als »Bücherpöbel« (W. Menzel) verachtet wie auch der Wert unterhaltenden Schreibens grundsätzlich bestritten. Ähnlich lautete die Kritik an der immer offeneren verlegerischen Spekulation auf Profit: »Es ist das Versinken in den Dienst der Seichtigkeit, der Oberflächlichkeit, der Vielwisserei, des Bilderkrames unter der täuschenden Firma der Volksbildung nur um des Gewinnes willen!«[39] Tatsache war jedoch, dass diese neuen Verleger keine Mühe hatten, geeignete Schreiber zu finden, und mit ihren Strategien, neue Leser und Käufer anzusprechen, recht erfolgreich waren. Nicht unerheblichen Anteil daran hatte die Trennung von Verlag und Sortiment, die sich im 19. Jh. durchsetzte. Gleichzeitig organisierten sich Verleger und Buchhändler ab 1825 im »Börsenverein der Deutschen Buchhändler«, dessen Mitgliederzahl bis 1845 von 70 auf 700 anstieg. Die Zahl aller Buchhandlungen wuchs in Deutschland zwischen 1800 und 1900 von 300 auf 5000.[40]

Die neuen Dimensionen des Buch- und Pressemarkts lassen sich beispielhaft an wegweisenden Verlagsprojekten aufzeigen: So bewies der Verleger Friedrich A. Brockhaus (Leipzig) mit seinem sensationell erfolgreichen *Conversations-Lexikon*, das bis zur 11. Auflage in 15 Bänden (ab 1868) mit über 300000 Exemplaren verkauft worden war, dass im wachsenden Bildungsbürgertum ein riesiges Käuferpotenzial vorhanden war. Es wurde zum Vorbild für weitere Lexikon-Unternehmen (z. B. Pierer, Meyer, Herder) sowie in andere Sprachen übersetzt. Denselben Erfolg hatten die Verleger Carl Joseph Meyer (Hildburghausen) mit einer auf Groschenbasis kalkulierten, bestehende Verlagsrechte geschickt umgehenden *Miniatur-Bibliothek der Deutschen Classiker* (ab 1824) und der *Groschen-Bibliothek der Deutschen Classiker für alle Stände* (ab 1850) sowie die Gebrüder Franckh (Stuttgart) mit einer Reihe ins Deutsche übersetzter Romane: *Belletristisches Ausland* (ab 1843). Bis zur Revolution von 1848 ließen sich auch mit oppositioneller Zeitkritik, obwohl von der Zensur verboten und verfolgt, buchhändlerische Erfolge erzielen. Als »Prototyp des frühkapitalistischen Verlegers liberaler Provenienz«[41] gilt Julius Campe (Hamburg), vor allem mit seinem Engagement für die vormärzliche politische Lyrik, wobei sein Angebot vom volkstümlich-derben Hoffmann von Fallersleben bis zur ironischen Wortkunst eines Heinrich Heine reichte.

Nachdem im sogenannten Klassikerjahr 1867 der Urheberschutz für alle vor dem 9.11.1837 gestorbenen Autoren erloschen war, kam es zu einem beispiellosen Boom mit deutschen Klassiker-Ausgaben, den es zuvor und dann noch bis zum internationalen Schutzabkommen von 1886 schon bei Übersetzungen ausländischer Autoren gegeben hatte. Herausragend waren Anton Philipp Reclams billige *Reclams Universalbibliothek*, die 1867 mit Goethes Faust startete und bis 1892 bereits 3000 Bändchen herausgebracht hatte, und Gustav Hempel mit einer *Nationalbibliothek sämtlicher deutscher Classiker* (bis 1879). Weitere sehr erfolgreiche Reihen von Familien-, Volks-, Haus- und Romanbibliotheken schlossen sich an. Auf der anderen Seite

Abb. 41   Ankündigung einer Romanreihe, 1908.

entwickelten die belletristischen Verlage anspruchsvolle Broschur-Reihen wie z. B. *Collection Fischer, Kleine Bibliothek Langen, Fischers Bibliothek zeitgenössischer Romane* (Abb. 41), *Insel-Bücherei* u. a.[42] Diese billigen, an ein immer breiteres Lesepublikum sich wendenden Serien stellten jedoch schon den Übergang zum Angebot der periodischen Presse sowie der in Serie erscheinenden Kolportageliteratur dar, die in der zweiten Hälfte des 19. Jh. zum Hauptumschlagplatz für die industrialisierte Literatur wurden.

Die Zeitschriften der ersten Hälfte des 19. Jh. waren zielgruppenorientiert und besaßen in der Regel nur eine kleine Auflage von maximal 1000 Exemplaren. Davon stachen wenige, aber durchaus Aufsehen erregende Ausnahmen ab, die als billige, populärwissenschaftlich unterhaltende Pfennig-Magazine bzw. illustrierte Blätter auf Auflagen zwischen 20 000 und 100 000 Exemplaren kamen. Dieses Ausmaß wurde in der zweiten Hälfte des 19. Jh. von den neu gegründeten Familienzeitschriften, wie z. B. *Die Garten-*

12. Schriftkultur als Massenkultur

Abb. 42 Titelkopf einer Familien- und Unterhaltungszeitschrift, 1878.

laube (ab 1853), *Über Land und Meer* (ab 1858) oder *Daheim* (ab 1864), rasch überboten (Abb. 42). Hinzu kamen eine Vielzahl von Witz-, Mode- und konfessionell ausgerichteten Blättern (z. B. *Fliegende Blätter, Kladderadatsch, Simplicissimus, Modenwelt, Der Bazar, Deutscher Hausschatz*) sowie unselbstständige Unterhaltungsbeilagen, die die Ausgaben der Tagespresse in Stadt und Land erweiterten. Ab den 1890er Jahren begann auch der Aufstieg der aktuellen illustrierten Zeitschrift: Am erfolgreichsten war die *Berliner Illustrirte Zeitung*, die ihre Auflage von 14 000 bis 1914 auf über eine Million Exemplare anheben konnte. Hohe Steigerungsraten hatte auch die Fachpresse mit Schwerpunkten in Handel, Gewerbe, Verkehr, Naturwissenschaften und Technik.

Noch beeindruckender war die Expansion der Tagespresse, vor allem als nach Verabschiedung des Reichspressegesetzes von 1874 die obrigkeitlichen Lenkungsmaßnahmen und fiskalischen Sonderbelastungen für das Pressewesen wegfielen. Die Steigerung betraf nicht nur die Gesamtzahl der Zeitungen, sondern auch die Zahl der Zeitungs-Orte, die Auflagenhöhe, die Erscheinungshäufigkeit, den Umfang und die inhaltliche Ausrichtung. Dabei sind zwei Phänomene besonders hervorzuheben: Zum einen zeigte die erfolgreiche Ausdehnung der Regionalpresse bis in die kleinen Landgemeinden, wie selbstständig diese Lokalblätter auch immer gewesen sein mögen, dass jetzt auch auf dem flachen Land Informations- und Unterhaltungsbedürfnisse existierten, die ohne ein periodisches schriftliches Medium nicht mehr auskamen. Zum anderen gab es den Erfolg des neuen Zeitungstyps Generalanzeiger, dessen Charakteristika Gratisbezug bzw. niedriger Bezugspreis, großer Inseratenteil, hohe Auflage sowie Adressierung »an alle« waren. Dieser Aufstieg der populären Massenpresse, die die Bedürfnisse bediente, die sie zuvor kräftig erzeugen half, hatte seinen Schwerpunkt in den großen Städten. Insgesamt begann in dieser Zeit eine »Durchsättigung der Gesellschaft mit Zeitungskommunikation«[43], die – mit kriegs- und diktaturbedingten Unterbrechungen – bis etwa zur Mitte des 20. Jh., als sie in zunehmende Konkurrenz mit den audiovisuellen Medien geriet, anhalten sollte.

Nach diesen Ausführungen dürfte deutlich geworden sein, dass die Beschränkung des Phänomens »industrialisierte Literatur« auf den Bereich der Kolportageliteratur nicht ausreichend ist, auch wenn hier deren Erscheinungsformen klar hervortreten. Kolportageliteratur sind massenhaft produzierte Druckerzeugnisse, die im Hausier- und Reisehandel, an speziellen Verkaufsplätzen, zunächst außerhalb des Buchhandels und der Leihbibliotheken (z. B. Jahrmärkte, Versammlungen, kirchliche Einrichtungen usw.) sowie nach Einführung der Gewerbefreiheit 1869 auch in spezialisierten Kolportagebuchhandlungen zu erwerben waren. Inhaltlich handelte es sich um fabrikmäßig und nach kommerziellen Gesichtspunkten verfertigte Literatur zum alsbaldigen Verbrauch (Einblattdrucke, Bilderbogen, Heftchen, Kalender, Almanache, religiöse Traktate und Ratgeber). In literarisch-ikonographischer Hinsicht oft dem Genre des Bänkelsangs folgend (und dem des Stummfilms vorausgehend), bot diese Literatur »ein ganzes Ensemble von Anknüpfungspunkten für die literarischen Erfahrungen eines neu alphabetisierten und kaum literarisierten Publikums«[44]. 1890 fielen allein 16% der Produktion von Kolportageliteratur auf Romane als Groschenheftserie (Lieferungsromane), die von anonymen Verfassern, unter denen sich z. B. auch der junge Karl May befand, hergestellt wurden. Am Ende des 19. Jh. sollen in Deutschland und Österreich etwa 45000 Kolporteure tätig gewesen sein, die rund 20 Millionen Leser bedienten. Nach 1918 verdrängten die Heftromane (Wildwest, Verbrechen, Abenteuer, Liebe usw.) die Lieferungsromane und nach 1945 kam es zum Boom des neuen Genres Comic. Die jährliche Produktion liegt heute bei über 200 Millionen (Heftromane) bzw. etwa 25 Millionen (Comics).[45]

Spätestens ab dem Ende des 19. Jh. waren Buch- und Pressewesen produktionstechnisch, distributiv und organisatorisch so aufgestellt, dass sie ein Millionenpublikum bei weiter wachsender Bevölkerungszahl problemlos mit allen möglichen Sorten von Lesestoff versorgen konnten. Die stete Optimierung der vorhandenen Maschinerie reichte, um diese Versorgung auch bis weit ins 20. Jh. leisten zu können. Angesichts einer erstmals durchalphabetisierten Bevölkerung war das eine Leistung, die letztlich nur durch die Veränderung zu einer industrialisierten Schriftkultur möglich wurde. Wer diesen Preis für zu hoch hält, müsste den Prozess der Massenalphabetisierung rückgängig machen und das »Lob des Analphabetentums« (H. M. Enzensberger) anstimmen. Es könnte aber freilich auch so geschehen, dass der kulturindustrielle Komplex, der die Schriftkultur als Massenkultur hervorgebracht hat, diese selbst wieder abschafft, indem er sie mit einer noch gewinnträchtigeren und leichter zu lenkenden audiovisuellen Massenkultur überbietet.

»Volk ohne Buch«? Neue Leser und neues Lesen im Visier von Zensur und Kulturpolitik

Ob die Deutschen, die sich mit einem geflügelten Wort der französischen Napoleon-Emigrantin Mme. de Staël gern als »Volk der Dichter und Denker« loben ließen, nicht eher ein »Volk ohne Buch« bzw. gar ein »Volk ohne Leser«[46] (gewesen) sind, ist in der Leserforschung durchaus umstritten. Während für die einen feststeht, dass »neue Leserschichten [...] während des ganzen 19. Jahrhunderts nur sehr zögernd dem neuen Kommunikationsmittel Buch zugeführt«[47] wurden, gehen andere davon aus, »daß im Laufe des 19. und 20. Jahrhunderts die Fähigkeit des Lesens, der Umgang mit dem Buch, der Umgang mit Literatur in immer weiteren Schichten der Gesellschaft sich verbreiten«[48]. Die skeptische Einschätzung hat ihre Berechtigung, wenn – und das nicht nur für die Deutschen im 19. und 20. Jh. – unter Buch das »gute Buch« und unter Lesen das entsprechende Bücherlesen verstanden wird, d.h. die Fortsetzung einer Lektürepraxis, die für das Bürgertum seit dem 18. Jh. von großer Bedeutung war. Diese soziale Schicht, d.h. das Bildungs- und Wirtschaftsbürgertum sowie das Kleinbürgertum (alter und neuer Mittelstand), hatte um 1900 etwa 15% (mit Familien) an der gesamten Bevölkerung erreicht.[49] Ihr stand eine Bevölkerungsmehrheit von lohnabhängig Arbeitenden gegenüber, aus der sich – trotz Elementarschulbildung – teils gar nicht, teils mit einem anderen Leseinteresse eine neue Leserschaft zu rekrutieren begann, für die jedoch ein »Hinauflesen« zur bildungsbürgerlichen Lektürepraxis allein schon aus finanziellen Gründen nicht infrage kommen konnte.

Faktisch hatte sich also am Ende des Jahrhunderts eine Zweiteilung des Lesepublikums vollzogen, deren Anfänge mindestens bis ins 18. Jh. zurückgingen. Neu war jetzt jedoch die Umkehrung der quantitativen Umfänge, wobei sich zugleich eine größere soziale Differenzierung ergab. Die Folge war, dass das bildungsbürgerliche Leitbild von »Lesekultur« auf jene schmale Schicht beschränkt blieb, die eine höhere Schulbildung genoss. Aus der Perspektive dieses Publikum war eine »Demokratisierung« des Lesens weder erwünscht noch ein Massenerfolg möglich. Insofern war es konsequent, wenn selbst der größte deutsche Schriftsteller erklären konnte: »Meine Sachen können nicht popular werden« (Goethe zu Eckermann, 11.10.1828). Noch 1886 befand die *Deutsche Schriftstellerzeitung*:

> Weit über die Hälfte der Bevölkerung Preußens und auch Deutschlands ist für die Literatur verloren. Vielleicht ist es einem kommenden Jahrtausend vorbehalten, auch dieses tiefste Proletariat zu heben und heranzubilden, heutzutage aber ist es eine Unmöglichkeit.[50]

Tatsächlich aber war es so: »Verloren« war nicht das Bedürfnis nach Lektüre, sondern das Anliegen derer, die den Wert des Lesens an die schulmäßige Lektüre der besten Literatur binden wollten. Lust am Lesen und Lust am Text stellten sich nämlich durchaus massenhaft ein, wenn auch an Texten, die aus literaturpädagogischer und kulturpolitischer Sicht unerwünscht waren. So betrachtet, war das »Volk ohne Buch« eben doch ein lesendes Volk geworden, freilich nach wie vor eines, das in seiner Mehrheit freiwillig nicht las oder anderes bzw. anders lesen wollte.

Insofern ist unverkennbar, dass das Lesen in der gesamten Gesellschaft des 19. Jh. eine qualitative Veränderung erfahren hat, die das Pendant zur quantitativen Ausweitung darstellt. Die neue Leserschaft las nicht einfach nur auf »ungebildete« Weise, was eine industrialisierte Literaturproduktion ihr zur Unterhaltung vorsetzte, sondern sie las auch auf eine andere, moderne Weise. Modern heißt dabei: erpicht auf und geübt im Lesen auf Fortsetzung, angewiesen auf die »Fähigkeit des flüchtigen Lesens […], um die Übersicht zu behalten«[51], und immer mehr darin erfahren, durch schnelles Umschaltenkönnen Informations- und Unterhaltungsgewinn zu erlangen. Man darf schließlich nicht vergessen:

> Die erste Generation in der Ära der Massenalphabetisierung war zugleich auch die letzte, die das Buch [und das Lesen] als Kommunikationsmittel bar aller Konkurrenz betrachtete, die im 20. Jahrhundert das Radio und die elektronischen Massenmedien darstellten.[52]

Dieses dynamisierte Lesen kennzeichnete den geübten wie den weniger geübten Leser und war nicht nur beim Zeitungs- und Zeitschriftenlesen erforderlich, sondern ebenso bei der gelehrten Lektüre, wo immer größere Fachbereiche zu überblicken waren. Die kritische Teilnahme am Kulturbetrieb, die die Kenntnis der neuen Moden und Werke voraussetzte, verlangte dieses Lesen ebenso wie die Lektüre der Serienliteratur, auch wenn dort das Neue in der Variation des Alten bestand. Für die Befriedigung dieser Bedürfnisse boten sich wegen der immer noch für viele hohen Bücherpreise einerseits die kommerziellen Leihbibliotheken an, andererseits neue, sozial orientierte Institutionen der Bücherversorgung (Volksschriftenvereine, Arbeiterbibliotheken, öffentliche Bibliotheken usw.).

Die Leihbibliotheken, deren Zahl in Deutschland bis zum Jahrhundertende auf über 2000 angestiegen war und die dabei neue Organisationsformen, wie z.B. Novitäten-Lesezirkel, Theater-, Warenhaus- und Eisenbahn-Leihbibliotheken, entwickelt hatten, konzentrierten sich auf die neueste Belletristik und bedienten damit ein Publikum, das vom oberen Mittelstand bis zum Proletariat reichte. Insofern ist das verbreitete Negativbild als obskure Winkelbibliothek falsch. Die Leihbibliothek darf bis zum Ende des Kaiserreichs durchaus als »bedeutende Trägerin jenes tief greifenden Prozesses der kulturellen Assimilierung heterogener Schichten der Bevölkerung [betrachtet werden], der einen wichtigen Bestandteil des Modernisierungsprozesses der Gesellschaft ausmacht«. Diese weit reichende Funktion verlor sie spätestens ab 1918, als sie – obwohl auf über 10000 Ausleihstellen angestiegen – mehr und mehr zur »Vermittlerin von eigens für sie von Spezialverlagen fabrizierter Literatur«[53] wurde. Ab den 1960er Jahren ging sie als Leseinstitut der Unterschicht unter, weil Film und Fernsehen zur dominierenden Massenunterhaltung aufstiegen und alsbald in der Videothek ihre genuine Vertriebsform fanden.

Hatten die Leihbibliotheken im Wesentlichen als Lesestoff angeboten, was »gut ging«, kam es den verschiedenen volkserzieherischen, konfessionell oder parteipolitisch orientierten Bibliotheksbewegungen des 19.Jh. gerade auf das an, was »gut war«, aber von allein nicht ging. Als vormärzliche Volksschriftenvereine strebten sie danach, durch Verbreitung entsprechender »Lektüre die Segnungen einer vernünftigen und zeitgemäßen Aufklärung und christlichen Gesittung […] zum Eigenthume der untern und ärmern Volksklassen zu machen«[54]. Als konfessionelle Bibel- und Traktatgesellschaften und Büchervereine war die Auswahl noch strenger. 1889 kam es sogar kurzfristig zur Gründung eines Vereins zur Massenverbreitung guter Schriften. Massenhafter Erfolg war diesen Anstrengungen jedoch ebenso wenig beschieden wie den Versuchen, die Arbeiterschaft in sozialdemokratischem Geist mit Literatur zu versorgen und aus dem Arbeiterlesepublikum eine »proletarische Gegenöffentlichkeit«[55] zu formen. Die Zahl der aus den frühen Arbeiterbildungsvereinen ab den 1860er Jahren entwickelten Gewerkschafts- und Arbeiterbibliotheken stieg zwar von wenigen hundert auf über 1000 Büchereien in mehr als 700 Orten (1914), die sich bis 1931 sogar noch verdoppelte. Doch ihr Gewicht blieb »deutlich in einer Minderheitsposition, die dem sozialen Umfang, der gewerkschaftlichen und politischen Stärke der Arbeiterbewegung nicht entsprach«[56].

Erfolgreich bis heute war dagegen das Konzept der öffentlichen Bibliothek. Gegründet als vereinsrechtlich konstituierte Volksbibliotheken (Dorf- und Stadtbibliotheken), deren erste in Deutschland 1828 im sächsischen Großenhain entstand, entfaltete sich dieser Bibliothekstyp als kommunale Institution (Public Library) in den USA (ab 1848) und England (ab 1852) sowie ab dem Ende des 19. Jh. vor allem als staatlich mitfinanzierte Bücherhalle bzw. Öffentliche Bücherei. Letztere beanspruchte für sich im Kampf mit den Leihbibliotheken: »Die öffentliche, gemeinnützige Bücherei führt durch das Lesen *zum* Buch hin – die Leihbücherei führt *durch* das Lesen *vom* Buch weg.«[57] Mit dem Niedergang der Leihbibliotheken nach 1945 entfiel dieser Streit allmählich und die öffentlichen Bibliotheken, die noch 1950 in 77% der bundesrepublikanischen Gemeinden nicht vorhanden waren, erlebten einen bemerkenswerten Aufschwung. 1996 existierten 12 814 Einrichtungen mit einem Bestand von 242 Millionen Einheiten.[58]

Man kann die vielgestaltige Bewegung der »Bücher für alle« als eine philanthropische Erfolgsgeschichte unter dem Motto »Lesen bildet« betrachten. Sie ist jedoch von Anfang an und dann noch lange Zeit zugleich eine Bewegung gewesen, die von der Sorge getrieben wurde, dass es schädliche Lektüre gebe und Lesen auch »verbildet«. Just in dem Jahrhundert, in dem die gesellschaftlich notwendig gewordene Massenalphabetisierung die Fähigkeit zu lesen allgemein gemacht hatte, wurde der Zugang zu Gedrucktem so scharf wie nie zuvor reguliert. Schon die volkspädagogischen Bibliotheksgründer schlossen rigoros aus, was nicht dem Prinzip von Nützlichkeit und »guter Bildung« entsprach. Gegen die Leihbibliotheken gerichtet, verlangten sie sogar eine »thätige Cultur-Polizei«[59], lange bevor der Staat mit Gesetzen gegen jene einschritt. Die mit dem sogenannten Bosse-Erlass von 1899 eingeleitete staatliche Förderung der öffentlichen Bibliotheken war dann schon das Ergebnis eines langen Ringens um die Frage, wie auf den Literalitätsschub (kultur)politisch reagiert werden sollte.

Die Entwicklung der Kommunikationskontrolle und Zensur seit dem 19. Jh. zeigt, wie der Staat in einem langen, wechselvollen Prozess, mehr oder weniger parallel zum Übergang in einen demokratischen Verfassungsstaat, von einer präventiven und repressiven Strategie gegenüber der Literaturproduktion zu einer regulierenden und fördernden Strategie im Bereich der Literaturrezeption überging. Dieser Wechsel hatte wenig mit erwachender Kulturverantwortung, dagegen viel mit Staatsräson zu tun. Bis

1848 hatte sich nämlich herausgestellt, dass die seit 1819 verbindliche Vorzensur aller Druckschriften über 320 Seiten (in Preußen und Österreich sogar jeglicher Druckschriften) angesichts des expandierenden Buch- und Pressemarkts und angesichts des politischen Widerstands praktisch nicht mehr durchführbar war. Auch die anschließenden Repressivmaßnahmen (Konzessionierung, Kautionspflicht, Stempelsteuer, Postdebit usw.), die nur noch auf den Sektor der politischen Tagespresse gerichtet waren, vermochten es nicht, eine loyale Presse mit loyaler Leserschaft zu garantieren. Somit kam es ab etwa dem letzten Drittel des 19. Jh. in Deutschland zu einem Kurswechsel im Verhältnis von Staat, Kulturindustrie und literarischer Öffentlichkeit.

Zum einen erfolgte mit der Verabschiedung des Reichspressegesetzes von 1874 der Übergang zum Justizsystem, das Meinungsfreiheit im Rahmen von (Grund-)Gesetz und Strafrecht ermöglichte. Es war der Beginn eines Weges, der in Deutschland im Vergleich zu Westeuropa spät begann und im Aufholen des Rückstandes durch die Praxis autoritärer Rechtsprechung noch lange Zeit behindert blieb. Neben der politischen Presse und Literatur waren besonders die Kolportageliteratur (»Schmutz und Schund«) und das Theater, ab 1919 auch das Kino das Hauptfeld von Nachzensur-Prozessen. Die in den Verfassungen von 1919 und 1949 gegebene Garantie (»Eine Zensur findet nicht statt«) konnte, nicht ohne zwischenzeitliche Rückfälle, nur allmählich jene moderne Gestalt annehmen, in der sich die rechtsstaatliche Regulativbefugnis von der tradierten Ordnungsfunktion (Verteidigung der Staats-, Herrschafts-, Glaubens- und Sittenordnung) zur Schutzfunktion von obersten Rechtsgütern (Persönlichkeit, Minderjährige, Gleichstellung usw.) verlagerte. Erst von diesem Wandel her, dessen Vollzug bis heute umkämpft und bedroht blieb, mag es berechtigt sein, die Erweiterung der »Teilhabechancen für alle« als »kulturelle Demokratisierung«[60] zu bezeichnen.

Zum anderen kompensierte der Staat, konkurrierend mit den verstärkten volksbildnerischen Bemühungen von Katholizismus, Sozialdemokratie und protestantischem Liberalismus, die Rücknahme restriktiver Maßnahmen mit kulturpolitischen Aktivitäten, um lenkend und fördernd im schriftkulturellen Feld Einfluss zu nehmen. Zu nennen sind hier neben dem großen Bereich der Bildungspolitik mit ihrem Schwerpunkt auf »Kultivierung der Massen«[61] (Elementarbildung, gymnasialer Deutschunterricht, Volkshochschule, akademische Geisteswissenschaften usw.) die Pressepolitik (Begünstigung einer offiziösen Presse), die Bezuschussung des Bibliothekswesens, die Förderung des Buchhandels (Anerkennung der Buchpreisbindung, Steuerprivilegien u. a.) sowie die Literatur- und Leseförderung. Besonders markant war die ideologische Einflussnahme im Bereich der Schriftpolitik. Der schon lange schwelende Streit über den deutschen Sonderweg mit der Fraktur-Schrift entwickelte sich bis zum Ersten Weltkrieg zu einer Art Kulturkampf, als nach der Gründung des Deutschen Kaiserreiches die Fraktur als »Deutsche Schrift« offizielle Amtsschrift und ab 1915 (verbindlich ab 1925/35) als Schreibschrift in Gestalt der Sütterlin-Schrift in der Schule eingeführt wurde. Nach anfänglicher Begünstigung der Fraktur durch die NS-Schriftpolitik kam es am 3.1.1941 zu ihrem Verbot als Behörden- und Schul-Schreibschrift mit der Begründung, ihr lägen die »Schwabacher Judenlettern« zugrunde.[62] Diese »wissenschaftliche« Begründung kam den Parteistrategen recht gelegen, sahen sie doch Deutschland zu diesem Zeitpunkt auf dem Sprung, europäische Hegemonialmacht zu werden, deren schriftliche Verlautbarungen auch in einer gemeineuropäischen Letternform zu erscheinen hatten.

Seit dem 19. Jh. ist Schriftkultur als Massenkultur konstituiert und dabei geprägt vom wechselvollen Kräftespiel von Kulturindustrie und Kulturpolitik. In diesem Feld ging es lange Zeit vorrangig um schriftliche Kommunikation. Diese Präferenz ist einzigartig. Sie hat dazu verführt, diese Epoche als »gute alte Zeit« der Schriftkultur zu verklären. Doch schon in ihrem Schoße und dann sichtbar im 20. Jh. veränderte sich durch die Ausbreitung neuer Massenmedien der Status von Schrift und Schriftlichkeit zu dem eines bloßen »Print-Mediums«. Seitdem ist Schriftkultur Bestandteil einer Medienkultur, wobei offen bleiben muss, ob damit nur eine weitere Phase in der langen Geschichte der Schriftkultur oder der Anfang einer neuen Geschichte begonnen hat.

---

1 Vgl. Schmidt (1989), S. 280–380.
2 Graff (1987), S. 260.
3 Blumenberg (1993), S. 10.
4 Vgl. Wilke (2000), S. 303 f.
5 Vgl. Rhodes/Streeter (1999), S. 123 ff.
6 Vgl. Huber (1985), S. 39 ff.; Jensen (2004), S. 110 ff.
7 Vgl. Jensen (2004), S. 29 ff., 45 ff., 190 ff.
8 Vgl. Geyer (1989), S. 32 ff., 72, 78 f., 86 f., 91; Jensen (2004), S. 278 ff.
9 Vgl. Kittler (1986), S. 291.
10 Vgl. Baggenstos (1977), S. 53 ff., 91 ff., 104 ff.; Huber (1985), S. 73 ff.
11 Vgl. Hohendahl (1985), S. 314.

12 Vgl. Böker (1985), S. B 46 f.; Wilke (2000), S. 158 ff.
13 Vgl. Stümpel (1987), S. B 59 ff.; Janzin/Güntner (1997), S. 317 ff.
14 Vgl. Gröger (1990), S. 196 ff., 202 f.
15 Vgl. Zimmer (2000), S. 169.
16 Giesecke (1991), S. 319.
17 Vgl. Selbmann (1994), S. 7 ff.
18 Vgl. Garber (1981), S. 29 ff.
19 Winckler (1986), S. 72
20 Haferkorn (1974), S. 128.
21 Vgl. Winckler (1986), S. 140 ff.
22 Vgl. Bosse (1981), S. 104 ff.; Jäger (2001), S. 122 ff.
23 Vgl. Kiesel/Münch (1977), S. 147; Bosse (1981), S. 79 ff.
24 Zit. nach Wittmann (1999), S. 280.
25 Winckler (1986), S. 84.
26 Vgl. Wittmann (1973), S. 204.
27 Klassifizierung der Berufe 1966, zit. nach Kron (1976), S. 9.
28 Vgl. Fohrbeck/Wiesand (1972), S. 41 f.; Schenda (1977), S. 143 f.
29 Vgl. Kron (1976), S. 32 ff.
30 Kron (1976), S. 1.
31 Grosse u. a. (1989), S. 12.
32 Vgl. Grosse u. a. (1989), S. 100.
33 Schenda (1977), S. 142 f.
34 Vgl. Schikorsky (1990), S. 310 ff.; Selbmann (1994), S. 61 f.
35 Vgl. Wittmann (1999), S. 218 f., 295; Wilke (2000), S. 190, 260, 276; Jäger (2001), S. 18 f.
36 Zit. nach Böker (1985), S. B 47 ff.; vgl. dort die Hinweise auf Th. Mundt (*Literarischer Industrialismus*, 1834), K. Gutzkow (*Literarische Industrie*, 1836) und Ch.-A. Sainte-Beuve (*De la littérature industrielle*, 1839).
37 Karl Gutzkow: Literarische Industrie. In: Beiträge zur Geschichte der neuesten Literatur. Bd. 1, Stuttgart 1836, S. 2.
38 Robert E. Prutz: Ueber die Unterhaltungsliteratur, insbesondere der Deutschen. In: Kleine Schriften. Zur Politik und Literatur. Bd. 2. Merseburg 1847, S. 197.
39 Friedrich C. Perthes (1834), zit. nach Wittmann (1982), S. 111. Vgl. auch Böker (1985), S. B 49 f.
40 Janzin/Güntner (1997), S. 293; Wittmann (1999), S. 232 f.
41 Edda Ziegler: Julius Campe. Der Verleger Heinrich Heines. Hamburg 1976, S. 16.
42 Vgl. Wittmann (1982), S. 113 ff., 164 ff.; Jäger (2003), S. 275 ff.
43 Wilke (2000), S. 275.
44 Vgl. Graf (1995), S. 279 f., 290.
45 Vgl. Schenda (1977), S. 271 ff.; LGB, IV, S. 285; Jäger (2003), S. 523 ff.
46 Vgl. Schenda (1977), S. 31.
47 Schenda (1977), S. 31.
48 Langenbucher (1975), S. 12.
49 Vgl. Jäger (2001), S. 67.
50 Zit. nach Wittmann (1999), S. 286.
51 Hohendahl (1985), S. 307, 332 f.
52 Chartier/Cavallo (1999), S. 457.
53 Vgl. Vodosek (1980), S. 336 ff.; Martino (1990), S. 315 ff., 661, 620.
54 Zit. nach Knoche (1986), S. B 3.
55 Vgl. dazu näher: Winckler (1986), S. 55 ff.
56 Winckler (1986), S. 66.

57 Franz Schriewer (1933), zit. nach Vodosek (1977), S. 337.
58 Vgl. HL, S. 407.
59 Karl Preusker (1839), zit. nach Jochum (1993), S. 152.
60 Langewiesche (1989), S. 111 f.
61 Langewiesche (1989), S. 108.
62 Vgl. Wehde (2000), S. 278 f.

13. Schrift- und Lesekultur im Jahrhundert der Medienkonkurrenz

Schriftkultur im 20. Jahrhundert: Kontinuität und Diskontinuität

Wenn ein Jahrhundert vergangen ist, neigt rückblickende Erkenntnis dazu, nach einer Epocheneinheit zu suchen, die die Vergangenheit abschließt und zugleich den Weg in die Zukunft öffnet. Das ist jedoch beim 20. Jh., besonders im Hinblick auf den Weg der Schrift- und Lesekultur, nicht einfach und zugleich der Grund, weshalb historische Überblicksdarstellungen bei diesem Thema eher zurückhaltend sind. Zum einen gibt es nämlich erhebliche Schwierigkeiten, den Entwicklungsprozess vom 19. Jh. abzugrenzen, denn die schon 100 Jahre zuvor als Massenkultur konstituierte Schriftkultur entfaltete sich mindestens bis zur Mitte des 20. Jh. kontinuierlich weiter. Zum anderen gehen Datierungen des Beginns der modernen Medienkultur, in der Schriftlichkeit nur noch als ein Teilelement mit abnehmender Bedeutung eingeschätzt wird, durchaus hinter 1900 zurück. Das 20. Jh. erscheint mithin ebenso als verlängertes 19. wie als latentes 21. Jh., d. h., es ist entweder ein verdoppeltes oder (noch) kein neues, eigenes Jahrhundert. Nur dass das Heute Ende einer langen, vom Medium der (Druck-) Schriftlichkeit geprägten Epoche (»Gutenberg-Galaxis«) und Beginn einer tief greifenden Medien(r)evolution sei, ist eine verbreitete Überzeugung.[1]

Für die Betonung der Kontinuität mit dem 19. Jh. sprechen eine Reihe gewichtiger Argumente. Die entscheidende Begründung lautet: Die fundamentalen Rahmendaten und strukturellen Grundbedingungen der Schriftproduktion und -distribution haben sich bis zum Ende des 20. Jh. nicht verändert. Die Rahmendaten sind in Stichworten: industriekapitalistische Markt- und Informationsgesellschaft mit expandierendem Bildungsbedarf, Notwendigkeit allgemeiner und durch Schulpflicht garantierter Alphabetisiertheit, hoher Nachfrage- und Prestigewert schriftlicher Kommunikate bei beruflichen und freizeitlichen Aktivitäten, Schriftkultur als beachtenswerter Wirtschaftsfaktor im Kulturbereich. Dem entspricht, dass die Grundstrukturen schriftkultureller Produktion und Distribution im Kern unverändert geblieben sind. Allerdings hat der zunehmende Prozess der Konzentration und internationalen Verflechtung die Dimensionen stark erweitert, indem aus der ehemals mittelständischen Prägung der Verlags- und Buchhandelslandschaft das für die Gegenwart charakteristische Nebeneinander von großen Konzernen für den Massenmarkt und kleineren Unternehmen für ein spezielles Publikum wurde.

Geblieben ist bis in die 1970/80er Jahre die Druck- und Satztechnik mit Bleilettern, ehe zuerst der Fotosatz und Offsetdruck sowie seit den 1990er Jahren der digitale Druck (von der Vorlage bis zum Ausdruck) das auf Gutenberg zurückgehende Produktionsverfahren (Hochdruck) ablösten. Geblieben bzw. weiter ausgebaut worden sind die organisatorischen Strukturen wie z. B. der Börsenverein des Deutschen Buchhandels, die Verbände der Verleger und Autoren, die Institution des festen Ladenpreises (in Deutschland), das Netz der wissenschaftlichen und öffentlichen Bibliotheken, die Buchgemeinschaften (Bertelsmann-Buchklub, Büchergilde Gutenberg, Wissenschaftliche Buchgesellschaft), die Praxis der Literaturförderung (Preise, Stipendien, Stiftungen), das Antiquariatswesen und die Presse. Alle diese Zusammenhänge haben, so könnte man bilanzieren, zu dem Erfolg geführt: »Noch nie in den vergangenen fünfzig Jahren wurde in Beruf, Lebensführung und Freizeit von so vielen Menschen so viel gelesen bzw. musste so viel gelesen werden.« Und: »Buch und Lesen sind heute weiter verbreitet und selbstverständlicher denn je.«[2]

Diese Einschätzung lässt sich durch statistische Daten und Fakten untermauern. Im Verlaufe der letzten 100 Jahre haben sich in fast allen Bereichen Produktionsmengen gedruckter Texte vermehrt. Hier nur eine Auswahl grundlegender Sparten: Bei einer Verzwanzigfachung der westeuropäischen Papierproduktion stieg der Papierverbrauch in Deutschland pro Kopf von 8,5 kg (1900) über knapp 200 kg (1990) auf 230 kg (2005); Prognosen gehen dahin, dass von 1990 bis 2010 weltweit der Verbrauch um 80% steigen wird.[3] Die Gesamtzahl der jährlichen Buchproduktion (Erst- und Neuauflagen) erhöhte sich von 24 792 Titeln (1900), wenn auch öfter unterbrochen durch Rezessionen, auf 86 543 Novitäten (2004) in 963 Millionen Exemplaren. Damit liegt Deutschland nach wie vor in der Spitzengruppe der Weltbuchproduktion; gleichwohl beträgt der Umsatz des Gesamtbuchhandels am Bruttosozialprodukt lediglich 0,5%. Steigerungen gab es bis zu den 1980er Jahren auch bei der Zahl der Buchhandlungen (ca. 5000) und Bibliotheken (ca. 15 000, davon ca. 2300 wissenschaftliche). Hier wirkt jedoch seit einigen Jahren, bedingt durch Konzentrations- und Sparmaßnahmen, ein unverkennbarer Gegentrend, der im Pressewesen schon seit längerem Spuren bei der Zeitungsvielfalt hinterlässt. Immerhin entfielen 1990 auf 1000 Einwohner 400 verkaufte Tageszeitungsexemplare.[4]

Gleichwohl können quantitative Angaben allein die Kontinuitätsthese nicht hinreichend begründen. Es mag noch hingehen, aus der Tatsache, dass die durchgängige Alphabetisiertheit in den Industriegesellschaften der sogenannten Ersten Welt nunmehr seit über 100 Jahren existiert, auf eine gewachsene schriftsprachliche Habitualisierung zu schließen. Aber droht nicht ein neuartiger, »sekundärer« Analphabetismus, indem literale Kompetenzen verlernt werden? Und ist die bis tief in den Alltag der Menschen reichende, gesteigerte Schriftgeprägtheit der Kommunikationen, das allgegenwärtige Phänomen »öffentlicher Schrift und Beschriftung« (B. Spinnen) mittels Reklame, beschrifteter Verpackung, Aufkleber, Plakate, Graffiti, Inschriften und Betextungen, wirklich noch ein Zeichen für den kontinuierlichen Zusammenhang bisheriger Schriftkultur? Es ist doch unverkennbar, dass diese Intensivierung des Schriftlichen auf das Engste verbunden ist mit einer Expansion technischer Medialität, bei der eines immer schwerer zu erweisen ist: Geht es noch vorrangig um schriftgenerierte oder nicht vielmehr um eine plurimediale und mithin neuartige Kommunikation, in der Schrift mehr und mehr »von Bedeutung befreit«[5] wird? Von der letzteren Ansicht gehen jedenfalls jene Ansätze aus, die in der Entfaltung der modernen technischen Medien eine »zunehmende Derealisierung der Anschauung«[6] und damit das notwendige und unumkehrbare Ende des »Schriftmonopols« (F. Kittler) gekommen sehen. In solcher Perspektive ist Schriftkultur seit dem (späten) 19. Jh. von grundsätzlich anderer Qualität als in den Jahrhunderten zuvor.

Die Diskontinuität wird sowohl technisch wie funktional begründet. Für M. McLuhan hat die Mächtigkeit der »elektrischen« Medien dazu geführt, dass sie »als Ausweitung unserer Sinne neue Verhältnisse nicht nur innerhalb unserer eigenen Sinnesempfindung schaffen, sondern auch unter sich selber, wenn sie auf sich gegenseitig einwirken«.[7] Mit anderen Worten: Schriftliches (z. B. Buch, Zeitung, Gebrauchstexte) bleibt nicht mehr dasselbe, wenn daneben Radio, Fernsehen oder Computer Wahrnehmungsweise und Repräsentation von Wirklichkeit verändern. Alphabetische Schrift und Typographie, so McLuhan, hatten dagegen alle Sinne auf die visuelle Wahrnehmung konzentriert und damit eine Kulturentwicklung favorisiert, die den Prozess der logozentrischen Partialisierung und Spezialisierung immer weiter vorantrieb. Die »Elektrifizierung« der modernen Kultur entmachtet diese Suprematie der Schrift, die F. Kittler zufolge allein darin begründet war, dass die geschriebenen bzw. gedruckten Texte mangels Alternativen zum »Surrogat unspeicherbarer Datenflüsse«[8] aufsteigen konnten. Die neuen Speicherformen für die Stimme (Phonograph, 1877) und das bewegte Bild (Kinematograph, 1895) brachen dieses Speichermonopol der

Schrift: »Ohr und Auge sind autonom geworden [...] Daß elektrische oder elektronische Medien sie dann wieder verschalten können, ändert nichts am Faktum dieser Ausdifferenzierung.«[9] Spätestens mit dieser digitalen Verschaltung aller Medien werde, so die Prognose, schließlich eine völlig andere, mathematisierte »Schrift« implementiert, nämlich eine »Schrift, die Ziffer und nicht Sinn ist«.[10]

Schriftkultur und die modernen technischen Medien

Der Durchgang durch die Geschichte der Schriftkultur sollte gezeigt haben, dass Schrift und Schriftlichkeit immer schon neben und mit anderen Medien existiert haben. Graphisches Zeichen und/oder Bild vereinten sich zur »Schrift vor der Schrift« und drückten sich bis heute in der Gestalt der Schriftzeichen aus. Mündliche Darbietungsformen von der Rezitation bis zur theatralischen Aufführung, von der Erzählung bis zum Gesang sowie bildliche Darstellungen zum und im Text standen neben der Schrift – lange Zeit sogar in vorgeordneter Position. Beim Übergang von der Verschriftung zur Verschriftlichung im späten Mittelalter und danach vor allem im Zeichen der Typographie kam es zwar zu einem Führungswechsel. Doch auch die moderne Schriftkultur blieb, je mehr sie sich typographisierte, angewiesen auf die sinnliche Vermittlung mit dem Körper und die Unterstützung durch andere Medien. Drucktechnik rief persönliche Handschrift hervor, Bibliotheken erforderten zwecks repräsentativer Aufstellung ein Ensemble von Künsten, privates Lesen »möblierte« sich, populäre Presse und Kolportage benötigten Illustration. Fazit: Eine »reine« Schriftkultur hat es nie gegeben.

Zudem zeigt die Vorgeschichte der modernen technischen Speichermedien, dass das Vorbild der Drucktechnik mit beweglichen Lettern sogar ursächlichen Einfluss auf ihre Herausbildung hatte. Die mit den älteren Reproduktionstechniken, wie z.B. Holzschnitt oder Kupferstich, hergestellten Abbildungen waren, obwohl statisch, doch in der Lage, Bewegungsabläufe durch Zerlegung in kleinste Bildteile darzustellen. Dieses Prinzip hatten sie, wie F. Kittler treffend formuliert, »den Buchstaben abgelernt« und insofern trifft sein Satz völlig zu: »Die beweglichen Lettern [...] haben ihre eigene Überbietung selber möglich gemacht.«[11] Es bedurfte nur noch der Erfindung geeigneter Apparate, um von den Prototypen (z.B. Camera obscura, Stroboskop) zur Daguerreotypie und den animierten Panoramen bzw. zum Kinematographen voranzuschreiten. Während des 19. Jh. kam es zu diesen entscheidenden Erfindungen im Bereich der optischen Medien.

Sie führten zu einem »Visualisierungsschub«[12] und eröffneten damit auch den Druckmedien neue Anschlussmöglichkeiten.

Auf der einen Seite entwickelte sich die Telegraphie von den optischen Signalsystemen (ab den 1790er Jahren in Frankreich, ab 1832 in Preußen) zu den elektromagnetischen, bei denen sich ab 1844 das System des Amerikaners Samuel Morse allgemein durchsetzte. Schon 1858 waren Europa und Nordamerika, ab 1861 die amerikanische Ost- und Westküste mit Telegraphenkabeln verbunden. Am Jahrhundertende gab es allein in Deutschland über 25 000 Telegraphenstationen, sodass das »Fernschreiben« (neben dem seit den 1880er Jahren verbreiteten Telefon) zur gängigen Telekommunikationspraxis gehörte. Auf der anderen Seite verband sich die Schriftkultur immer enger mit den optischen Medien. Die Verbindung von Text und Illustration vertiefte sich mit den neuen Bildtechniken des Holzstichs (ab etwa 1750), der Lithographie (ab der ersten Hälfte des 19. Jh.) und der Autotypie (ab den 1880er Jahren), mit denen sich vom gezeichneten Bild über das Plakat bis zum Foto massenhaft Druckabzüge herstellen ließen.

Mit Blick auf die Innovation und Expansion der auf Bild und Ton gestützten Massenmedien (Foto, Film, Schmalfilm, Video; Schallplatte, Rundfunk, Tonband) spricht man inzwischen von einem »ersten Medienumbruch«. Dieser gilt den Theoretikern der digitalen »Schriftgeburten« (D. de Kerckhove) jedoch schon als »eine eher primitive Etappe in der Entfaltung [der] technischen Möglichkeiten«. Stattdessen wird von der Gegenwart an ein neuer, auf digitale Vernetzung aufbauender Medienumbruch mit globaler Dimension erwartet. Deren Entwicklungsdaten sind: 1949 (Transistor), 1963–1986 (genormte Zeichentabelle im *American Standard Code for Information Interchange*), 1965 (Definition von Hypertext), 1968 (integrierter Schaltkreis), 1971 (Mikroprozessor), 1984 ff. (CD-ROM), 1989/92 (World Wide Web) mit der derzeit gültigen Computer-Sprache HTML (Hyper Text Markup Language), 1993 ff. (Unicode), 1999 (DVD). Im Gegensatz zu Handschrift und Druck löst sich die Einheit von physischem Schriftträger und Text, der von ihm ablesbar ist, auf. Materiell gibt es jetzt auf der einen Seite im binären Code verfasste »Daten«, die in der Regel nicht mehr sichtbar sind, und auf der anderen Seite deren alphabetische Simulierung auf einer »Benutzeroberfläche«. Die Daten sind in höchstem Grade fluid, können auf verschiedenen Textebenen bearbeitet, mit automatisierten Unterstützungsprogrammen (Rechtschreibprüfung, Übersetzung, Thesaurus, Textbausteine, Schriftart usw.) ergänzt und mit unterschiedlichen Zugriffsrechten versehen werden. Vor allem aber können sie mit nichtschriftlichen Dateien (Bilder, Film, Animation usw.) zu einer neuen Einheit verbunden und damit zu einer »elektronischen Schrift« werden.[14] Schriftverkehr wird zum beschleunigten und global expandierten Datenfluss einer »intermedialen Figuration und multimedialen Konfiguration«[15].

Die Schriftkultur hat sich den Gegebenheiten des ersten Medienumbruchs durchaus anpassen können. Sie konnte das, weil sie nicht nur – herausgefordert durch den Massenerfolg der elektronischen Medien – einen Gegendiskurs führte, in dem sie auf ihre kaum widerlegbaren Werte, wie z. B. Praktikabilität, Haltbarkeit, Nutzen und Prestige, verwies. Sie behauptete sich auch, indem sie den Anschluss an die neuen medialen Techniken und den Medienverbund suchte, »der Autoren und Lesern plurale Nutzungsstrategien und Rollenerfüllungen abverlangt«[16]. Hier eröffnet sich im Zeichen der digitalen Medienerweiterung eine neue Welt schriftlicher Datenflüsse ohne Papier, die von der Textbearbeitung am Computer über elektronische Bücher, Zeitungen und Zeitschriften in nicht mehr Bibliothek genannten Informations-, Kommunikations- und Medienzentren bis zur Netzkommunikation via Chat, SMS, E-Mail u. a. reicht.

Ob sich hier tradierte schriftkulturelle Praktiken noch anschließen können, wenn angesichts der stummen Datenströme von einer »Stillstellung der Zeichen, die die Voraussetzung für hermeneutische und memoriale Operationen war«[17], keine Rede mehr sein kann, ist die eine Frage, die allerdings in ihrem kategorischen Entweder-Oder selber nicht unproblematisch ist. Insofern ist M. Warnke zuzustimmen: »Der – üble oder heilbringende – Einfluß der [digitalen] Textverarbeitung auf die Texte selbst ist massiv überschätzt worden.«[18] Die andere Frage lautet: Sind die binär codierten Medien dauerhaft speicherbar oder droht irgendwann die »digitale Dunkelheit«? Eine Webseite hat eine durchschnittliche Lebensdauer von 44 bis 70 Tagen, Magnetbänder (Floppy, ZIP) haben eine Haltbarkeit von etwa 10 Jahren, eine Compact Disc (CD) soll bis zu 100 Jahren halten, aber die Produktentwicklung bei Hard- und Software, mit der die Festplatten und CD-ROMs betrieben werden müssen, lässt Zugriffe auf ältere Systeme schon in viel kürzeren Abständen scheitern. Eine ständige »Transkription« (Migration, Emulation) auf jeweils aktuelle Systeme, wie es sie in der alten Schriftkultur bei der Umschrift von Papyrus auf Pergament-Kodex und von der Handschrift zum Drucktext gegeben hat, ist nur unter Inkaufnahme großer Verluste vorstellbar. An der Stelle des Traums von der globalen Verfügbarkeit im digitalen Langzeitgedächtnis erscheint von fern das Schreckbild »drohender kollektiver Amnesie«[19].

Lesen und Lesekompetenz in der Medienwelt

Im Zeichen der Technisierung der Schreibwerkzeuge und Automatisierung der Schreibprozesse hat man das Maß und das Gewicht der modernen Schriftkultur immer mehr daran festgemacht, in welchem Umfang Lesekompetenz und -frequenz sich gegenüber anderen konkurrierenden Informations- und Unterhaltungstechniken behaupten können. Zunächst dominierten die Sorge vor einem »Zerfall der Lesekultur« bzw. einer »Mutation der Kulturtechnik Lesen«[20], womit nicht nur der quantitative Rückgang des für das Lesen genutzten Zeitvolumens gemeint war. Eine viel erheblichere Befürchtung war, dass die Lesefähigkeit (als lebenslang gesicherte Kompetenz, als Durchhaltevermögen bei anspruchsvollen Texten, als Lesemotivation usw.) gerade bei der mediensozialisierten jungen Generation abnehme. Es etablierte sich – maßgeblich gefördert durch Institutionen der nationalen Buchindustrie, des Staates und überstaatlicher Organisationen (z. B. Bertelsmann-Stiftung, Stiftung Lesen, DFG, UNESCO) – eine empirische Lese(r)forschung, deren Befunde zur Grundlage von Prognosen wurden.

Von wirklich tragfähigen Aussagen für den Stellenwert des Lesens in der Mediengesellschaft sind die bisherigen Ergebnisse jedoch immer noch entfernt. Das Hauptproblem ist die mangelnde Vergleichbarkeit der älteren mit den jüngeren Untersuchungen. Hinzu kommt, dass sich das Medienumfeld durch immer neue und individualisierte Mediennutzungsangebote sowie das soziale Umfeld durch höheren Bildungsstandard (z. B. 20% mehr Abiturienten pro Jahrgang), höhere Einkommen und ausgedehntere Freizeit massiv verändert haben. Erst die Enqueten seit etwa den 1990er Jahren beziehen sich mit »Lesen« auf alle Printmedien und erfragen dessen Zusammenhang mit anderen medialen Nutzungen intensiver, wobei jedoch nach wie vor der Aspekt des Schreibens und Lesens von Gebrauchstexten unberücksichtigt bleibt. Böck/Langenbucher fordern daher mit Recht: »Statt Lese(r)forschung müsste Schreibe(n)forschung betrieben werden, da die Schreibfähigkeit ein strengerer Indikator für die Bestimmung der Beherrschung literaler Kulturtechniken ist.«[21]

Unter Beachtung dieser Einschränkungen ergeben sich für die Jahrtausendwende in Deutschland folgende – in den einzelnen Untersuchungen z.T. leicht differierende – Befunde:

- Die Mengenverteilung von Viellesern, die täglich lesen, und Nichtlesern hat sich von je 25% (1992) auf 28% (Vielleser) bzw. 20% (Nichtleser) verändert; es gibt aber auch Untersuchungen, die von bis zu 30% Nichtlesern ausgehen.

- Diese Mengenverteilung gilt mehr oder weniger auch im europäischen Vergleich und ist seit vielen Jahren im Kern unverändert.
- Frauen dominieren bei den Viellesern, Männer bei den Nichtlesern.
- Zeitungslesen rangiert weiterhin auf Platz 3 (30%), Bücherlesen auf Platz 8 (19%) der beliebtesten Freizeitbeschäftigungen.
- Lektüre von Sach- und Fachtexten (»Qualifikationslesen«) überlagert mehr und mehr belletristische Lektüre.
- Die für Lektüre aufgewendete Zeit ist zwar seit 1980 um ein Drittel zurückgegangen, vor allem bei den Jüngeren bis zu 30 Jahren, doch dafür stieg die Leseintensität. Im europäischen Vergleich liegt Deutschland damit auf einem mittleren Rang.
- Interessant ist, dass – anders als bei hohem Fernsehkonsum – PC-Nutzung und Bücherlesen signifikant korrelieren: »Auch der PC ist ein Lesemedium.«[22]
- Insgesamt wird jedoch ein zunehmendes Auseinanderdriften der aktiv agierenden Gruppe der Lese- und Medienversierten und der Gruppe der leseabstinenten Mediennutzer beklagt.[23]

Die besondere Hervorhebung der Kulturtechnik Lesen rechtfertigt sich heute immer weniger mit dem bildenden Gehalt von (guter) Lektüre, die lange Zeit nicht ohne Ressentiment dem Amüsement-Angebot der elektronischen Medien entgegengestellt wurde. Lesen wird vielmehr als eine allgemeine Schlüsselkompetenz innerhalb der modernen Medienwelt betrachtet, wobei neuropsychologische, psychologische und linguistische Erkenntnisse sowie Ergebnisse der qualitativen Lese(r)forschung (Lesesozialisation, Medienbiographie, Leseförderung usw.) zusammenfließen. Der Satz »Lesen bildet« meint vor allem die (kognitive) Tätigkeit, dann erst das durch die Textinformation gewonnene Wissen. Dementsprechend ist die Sorge vor gefährlicher Lektüre gesunken. Die mediale Umwelt gilt nicht mehr per se als etwas, das Lesen verhindert, fördert es aber auch nicht automatisch. Sie kann in der für die Lesesozialisation wichtigen Kindheitsphase bis zum 13./14. Lebensjahr offene »Entwicklungsfenster« (für immer?) schließen, auf der anderen Seite können sich Lese- und Medienkompetenz gegenseitig verstärken. Sollte dem so sein, ergäbe sich eine zunehmende »Wissenskluft« zwischen denen, die aufgrund ihrer Lese- und Medienkompetenz ihre Informiertheit steigern können, und denen, die das nicht können, weil sie diese Kompetenz nicht besitzen.[24] Aus diesen Sachverhalten ergeben sich zwei Problemfelder: die Förderung schulischer und außerschulischer Lesesozialisation sowie die Auseinandersetzung mit den vielfältigen Formen des erwachsenen (Neo-)Analphabetismus.

Wo Lesen(können) als Schlüsselqualifikation zur Verbesserung von Bildungs- und Lebenschancen gilt, ist Leseförderung eine gesellschaftspolitische Aufgabe. In Deutschland widmen sich ihr neben der Schule die Bibliotheken mit ihren Kinder- und Jugendabteilungen, der Buchhandel mit speziellen Aktionen (z. B. Vorlese- und Schaufenster-Wettbewerbe u. a.), die 1988 gegründete Stiftung Lesen mit einer Fülle von Aktivitäten vom Kindergarten bis zur außerschulischen Jugendbildung sowie eine Vielzahl von kommunalen, kirchlichen und sozialen Einrichtungen. Wie nötig und immer noch nicht ausreichend diese Bemühungen sind, zeigt das Ergebnis der Studie des *Programme for International Student Assessment* (PISA) von 2003, in der u. a. die Leseleistungen von Schulabgängern aus 30 Industriestaaten und 11 Nicht-OECD-Staaten getestet wurden und die Deutschland den 21. Rangplatz bescherte. Dabei ist der für die Platzierung verantwortliche Durchschnittswert als ein rein rechnerischer kaum von Belang. Das eigentliche Problem verbirgt sich in der Gruppe jener schwachen Leser, die diesen Wert nach unten drückten: Diese Schulabgänger, die das Lesen gelernt haben sollten, bilden das Potenzial eines »funktionalen« bzw. Neo-Analphabetismus, das für eine funktionierende Schrift- und Medienkultur durchaus alarmierend sein könnte.

Dabei sind jedoch mehrere Gesichtspunkte zu berücksichtigen. In den Industrieländern liegt die Messlatte zur Bestimmung, ab wann ein Mensch als alphabetisiert gelten darf, sehr hoch: Die UNESCO definiert den funktionalen Analphabeten als eine Person, »who cannot engage in all those activities in which literacy is required for effective functioning of his group and community and also for enabling him to continue to use reading, writing and calculation for his own and the community«[25]. Indem mit der »literacy«-Qualifikation auf die selbstbestimmte Partizipationsfähigkeit in der durchgehend von Schrift geprägten Gesellschaft abgehoben wird, werden die Übergänge zwischen primärem und sekundärem Analphabetismus, zwischen Nicht-Können, Nicht-Wollen und Zu-wenig-Können in der geforderten Kulturtechnik fließend und die Zweiteilung in Analphabeten und Alphabetisierte problematisch. Dementsprechend schwanken die quantitativen Angaben über das Ausmaß:

- Als primäre Analphabeten gelten zu Beginn des 3. Jahrtausends weltweit etwa 21 % der Bevölkerung (1970: 33 %), wobei in den Industrieländern der Anteil nur bis zu 1 %, in den Schwellenländern bis zu 25 % und in den 50 ärmsten Ländern jedoch auf über 50 % geht. Die UNO hat sich mit ihrem Aufruf zur neuen Alphabetisierungs-Dekade 2003 – 2012 das Ziel gesetzt, allen Kindern eine vollständige Grundschulausbildung zu ermöglichen und die Zahl der erwachsenen Analphabeten um 50 % auf 400 Millionen zu verringern.

- Die Angaben über die Zahl der nach UNESCO-Definition funktionalen Analphabeten in den Industrieländern schwanken zwischen 2 und 15%. Strittig ist, ob zu den Illiteraten und illiterat Gewordenen diejenigen zählen, die nur rudimentär alphabetisiert sind und ob auch die weiteren 10% von Weniglesern (Aliterate), die es nicht bis zum Buchlesen schaffen, hinzugerechnet werden dürfen.[26]

Auch über die Bedeutung dieser Quantitäten für die Schrift- und Medienkultur gehen die Urteile auseinander. Vielleicht muss einstweilen noch offen bleiben, ob der funktionale Analphabetismus eher ein statistisches »Phantom«[27] ist und eingrenzbar bleibt auf Menschen mit geistiger Behinderung, sozialisationsbedingten Störungen der Sprach-, Schreib- und Leseentwicklung sowie auf Menschen mit anderer Muttersprache oder höherem Lebensalter. Vielleicht muss auch hingenommen werden, »dass der Standard der Lesefähigkeit in den Industrieländern nicht mehr gesteigert werden konnte bzw. leicht gesunken ist«[28], wobei die Ursachen weniger in der stets verbesserbaren schulischen, sondern mehr in der familiären Sozialisation zu suchen wären, in der Lektüre, Belesenheit und Buchbesitz keine besondere Anregungskraft mehr besitzen. Mit anderen Worten: »Die gesellschaftlichen Anforderungen an die allgemeinen orthographischen und schriftsprachlichen Fähigkeiten sind schneller gestiegen als das durchschnittliche Leistungsniveau.«[29]

Ende der Schriftkultur?

Eine Darstellung der Geschichte der Schriftkultur kann wohl nicht anders, als mit der Frage nach deren Ende zu schließen. Diese Frage wurde durch die Heraufkunft der sogenannten Neuen Medien, die Transformation der Industrie- in eine Informationsgesellschaft und nicht zuletzt die Jahrtausendwende herausgefordert – obwohl sie so gar nicht gestellt werden dürfte. Gibt es denn *die* Schriftkultur oder nicht vielmehr viele Schriftkulturen? Von welcher Art eines Endes ist die Rede: von der »Vollendung« einer durch Schrift definierten Geschlossenheit (*clôture, end of bookishness*[30]) oder vom »Abschluss« (*fin*) des Schreibens?[31] Hatte es denn nicht im Verlauf ihrer Geschichte schon viele Enden gegeben, ohne dass die Schriftkultur verschwunden wäre? Warum wird diese Frage erst jetzt bzw. immer noch gestellt, gab es doch seit längerer Zeit Sorgen vor bzw. Hoffnungen auf den großen Umbruch?

Das »ceci tuera cela«, das in Victor Hugos Roman *Der Glöckner von Notre-Dame* (1831) den Kathedralen (*cela*) durch das Buch (*ceci*) geweissagt wurde, ist in der modernen Zeit zum Refrain der Hellseher des Medienzeitalters geworden. Dabei ging der immer wieder praktizierte Rückschluss, dass neueste technische Entwicklung das Gutenberg-Zeitalter oder gleich die ganze Schriftkultur zum Verschwinden bringen würde (»Schriftvernichtung«[32]), im Prozess der Abfolge technischer Medieninnovationen bereits des Öfteren fehl oder musste sich schleunigst korrigieren: M. McLuhan und N. Postman bezogen sich in der Gestalt des Fernsehens noch auf die Folgen des »ersten Medienumbruchs« – und konstatierten gleichwohl »den Niedergang des Buchdruck-Zeitalters und den Anbruch des Fernseh-Zeitalters«[33]. V. Flusser und N. Bolz kannten zwar schon Computer und Hypertext, aber noch nicht das World Wide Web – und dennoch war sich der eine sicher, dass wir zukünftig »die ganze faktische und imaginäre Bibliothek unserer Kultur in digitale Codes umcodieren müssen«[34], und der andere erkannte in der Heraufkunft des hypertextuellen Wissensdesigns »das definitive Ende der Gutenberg-Galaxis«[35]. Es ist fast schon so, als ob sich die noch aus dem 20. Jh. stammende Sorge um die »Kulturverträglichkeit der neuen Medien«[36] zu der Frage verschoben hat, wie kulturverträglich eigentlich noch die Schriftkultur sei. Man stand dann als in der Computertechnik beschlagener Geisteswissenschaftler gut da, wenn man der eigenen Zunft die Leviten las und mit Ted Nelson, dem Wegbereiter des Hypertexts, ausrief: »We are turning Gutenberg around.«[37] Loriot hat diesen gut angezogenen Verächtern der Buchkultur mit einer Karikatur, in der ein Mann einem Buch einen lässigen Fußtritt versetzt, ein ironisches Denkmal gesetzt: Der Tritt gegen das Buch trifft den, der tritt.

Selbst neuere Arbeiten gelangen mit ihren Spekulationen über die Zukunft des Neuen als Ende des Alten kaum über den Charakter einer »Expedition ins Niemandsland der neuen Medien und Technologien«[38] hinaus. Umgekehrt helfen auch die »Gutenberg-Elegien« und heftigen Abwertungen der technisierten Zukunft zum Zwecke der Rettung der bedrohten Schriftkultur, wie sie von G. Steiner (»Vorherrschaft des sekundären und parasitären Diskurses«), S. Birkerts (»Lesekulturkampf« vs. »globale Technikverfallenheit«), J. Weizenbaum (»Quatsch«) oder U. Jochum (»McLuhansche Einflüsterung«) vorgenommen wurden, wenig weiter.[39] Selbst Kritiker dieser verschiedenen Apokalypsen kommen nicht ohne philosophische Spekulation aus. Statt von Ende und neuem Anfang zu sprechen, gehen die einen – zumeist im Rückgriff auf J. Derridas Konstrukt vom Ende des Buches als Anfang der Schrift – von einem stark erweiterten Begriff von »Schrift« aus, in dem die Differenz von Signifikat und Signifikanten noch nicht oder nicht mehr existieren soll. Diese ursprüngliche, umfassendere »Schrift als Spur« soll danach zwar in der Gestalt des Buches untergehen, aber in der Datenverarbeitung der technischen Medien wiederkehren.[40] Auf der anderen Seite stehen mit U. Eco diejenigen, die gerade im Computer die Schriftkultur restituiert sehen und die frohe Botschaft bringen: »We are coming back to the Gutenberg Galaxy again.«[41] Wir wissen es nicht. Man sollte anstelle des Unmöglichen, nämlich die Folgen der Zukunft für die Gegenwart zu ermessen bzw. ein »alternatives Vorausschaumodell« der »Post-Gutenberg-Galaxis«[42] zu entwickeln, sich mehr mit den nachprüfbaren Konsequenzen der bisherigen Geschichte der Schriftkultur für die Gegenwart befassen. Dabei könnte sich bestätigen, dass trotz des Siegeszuges der Neuen Medien ein Ende von Schrift und Schriftlichkeit nicht abzusehen ist:

> Jedes Jahr, das mit neuen Diskussionen, Hoffnungen und Enttäuschungen zu dieser Frage vergeht, sollte uns sicherer machen, daß das Medium Buch nicht in Frage steht. Wie immer sich die elektronischen Medien entwickeln, es bleibt ein erstklassiges Mittel für geschlossene Lektüre, die immer wichtig bleiben wird, für jede tiefere Einschätzung wissenschaftlicher Probleme, für Gesamtdarstellungen, für die Lehre. Es ist beständig, maschinenunabhängig, standardisiert, allgemeintauglich, handlich, erprobt. Seine Distribution und Rezeption hat sich über Jahrhunderte hinweg etabliert, das ist ein Schatz, der sich nicht so leicht aufzehren läßt.[43]

1 Vgl. Giesecke (2001); S. 213; Käuser (2004), S. 88 ff.
2 Böck/Langenbucher (1998), S. 24; Langenbucher, in: Fritz (1989), S. 2.
3 Vgl. Öko-Institut e.V. (Hg.): Schwarze Kunst auf grünen Pfaden. Buchherstellung nach ökologischen Grundsätzen. Göttingen 1997, S. 99.
4 Vgl. Gröger (1990), S. 202; LESEN (1990), S. 20; Wittmann (1999), S. 295 f.; Chartier/Cavallo (1999), S. 504 f.; HL (2001), S. 361; Buch und Buchhandel in Zahlen (2004), S. 60.
5 Vgl. Spinnen (1990), S. 82
6 Wetzel (1991), S. 128.
7 McLuhan (1968b), S. 63.
8 Kittler (1986), S. 19.
9 Kittler (1986), S. 10, 27.
10 Kittler (1986), S. 33.
11 Kittler (2002), S. 23. Vgl. auch Paech (1999), S. 397 f.
12 Wilke (2000), S. 306.
13 de Kerckhove (1995), S. 183.
14 Vgl. Bolter (1996), S. 256 f.; Coy (2005), 23 ff.
15 Paech (1999), S. 410.
16 HL (2000), S. 300.

17 A. Assmann: Druckerpresse und Internet. In: Frankfurter Rundschau, Nr. 15, 18.1.2003, S. 19.
18 Warnke (2000), S. 169.
19 Osten (2004), S. 13, 80ff.; vgl. auch Zimmer (2000), S. 12, 183ff.
20 Gerhard Schmidtchen: Lesekultur in Deutschland 1974. In: Börsenblatt für den Deutschen Buchhandel, Nr. 79, 17.5.1974, S. 710. Vgl. Fritz/Suess (1986), S. 169.
21 Stiftung Lesen (1998), S. 209.
22 Böck/Langenbucher (1998), S. 36.
23 Vgl. Stiftung Lesen (1990), S. 11ff.; Schön (1998), S. 49ff.; Bonfadelli (2000), S. 109ff.; Claudia Langen/Ulrike Bentlage (Hg.): Das Lesebarometer – Lesen und Mediennutzung in Deutschland. Eine Bestandsaufnahme zum Leseverhalten, Gütersloh 2000, S. 11ff.; Stiftung Lesen (Hg.): Leseverhalten in Deutschland im neuen Jahrtausend. Eine Studie der Stiftung Lesen, Hamburg 2002, S. 165ff.; Franzmann (2002), S. 73f.
24 Vgl. Bonfadelli (2000), S. 135ff.
25 Vgl. HSK 10.1 (1994), S. 885; HL (2000), S. 133f.
26 Vgl. Stiftung Lesen (1990), S. 9ff.; Lehmann (1997), 126f.; Schön (1998), S. 49ff.; Böck/Langenbucher (2000), S. 25ff.; Bonfadelli (2000), S. 131ff.
27 Böck/Langenbucher (2000), S. 25.
28 Stiftung Lesen (1990), S. 9.
29 HSK 10.1 (1994), S. 887.
30 Vgl. George Steiner: The End of Bookishness. In: Times Literary Supplement, July 8 – 14, 1988, S. 754.
31 Vgl. Derrida (1983), S. 14f.
32 Spinnen (1990), S. 115.
33 Postman (1985), S. 17.
34 Flusser (1987), S. 150.
35 Bolz (1993), S. 8.
36 Tauss (1997), 37.
37 Zit. nach Stephan Porombka: Hypertext. Zur Kritik eines digitalen Mythos. München 2001, S. 73.
38 Bolz (1993), S. 181.
39 George Steiner: Von realer Gegenwart. München 1990, S. 59; Sven Birkerts: Die Gutenberg-Elegien. Lesen im elektronischen Zeitalter. Frankfurt a. M. 1997, S. 9, 299; Joseph Weizenbaum: Goodbye Gutenberg? In: Stiftung Lesen (2002), S. 284; Jochum (1996), S. 33.
40 Vgl. Wetzel (2001), S. 38ff.; Coy (2005), 18ff.
41 U. Eco, in: Nunberg (1996), S. 297. Vgl. auch Krämer (1998, S. 34), die von einer »subtilen Aufwertung der Schrift« durch den Computer spricht.
42 Giesecke (2001), S. 213f.
43 Polatschek (1998), S. 109f.

Literaturverzeichnis

Nachschlagewerke, Handbücher

HL = Handbuch Lesen. Hg. von Bodo Franzmann, Klaus Hasemann, Dietrich Löffler und Erich Schön. Baltmannsweiler 2001.
HSK 10.1 = Schrift und Schriftlichkeit. Ein interdisziplinäres Handbuch internationaler Forschung. Hg. von Hartmut Günther und Otto Ludwig. Berlin, New York 1994 (= Handbücher zur Sprach- und Kommunikationswissenschaft, Bd. 10.1).
HSK 15.1 = Medienwissenschaft. Ein Handbuch zur Entwicklung der Medien und Kommunikationsformen. Hg. von Joachim-Felix Leonhard, Hans Werner Ludwig, Dietrich Schwarze, Dietrich und Erich Straßner. Berlin, New York 1999 (= Handbücher zur Sprach- und Kommunikationswissenschaft, Bd. 15.1).
LAW = Lexikon der Alten Welt. Hg. von Carl Andresen u. a. 3 Bde., Zürich, München 1990.
LBB = Lexikon der Buchkunst und Bibliophilie. Hg. von Karl Klaus Walther. München 1995.
LESEN = Lesen. Zahlen, Daten, Fakten über Bücher, Zeitungen, Zeitschriften und ihre Leser. Hg. von der Stiftung Lesen. Mainz 1990.
LGB = Lexikon des gesamten Buchwesens. Hg. von Severin Corsten u. a., bisher: 7 Bde., Stuttgart 1987 – 2004².
LMA = Lexikon des Mittelalters. 9 Bde., Stuttgart 1999.
NHL = Neues Handbuch der Literaturwissenschaft. Hg. von Klaus von See. 25 Bde., Wiesbaden 1972 ff.
TRE = Theologische Realenzyklopädie. Hg. von Gerhard Müller. 36 Bde., Berlin, New York 1976 ff.

Monographien, Sammelwerke, Aufsätze

Adam, Wolfgang: Privatbibliotheken im 17. und 18. Jahrhundert. In: IASL 15 (1990), S. 123 – 173.
Andersen, Øivind: Mündlichkeit und Schriftlichkeit im frühen Griechentum. In: Antike und Abendland XXXIII (1987), S. 29 – 44.
Ariès, Philippe / Chartier, Roger (Hg.): Geschichte des privaten Lebens. Bd. 3: Von der Renaissance zur Aufklärung. Frankfurt a. M. 1991 (frz. 1986).
Arlinghaus, Franz-Josef (Hg.): Schrift im Wandel – Wandel durch Schrift. Die Entwicklung der Schriftlichkeit im Mittelalter. Turnhout 2003 (CD-ROM).
Arnold, Werner / Dittrich, Wolfgang / Zeller, Bernhard (Hg.): Die Erforschung der Buch- und Bibliotheksgeschichte in Deutschland. Wiesbaden 1987.
Arnold, Werner / Vodosek, Peter (Hg.): Bibliotheken und Aufklärung. Wiesbaden 1988.
Assmann, Aleida: Aspekte einer Materialgeschichte des Lesens. In: Hoffmann (1994), S. 3 – 16.
Assmann, Aleida und Jan: Kanon und Zensur. In: Dies. (Hg.): Kanon und Zensur. Beiträge zur Archäologie der literarischen Kommunikation. München 1987, S. 7 – 27.
Assmann, Aleida und Jan / Hardmeier, Christof (Hg.): Schrift und Gedächtnis. Beiträge zur Archäologie der literarischen Kommunikation. München 1983.

Assmann, Jan: Das kulturelle Gedächtnis. Schrift, Erinnerung und politische Identität in frühen Hochkulturen. München 1992.

Assmann, Jan: Sieben Funktionen der ägyptischen Hieroglyphenschrift. In: Greber u. a. (2002), S. 31–50.

Atiyeh, George N. (Hg.): The Book in the Islamic World. The Written Word and Communication in the Middle East. New York 1995.

Augustyn, Wolfgang: Zur Gleichzeitigkeit von Handschrift und Buchdruck in Deutschland – Versuch einer Skizze aus kunsthistorischer Sicht. In: Dicke/Grubmüller (2003), S. 5–47.

Baasner, Rainer: Brief als Initiationsmedium zur neuzeitlichen Schriftkultur. In: Wirkendes Wort 54 (2004), S. 349–367.

Baggenstos, August: Von der Bilderschrift zur Schreibmaschine. Zürich und Herrliberg 1977.

Balogh, Josef: Voces paginarum. In: Philologus 82 (1927), S. 84–109, 202–240.

Barber, Giles/Fabian, Bernhard (Hg.): Buch und Buchhandel in Europa im achtzehnten Jahrhundert. Hamburg 1981.

Barker, Nicolas: Typography and the Meaning of Words: The Revolution in the Layout of Books in the Eighteenth Century. In: Barber/Fabian (1981), S. 127–165.

Battles, Matthew: Die Welt der Bücher. Eine Geschichte der Bibliothek. Düsseldorf 2003 (engl. 2003).

Bäuml, Franz H.: Varieties and Consequences of Medieval Literacy and Illiteracy. In: Speculum 55 (1980), S. 237–265.

Baumann, Gerd (Hg.): The Written Word. Literacy in Transition. Oxford 1986.

Baumgarten, Roland: Heiliges Wort und Heilige Schrift bei den Griechen. Hieroi Logoi und verwandte Erscheinungen. Tübingen 1998 (= ScriptOralia 110).

Baur-Heinhold, Margarete: Schöne alte Bibliotheken. Ein Buch vom Zauber ihrer Räume. Hamburg 2000 (München 1972).

Baurmann, Jürgen/Günther, Hartmut/Knoop, Ulrich (Hg.): homo scribens. Perspektiven der Schriftlichkeitsforschung. Tübingen 1993.

Beard, Mary: Writing and religion: Ancient literacy and the function of the written word in Roman religion. In: Humphrey (1991), S. 35–58.

Bechtel, Guy: Gutenberg et l'invention de l'imprimerie. Une enquête. Paris 1992.

Behringer, Wolfgang: Thurn und Taxis. Die Geschichte ihrer Post und ihrer Unternehmen. München 1990.

Belting, Hans: Bild und Kult. Eine Geschichte des Bildes vor dem Zeitalter der Kunst. München 1990.

Bender, Klaus: Die deutschen Meßrelationen von ihren Anfängen bis zum Ende des Dreißigjährigen Krieges. Ein Forschungsvorhaben. In: Blühm/Gebhardt (1987), S. 61–70.

Berns, Jörg Jochen: »Parteylichkeit« und Zeitungswesen. Zur Rekonstruktion einer medienpolitischen Debatte an der Wende vom 17. zum 18. Jahrhundert. In: Wolfgang F. Haug (Hg.): Massen, Medien, Politik. Karlsruhe 1976, S. 202–233.

Berns, Jörg Jochen: Medienkonkurrenz im siebzehnten Jahrhundert. Literarhistorische Beobachtungen zur Irritationskraft der periodischen Zeitungen in deren Frühphase. In: Blühm/Gebhardt (1987), S. 185–206.

Berschin, Walter: Griechisch-lateinisches Mittelalter. Von Hieronymus zu Nikolaus von Kues. Bern, München 1980.

Bertholet, Alfred: Die Macht der Schrift in Glauben und Aberglauben. Berlin 1949.

Beyrer, Klaus/Dallmeier, Martin (Hg.): Als die Post noch die Zeitung machte. Eine Pressegeschichte. Gießen 1994.

Bickenbach, Matthias: Von den Möglichkeiten einer »inneren« Geschichte des Lesens. Tübingen 1999.

Bischoff, Bernhard: Paläographie des römischen Altertums und des abendländischen Mittelalters. Berlin 1986².
Blanck, Horst: Das Buch in der Antike. München 1992.
Blühm, Elger (Hg.): Presse und Geschichte. Beiträge zur historischen Kommunikationsforschung. München 1977.
Blühm, Elger/Gebhardt, Hartwig (Hg.): Presse und Geschichte II. Neue Beiträge zur historischen Kommunikationsforschung. München u. a. 1987.
Blumenberg, Hans: Die Lesbarkeit der Welt. Frankfurt a.M. 1993³.
Bödeker, Hans Erich: Buchhandel und Bibliotheken im Diskurs der Aufklärung. In: Fabian (1997), S. 87 – 134.
Böck, Margit/Langenbucher, Wolfgang R.: Der kompetente Leser, die kompetente Leserin – Plädoyer wider den Pessimismus in Sachen Lesen. In: Stiftung Lesen (1998), S. 23 – 38.
Böker, Uwe: »Industrialisirung der Literatur«. Internationale Entwicklungstendenzen des literarischen Lebens im 18. und frühen 19. Jahrhundert. In: Buchhandelsgeschichte (1985), H. 2, S. B41 – B54.
Böning, Holger: »Ist das Zeitungslesen auch dem Landmanne zu verstatten?« – Überlegungen zum bäuerlichen Lesen in der deutschen Aufklärung. In: Brunold-Bigler (1995), S. 39–53.
Bogeng, G. A. E.: Geschichte der Buchdruckerkunst. Bd. 1: Der Frühdruck (1930). Bd. 2: Die Entwicklung der Buchdruckerkunst vom Jahre 1500 bis zur Gegenwart (1941). Hildesheim 1973.
Bogeng, G. A. E.: Einführung in die Bibliophilie (1931). Hildesheim 1984.
Bohn, Cornelia: Schriftlichkeit und Gesellschaft. Kommunikation und Sozialität der Neuzeit. Opladen, Wiesbaden 1999.
Bolter, Jay David: Ekphrasis, virtual reality, and the future of writing. In: Nunberg (1996), S. 253 – 272.
Bolz, Norbert: Am Ende der Gutenberg-Galaxis. Die neuen Kommunikationsverhältnisse. München 1993.
Bonfadelli, Heinz: Leser und Leseverhalten heute – Sozialwissenschaftliche Buchlese(r)forschung. In: HL (2000), S. 86 – 144.
Boring, Terence A.: Literacy in Ancient Sparta. Leiden 1979.
Bosl, Karl: Die Bibliothek in der Gesellschaft und Kultur Europas vom 6. bis zum 18. Jahrhundert. In: Baur-Heinhold (2000), S. 7 – 20.
Bosse, Heinrich: Autorschaft ist Werkherrschaft. Über die Entstehung des Urheberrechts aus dem Geist der Goethezeit. Paderborn 1981.
Bowman, Alan K./Woolf, Greg (Hg.): Literacy and Power in the Ancient World. Cambridge 1994.
Boyarin, Daniel: Placing Reading: Ancient Israel and Medieval Europe. In: Jonathan Boyarin (Hg.): The Ethnography of Reading. Berkeley, Los Angeles 1993, S. 10 – 37.
Brandis, Tilo: Die Handschrift zwischen Mittelalter und Neuzeit. Versuch einer Typologie. In: Gutenberg-Jahrbuch 72 (1992), S. 27 – 57.
Browning, Robert: Literacy in the Byzantine World. In: Steven Runciman (Hg.): Byzantine and Modern Greek Studies 4. Oxford 1978, S. 39 – 54.
Brunner, Otto: Österreichische Adelsbibliotheken des 15. bis 18. Jahrhunderts. In: Neue Wege der Sozialgeschichte. Vorträge und Aufsätze. Göttingen 1956, S. 155 – 167, 251 – 255.
Brunold-Bigler, Ursula/Bausinger, Hermann (Hg.): Hören Sagen Lesen Lernen. Bausteine zu einer Geschichte der kommunikativen Kultur. Bern u. a. 1995.
Bumke, Joachim: Höfische Kultur. Literatur und Gesellschaft im hohen Mittelalter. 2 Bde. München 1986.
Buzas, Ladislaus: Deutsche Bibliotheksgeschichte des Mittelalters. Wiesbaden 1975.
Buzas, Ladislaus: Deutsche Bibliotheksgeschichte der Neuzeit (1500–1800). Wiesbaden 1976.
Byzantine Books and Bookmen. A Dumbarton Oaks Colloquium. Washington 1975.

Cahn, Michael: Hamster: Wissenschafts- und mediengeschichtliche Grundlagen sammelnder Lektüre. In: Goetsch (1994), S. 63—77.

Cahn, Michael: Die Rhetorik der Wissenschaft im Medium der Typographie. Zum Beispiel die Fußnote. In: Hans-Jörg Rheinbauer u. a. (Hg.): Räume des Wissens. Repräsentation, Codierung, Spur. Bielefeld 1997, S. 91—109.

Canfora, Luciano: Die verschwundene Bibliothek. Das Wissen der Welt und der Brand von Alexandria. Hamburg 2002 (zuerst: Berlin 1988, ital. 1986).

Casson, Lionel: Bibliotheken in der Antike. Düsseldorf, Zürich 2002 (engl. 2001).

Ceram, C. W.: Götter, Gräber und Gelehrte. Roman der Archäologie. Hamburg 1949.

Chartier, Roger: Ist eine Geschichte des Lesens möglich? Vom Buch zum Lesen: einige Hypothesen. In: LiLi 14 (1985), H. 57/58, S. 250—273.

Chartier, Roger: Lesewelten. Buch und Lektüre in der frühen Neuzeit. Frankfurt, New York 1990 (frz. 1982/90).

Chartier, Roger/Martin, Henri-Jean (Hg.): Histoire de l'édition française. Le livre conquérant. Du Moyen Age au milieu du XVIIe siècle. Fayard/Promodis 1989 (zuerst: 1982).

Chartier, Roger/Cavallo, Guglielmo (Hg.): Die Welt des Lesens. Von der Schriftrolle zum Bildschirm. Frankfurt a. M./New York u. a. 1999 (ital. 1997).

Chaytor, H. J.: From Script to Print. An Introduction to Medieval Vernacular Literature. London 1966[2] (zuerst: 1945).

Cipolla, Carlo: Literacy and Development in the West. Harmondsworth 1969.

Clanchy, Michael T.: Looking Back from the Invention of Printing. In: Daniel P. Resnick (Hg.): Literacy in Historical Perspective. Washington 1983, S. 7—22.

Clanchy, Michael T.: From Memory to Written Record. England 1066—1307. Oxford 1993[2] (zuerst: 1979).

Cornell, Tim: The tyranny of the evidence: a discussion of the possible uses of literacy in Etruria and Latium in the archaic age. In: Humphrey (1991), S. 7—33.

Corsten, Severin: Der frühe Buchdruck und die Stadt. In: Moeller/Patze/Stackmann (1983), S. 9—32.

Corsten, Severin: Die Erfindung des Buchdrucks im 15. Jahrhundert. In: Tiemann (1995), I, S. 125—202.

Corsten, Severin/Schmitz, Wolfgang: Buchdruck des 15. und 16. Jahrhunderts. In: Arnold/Dittrich/Zeller (1987), S. 93—120.

Coulmas, Florian: Über Schrift. Frankfurt a. M. 1981.

Coulmas, Florian: Zur Ökonomie der Schrift. In: Baurmann/Günther/Knoop (1993), S. 95—112.

Coy, Wolfgang: Analog/Digital. Schrift, Bilder & Zahlen als Basismedien. In: Martin Warnke, Wolfgang Coy, Christoph Tholen (Hg.): Hyperkult II. Zur Ortsbestimmung analoger und digitaler Medien. Bielefeld 2005, S. 15—26.

Curschmann, Michael: Hören — Lesen — Sehen. Buch und Schriftlichkeit im Selbstverständnis der volkssprachlichen literarischen Kultur Deutschlands um 1200. In: PBB 106 (1984), S. 218—257.

Curtius, Ernst Robert: Europäische Literatur und lateinisches Mittelalter. Bern, München 1948.

Damerow, Peter: Buchhalter erfanden die Schrift. In: Rechtshistorisches Journal 12 (1993), S. 9—35.

Damerow, Peter/Englund, Robert K./Nissen, Hans J.: Die Entstehung der Schrift. In: Spektrum der Wissenschaft (1988), H. 2, S. 74—85.

Dann, Otto: Lesegesellschaften und bürgerliche Emanzipation. Ein europäischer Vergleich. München 1981.

Déroche, François/Gladiss, Almut von (Hg.): Buchkunst zur Ehre Allahs. Der Prachtkoran im Museum für Islamische Kunst. Berlin 1999.
Derrida, Jacques: Grammatologie. Frankfurt a.M. 1983 (frz. 1967).
Detienne, Marcel: L'écriture d'Orphée. Paris 1989.
Dicke, Gerd/Grubmüller, Klaus (Hg.): Die Gleichzeitigkeit von Handschrift und Buchdruck. Wiesbaden 2003.
Diringer, David: The Alphabet. A Key to the History of Mankind. New Delhi 1996 (zuerst: London 1948).
Doblhofer, Ernst: Die Entzifferung alter Schriften und Sprachen. Leipzig 2000 (zuerst: 1957).
Donadoni, Sergio (Hg.): Der Mensch des Alten Ägypten. Frankfurt a.M. u.a. 1992 (ital. 1990).
Dornseiff, Franz: Das Alphabet in Mystik und Magie. Leipzig, Berlin 1925.
Dreyer, Günter: Umm el Qaab I. Das prädynastische Königsgrab U-j und seine frühen Schriftzeugnisse. Mainz 1998.
Duft, Johannes: Schweizer Klosterbibliotheken im 17. und 18. Jahrhundert. In: Raabe (1977), S. 119–141.
Düwel, Klaus: Runen als magische Zeichen. In: Ganz (1992), S. 87–100.

Eche, Youssef: Les bibliothèques arabes publiques et semi-publiques en Mésopotamie, en Syrie et en Égypte au Moyen Age. Damaskus 1967.
Eco, Umberto: Die Suche nach der vollkommenen Sprache. München 1994 (ital. 1993).
Edwards, Mark U.: Printing, Propaganda, and Martin Luther. Berkeley, Los Angeles 1994.
Ehlich, Konrad: Schriftentwicklung als gesellschaftliches Problemlösen. In: Semiotik 2 (1980), S. 335–359.
Ehlich, Konrad: Rom – Reformation – Restauration. Transformationen von Mündlichkeit und Schriftlichkeit im Übergang vom Mittelalter zur Neuzeit. In:Baurmann/Günther/Knoop (1993), S. 177–215.
Eis, Gerhard:Vom Lesestein und der spätmittelalterlichen Literatur. In: Forschungen und Fortschritte 33 (1959), S. 278–283.
Eisenhardt, Ulrich: Die kaiserliche Aufsicht über Buchdruck, Buchhandel und Presse im Heiligen Römischen Reich Deutscher Nation (1496–1806). Karlsruhe 1970.
Eisenstein, Elizabeth L.: The Printing Press as an Agent of Change. Communications and cultural transformations in early-modern Europe. Cambridge, London 1980 (zuerst: 1979; dt. Kurzfassung ohne Zitatbelege u. d. T.: Die Druckerpresse. Kulturrevolutionen im frühen modernen Europa.Wien 1997).
Engels, Lodewijk: Spätantike und lateinisches Mittelalter – ein rezeptionshistorischer Ausblick. In: NHL (1997), Bd. 4, S. 601–633.
Engels, Lodewijk/Hofmann, Heinz (Hg.): Spätantike. Mit einem Panorama der byzantinischen Literatur.Wiesbaden 1997 (= Neues Handbuch der Literaturwissenschaft, Bd. 4).
Engelsing, Rolf: Analphabetentum und Lektüre. Zur Sozialgeschichte des Lesens in Deutschland zwischen feudaler und industrieller Gesellschaft. Stuttgart 1973 (a).
Engelsing, Rolf: Die Perioden der Lesergeschichte in der Neuzeit. In: Ders.: Zur Sozialgeschichte deutscher Mittel- und Unterschichten. Göttingen 1973 (b), S. 112–154.
Enzensberger, Hans Magnus: Lob des Analphabetentums. In: Ders.: Mittelmaß und Wahn. Gesammelte Zerstreuungen. Frankfurt a.M. 1988, S. 61–73.
Epping-Jäger, Cornelia: Die Inszenierung der Schrift. Der Literalisierungsprozeß und die Entstehungsgeschichte des Dramas. Stuttgart 1996.

Fabian, Bernhard: Göttingen als Forschungsbibliothek im 18. Jahrhundert. In: Raabe (1977), S. 209–239.
Fabian, Bernhard: Bibliothek und Aufklärung. In: Arnold/Vodosek (1988), S. 1–19.

Fabian, Bernhard (Hg.): Buchhandel, Bibliothek, Nationalbibliothek. Wiesbaden 1997.
Falk, Harry: Schrift im alten Indien. Ein Forschungsbericht mit Anmerkungen. Tübingen 1993 (= ScriptOralia 56).
Faulstich, Werner: Das Medium als Kult. Von den Anfängen bis zur Spätantike (8. Jahrhundert). Göttingen 1997.
Faulstich, Werner: Medien zwischen Herrschaft und Revolte. Die Medienkultur der frühen Neuzeit (1400 – 1700). Göttingen 1998.
Feldbusch, Elisabeth: Geschriebene Sprache. Untersuchungen zu ihrer Herausbildung und Grundlegung ihrer Theorie. Berlin, New York 1985.
Finnegan, Ruth: Literacy and Orality. Studies in the Technology of Communication. Oxford 1988.
Fischer, Heinz-Dietrich (Hg.): Deutsche Kommunikationskontrolle des 15. bis 20. Jahrhunderts. New York u. a. 1982.
Flachmann, Holger: Martin Luther und das Buch. Eine historische Studie zur Bedeutung des Buches zum Handeln und Denken des Reformators. Tübingen 1996.
Flasch, Kurt: Der Buchdruck als geschichtliche Quelle. Kontinuität und Innovation. In: Gutenberg (2000), S. 440 – 459.
Flusser, Vilém: Die Schrift. Hat Schreiben Zukunft? Göttingen 1987.
Földes-Papp, Károly: Vom Felsbild zum Alphabet. Die Geschichte der Schrift von ihren frühesten Vorstufen bis zur modernen lateinischen Schreibschrift. Stuttgart, Zürich 1987.
Fonkic, Boris L.: Griechische Kodikologie. In: Harlfinger (1980), S. 14 – 21.
Fohrbeck, Karla/Wiesand, Andreas J.: Der Autorenreport. Reinbek 1972.
Fox, Robin L.: Literacy and Power in early Christianity. In: Bowman/Woolf (1994), S. 126–148.
Frank, Barbara: Die Textgestalt als Zeichen. Lateinische Handschriftentradition und die Verschriftlichung romanischer Sprachen. Tübingen 1994 (= ScriptOralia 67).
Franzmann, Bodo: Die Deutschen als Leser und Nichtleser. In: Stiftung Lesen (2002), S. 51–74.
Frede, Dorothea: Mündlichkeit und Schriftlichkeit: von Platon zu Plotin. In: Sellin/Vouga (1997), S. 33 – 54.
Fried, Johannes (Hg.): Schulen und Studium im sozialen Wandel des hohen und späten Mittelalters. Sigmaringen 1986.
Friedrich, Johannes: Geschichte der Schrift unter besonderer Berücksichtigung ihrer geistigen Entwicklung. Heidelberg 1966.
Fritz, Angela: Lesen in der Mediengesellschaft. Standortbeschreibung einer Kulturtechnik. Wien 1989.
Fritz, Angela/Suess, Alexandra: Lesen. Die Bedeutung der Kulturtechnik Lesen für den gesellschaftlichen Kommunikationsprozeß. Konstanz 1986.
Füssel, Stephan: Gutenberg und seine Wirkung. Frankurt a. M., Leipzig 1999.
Fuhrmann, Manfred: Übersetzungen antiker Autoren. In: Ludwig (1993), S. 19 – 30.
Fuhrmann, Manfred: Rom in der Spätantike. Porträt einer Epoche. Zürich 1994.
Fuhrmann, Manfred: Latein und Europa. Geschichte des gelehrten Unterrichts in Deutschland. Von Karl dem Großen bis Wilhelm II. Köln 2001.

Ganz, Peter (Hg.): Das Buch als magisches und als Repräsentationssymbol. Wiesbaden 1992.
Garber, Klaus: Der Autor im 17. Jahrhundert. In: LiLi 11 (1981), H. 42, S. 29 – 45.
Gastgeber, Christian: Die Überlieferung der griechischen Literatur im Mittelalter. In: Pöhlmann (2003), S. 1 – 40.
Gauger, Hans-Martin: Die sechs Kulturen in der Geschichte des Lesens. In: Goetsch (1994), S. 27 – 47.
Gehrig, Ulrich/Niemeyer, Hans Georg (Hg.): Die Phönizier im Zeitalter Homers. Mainz 1990.

Gelb, Ignace J.:Von der Keilschrift zum Alphabet. Grundlagen einer Schriftwissenschaft. Stuttgart 1958 (engl. 1952).

Geyer, Dietmar: Schreibgeräte sammeln.Vom Faustkeil zum Griffel, vom Federhalter zum Füllfederhalter und Faserschreiber. München 1989.

Giesecke, Michael: Als die alten Medien neu waren. Medienrevolutionen in der Geschichte. In: Rüdiger Weingarten (Hg.): Information ohne Kommunikation? Die Loslösung der Sprache vom Sprecher. Frankfurt a.M. 1990, S. 75 – 98.

Giesecke, Michael: Der Buchdruck in der frühen Neuzeit. Eine historische Fallstudie über die Durchsetzung neuer Informations- und Kommunikationstechnologien. Frankfurt a.M. 1991.

Giesecke, Michael: Sinnenwandel, Sprachwandel, Kulturwandel. Studien zur Vorgeschichte der Informationsgesellschaft. Frankfurt a.M. 1992.

Giesecke, Michael: Die typographische Konstruktion der »Neuen Welt«. In: Wenzel (1994), S. 15 – 31.

Giesecke, Michael: Abhängigkeiten und Gegenabhängigkeiten der Informationsgesellschaft von der Buchkultur. In: Wenzel/Seipel/Wunberg (2001), S. 213 – 224.

Giesecke, Michael:Von den Mythen der Buchkultur zu den Visionen der Informationsgesellschaft. Trendforschungen zur kulturellen Medienökologie. Frankfurt a.M. 2002.

Glück, Helmut: Schrift und Schriftlichkeit. Eine sprach- und kulturwissenschaftliche Studie. Stuttgart 1987.

Goetsch, Paul: Der Übergang von Mündlichkeit zu Schriftlichkeit. Die kulturkritischen und ideologischen Implikationen der Theorien von McLuhan, Goody und Ong. In: Wolfgang Raible (Hg.): Symbolische Formen – Medien – Identität. Tübingen 1991, S. 113 – 129 (= ScriptOralia 37).

Goetsch, Paul (Hg.): Lesen und Schreiben im 17. und 18. Jahrhundert. Studien zu ihrer Bewertung in Deutschland, England, Frankreich. Tübingen 1994 (= ScriptOralia 65).

Goldberg, Arnold: Der verschriftete Sprechakt als rabbinische Literatur. In: Assmann/Hardmeier (1983), S. 123 – 140.

Goldfriedrich, Johann: Geschichte des Deutschen Buchhandels vom Beginn der klassischen Literaturperiode bis zum Beginn der Fremdherrschaft (1740 – 1804). Reprint Leipzig 1970 (zuerst: Leipzig 1909).

Goodman, Martin D.: Text, scribes and power in Roman Judaea. In: Bowman/Woolf (1994), S. 99 – 108.

Goody, Jack (Hg.): Literalität in traditionalen Gesellschaften. Frankfurt a.M. 1981 (engl. 1968).

Goody, Jack: The Interface between the Written and the Oral. Cambridge 1987.

Goody, Jack: Die Logik der Schrift und die Organisation von Gesellschaft. Frankfurt a.M. 1990 (engl. 1986).

Goody, Jack: The Power of the Written Word. Washington, London 2000.

Goody, Jack/Watt, Ian/Gough, Kathleen (Hg.): Entstehung und Folgen der Schriftkultur. Frankfurt a.M. 1986 (engl. 1963/68).

Graf, Andreas: Literarisierung und Kolportageroman. Überlegungen zu Publikum und Kommunikationsstrategie eines Massenmediums im 19. Jahrhundert. In: Brunold-Bigler (1995), S. 277 – 291.

Graff, Harvey J.: The Legacies of Literacy in Western Culture and Society. Continuities and Contradictions. Bloomington, Indianapolis 1987.

Graham, William A.: Beyond the Written Word. Oral Aspects of Scripture in the History of Religion. Cambridge, New York 1987.

Greber, Erika/Ehlich, Konrad/Müller, Jan-Dirk (Hg.): Materialität und Medialität von Schrift. Bielefeld 2002.

Green, Dennis: Hören und Lesen: Zur Geschichte einer mittelalterlichen Formel. In: Raible (1990), S. 23 – 44.

Green, Dennis H.: Medieval Listening and Reading. The primary reception of German literature 800 – 1300. Cambridge 1994.
Gröger, Claus: Papier – Vom Aufstieg des Handgeschöpften zum unentbehrlichen Massenprodukt. In: IASL 15 (1990), S. 184 – 206.
Grohmann, Adolf: Arabische Paläographie. I. Teil. Wien 1967. II. Teil: Das Schriftwesen. Die Lapidarschrift. Wien 1971.
Gronemeyer, Horst: Bibliophilie und Privatbibliotheken. In: Arnold/Dittrich/Zeller (1987), S. 461 – 472.
Gross, Sabine: Lese-Zeichen. Kognition, Medium und Materialität im Leseprozeß. Darmstadt 1994.
Grosse, Siegfried u. a. (Hg.): »Denn das Schreiben gehört nicht zu meiner täglichen Beschäftigung.« Der Alltag kleiner Leute in Bittschriften, Briefen und Berichten aus dem 19. Jahrhundert. Ein Lesebuch. Bonn 1989.
Grubmüller, Klaus: Mündlichkeit, Schriftlichkeit und Unterricht. Zur Erforschung ihrer Interferenzen in der Kultur des Mittelalters. In: DU 41 (1989), S. 41 – 54.
Grüsser, Otto-Joachim: Neurobiologie und Kulturgeschichte des Lesens und Schreibens. In: Hoffmann (1994), S. 167 – 197.
Grundmann, Herbert: Litteratus – illitteratus. Der Wandel einer Bildungsnorm vom Altertum zum Mittelalter. In: Archiv für Kulturgeschichte 40 (1958), S. 1 – 65.
Günther, Hartmut: Schriftliche Sprache. Strukturen geschriebener Wörter und ihre Verarbeitung beim Lesen. Tübingen 1988.
Günther, Klaus B./Günther, Hartmut (Hg.): Schrift, Schreiben, Schriftlichkeit. Arbeiten zur Struktur, Funktion und Entwicklung schriftlicher Sprache. Tübingen 1983.
Gumbert, Johann Peter: Zur »Typographie« der geschriebenen Seite. In: Keller/Grubmüller/Staubach (1992), S. 283 – 292.
Gumbrecht, Hans Ulrich: Schriftlichkeit in mündlicher Kultur. In: Assmann/Hardmeier (1983), S. 158 – 174.
Gumbrecht, Hans Ulrich/Pfeiffer, K. Ludwig (Hg.): Materialität der Kommunikation. Frankfurt a. M. 1988.
Gumbrecht, Hans Ulrich/Pfeiffer, K. Ludwig (Hg.): Schrift. München 1993.
Gutas, Dimitri: Greek Thought, Arabic Culture. The Graeco-Arabic Translation Movement in Baghdad and Early 'Abbasid Society (2nd–4th/8th–10th centuries). London, New York 1998.
Gutenberg – aventur und kunst. Vom Geheimunternehmen zur ersten Medienrevolution. Hg. von der Stadt Mainz. Mainz 2000.

Haarmann, Harald: Universalgeschichte der Schrift. Frankfurt a. M., New York 1990, 1992².
Haarmann, Harald: Die Sprachenwelt Europas. Geschichte und Zukunft der Sprachnationen zwischen Atlantik und Ural. Darmstadt 1993 (zuerst: Frankfurt a. M. 1993).
Haarmann, Harald: Geschichte der Schrift. München 2002.
Haferkorn, Hans J.: Zur Entstehung der bürgerlich-literarischen Intelligenz und des Schriftstellers in Deutschland zwischen 1750 und 1800. In: Bernd Lutz (Hg.): Literaturwissenschaft und Sozialwissenschaften 3. Deutsches Bürgertum und literarische Intelligenz 1750 – 1800. Stuttgart 1974, S. 113 – 275.
Hajdu, Helga: Lesen und Schreiben im Spätmittelalter. Pécs-Fünfkirchen 1931.
Halbey, Hans Adolf: Der Einfluß des frühen Buchdrucks auf die Entwicklung der deutschen Sprache im 15. Jahrhundert. In: Hans Limburg u. a. (Hg.): Ars impressoria. Entstehung und Entwicklung des Buchdrucks. München 1986, S. 89 – 97.
Halbey, Hans Adolf u. a. (Hg.): Schrift – Druck – Buch im Gutenberg-Museum. Mainz 1992³.
Hanebutt-Benz, Eva-Maria: Die Kunst des Lesens. Lesemöbel und Leseverhalten vom Mittelalter bis zur Gegenwart. Frankfurt a. M. 1985.

Harlfinger, Dieter (Hg.): Griechische Kodikologie und Textüberlieferung. Darmstadt 1980.
Harris, Roy: The Origin of Writing. London 1986.
Harris, Roy: Rethinking Writing. London, New York 2000.
Harris, William V.: Ancient Literacy. Cambridge/Mass. 1989.
Haug, Walter: Schriftlichkeit und Reflexion. Zur Entstehung und Entwicklung eines deutschsprachigen Schrifttums im Mittelalter. In: Assmann/Hardmeier (1983), S. 141 — 157.
Hauke, Hermann: Der Stellenwert des nichtliturgischen Lesens im Mönchsleben des Mittelalters. In: Kasper/Schreiner (1997), S. 119 — 134.
Havelock, Eric A.: The Origins of Western Literacy. Toronto 1976.
Havelock, Eric A.: Schriftlichkeit. Das griechische Alphabet als kulturelle Revolution. Weinheim 1990 (engl. 1982).
Havelock, Eric A.: Als die Muse schreiben lernte. Frankfurt a. M. 1992 (engl. 1986).
Heimann, Heinz Dieter (Hg.): Kommunikationspraxis und Korrespondenzwesen im Mittelalter und in der Renaissance. Paderborn u. a. 1998.
Heinzle, Joachim (Hg.): Modernes Mittelalter. Neue Bilder einer populären Epoche. Frankfurt a. M., Leipzig 1994.
Hellinga, Lotte: Printing History as Cultural History. In: Gutenberg-Jahrbuch 76 (2001), S. 20–26.
Hellinga, Lotte/Härtel, Helmar (Hg.): Buch und Text im 15. Jahrhundert. Hamburg 1981.
Hengel, Martin: »Schriftauslegung« und »Schriftwerdung« in der Zeit des Zweiten Tempels. In: Hengel/Löhr (1994), S. 1 — 71.
Hengel, Martin/Löhr, Hermut (Hg.): Schriftauslegung im antiken Judentum und im Urchristentum. Tübingen 1994.
Henrichs, Albert: Writing Religion. Inscribed Texts, Ritual Authority, and the Religious Discourse of the Polis. In: Yunis (2003), S. 38 — 58.
Heubeck, Alfred: Schrift. Göttingen 1979 (= Archaeologia Homerica, III, Kap. X, A).
Heurgon, Jacques: Die Etrusker. Stuttgart 1993[4] (frz. 1961).
Hezser, Catherine: Jewish Literacy in Roman Palestine. Tübingen 2001.
Hinrichs, Ernst: Alphabetisierung im 17. und 18. Jahrhundert. In: Ernst-Peter Wieckenberg (Hg.): Einladung ins 18. Jahrhundert. München 1988, S. 81 — 88.
Hirsch, Rudolf: Printing, Selling and Reading 1450 — 1550. Wiesbaden 1974[2].
Hocke, Gustav René: Manierismus in der Literatur. Sprach-Alchimie und Esoterische Kombinationskunst. Hamburg 1959.
Hoffmann, Hilmar (Hg.): Gestern begann die Zukunft. Entwicklung und gesellschaftliche Bedeutung der Medienvielfalt. Darmstadt 1994.
Hoffmann, Leonhard: Die Gutenbergbibel. Eine Kosten- und Gewinnschätzung des ersten Bibeldrucks auf der Grundlage zeitgenössischer Quellen. In: AGB 39 (1993), S. 255 — 319.
Hohendahl, Peter Uwe: Literarische Kultur im Zeitalter des Liberalismus 1830 — 1870. München 1985.
Holborn, Louise W.: Printing and the Growth of a Protestant Movement in Germany from 1517 to 1524. In: Church History 11 (1942), S. 123 — 137.
Holmes, Catherine: Written Culture in Byzantium and Beyond: Contexts, Contents and Interpretations. In: Catherine Holmes und Judith Waring (Hg.): Literacy, Education and Manuscript Transmission in Byzantium and Beyond. Leyden, Boston, Köln 2002, S. 1–31.
Huber, Jürg-Peter: Griffel, Feder, Bildschirmstift. Eine Kulturgeschichte der Schreibgeräte. Stuttgart 1985.
Humphrey, J. H. (Hg.): Literacy in the Roman World. Ann Arbor 1991 (= Journal of Roman Archaeology. Suppl. Series 3).
Hunger, Herbert: Schreiben und Lesen in Byzanz. Die byzantinische Buchkultur. München 1989.

Hunger, Herbert u.a. (Hg.): Die Textüberlieferung der antiken Literatur und der Bibel. München 1975 (zuerst: Herrsching 1961).
Illich, Ivan: Im Weinberg des Textes. Als das Schriftbild der Moderne entstand. Frankfurt a.M. 1991 (frz. 1991).
Illich, Ivan/Sanders, Barry: Das Denken lernt schreiben. Lesekultur und Identität. Hamburg 1988 (engl. 1988).
Jackson, Holbrook: The Anatomy of Bibliomania. Urbana and Chicago 2001 (zuerst: 1930/31).
Jäger, Georg: Historische Lese(r)forschung. In: Arnold/Dittrich/Zeller (1987), S. 485–507.
Jäger, Georg (Hg.): Geschichte des Deutschen Buchhandels im 19. und 20. Jahrhundert. Bd. 1: Das Kaiserreich 1870–1918. Teil 1, Frankfurt a.M. 2001; Teil 2, Frankfurt a.M. 2003.
Jäger, Georg/Schönert, Jörg (Hg.): Die Leihbibliothek als Institution des literarischen Lebens im 18. und 19. Jahrhundert. Hamburg 1980.
Jäger, Ludwig: Sprache als Medium. Über die Sprache als audio-visuelles Dispositiv des Medialen. In: Wenzel u.a. (2001), S. 19–42.
Jaffee, Martin S.: Torah in the Mouth. Writing and Oral Tradition in Palestinian Judaism 200 BCE – 400 CE. NewYork 2001.
Jahandarie, Khosrow: Spoken and Written Discourse: A Multi-disciplinary Perspective. Stamford 1999.
Janzin, Marion/Güntner, Joachim: Das Buch vom Buch. 5000 Jahre Buchgeschichte. Hannover 1997[2].
Jensen, Gotthard B.: Schreibgeräte, unter besonderer Berücksichtigung von Schülerschreibgeräten. Historische Entwicklung und kulturethologische Verlaufsformen dieser Entwicklung. Erlangen-Nürnberg, Diss. 2004.
Jensen, Hans: Die Schrift inVergangenheit und Gegenwart. Berlin 1969[3].
Jochum, Uwe: Bibliotheken und Bibliothekare 1800–1900. Würzburg 1991.
Jochum, Uwe: Kleine Bibliotheksgeschichte. Stuttgart 1993.
Jochum, Uwe: Textgestalt und Buchgestalt. Überlegungen zu einer Literaturgeschichte des gedruckten Buches. In: LiLi 25 (1996), H. 103, S. 20–34.
Johnson, Elmer D./Harris, Michael H. (Hg.): History of Libraries in theWesternWorld. Metuchen 1976[3].
Kaegbein, Paul: Deutsche Ratsbüchereien bis zur Reformation. Leipzig 1950.
Kaestner, Jürgen: Anmerkungen in Büchern. Grundstrukturen und Hauptentwicklungslinien, dargestellt an ausgewählten literarischen und wissenschaftlichen Texten. In: Bibliothek. Forschung und Praxis 8 (1984), S. 203–226.
Kapr, Albert: Johannes Gutenberg. Persönlichkeit und Leistung. Frankfurt a.M. 1987 (zuerst: Leipzig 1986).
Karlgren, Bernhard: Schrift und Sprache der Chinesen. Berlin u.a. 2001[2] (engl. 1962).
Karpp, Heinrich: Schrift, Geist und Wort Gottes. Geltung und Wirkung der Bibel in der Geschichte der Kirche. Von der Alten Kirche bis zum Ausgang der Reformationszeit. Darmstadt 1992.
Kasper, Clemens M./Schreiner, Klaus (Hg.):Viva vox und ratio scripta. Mündliche und schriftliche Kommunikationsformen im Mönchtum des Mittelalters. Münster 1997.
Käuser, Andreas: Medienumbrüche. Denkfiguren – Konzepte – Themen der Forschung. In: Sprache und Literatur 35 (2004), S. 88–101.
Kelber,Werner H.: Die Fleischwerdung desWortes in der Körperlichkeit desTextes. In: Gumbrecht/Pfeiffer (1988), S. 31–42.
Keller, Hagen: Die Entwicklung der europäischen Schriftkultur im Spiegel der mittelalterlichen Überlieferung. Beobachtungen und Überlegungen. In: Paul Leidinger und Dieter

Metzler (Hg.): Geschichte und Geschichtsbewußtsein. Festschrift Karl-Ernst Jeismann zum 65. Geburtstag. Münster 1990, S. 171— 204.

Keller, Hagen: Vom »heiligen Buch« zur »Buchführung«. Lebensfunktionen der Schrift im Mittelalter. In: Frühmittelalterliche Studien 26 (1992), S. 1 — 31.

Keller, Hagen/Grubmüller, Klaus/Staubach, Nikolaus (Hg.): Pragmatische Schriftlichkeit im Mittelalter. Erscheinungsformen und Entwicklungsstufen. München 1992.

Kerckhove, Derrick de: Schriftgeburten. Vom Alphabet zum Computer. München 1995 (frz. 1990).

Kiesel, Helmuth/Münch, Paul (Hg.): Gesellschaft und Literatur im 18. Jahrhundert. Voraussetzungen und Entstehung des literarischen Markts in Deutschland. München 1977.

Kiessling, Gerhard: Die Anfänge des Titelblattes in der Blütezeit des deutschen Holzschnitts (1470— 1530). In: Buch und Schrift 3 (1929), S. 9— 45.

Kirchner, Hubert: Wort Gottes, Schrift und Tradition. Göttingen 1998.

Kittler, Friedrich: Grammophon, Film, Typewriter. Berlin 1986.

Kittler, Friedrich: Schrift und Bild in Bewegung. In: Greber/Ehlich/Müller (2002), S. 17–29.

Klopsch, Paul: Die Überlieferung der lateinischen Literatur im Mittelalter. In: Pöhlmann (2003), S. 41 — 95.

Knoche, Michael: Bücher fürs Volk. Volksschriftenvereine im Vormärz. In: Buchhandelsgeschichte (1986), H. 1, S. B1— B16.

Knoop, Ulrich: Entwicklung von Literalität und Alphabetisierung in Deutschland. In: HSK 10.1 (1994), S. 859— 872.

Knox, Bernard M. W.: Silent Reading in Antiquity. In: Greek, Roman and Byzantine Studies 9 (1968), S. 421 — 435.

Koch, Peter: Graphé. Ihre Entwicklung zur Schrift, zum Kalkül und zur Liste. In: Koch/Krämer (1997), S. 43— 81.

Koch, Peter/Krämer, Sybille (Hg.): Schrift, Medien, Kognition. Über die Exteriorität des Geistes. Tübingen 1997.

Kock, Thomas/Schlusemann, Rita (Hg.): Laienlektüre und Buchmarkt im späten Mittelalter. Frankfurt a. M. u. a. 1997.

Köhler, Hans-Joachim: Erste Schritte zu einem Meinungsprofil der frühen Reformationszeit. In: Volker Press und Dieter Stievermann (Hg.): Martin Luther. Probleme seiner Zeit. Stuttgart 1986, S. 244— 281.

Köhler, Hans-Joachim: Die Flugschriften der frühen Neuzeit. Ein Überblick. In: Arnold/ Dittrich/Zeller (1987), S. 307— 345.

Kopp, Detlev/Wegmann, Nikolaus: Das Lesetempo als Bildungsfaktor? Ein Kapitel aus der Geschichte des Topos »Lesen bildet«. In: DU 40 (1988), S. 45— 58.

Koppitz, Hans-Joachim: Zum Erfolg verurteilt. Auswirkungen der Erfindung des Buchdrucks auf die Überlieferung deutscher Texte bis zum Beginn des 16. Jahrhunderts. In: Gutenberg-Jahrbuch 55 (1980), S. 67— 78.

Koschorke, Albrecht: Körperströme und Schriftverkehr. Mediologie des 18. Jahrhunderts. München 1999.

Krämer, Sybille: Berechenbare Vernunft. Kalkül und Rationalismus im 17. Jahrhundert. Berlin, New York 1991.

Krämer, Sybille: Schrift und Episteme am Beispiel Descartes'. In: Koch/Krämer (1997), S. 105— 126.

Krämer, Sybille: Zentralperspektive, Kalkül, virtuelle Realität. Sieben Thesen über die Weltbildimplikationen symbolischer Formen. In: Vattimo/Welsch (1998), S. 27— 37.

Kramm, Heinrich: Deutsche Bibliotheken unter dem Einfluß von Humanismus und Reformation. Ein Beitrag zur deutschen Bildungsgeschichte. Leipzig 1938 (Reprint Wiesbaden 1968).

Kreiser, Klaus (Hg.): The Beginnings of Printing in the Near and Middle East: Jews, Christians and Muslims. Wiesbaden 2002.
Kron, Friedhelm: Schriftsteller und Schriftstellerverbände. Schriftstellerberuf und Interessenpolitik 1842— 1973. Stuttgart 1976.
Kuckenburg, Martin: Die Entstehung von Sprache und Schrift. Ein kulturgeschichtlicher Überblick. Köln 1989 (2. Aufl. 1996).
Kühlmann, Wilhelm: Nationalliteratur und Latinität. Zum Problem der Zweisprachigkeit in der frühneuzeitlichen Literaturbewegung Deutschlands. In: Klaus Garber (Hg.): Nation und Literatur im Europa der Frühen Neuzeit. Tübingen 1989, S. 164— 206.
Kullmann, Wolfgang: Hintergründe und Motive der platonischen Schriftkritik. In: Kullmann/Reichel (1990), S. 317— 334.
Kullmann, Wolfgang: Der Übergang von der Mündlichkeit zur Schriftlichkeit im frühgriechischen Epos. In: Sellin/Vouga (1997), S. 55— 75.
Kullmann, Wolfgang/Reichel, Michael (Hg.): Der Übergang von der Mündlichkeit zur Literatur bei den Griechen. Tübingen 1990.
Küsters, Urban: Der lebendige Buchstabe. Christliche Traditionen der Körperschrift im Mittelalter. In: Wenzel u. a. (2001), S. 107— 117.

Laermann, Klaus: Schrift als Gegenstand der Kritik. In: Merkur 44 (1990), H. 2, S. 120— 134.
Lang, Helmut W.: Die Neue Zeitung des 15. bis 17. Jahrhunderts. Entwicklungsgeschichte und Typologie. In: Blühm/Gebhardt (1987), S. 57— 60.
Langenbucher, Wolfgang R.: Die Demokratisierung des Lesens in der zweiten Leserevolution. Dokumentation und Analyse. In: Herbert G. Göpfert u. a. (Hg.): Lesen und Leben. Frankfurt a. M. 1975, S. 12— 35.
Langewiesche, Dieter: »Volksbildung« und »Leserlenkung« in Deutschland von der wilhelminischen Ära bis zur nationalsozialistischen Diktatur. In: IASL 14 (1989), S. 108— 125.
Laubier, Guillaume de/Bosser, Jacques: Die schönsten Bibliotheken der Welt. München 2003.
Legras, Bernard: Lire en Égypte. D'Alexandre à l'Islam. Paris 2002.
Lehmann, Rainer H.: Wie gut können Deutsche lesen? — Neue Untersuchungsergebnisse. In: Ring/Trotha/Voß (1997), S. 126— 136.
Leipoldt, Johannes/Morenz, Siegfried: Heilige Schriften. Betrachtungen zur Religionsgeschichte der antiken Mittelmeerwelt. Leipzig 1953.
Lemmerich, Jost: Die künstlerische Ausstattung der Barockbibliotheken in Deutschland. In: Raabe (1977), S. 317— 344.
Leroi-Gourhan, André: Hand und Wort. Die Evolution von Technik, Sprache und Kunst. Frankfurt a. M. 1988 (frz. 1964/65).
Levin, Saul: The Medieval Transformation of the Jews' Oral Heritage. In: Nicolaisen (1995), S. 161— 178.
Liebertz-Grün, Ursula (Hg.): Aus der Mündlichkeit in die Schriftlichkeit: Höfische und andere Literatur 750–1320. Reinbek 1988 (= Deutsche Literatur. Eine Sozialgeschichte, Bd. 1).
Löhr, Winrich A.: Mündlichkeit und Schriftlichkeit im Christentum des 2. Jahrhunderts. In: Sellin/Vouga (1997), S. 211— 213.
Ludwig, Walther (Hg.): Die Antike in der europäischen Gegenwart. Göttingen 1993.
Lülfing, Hans: Die Fortdauer der handschriftlichen Buchherstellung nach der Erfindung des Buchdrucks — ein buchgeschichtliches Problem. In: Hellinga/Härtel (1981), S. 17— 26.
Luhmann, Niklas: Die Form der Schrift. In: Gumbrecht/Pfeiffer (1993), S. 349— 366.

Maas, Utz: Lesen — Schreiben — Schrift. Die Demotisierung eines professionellen Arkanums im Spätmittelalter und in der frühen Neuzeit. In: LiLi 15 (1986), H. 59, S. 55— 81.

Maas, Utz: Schrift und Schreiben. Einige systematische und historische Anmerkungen. In: Karl-Heinz Ziessow u. a. (Hg.): Hand-Schrift – Schreib-Werke. Schrift und Schreibkultur im Wandel in regionalen Beispielen des 18. bis 20. Jahrhunderts. Cloppenburg 1991, S. 85 – 118.
Maassen, Carl Georg von: Der grundgescheute Antiquarius. Frechen 1966.
Manguel, Alberto: Eine Geschichte des Lesens. Reinbek 1999 (engl. 1996).
Martin, Henri-Jean: Histoire et pouvoirs de l'écrit. Paris 1988 (engl. 1994).
Martino, Alberto: Die deutsche Leihbibliothek. Geschichte einer literarischen Institution (1756 – 1914). Wiesbaden 1990.
Mazal, Otto: Paläographie und Paläotypie. Zur Schriftgeschichte des 15. Jahrhunderts. In: Hellinga/Härtel (1981), S. 59 – 78.
Mazal, Otto: Die Bedeutung des Islam für die abendländische Wissenschaft. In: Biblos 34 (1985), H. 4, S. 284 – 302.
Mazal, Otto: Handbuch der Byzantinistik. Geschichte – Religion – Sprache – Kunst. Wiesbaden 1997.
Mazal, Otto: Geschichte der Buchkultur. Bd. 1: Griechisch-römische Antike. Graz 1999; Bd. 3: Frühmittelalter. Graz 2003.
McKitterick, Rosamond: The Carolingians and the Written Word. Cambridge 1989.
McKitterick, Rosamond (Hg.): The Uses of Literacy in Early Mediaeval Europe. Cambridge u. a. 1990.
McLuhan, Marshall: Die Gutenberg-Galaxis. Das Ende des Buchzeitalters. Düsseldorf 1968 (a) (engl. 1962).
McLuhan, Marshall: Die magischen Kanäle. Düsseldorf 1968 (b) (engl. 1964).
Meier, Christel (Hg.): Träger, Felder, Formen pragmatischer Schriftlichkeit im Mittelalter. Bericht über die Arbeit des SFB 231 an der Westfälischen Wilhelms-Universität Münster 1986 – 1999. Münster 2003.
Meier, Christel/Honemann, Volker/Keller, Hagen/Suntrup, Rudolf (Hg.): Pragmatische Dimensionen mittelalterlicher Schriftkultur. München 2002.
Messerli, Alfred: Das Lesen von Gedrucktem und das Lesen von Handschriften – zwei verschiedene Kulturtechniken? In: Messerli/Chartier (2000), S. 235 – 246.
Messerli, Alfred/Chartier, Roger (Hg.): Lesen und Schreiben in Europa 1500 – 1900. Vergleichende Perspektiven. Basel 2000.
Meyer, Horst: Buchhandel. In: Arnold/Dittrich/Zeller (1987), S. 188 – 260.
Moeller, Bernd: Stadt und Buch. Bemerkungen zur Struktur der reformatorischen Bewegung in Deutschland. In: Mommsen (1979), S. 25 – 39.
Moeller, Bernd: Die Anfänge kommunaler Bibliotheken in Deutschland. In: Moeller/Patze/Stackmann (1983), S. 136 – 151.
Moeller, Bernd/Patze, Hans/Stackmann, Karl (Hg.): Studien zum städtischen Bildungswesen des späten Mittelalters und der frühen Neuzeit. Göttingen 1983.
Mommsen, Wolfgang J. (Hg.): Stadtbürgertum und Adel in der Reformation. Studien zur Sozialgeschichte der Reformation in England und Deutschland. Stuttgart 1979.
Mostert, Marco (Hg.): New Approaches to Medieval Communication. Turnhout 1999.
Müller, Jan-Dirk: Der Körper des Buchs. Zum Medienwechsel zwischen Handschrift und Druck. In: Gumbrecht/Pfeiffer (1988), S. 203 – 217.
Müller, Jan-Dirk (Hg.): »Aufführung« und »Schrift« in Mittelalter und Früher Neuzeit. Stuttgart, Weimar 1996.
Müller, Jan-Dirk/Wenzel, Horst (Hg.): Mittelalter. Neue Wege durch einen alten Kontinent. Stuttgart, Leipzig 1999.
Müller, Peter: »Was ich geschrieben habe, das habe ich geschrieben«. Beobachtungen am Johannesevangelium zum Verhältnis von Mündlichkeit und Schriftlichkeit. In: Sellin/Vouga (1997), S. 153 – 174.

Mullet, Margaret: Writing in early mediaeval Byzantium. In: McKitterick (1990), S. 156–185.

Mummendey, Richard: Von Büchern und Bibliotheken. Darmstadt 1984[6].

Nagl, Manfred: Wandlungen des Lesens in der Aufklärung. Plädoyer für einige Differenzierungen. In: Arnold/Vodosek (1988), S. 21 – 40.

Neddermeyer, Uwe: Von der Handschrift zum gedruckten Buch. Schriftlichkeit und Leseinteresse im Mittelalter und in der frühen Neuzeit. Quantitative und qualitative Aspekte. Bd. 1: Texte; Bd. 2: Anlagen. Wiesbaden 1998.

Nicolaisen, W. F. H. (Hg.): Oral Tradition in the Middle Ages. Binghamton, New York 1995.

Niditch, Susan: Oral World and Written Word. Ancient Israelite Literature. Louisville 1996.

Nies, Fritz: Suchtmittel oder Befreiungsakt? Wertungen von Lektüre in der bildenden Kunst des 18. Jahrhunderts. In: Goetsch (1994), S. 151 – 168.

Nissen, Hans J./Damerow, Peter/Englund, Robert K.: Frühe Schrift und Techniken der Wirtschaftsverwaltung im alten Vorderen Orient. Informationsspeicherung und -verarbeitung vor 5000 Jahren. Berlin 1990.

North, Michael (Hg.): Kommunikationsrevolutionen. Die neuen Medien des 16. und 19. Jahrhunderts. Köln u. a. 1995.

Nunberg, Geoffrey (Hg.): The Future of the Book. Brepols 1996.

Oesterreicher, Wulf: Verschriftung und Verschriftlichung im Kontext medialer und konzeptioneller Schriftlichkeit. In: Schaefer (1993), S. 267 – 292.

Olson, David R.: The World on Paper. The conceptual and cognitive Implications of Writing and Reading. Cambridge 1994.

Olson, David R./Torrance, Nancy (Hg.): Literacy and Orality. Cambridge/Mass. 1991.

Olson, David R./Torrance, Nancy (Hg.): The Making of Literate Societies. Malden, Oxford 2001.

Ong, Walter J.: Oralität und Literalität. Die Technologisierung des Wortes. Opladen 1987 (engl. 1982).

Osten, Manfred: Das geraubte Gedächtnis. Digitale Systeme und die Zerstörung der Erinnerungskultur. Frankfurt a. M., Leipzig 2004.

Ott, Norbert H.: Die Handschriften-Tradition im 15. Jahrhundert. In: Tiemann (1995), I, S. 47 – 124.

Paech, Norbert: Die Wiederkehr der Schrift und des Schreibens in den »technischen Medien«. In: Jürgen Fohrmann u. a. (Hg.): Autorität der/in Sprache, Literatur, Neuen Medien. Vorträge des Bonner Germanistentages 1997. Bd. 1. Bielefeld 1999, S. 396 – 410.

Parkes, Malcolm B.: Scribes, Scripts and Readers. Studies in the Communication, Presentation and Dissemination of Medieval Texts. London, Rio Grande 1991.

Parkes, Malcolm B.: Pause and Effect. An Introduction to the History of Punctation in the West. Aldershot 1992.

Pfeiffer, K. Ludwig: Schrift – Geschichten, Typologien, Theorien. In: Gumbrecht/Pfeiffer (1993), 9 – 18.

Pfohl, Gerhard (Hg.): Das Alphabet. Entstehung und Entwicklung der griechischen Schrift. Darmstadt 1968.

Pöhlmann, Egert: Einführung in die Überlieferungsgeschichte und in die Textkritik der antiken Literatur. Bd. 1: Altertum. Darmstadt 2003[2]; Bd. 2: Mittelalter und Neuzeit. Mit Beiträgen von Christian Gastgeber, Paul Klopsch und Georg Heldmann. Darmstadt 2003.

Polatschek, Klemens: Wer fürchtet sich vorm bösen Netz? In: Uwe Jochum und Gerhard Wagner, (Hg.): Am Ende das Buch. Semiotische und soziale Aspekte des Internet. Konstanz 1998, S. 103 – 112.

Polenz, Peter von: Deutsche Sprachgeschichte vom Spätmittelalter bis zur Gegenwart. Bd. 1: Einführung, Grundbegriffe, 14. bis 16. Jahrhundert. Berlin, New York 2000².
Postman, Neil: Wir amüsieren uns zu Tode. Urteilsbildung im Zeitalter der Unterhaltungsindustrie. Frankfurt a. M. 1985.
Prüsener, Marlies: Lesegesellschaften im 18. Jahrhundert. Ein Beitrag zur Lesergeschichte. In: AGB 13 (1973), S. 369 — 594.

Raabe, Paul (Hg.): Öffentliche und private Bibliotheken im 17. und 18. Jahrhundert. Raritätenkammern, Forschungsinstrumente oder Bildungsstätten? Bremen, Wolfenbüttel 1977.
Raabe, Paul: Der Buchhändler im achtzehnten Jahrhundert in Deutschland. In: Barber/Fabian (1981), S. 271 — 291.
Raabe, Paul (Hg.): Gutenberg. 550 Jahre Jahre Buchdruck in Europa. Wolfenbüttel 1990.
Raabe, Paul (Hg.): Der Zensur zum Trotz. Das gefesselte Wort und die Freiheit in Europa. Wolfenbüttel 1991.
Rafetseder, Hermann: Bücherverbrennungen. Die öffentliche Hinrichtung von Schriften im historischen Wandel. Wien u. a. 1988
Raible, Wolfgang (Hg.): Erscheinungsformen kultureller Prozese. Tübingen 1990 (= ScriptOralia 13).
Raible, Wolfgang: Die Semiotik der Textgestalt. Erscheinungsformen und Folgen eines kulturellen Evolutionsprozesses. Heidelberg 1991.
Raible, Wolfgang (Hg.): Medienwechsel. Erträge aus zwölf Jahren Forschung zum Thema Mündlichkeit und Schriftlichkeit. Tübingen 1998 (= ScriptOralia 113).
Rarisch, Ilsedore: Industrialisierung und Literatur. Buchproduktion, Verlagswesen und Buchhandel in Deutschland im 19. Jahrhundert in ihrem statistischen Zusammenhang. Berlin 1976.
Reif, Stefan C.: Aspects of mediaeval Jewish literacy. In: McKitterick (1990), S. 134 — 155.
Rhodes, Barbara/Streeter, William Wells: Before Photocopying. The Art and History of Mechanical Copying 1780 — 1938. Newcastle, Northampton 1999.
Riché, Pierre: Education et culture dans l'Occident barbare VIe — VIIIe siècle. Paris 1995⁴ (zuerst: 1962).
Richter, Michael: Kommunikationsprobleme im Lateinischen Mittelalter. In: HZ 222 (1976), S. 43 — 80.
Riedel, Volker (Hg.): Antikerezeption in der deutschen Literatur vom Renaissance-Humanismus bis zur Gegenwart. Eine Einführung. Stuttgart, Weimar 2000.
Rieger, Dietmar: Imaginäre Bibliotheken. Bücherwelten in der Literatur. München 2002.
Ring, Klaus/Trotha, Klaus von/Voß, Peter (Hg.): Lesen in der Informationsgesellschaft – Perspektiven der Medienkultur. Baden-Baden 1997.
Roberts, Colin H./Skeat, T. C.: The Birth of the Codex. London u. a. 1983.
Rödzus-Hecker, Marita: Der buchstäbliche Zungensinn. Stimme und Schrift als Paradigmen der theologischen Hermeneutik. Waltrop 1992 (Heidelberg, Diss. 1991).
Rutschky, Katharina: Die Lesewut. Autonome Bildungsprozesse von Kindern im 19. Jahrhundert. In: DU 32 (1980), S. 78 — 98.

Saenger, Paul: Silent Reading: Its Impact on Late Medieval Script and Society. In: Viator. Medieval and Renaissance Studies 13 (1982), S. 367 — 414.
Saenger, Paul: Space between Words. The Origins of Silent Reading. Stanford 1997.
Sandermann, Wilhelm: Papier. Eine Kulturgeschichte. Berlin u. a. 1997³.
Schaefer, Ursula: Vokalität. Altenglische Dichtung zwischen Mündlichkeit und Schriftlichkeit. Tübingen 1992 (= ScriptOralia 39).
Schaefer, Ursula (Hg.): Schriftlichkeit im frühen Mittelalter. Tübingen 1993 (= ScriptOralia 53).

Schenda, Rudolf: Volk ohne Buch. Studien zur Sozialgeschichte der populären Lesestoffe 1770—1910. München 1977.
Schenda, Rudolf: Alphabetisierung und Literarisierungsprozesse in Westeuropa im 18. und 19. Jahrhundert. In: Ernst Hinrichs und Günter Wiegelmann (Hg.): Sozialer und kultureller Wandel in der ländlichen Welt des 18. Jahrhunderts. Wolfenbüttel 1982, S. 1—19.
Schieffer, Rudolf: Über soziale und kulturelle Voraussetzungen der frühmittelalterlichen Literatur. In: NHL (1985), Bd. 6, S. 71—90.
Schikorsky, Isa: Private Schriftlichkeit im 19. Jahrhundert. Untersuchungen zur Geschichte des alltäglichen Sprachverhaltens »kleiner Leute«. Tübingen 1990.
Schilling, Michael: Bildpublizistik der frühen Neuzeit. Aufgaben und Leistungen des illustrierten Flugblatts in Deutschland bis um 1700. Tübingen 1990.
Schimmel, Annemarie: Calligraphy and Islamic Culture. New York, London 1984.
Schirokauer, Arno: Der Anteil des Buchdrucks an der Bildung des Gemeindeutschen. In: DVjS 25 (1951), S. 317—350.
Schlaffer, Heinz: Historische Bedingungen der Erkenntnis über Schriftkultur. In: Goody/Watt (1986), S. 7—23.
Schlaffer, Heinz: Poesie und Wissen. Die Entstehung des ästhetischen Bewußtseins und der philologischen Erkenntnis. Frankfurt a. M. 1990.
Schlieben-Lange, Brigitte: Für eine Geschichte von Schriftlichkeit und Mündlichkeit. In: LiLi 12 (1982), H. 47, S. 104—118.
Schlieder, Wolfgang: Zur Geschichte der Papierherstellung in Deutschland. Von den Anfängen der Papiermacherei bis zum 17. Jahrhundert. In: Karl-Heinz Kalhöfer und Helmut Rötzsch (Hg.): Beiträge zur Geschichte des Buchwesens. Bd. II. Leipzig 1966, S. 33—168.
Schlott, Adelheid: Schrift und Schreiber im Alten Ägypten. München 1989.
Schmandt-Besserat, Denise: How Writing Came About. Austin 1996.
Schmidt, Siegfried J.: Die Selbstorganisation des Sozialsystems Literatur im 18. Jahrhundert. Frankfurt a. M. 1989.
Schmidt, Wieland: Vom Lesen und Schreiben im späten Mittelalter. In: PBB 95 (1973), S. 309—327.
Schmitt, Alfred: Die Erfindung der Schrift. (1938.) In: Claus Haebler (Hg.): Zur Phonetik, Schriftgeschichte und allgemeinen Sprachwissenschaft. Wiesbaden 1984, S. 347—373.
Schneider, Jost: Sozialgeschichte des Lesens. Zur historischen Entwicklung und sozialen Differenzierung der literarischen Kommunikation in Deutschland. Berlin, New York 2004.
Schoeler, Gregor: Schreiben und Veröffentlichen. Zu Verwendung und Funktion der Schrift in den ersten islamischen Jahrhunderten. In: Der Islam 69 (1992), H. 1, S. 1—43.
Schön, Erich: Der Verlust der Sinnlichkeit oder Die Verwandlungen des Lesers. Mentalitätswandel um 1800. Stuttgart 1987.
Schön, Erich: Kein Ende von Buch und Lesen. Entwicklungstendenzen des Leseverhaltens in Deutschland — Eine Langzeitbetrachtung. In: Stiftung Lesen (1998), S. 39—77.
Schön, Erich: Geschichte des Lesens. In: HL (2001), S. 1—85.
Schöttker, Detlev: Vom Laut zum Cyberspace. Entwicklungen und Perspektiven der Mediengeschichtsschreibung. In: Schöttker (2003a), S. 9—21.
Schöttker, Detlev (Hg.): Mediengebrauch und Erfahrungswandel. Beiträge zur Kommunikationsgeschichte. Göttingen 2003 (b).
Scholz, Manfred Günter: Hören und Lesen. Studien zur primären Rezeption der Literatur im 12. und 13. Jahrhundert. Wiesbaden 1980.
Schottenloher, Karl: Bücher bewegten die Welt. Eine Kulturgeschichte des Buches. Bd. I: Vom Altertum bis zur Renaissance. Bd. II: Vom Barock bis zur Gegenwart. Stuttgart 1968^2 (zuerst: 1951/52).

Schreiner, Klaus: Bücher, Bibliotheken und »Gemeiner Nutzen« im Spätmittelalter und in der Frühneuzeit. Geistes- und sozialgeschichtliche Beiträge zur Frage nach der »utilitas librorum«. In: Bibliothek und Wissenschaft 9 (1975), S. 202–249.

Schreiner, Klaus: Lautes Lesen, fiktive Mündlichkeit, verschriftlichte Norm. Einleitende Bemerkungen über Fragen, Themen und Ergebnisse einer Tagung. In: Kasper/Schreiner (1997), S. 1–36.

Schreiner, Klaus: Buchstabensymbolik, Bibelorakel, Schriftmagie. Religiöse Bedeutung und lebensweltliche Funktion heiliger Schriften im Mittelalter und in der Frühen Neuzeit. In: Wenzel/Seipel/Wunberg 2000, S. 59–103.

Schreiner, Klaus: Litterae mysticae. Symbolik und Pragmatik heiliger Buchstaben, Texte und Bücher in Kirche und Gesellschaft des Mittelalters. In: Meyer/Honemann u. a. (2002a), S. 277–337.

Schreiner, Klaus: »Göttliche Schreib-Kunst«. Eigenhändige Aufzeichnungen Gottes, Jesu und Mariä. Schriftlichkeit in heilsgeschichtlichen Kontexten. In: Frühmittelalterliche Studien 36 (2002b), S. 95–132.

Schwitalla, Johannes: Flugschrift. Tübingen 1999.

Seipel, Wilfried (Hg.): Der Turmbau zu Babel. Ursprung und Vielfalt von Sprache und Schrift. Bd. III A: Schrift. Graz 2003.

Selbmann, Rolf: Dichterberuf. Zum Selbstverständnis des Schriftstellers von der Aufklärung bis zur Gegenwart. Darmstadt 1994.

Sellin, Gerhard: Das lebendige Wort und der tote Buchstabe. Aspekte von Mündlichkeit und Schriftlichkeit in christlicher und jüdischer Theologie. In: Sellin/Vouga (1997), S. 11–31.

Sellin, Gerhard/Vouga, François (Hg.): Logos und Buchstabe. Mündlichkeit und Schriftlichkeit im Judentum und Christentum der Antike. Tübingen 1997.

Snyder, Gregory H.: Teachers and Texts in the Ancient World. Philosophers, Jews and Christians. London, New York 2000.

Speyer, Wolfgang: Büchervernichtung und Zensur des Geistes bei Heiden, Juden und Christen. Stuttgart 1981.

Speyer, Wolfgang: Das Buch als magisch-religiöser Kraftträger im griechischen und römischen Altertum. In: Ganz (1992), S. 59–86.

Spinnen, Burkhard: Zeitalter der Aufklebung. Versuch zur Schriftkultur der Gegenwart. Münster, New York 1990.

Staehelin, Martin: Musikhandschrift und Musikdruck in der ersten Hälfte des 16. Jahrhunderts. In: Dicke/Grubmüller (2003), S. 229–261.

Stammberger, Ralf W.: Scriptor und Scriptorium. Das Buch im Spiegel mittelalterlicher Handschriften. Graz 2003.

Stegmüller, Otto: Überlieferungsgeschichte der Bibel. In: Hunger (1975), S. 149–206.

Stein, Peter: Zum Verhältnis von Literatur und Öffentlichkeit bis zum deutschen Vormärz. Oder: Wie schlüssig ist Jürgen Habermas' »Strukturwandel der Öffentlichkeit« für die Literaturgeschichte? In: Helmut Koopmann/Martina Lauster (Hg.): Vormärzliteratur in europäischer Perspektive. Öffentlichkeit und nationale Identität. Bielefeld 1996, S. 55–84.

Steinhausen, Georg: Die Entstehung der Zeitung aus dem brieflichen Verkehr. In: Archiv für Buchgewerbe und Gebrauchsgraphik 4 (1928), S. 51–64 (zuerst: 1895).

Stetter, Christian: Schrift und Sprache. Frankfurt a. M. 1997.

Stiftung Lesen (Hg.): Lesen im internationalen Vergleich. Mainz 1990.

Stiftung Lesen (Hg.): Lesen im Umbruch – Forschungsperspektiven im Zeitalter von Multimedia. Baden-Baden 1998.

Stiftung Lesen (Hg.): Gutenbergs Folgen. Von der ersten Medienrevolution zur Wissensgesellschaft. Baden-Baden 2002.

Sting, Stephan: Schrift, Bildung und Selbst. Eine pädagogische Geschichte der Schriftlichkeit. Weinheim 1998.

Sting, Stephan: Stichwort: Literalität-Schriftlichkeit. In: Zs. für Erziehungswissenschaft 6 (2003), H. 3, S. 317—337.

Stöber, Rudolf: Staat und Verleger im 18. Jahrhundert. In: Bernd Sösemann (Hg.): Kommunikation und Medien in Preußen vom 16. bis zum 19. Jahrhundert. Stuttgart 2002, S. 159—174.

Stopp, Hugo: Verbreitung und Zentren des Buchdrucks auf hochdeutschem Sprachgebiet im 16. und 17. Jahrhundert. Fakten und Daten zum »organischen Werdegang der Entwicklungsgeschichte der neuhochdeutschen Schriftsprache«. In: Sprachwissenschaft 3 (1978), S. 237—261.

Strohschneider, Peter: Textualität der mittelalterlichen Literatur. Eine Problemskizze am Beispiel des »Wartburgkrieges«. In: Müller/Wenzel (1999), S. 19—41.

Stümpel, Rolf: Die Revolutionierung der Buchherstellung in der Zeit zwischen 1830 und 1880. In: Buchhandelsgeschichte (1987), H. 2, S. B 57—B 66.

Szlezák, Thomas Alexander: Platon und die Schriftlichkeit der Philosophie. Berlin 1985.

Talkenberger, Heike: Kommunikation und Öffentlichkeit in der Reformationszeit. Ein Forschungsreferat 1980—1991. In: IASL (1994), 6. Sonderheft, Forschungsreferate, 3. Folge, S. 1—27.

Taubert, Sigfred: Bibliopola. Bilder und Texte aus der Welt des Buchhandels. 2 Bde. Hamburg 1966.

Tauss, Jörg: Kulturverträglichkeit der neuen Medien — eine Illusion? In: Ring/Trotha/Voß (1997), S. 37—52.

Theissen, Gerd: Tradition und Entscheidung. Der Beitrag des biblischen Glaubens zum kulturellen Gedächtnis. In: Jan Assmann und Tonio Hölscher (Hg.): Kultur und Gedächtnis. Frankfurt a. M. 1988, S. 170—196.

Thomas, Rosalind: Literacy and Orality in Ancient Greece. Cambridge 1992.

Thomas, Rosalind: Literacy in Ancient Greece: Functional Literacy, Oral Education, and the Development of a Literate Environment. In: Olson/Torrance (2001), S. 68—81.

Tiemann, Barbara und Vorstand der Maximilian-Gesellschaft (Hg.): Die Buchkultur im 15. und 16. Jahrhundert. 2 Bde. Hamburg 1995/99.

Treitler, Leo: Oral, Written, and Literate Process in the Transmission of Medieval Music. In: Speculum 56 (1981), S. 471—491.

Tristram, Hildegard L. C. (Hg.): (Re)Oralisierung. Tübingen 1996 (= ScriptOralia 84).

Tropper, Josef: Entstehung und Frühgeschichte des Alphabets. In: Antike Welt 32 (2001), S. 353—358.

Tropper, Josef: Die Erfindung des Alphabets und seine Ausbreitung im nordwestsemitischen Raum. In: Seipel (2003), S. 173—181.

Trousson, Raymond: Les bibliothèques de l'utopie au XVIIIe siècle. In: Buch und Sammler. Private und öffentliche Bibliotheken im 18. Jahrhundert. Heidelberg 1979.

Ukena, Peter: Tagesschrifttum und Öffentlichkeit im 16. und 17. Jahrhundert in Deutschland. In: Blühm (1977), S. 35—53.

Vansina, Jan: Oral Tradition as History. London u. a. 1985.

Vattimo, Gianni/Welsch, Wolfgang (Hg.): Medien — Welten — Wirklichkeiten. München 1998.

Vermes, Geza: Scripture and tradition in judaism: Written and oral torah. In: Baumann (1986), S. 79—95.

Vodosek, Peter: Öffentliche Bibliotheken und kommerzielle Leihbibliotheken. Zur Geschichte ihres Verhältnisses vom Ende des 18. Jahrhunderts bis zur Gegenwart. In: Jäger/Schönert (1980), S. 327—348.

Volkmann, Herbert: Der deutsche Romantitel (1470—1770). Eine buch- und literaturgeschichtliche Untersuchung. In: Archiv für Geschichte des Buchwesens 57 (1967), S. 1081—1170.

Walther, Ingo F./Wolf, Norbert: Codices illustres. Die schönsten illuminierten Handschriften der Welt. 400—1600. Köln 2001.

Warnke, Martin: Text und Technik. In: Hansjörg Witte u. a. (Hg.): Deutschunterricht zwischen Kompetenzerwerb und Persönlichkeitsbildung. Hohengehren 2000, S. 160—178.

Weber, Johannes: Avisen, Relationen, Gazetten. Der Beginn des europäischen Zeitungswesens. Oldenburg 1997.

Weber, Johannes: Der große Krieg und die frühe Zeitung. Gestalt und Entwicklung der deutschen Nachrichtenpresse in der ersten Hälfte des 17. Jahrhunderts. In: Jahrbuch für Kommunikationsgeschichte 1 (1999), S. 23—61.

Wegmann, Nikolaus: Bücherlabyrinthe. Suchen und Finden im alexandrinischen Zeitalter. Köln u. a. 2000.

Wehde, Susanne: Typographische Kultur. Eine zeichentheoretische und kulturgeschichtliche Studie zur Typographie und ihrer Entwicklung. Tübingen 2000.

Weinrich, Harald: Gedächtniskultur — Kulturgedächtnis. In: Schöttker (2003b), S. 37—52.

Welke, Martin: Zeitung und Öffentlichkeit im 18. Jahrhundert. Betrachtungen zur Reichweite und Funktion der periodischen deutschen Tagespublizistik. In: Blühm (1977), S. 71–99.

Wendehorst, Alfred: Wer konnte im Mittelalter lesen und schreiben? In: Fried (1986), S. 9–33.

Wenzel, Horst (Hg.): Gutenberg und die Neue Welt. München 1994.

Wenzel, Horst: Hören und Sehen, Schrift und Bild. Kultur und Gedächtnis im Mittelalter. München 1995.

Wenzel, Horst: Die Schrift und das Heilige. In: Wenzel/Seipel/Wunberg 2000, S. 15—58.

Wenzel, Horst/Seipel, Wilfried/Wunberg, Gotthart (Hg.): Die Verschriftlichung der Welt. Bild, Text und Zahl in der Kultur des Mittelalters und der Frühen Neuzeit. Wien 2000.

Wenzel, Horst/Seipel, Wilfried/Wunberg, Gotthart (Hg.): Audiovisualität vor und nach Gutenberg. Zur Kulturgeschichte der medialen Umbrüche. Wien 2001.

Wetzel, Michael: Die Enden des Buches oder die Wiederkehr der Schrift. Von den literarischen zu den technischen Medien. Weinheim 1991.

Weyrauch, Erdmann: Überlegungen zur Bedeutung des Buches im Jahrhundert der Reformation. In: Köhler (1981), S. 243—259.

Weyrauch, Erdmann: Der Buchdruck des 16. Jahrhunderts. Prolegomena zur Genese des »typographical man«. In: Peter Vodosek (Hg.): Das Buch in Praxis und Wissenschaft. 40 Jahre Deutsches Bucharchiv München. Eine Festschrift. Wiesbaden 1989, S. 683—700.

Weyrauch, Erdmann: Das Buch als Träger der frühneuzeitlichen Kommunikationsrevolution. In: North (1995), S. 1—13.

Widmann, Hans: Buchdruck und Sprache. Mainz 1964.

Wilke, Jürgen: Grundzüge der Medien- und Kommunikationsgeschichte. Von den Anfängen bis ins 20. Jahrhundert. Köln u. a. 2000.

Willi-Plein, Ina: Spuren der Unterscheidung von mündlichem und schriftlichem Wort im Alten Testament. In: Sellin/Vouga (1997), S. 77—89.

Willms, Johannes: Bücherfreunde, Büchernarren. Entwurf zur Archäologie einer Leidenschaft. Wiesbaden 1978.

Wilson, Nigel G.: The Libraries of the Byzantine World. In: Harlfinger (1980), S. 276—309.

Winckler, Lutz: Autor — Markt — Publikum. Zur Geschichte der Literaturproduktion in Deutschland. Berlin 1986.

Wittmann, Reinhard: Buchmarkt und Lektüre im 18. und 19. Jahrhundert. Beiträge zum literarischen Leben 1750— 1880. Tübingen 1982.
Wittmann, Reinhard: Geschichte des deutschen Buchhandels. München 1999³.
Woodmansee, Martha/Jaszi, Peter: Die globale Dimension des Begriffs »Autorschaft«. In: Fotis Jannidis u. a. (Hg.): Rückkehr des Autors. Zur Erneuerung eines umstrittenen Begriffs. Tübingen 1999, S. 391— 420.

Yan, Zhenjiang: Schriftsystem, Literalisierung, Literalität. Frankfurt a. M. u. a. 2000.
Yan, Zhenjiang: Der geheime Phono- und Eurozentrismus des Redens von Schrift. In: Greber u. a. (2002), S. 151— 164.
Yunis, Harvey (Hg.): Written Texts and the Rise of Literate Culture in Ancient Greece. Cambridge 2003.

Zauzich, Karl-Theodor: Wir alle schreiben Hieroglyphen. Neue Überlegungen zur Herkunft des Alphabets. In: Antike Welt 32 (2001), S. 167— 170.
Zimmer, Dieter E.: Die Bibliothek der Zukunft. Text und Schrift in den Zeiten des Internet. Hamburg 2000.
Zumthor, Paul: Körper und Performanz. In: Gumbrecht/Pfeiffer (1988), S. 703— 713.

Register

Personen

Abälard 167
Abu Yusuf al-Kindi 145
Abulafia, A. 124
Aischylos 67, 98, 138
Albertus Magnus 166
Alexander d. Gr. 72
Alfons X. von Kastilien 147
Alkuin 151
Arcimboldo, G. 245
Arethas 139
Aristophanes 77, 97, 138
Aristoteles 70, 76 f., 130
Assmann, J. 13, 18, 21, 42, 66 ff., 110
Assurbanipal 40
August d. J. von Braunschweig 234
Augustinus 75, 97
Aurispa, G. 102
Averroes (Ibn Rusd) 146
Avicenna (Ibn Sina) 145

Bacon, F. 209
Bacon, R. 147
Benedikt von Nursia 154
Bernhard von Clairvaux 156
Bisticci, V. da 169
Blumenberg, H. 25, 232
Bodmer, M. 9
Boethius 76
Borges, J. L. 232, 240
Bracciolini, P. 102
Brandmüller, J. 225
Brant, S. 190, 245
Brockhaus, F. A. 295
Buddha 110 f.
Budé, G. 77
Bury, R. de 244

Cassiodor, A. 97
Celtis, C. 77
Cervantes, M. de 256
Chadwick, J. 62

Champollion, J. Fr. 47
Cicero 85, 88, 98, 102, 279
Columban 154

Dante Alighieri 173
Derrida, J. 20, 45, 317
Descartes, R. 212
Droysen, J. G. 72

Eco, U. 314
Epikur 70
Erasmus von Rotterdam 77, 258
Euripides 68, 98, 138

Friedrich II. 146 f.

Gerhard von Cremona 146 f.
Goethe, J. W. v. 177, 240, 265, 289
Goody, J. 18, 52, 68
Grolier, J. 244
Grotefend, G. F. 47
Guido von Arezzo 174
Gustav II. Adolf 236
Gutenberg, J. 176 ff.

Haarmann, H. 31, 34 f.
Hammurabi 40
Havelock, E. 65 ff.
Hegel, G. W. Fr. 45, 140
Hesiod 62, 77
Hieronymus 75, 97, 118, 154
Homer 62, 67, 70, 76, 78, 87
Horaz 74
Hugo von St. Victor 156
Hugo, V. 316
Hutten, U. v. 194

Isidor von Sevilla 99

Jesus 110 f., 123
Johannes Duns Scotus 166

Karl d. Gr. 100, 151f.
Karl VI. 205
Karl von Anjou 147
Koberger, A. 187

Lauber, D. 169
Leibniz, G. W. 45, 212, 238, 240
Leroi-Gourhan, A. 10, 30, 31
Lessing, G. E. 216, 240
Lévi-Strauss, Cl. 53
Lichtenberg, G. Chr. 204
Lipsius, J. 231
Lombard, N. 169
Lupoto, B. 169
Luther, M. 77, 119, 191–194, 204, 234

Magistros, Th. 139
Maimonides (Ibn Maimun) 146
Mani 111
Manutius, A. 77, 187
Mao Zedong 51
Mathematikos, L. 139
Matthias Corvinus 251
McLuhan, M. 23f., 176, 209f., 211, 309, 317
Medici, Cosimo de' 76, 102
Melanchthon, Ph. 77
Meyer, C. J. 295
Milton, J. 204
Morus, Th. 77
Moschopulos, M. 139
Moses 110ff.
Muhammad 110f., 120f., 140f.

Napoleon 236

Origines 75

Paulus 20, 76
Perthes, F. 219
Petrarca 76, 102, 173, 244
Petrus Venerabilis 146
Photias 139

Pico della Mirandola 146
Pindar 67
Planudes, M. 139
Platon 16, 20, 69ff., 107, 130, 202
Plethon, G. G. 139
Plinius d. Ä. 257
Ptolemäus I. 73

Ramelli, A. 258
Ramses II. 231
Rawlinson, H. C. 47
Raymundus Lullus 146
Reich, Ph. E. 224
Reuchlin, J. 77, 204
Roger II. von Sizilien 147

Schliemann, H. 78
Schmandt-Besserat, D. 35f.
Schmieder, Chr. G. 225
Shakespeare, W. 190
Sokrates 69ff.
Sophokles 68, 98, 138
Stieler, K. 201
Swift, J. 190
Symmachus, A. 97

Theoderich d. Gr. 76
Theodoros Studites 136
Theokrit 77
Thomas a Kempis 171
Thomas von Aquin 131, 166, 171
Tinius, J. G. 246
Trattner, J. Th. v. 225
Triklinios, D. 139

Vega, Lope de 190
Ventris, M. 62

Wickram, J. 216
Winckelmann, J. J. 78

Zarathustra 111
Zenon 70

Orte

Aachen 151f.
Abydos 40f.
Admont 154, 233
Alexandria 72f., 87, 134, 238f., 247f., 250
Altamira 31
Amalfi 76
Amiens 241
Amsterdam 186, 195
Antiochia 73, 134, 145
Antwerpen 186
Armagh 154
Athen 63, 69, 72, 81, 90, 145
Augsburg 173, 178, 185, 192, 197, 224, 234
Auxerre 154
Avignon 173

Bagdad 138, 141f., 144f., 152, 239
Bamberg 185
Bangor 154
Basel 178, 185, 241
Basra 142
Behistun 47
Beirut (Berytos) 134
Benevent 98
Berlin 224, 235, 238
Bethlehem 91
Bobbio 98, 154, 232
Bologna 166f., 178, 237
Braunschweig 234
Budapest 235
Buenos Aires 186
Byzanz (s. auch Kontantinopel) 75f., 96, 98, 129f., 132–140, 142, 144f., 152, 161

Caesarea 91
Cambridge 166, 238
Canterbury 154, 232, 241
Cesena 232
Cluny 154
Coimbra 238
Corbie 154
Córdoba 142–145, 239

Damaskus 141f.
Dresden 235, 241

Dublin 238
Durrow 154

Edessa 145
Einsiedeln 233
Ephesos 90
Erfurt 166, 237f.
Esslingen 234

Fabriano 178
Fes 142
Florenz 76f., 173, 235, 238f., 244
Frankfurt a. M. 200, 217, 220, 224, 234
Fulda 151, 154, 232

Gaza 134
Genua 173
Goa 186
Gondeschapur 145
Göttingen 237f.
Granada 143
Grenoble 241

Halle 224
Hamburg 200, 219, 224, 234
Hannover 234, 240
Harvard 237
Heidelberg 166, 236f.
Herculaneum 88, 91
Hereford 232

Iona 154
Isny 232

Jena 238
Jerusalem 142

Kairo 142, 144
Karlsruhe 225
Karthago 59, 86
Kazuna 186
Kells 154
Kiew 140
Knossos 52, 62
Köln 166, 185, 192, 200, 204, 237

Königsberg 238
Konstantinopel (s. auch Byzanz) 75, 88, 91,
 133 ff., 139 f., 195
Kopenhagen 235, 282
Korinth 70
Kremsmünster 233
Kyme 84

Lascaux 31
Leiden 186, 238
Leipzig 166, 200, 217, 220, 223, 238, 291,
 234, 237 f.
Leningrad s. St. Petersburg
Lincoln 232
Lindisfarne 154
London 186, 238 f.
Lorsch 154, 232
Löwen 202, 248
Lübeck 173, 178, 234
Lüneburg 178, 234
Luxeuil 154
Lyon 186, 217

Madrid 235, 239
Magdeburg 200, 234
Mailand 77, 173, 235, 239
Mainz 180, 185, 204
Malmesbury 154
Marburg 238
Melk 154, 233
Metten 233
Metz 151
Milet 70
Mistra 139
Mondsee 232
Montecassino 98
Montpellier 166
Moskau 140
Mossul 142
München 235, 238
Mykene 35, 52, 62

Neapel 76, 147, 166, 185
New York 186
Nikaia 139
Ninive 40
Nisibis 145
Nürnberg 173, 178, 185, 187, 192,
 234
Nuzi 35

Oels 232
Ostia 90
Ottobeuren 233
Oxford 166 f., 237 f., 239

Padua 166
Palermo 76, 133, 146 f.
Paris 166 f., 185 f., 217, 235–239, 241
Pella 73, 87
Pergamon 73, 86 f., 94
Philadelphia 186
Philae 47
Pompeji 88, 90, 92
Pomposa 154
Prag 166, 235–238, 242
Pylos 47, 62

Qumran 113

Ravenna 133
Ravensburg 178
Regensburg 234
Reichenau 154, 232
Rio de Janeiro 186
Rom 59, 75 f., 81, 86–91, 185, 235 f., 238 f.
Rostock 166

Salamanca 166
Salerno 76, 146, 166, 237
Samarkand 144
Sanaa 142
Santiago de Chile 186
Saragossa 146
Schlettstadt 242
Schlierbach 233
Schussenried 233
Sevilla 143, 146
Sparta 70
Sponheim 232
St. Florian 233
St. Gallen 151, 154 f., 232 f.
St. Petersburg 238, 248
Stockholm 235, 238
Straßburg 178, 185, 192, 200
Susa 34 f., 40
Syrakus 70, 86, 133

Tegernsee 232
Theben 62, 70
Thessaloniki 139

Toledo 143, 146f., 151
Tours 151
Trapezunt 139
Trier 166
Tripoli 142
Tübingen 241
Ugarit 38, 57, 59
Uppsala 236
Ur 39
Uruk (Warka) 34ff., 47
Venedig 76f., 129, 133, 138f., 173, 185, 187, 195, 217, 239, 244
Vivarium 97, 232

Wadi el-Hol 57
Waldsassen 233
Weimar 240, 248
Weißenburg 154
Wiblingen 233
Wien 166, 225, 235, 237, 239
Wittenberg 192
Wolfenbüttel 200, 234, 239f.
Würzburg 238

Yale 237
York 151, 154

Zutphen 232

Begriffe

Afrika-Alphabet 104
Akademie 70, 76, 134f., 142, 231, 238
Aldinen 77
Alphabet 60, 63-66, 75, 84ff., 98, 103f., 115, 122f., 142
Alphabetisiertheit (Literalitätsrate) 21, 50, 53f., 69f., 74, 86, 89-92, 98, 114f., 173, 226, 263, 269ff., 274, 309
Alphabetisierung 171, 269-274, 278, 300, 302
Analphabetismus (Illiteralität) 12, 53, 74, 89, 122, 149, 272, 315f.
Analphabetismus, sekundärer 272, 309, 315f.
Antiqua 39, 100, 172f., 215
Arbeiterbibliothek 301f.
Armenbibel 170, 172, 178
Autographen 131
Autorenhonorar 219, 223, 287, 290
Autorschaft 160, 168, 189, 287-293

Baskerville 215
Bastarda 172
Benediktinerorden 98, 154ff.
Bibel 110f., 116-119, 132, 191-194, 261
Bibliomanie 246
Bibliophile 94, 244ff., 252
Bibliophilie 102, 155, 242, 244-247
Bibliothek (allgemein) 54, 59, 70, 73f., 88, 91, 98, 102, 131f., 135, 142f., 231-250, 301f., 308

Bibliothek, öffentliche 88, 90, 302
Bibliotheksbewegung 301f.
Bilderschrift s. Piktographie
Bilderstreit 135ff.
Bilingue 46f., 76, 84
Bleistift 280
Blockbuch 172, 175, 178f.
Bodoni 215
Börsenverein der Dt. Buchhändler/des Dt. Buchhandels 295, 304
Brief 64, 70, 85, 92, 94, 97, 102, 137, 139, 164, 170, 196, 198, 213, 226f., 265, 292f.
Brille 174, 245
Buchbesitz, privater 144, 152, 240f.
Buchbinder 218f.
Buchdruck (Technik) 76, 130f., 133, 169, 176-179, 206, 212, 220, 304
Bucheinband 94, 131f., 156, 245
Büchernarr 245f., 258
Büchervernichtung 73, 82, 98, 132, 138, 143, 176, 202f., 232, 235f., 247f., 250
Buchführung 35f., 91, 164f., 170, 254
Buchhandel (einschl. Manuskripte) 70, 88, 93f., 138, 144, 167, 169, 173, 188, 213, 218ff., 223ff., 303
Buchhändler 216, 219, 223
Buchhandlung 216, 219, 295, 298, 308
Buchkultur 213ff., 223
Buchkunst 156, 246
Buchmesse 200, 217-220

Buchproduktion 133, 213, 220
Buchreligion s. Schriftreligion
Bustrophedon (s. auch Schreibrichtung) 63
Byblos-Schrift 52, 60

Capitalis 86
Christentum 75, 93, 96f., 116–119, 134ff., 150–156, 203f.

Devotio moderna 171, 191
Diptychon 64, 95
Divination 107
Druckerei 130, 175, 185f., 192, 205, 225
Druckerpresse 284
Druckorte 184f., 195, 200
Dunkelheit, digitale 312

Entschriftlichung 87, 93, 97
Enzyklopädie 139, 162, 257f.
Evolution 9, 11, 254
Exlibris 247

Fachbücher 70, 139, 171, 189
Flugblatt 24, 190, 195, 197f., 213
Flugschrift 187, 189f., 192f., 195, 197f., 202, 206, 213
Fraktur 173, 215, 228, 286, 304
Frauen s. Lesen, weibliches
Füllfederhalter 281
Fürstenbibliothek 176, 234ff.
Futhark 103

Gänsekiel 281
Gedächtnis, kulturelles 13ff., 18, 21, 67
Gedächtniskultur 15, 67
Gegenreformation 194, 238
Geheimschrift 125
Gelehrtenbibliothek 143, 242f.
Gemara 112
Gematria 124
Gilgamesch-Epos 40
Graecolatina 76
Graffiti 64f., 85, 91f., 109, 138, 305
Graphismus 10, 30, 31f., 35, 58
Griechisch (Kulturschrift) 44, 47, 72–78, 87
Gutenberg-Bibel 180f.
Gutenberg-Galaxis 23, 307, 317f.

Hadit 120
Halbunziale 99
Handschrift (Manuskript) 131f., 145, 156, 163, 167, 169, 175f., 187, 225f., 312
Handschrift (Schreiben mit Hand) 131, 197, 225–228, 279–283
Handschriftenfieber 102
Hangul 50, 55, 103, 220
Hanzi 48–51
Hebräisch 44, 55f., 64, 75, 77, 112, 115, 121, 140
Heftchen 242, 262, 289, 298
Hellenismus 72
Hieroglyphen(schrift) 29, 36, 40ff., 45-48, 52, 55, 57f., 62, 108
Hofbibliothek 73, 87, 152, 235, 239f.
Humanismus 44, 76f., 102, 157, 174, 191, 194, 222, 232, 256ff.
Humanistenminuskel 100, 172
Hussiten 191
Hypertext 311, 317
Hypolepse 68
Hypoliteralität 22

Ideographie 32, 34, 36f., 55
Ikone 137
Illiteralität s. Analphabetismus
Illumination 131, 288
Illustration 24, 94, 96, 126, 131, 137, 162, 190, 198, 241, 288, 310f.
Index 203f.
Indus-Schrift 36, 47, 52
Inkunabeln 77, 186f., 236
Inschriften 39, 43f., 46, 60, 63f., 84ff., 124, 142, 148
Interpunktionszeichen 64, 162

Kabbala 121, 124f.
Kalligraphie 50, 125f., 141f., 156
Kanji 50
Kanopus-Dekret 47
Keilschrift 37ff., 47f., 55, 57f., 61
Kerbschrift 103
Kerbungspraktiken 13, 31ff., 254
Kettenbibliothek 232
Klassikerjahr 295
Klosterbibliothek (Kirchenbibliothek) 91, 98, 102, 131, 135, 154f., 158, 176, 232f., 249, 251
Klosterschulen 151, 171

Knotenschnüre (Quipu) 13, 52
Kodex 94–98, 100, 115, 126, 131 f., 138 f., 156, 189, 215
Kodexherstellung 132
Kolportageliteratur 260, 296, 298 f., 303, 310
Kolporteur 187, 218 f.
Kolumne 161 f.
Kommunikationskontrolle (Zensur) 197, 201–206, 268, 302 f.
Konsonantenschrift 52, 55 ff., 140
Kopiertechniken 280
Kopist s. Schreiber
Koran 110, 115, 119 ff., 125, 130, 140 ff.
Koranschulen 142
Kugelschreiber 279
Kulturindustrie 294 ff., 298 f., 302 ff.
Kulturpolitik 72, 132, 168, 235, 297, 303 f.
Kultursprachenprestige 103 f.

Latein (Kulturschrift) 44, 51, 75, 78, 93, 98–104, 121, 148 f., 152, 161, 166 ff., 171, 175, 186, 220
Layout (Manuskript, Buch) 161 ff., 167, 189, 215
Leihbibliotheken 267 f., 298, 301 f.
Leseerziehung 260, 263 ff., 268, 270 f., 300, 302, 304, 314 f.
Lese(r)forschung 253, 313 f.
Lesegesellschaften 265, 268
Lesekompetenz 51, 53, 69, 86, 89, 92, 130, 138, 158, 254 f., 257, 259 f., 263, 270, 273, 300, 313–316
Lesemöbel 266
Lesen, extensives 260, 262
Lesen, gelehrtes 255-259
Lesen, intensives 261 f., 266
Lesen, lautes 74, 93, 95, 118, 121, 154 f., 160, 254, 256, 260 f., 263
Lesen, stummes 74, 79, 155, 162, 254, 256, 261, 266
Lesen, unterhaltendes 265, 268, 300 f.
Lesen, weibliches 70, 74, 86, 90, 115, 138, 150 f., 171, 310
Lesenhören 130, 155, 168, 260, 270, 278
Leseprozess, neurobiologischer 254 f.
Leserad 258
Leserevolution 262, 268
Lesesucht 260, 268
Linear A-Schrift 35, 47, 52, 62

Linear B-Schrift 47, 52
Linearität 29, 32 ff., 36, 52, 62
Lingua franca (*koiné*) 72, 99
Literalität 15, 20, 24–26, 65, 67, 70, 74, 89, 99, 108, 125, 148
Literalitätsrate s. Alphabetisiertheit
Logozentrismus 19, 45, 71
Luther-Bibel 194

Majuskel 64, 98, 138
Manuskriptgestaltung s. Layout
Manuskriptkultur 130 f., 142, 162 ff., 168 f., 175, 185, 226
Masoreten-Bibel 112, 114 f.
Massenalphabetisierung s. Alphabetisierung
Mathematik s. Schrift, mathematische
Maya-Hieroglyphen 47
Medien, technische 279, 309–312
Medienkultur 24 ff., 286, 304, 307
Medienumbruch 17, 24, 70 f., 307, 311 f., 316 f.
Medienwechsel 17, 69, 175 ff.
Midrasch 112
Minuskel 98, 100, 138, 145, 152 f., 172
Mischna 112, 115, 120
Mittellatein 100 ff.
Mnemotechniken 13 f., 34
Mönchsorden 98, 154 ff., 165 f., 170 f.
Mündlichkeit (Vokalität) s. Oralität
Musiknotation 24, 174, 178, 209, 226

Nachdruck 224, 290
Nationalbibliothek 239 f.
Nettohandel 224
Neuhumanismus 78, 257
Neuplatonismus 75
Notarikon 125
Notendruck s. Musiknotation

Ogham-Schrift 103
Orakel 107 ff., 124
Oralität 11, 15, 20, 22, 37, 67, 70 f., 110 f., 120, 126, 148 f., 160
Oralität, primäre 11, 13, 16, 29, 67
Palimpsest 98, 138
Papier 94, 132, 139, 143 f., 178 f., 187, 248, 285 f., 308
Papiermühle 144, 178, 192
Papierproduktion 308

Papyrus 42, 59, 64f., 82, 85, 94ff., 138, 312
Pergament 65, 82, 94−97, 132, 138, 156, 178f., 312
Pflichtexemplar 235, 238ff.
Philhellenismus 78
Phonographie 55, 211
Phonozentrismus 16, 116f.
Piktographie (Bilderschrift) 13, 29ff., 34, 36, 41, 48, 55
Pinakes 73
Pinyin 103
Polyptychon 64, 95
Postwesen 195f.
Prachthandschrift 96, 138, 154, 172, 175
Präliteralität 22
Presse, periodische 195, 199ff., 209, 262, 291, 296ff., 300, 303
Pressefreiheit 202, 204f.
Privatbibliothek (s. auch Buchbesitz) 70, 73, 87, 91, 144, 234, 238, 240−244
Protestantismus 102, 191ff., 204, 269
Pult 133
Pultbibliothek 232, 238

Quadratschrift, hebräische 61, 103, 112

Ratsbibliothek 233f.
Reformation 77, 190−195, 204, 232, 234
Renaissance, frühneuzeitliche 44, 76, 100, 145, 159, 174, 245, 256
Renaissance, karolingische 100, 102, 138, 152
Renaissance, makedonische 137, 145
Re-Oralisierung 16, 114, 121, 151
Rolle (Papyrus, Pergament) 64f., 70, 73, 94ff., 97, 115, 126, 132, 138, 215
Rotationspresse 278, 284
Rotunda 100, 172
Runenschrift 75, 103, 108

Sakralschrift 35, 50, 108, 112, 115
Sanskrit 61
Scapulomantik 108
Scholien 139
Schreiben, privates 292f.
Schreiber (Kopisten) 38, 40, 43, 54, 76, 88, 91f., 114, 130ff., 140, 144, 156, 162, 169, 179, 217, 288
Schreibfeder 281
Schreibgeräte (allgemein) 132, 228, 280ff.

Schreibkompetenz 51, 53, 86, 89, 92, 130, 138, 270, 313
Schreibmaschine 282f.
Schreibrichtung 37, 42, 50f., 60f., 63, 84
Schreibschrift 227f.
Schreibwerkstätten 169, 171, 173, 176
Schrift, alphabetische 16, 19, 21, 23, 45, 48, 50f., 55−67, 124f., 140, 160, 269, 309
Schrift, altindische 61
Schrift, altzyprische 47
Schrift, arabische 55f., 64, 140ff.
Schrift, aramäische 39, 56, 61, 64, 112f., 140
Schrift, archaische 32, 34−37, 53
Schrift, chinesische 34, 45, 47−52
Schrift, demotische 41f., 47
Schrift, etruskische 47, 61, 82−85
Schrift, griechische s. Griechisch
Schrift, hebräische s. Hebräisch
Schrift, hieratische 41f.
Schrift, indianische 52
Schrift, indische 61
Schrift, koptische 43
Schrift, kyrillische 75
Schrift, lateinische s. Latein
Schrift, mathematische 209, 211f., 310
Schrift, meroitische 47
Schrift, nabatäische 61, 140
Schrift, phönizische 59ff., 63, 140
Schrift, proto-elamische 34, 36
Schrift, sumerische 38, 47
Schriftentzifferung 44ff., 47, 62, 84
Schrifterfindung 9, 107
Schriftkritik 71
Schriftlosigkeit (Aliteralität) 10−14, 22, 52, 62
Schriftmagie 29, 109, 122−125
Schriftprinzip 191f.
Schriftproduktion, pragmatische 92, 148, 159, 164−170, 226
Schriftreform 50f., 64, 100
Schriftreligion (Buchreligion) 22, 110−126, 149, 203, 249, 254
Schriftsinn 111, 118f., 254
Schriftstellerverein 291f.
Schriftträgerwechsel (Umschrift) 82, 94−98, 138f., 145, 152, 175, 312
Schriftverehrung 126
Schriftwechsel 51, 103f., 195
Schulen (Elementar-) 69f., 74, 86, 89f., 92f., 98, 100, 134, 166, 171, 228, 274

Schulen, Hohe (s. auch Universitäten) 77,
  89f., 100, 134, 142, 145, 152
Schulpflicht 270f., 307
Schundliteratur s. Kolportageliteratur
Schwabacher 173, 304
scriptio continua 16, 64, 86, 95, 161
Selbstalphabetisierung s. Alphabetisierung
Septuaginta 112, 117
Setzmaschine 284f.
Signatur 65
Signierfähigkeit 149
Sign Papyrus 47
Silbenschrift 37f., 48, 50, 55, 57
Skriptorium 88, 97, 100, 130, 135, 154ff.,
  162, 169, 176
Spätantike 92ff., 130, 134, 152
Spätmittelalter 168f.
Sprachpolitik 51, 104
Stein von Rosette 46f.
Stenographie 279f.
Stereotypie 285
Stundenbuch 170, 172, 242
Sufismus 121
Sütterlin-Schrift 304

Tachygraphie 279
Talmud 112, 114f., 203
Targume 112
Tauschhandel 218ff., 224
Telegraphie 311
Temura 124
Teufelslatein 123
Text, heiliger 108ff., 112, 114, 121f., 125f.,
  137, 203, 249
Textura 100, 172, 179
Theater 70, 74, 87, 138, 310
Thora 103, 110, 112, 114f.
Tironische Noten 279
Titelblatt 189, 215ff., 223, 229
Titelproduktion 220f., 293, 308
Tonmarken (token) 35f.
Tontafel 36f., 39, 40, 57, 62
Trilingue 46f.

Typographie 21, 24, 164, 176, 179, 185-198,
  209-212, 215, 223, 227f., 249, 255ff.,
  262, 269, 309

Übersetzungen 111, 117f., 138, 145ff., 161,
  192ff.
Unicode 104, 311
Universalbibliothek 239f., 250
Universitäten 100, 102, 134, 146f., 166f.,
  171, 188, 237, 239
Universitätsbibliotheken 237, 244
Urheberrecht 289f., 295
Urschrift 73, 120

Verleger 187, 205, 216, 218f., 224f., 241,
  289f., 295
Verschriftlichung 17, 67, 109f., 115, 117f.,
  120, 130, 160f., 164f., 168, 211f.
Verschriftlichungsrevolution 159
Verschriftung 17, 53, 115, 121, 160, 164, 254
Verwertungsgesellschaft Wort 290
Vinca-Kultur 34, 108
Volksbibliothek 302
Vorlesen 74, 89, 93, 115, 118, 149, 154, 260,
  263
Vulgärlatein 100
Vulgata 118

Wiederholungslektüre s. Lesen, intensives
Wortgottesdienst 114
Worttrennung 64, 86, 161f., 255

Xylographie 178

Zeitschrift 220f., 293f., 296f.
Zeitung 196-201, 213, 222, 226
Zensur s. Kommunikationskontrolle
Zentralperspektive 211
Zeremonialschrift 40, 52, 54
Ziffernsystem 211
Zimelie 245
Zisterzienserorden 162, 165
Zweisprachigkeit (Antike) 75, 93, 101